如果风吹开哪页，你就阅读哪页。

一部城市的传记，涉及太多不一样的人物与细节。

总会有几个片段让你心动。

南京传

Biography of Nanjing

张新奇 著

ZHANG XINQI

CNS PUBLISHING & MEDIA

岳麓書社·长沙

博集天卷 CS-BOOKY

图书在版编目（CIP）数据

南京传 / 张新奇著 . — 长沙：岳麓书社，2019.5
ISBN 978-7-5538-1117-8

Ⅰ . ①南 … Ⅱ . ①张 … Ⅲ . ①南京—地方史 Ⅳ .
① K295.31

中国版本图书馆 CIP 数据核字（2019）第 068320 号

NANJING ZHUAN

南京传

作　　者：张新奇
责任编辑：蒋　浩
责任校对：舒　舍
特约编辑：曹　煜
封面设计：格局视觉 Gervision
出版发行：岳麓书社
地　　址：湖南省长沙市爱民路 47 号
直销电话：0731-88804152　0731-88885616
邮　　编：410006
2019 年 5 月第 1 版第 1 次印刷
开　　本：787mm × 1092mm　1/32
印　　张：23
字　　数：536 千字
ISBN 978-7-5538-1117-8
定　　价：88.00 元
承　　印：北京天宇万达印刷有限公司

若有质量问题，请致电质量监督电话：010-59096394
团购电话：010-59320018

湶雪·新媒
ZAOXUE NEW MEDIA

自　　序

我为什么写《南京传》

张新奇

四十年前，中国的物资还相当匮乏。凡吃穿用的东西，都是计划供应，从粮食、布料到火柴、肥皂，几乎没有不要票证的。

我小时候，父亲在一家大厂管事，相比周围人家，工资算是高的。但子女多，奶奶还在世，日子依然过得很紧。饿肚子是常事，也没穿过新衣，都是哥哥姐姐穿不下的，改改再穿。有一年，妈妈把姐姐的衣服改给我，有花，到学校被同学笑假妹子，除了难过之外，还恨过妈妈很长一段时间。

那时候，如果哪家有一架用一把钥匙天天上发条的座钟或挂钟，不得了，那真是一笔财产，让四周邻居羡慕，也会多出一些麻烦。

工厂围墙外面，有一条街，叫厂后街。整条破破落落的街上，只有开杂货铺的虢三爹家有一架挂钟，红框的，拱门形，半人高，黄铜色的钟摆在玻璃门里均匀摆动，发出嘀嗒嘀嗒的声响，很是诱人。

三爹总是在街上人来人往时，站在椅子上，缓缓打开挂钟的玻璃门，缓缓摸出裤腰上挂的黄铜钥匙，缓缓插进钟面钥匙孔里，一圈一圈，上发条，“咔咔咔”的声音格外清脆。

每天临到做饭时分，妈妈就喊，黑皮佬，去三爹家，看看几点钟了。我就飞跑到三爹的杂货铺，探头探脑，扫一眼挂钟，然后，回家报告，长针指着什么数字，短针指着什么数字。

去看钟的，当然不止我一个，四周邻家的孩子，窜来窜去。光看钟，不买货，也会让三爹烦。碰上心情不好，他会找块布，把钟蒙起来。

整条厂后街，三爹家是最殷实的。除了挂钟、杂货，还有房产，是拐角的铺面，二层，下店上居。有大人常指着他家的房子说：“湘乡粮子真正恶，跑到长沙占拐角。”粮子是长沙土话，指当兵的，当兵吃公粮兼抢粮，又叫呷粮崽。这样，我才朦朦胧胧知道，三爹祖籍是湘乡的，似乎与当兵有关。湘乡话是极难懂的，三爹在长沙住得太久，湘乡口音不重。

除了用布蒙钟令人失望，其实，三爹是挺逗街上孩子喜欢的。他坐在铺子门口抽旱烟时，一些孩子爬到他背上，搂他的脖子，摸他头发稀疏的脑壳，扯他的耳朵，他从不呵斥，只顾握着他那根油亮的长烟管抽他的烟。他乐得把自己当成孩子的玩具。

最让我记得的是三爹讲故事。他讲的故事主角永远是一个叫解缙的。连司马光砸缸这种传说，他也一口咬定，是解缙砸缸。而故事发生地，必定是南京。按他的说法，解缙的墓地还在南京，因为解缙被害埋入雪地时，手里还有一张纸条，上面写得明白：死在金銮殿，埋在紫金山。

三爹楼上的住房，是从来不会让孩子上去的。但大人讲，他房里挂着一把祖传的大刀。那把刀，因为见人血太多，已有灵气。遇电闪雷鸣的天气，大刀会自动往刀鞘外轻轻跳动，并发出嗖嗖声响。

后来上大学，常去长沙城中双鸿里五号与朋友相聚。双鸿里五号是一座颇为气派的公馆，其中一部分用作花鼓剧团的宿舍。后来一查，才知道，主人原是曾国藩下属，湘军将领。以前的双鸿里五号，还有很大的花园，到解放，统统没收充公了。

这样，我知道了三爹的来历。他祖父原来是湘军兵勇，打下南京后，发了小财，回到家乡，自然买房置产。置业的地点，就是我充满童年记忆的厂后街。据老人说，当年长沙老街上做小生意的铺面，很多是湘乡人的。至于湘军将领，出手自然不在这个级别。

这让我留心太平天国那段历史。曾国藩在攻破南京时的奏折中说，“三日之内，毙贼十万余人。秦淮长河，尸首如麻”。

这当然是场面上的语言，因为拖欠军饷，曾氏兄弟放手让进城的士兵奸淫掳掠，惨遭屠杀的，岂止是宿敌。

曾国藩的幕僚赵烈文七天后进南京城看到的景象：“沿街尸首十有九皆老者，幼孩未满二三岁者亦斫戮为戏。四十以下女子无一。哀号之声达于四野，其乱如此，可为发指。”

读这些，无法不想起那把会在刀鞘里跳动的大刀，以致后背生寒。

以后，我去南京，寻访过荒凉的城墙，在斑驳的城砖上，我居然辨认出长沙府的字样。上面那些官员及制砖人的姓名，已被时光擦拭得模糊不清了。

有些人，即使在远古，在星球的另一端，也与你彼此相知。

有些地方,你待了很久,但依然陌生。而另一个地方,哪怕只去一次,也如同故乡。你早就无数次到过这里,在梦中,在血液里,在灵魂之内。

人与人,人与物,人与宇宙的相互感知,原来如此神秘。哪怕身处一望无际的森林,你也只为一株老树的疤痕震撼。

即使你留守终生,那也不是你的故乡。每一个人生来便是游子,每一个故乡都不再是儿时模样。

你在枯坐,流水依然逝去,花瓣依然飘落,一切具象皆是梦忆。

目录

第一章 史前 万古洪荒至人的出现

第二章 先秦 公元前约5000年至公元前221年

第三章 帝国 公元前221年至公元前206年

第四章 两汉 公元前206年至公元220年

第五章　魏晋南北朝　公元 220 年至 589 年

第六章　隋唐五代　公元 589 年至 960 年

第七章　宋　元　公元 960 年至 1368 年

附录

图解金陵

第一章

史前

万古洪荒至人的出现

寻根

一个城市的故事，是人类的故事；人类的故事，是生命的故事；生命的故事，是宇宙的故事。

霍金说，我们探寻宇宙起源的秘密，只想回答两个问题：我们为何在此？我们因何而来？

这两个问题有足够的魅力，让每个人在某一刻从睡梦中惊坐而起，面对无边的黑暗，再难成眠。

◉阅读地图

血缘，一场浩大的宿命

表面上，是你父母漫不经心的一次寻欢作乐，让一颗精子与一颗卵子发生了碰撞。实际上，不过是神奇的血缘精心策划的浩大宿命。

不必为你扮演的角色得意与悲哀，国王或者平民，施暴者与被虐者，这不过是监狱里的一次年终演出，谁也无法越狱。

你被押解，注定已判处死刑。活着的区别，仅仅只是刑期长短。从来不会有改判的先例。

每个人都是繁茂血缘之树杈上一颗微不足道的果实。

你在这棵树的哪一根枝条上，在时间长河的哪一个瞬间，在茫茫宇宙的哪一个角落开花结果，这真是一场无可奈何的宿命，是上帝或是命运之神无意间扔了一下骰子。

黄帝，来自古巴比伦的国王

在这本书里，拉克伯里讲了一个惊人的观点。中国的黄帝，原本是古巴比伦的一个国王，名叫 Nakhunte。这个名字的读音，就是『黄帝』二字的转音。

中国《易经》中的八卦本身就是古巴比伦楔形文字的变形。乾坤二卦，在古巴比伦意作天地。因字简事繁，故一字包含多种意义，蕴含万物之理。《易经》也因此用作占卜之书。

实质上，《易经》是一本古文字典。

可怜的南京老祖母

我们可怜的，迄今将近60万岁的南京老祖母，始终为病痛折磨，而且，还可能是我们羞于启齿的性病。

我从哪里来

南京猿人为何具有现代欧洲人的特征？几十万年前，欧洲猿人有没有到访南京地区？南京老祖母是地道的外来户后裔，还是欧洲猿人与本土猿人杂交的混血儿？

一块头骨有话要说

一块70万—20万年前的猿人头盖骨的出现，令黄帝西来，中国人种西来之说戛然而止。人们寻根的热情再次回归本土。

恐怖的食人族

猿人意识到击打脑部容易置于死地，于是用尖锐的石器攻击头部，然后，吸干脑髓，再慢慢割下其他部位的肉吃。

写给古猿人的辩护词

如果谈及邪恶与残暴，有太多的证据摆在我们面前，这样的词语只配留给那些现代文明人。猿人做的那些事与他们相比，是多么微不足道。

对不起，你认错人了

北京猿人与现代北京人，与现代中国人没有血缘传承，他们不是中国人的共同祖先。

南京猿人与现代南京人，与现代中国人没有血缘传承，他们不是南京老祖母。

对不起，你会不会又认错人了

北京猿人、南京猿人作为一个物种，即使与现代智人血缘无关，那他们是如何灭绝的？为何与他们同时代的动物如鹿、熊、羊等得以保存？如果非洲智人迁移到了东亚，那么，应该把他们的石器打造技术一并带来，为何东亚出土了那么多石器，却找不到当年非洲石器的痕迹？

见下页→

录以备考

于是，他用泥土捏出人的模样，用气吹入鼻孔，这个泥人便活了，是个男人，取名亚当。

不久，上帝取下亚当的一根肋骨，造了一个女人，叫夏娃。

亚当说：『你是我的骨中骨，你是我的肉中肉。』

地球生命简史

人，这个可怕的物种诞生了。对地球来说，是该微笑还是哭泣？

金陵王气

所谓龙盘虎踞、金陵王气，只因是上亿年前地壳的褶皱隆起，形成独特的风水，从而造就了南京这座千年古城说不完、道不尽的成败兴亡。北望中原，南及闽浙。长江上可连湖广巴蜀，乃至康藏之地，下则达沿海诸省，乃至远洋诸国。凡有经纬之野心者，最易作统驭九州、天恩普惠之想。南京成为十朝古都，看来是命定了。

一块陶片隐藏的人类生活

当这颗星球的古人类尝试第一件陶器制作时，天就亮了。那是人类文明的第一缕曙光。只因陶器的出现，现代智人才有了明确的消息，历史也不再如远古那般扑朔迷离。

活着不是一件十分容易的事情。老天爷只管按照自己宏大的构想，安排天体运行、四季轮替。洪水、干旱、严寒、酷暑不过是那场宏大构想中的小细节，根本不会进入他的视野。这一切只能交给人类自己了。

去一趟六千年前的故乡（上）

即使你从来不曾离开，终老故乡，你也是一个游子，因为所有的故乡都不是儿时模样。

永远不会有现在，每一个现在都在转瞬间成为过去。

即使你身处一望无际的丛林，你也只为一棵古树的疤痕而震撼。

你在枯坐，花依然飘落，流水也不止息，眼前的每一个具象皆成梦忆。

去一趟六千年前的故乡（下）

当朝霞把四周的湖水映红时，台地上会不会传来长长的一声鸡鸣？狗吠是一定的。那时候家畜饲养已经开始。炊烟会袅袅从树皮与茅草铺就的屋顶升起，摇动身姿，融入天空。

只尺之杆，日折其半，万世不竭

只尺之杆，日折其半，万世不竭。即使是霍金，他能做的，也不过是把手中的这根杆子折断一半而已。后来的人再折一半，没有尽头。

我为何在此？我因何而来？这是两个无解，却又无从绕开的人生大困惑。

在永恒的时空中，一切存在都是虚无。一切具象无论何其庞大，都可忽略不计。

当分母为无穷大时，无论分子是任何实数，都归于零。这个数学常识说明了一切。

可怜的南京老祖母

他们匆匆赶到现场。

那块石头已用旧报纸包裹，静静摆在那里。

这是一次恒久的等待，一等便是几十万年。

他们小心翼翼地打开报纸，看到一层黏结得硬如石膏的泥土，附着在化石之上。

终于，一位古生物专家用工具剥开了一块硬泥。

粗大的眉骨显露出来。

这是一块形状如此熟悉的头骨化石。

所有在场的人都震惊了：南京猿人。

1992 年 6 月，采石工人在江宁雷公山发现一个溶洞，里面有漂亮的石笋、钟乳石。这些并不奇怪，一般溶洞都有。奇怪的是地上泥土堆积层里，散落着许多类似骨骼的石头。

这个溶洞有大小两洞相通，称之为葫芦洞。

南京古生物研究所立即成立专家组，对该洞进行发掘、清理。

南京古生物研究所的研究方向是无脊椎动物，从洞中发现的大量鹿、熊、虎、野猪等化石很快被送往北京，请古脊椎动物专家鉴别。

结果很快出来了，这批化石有四目，十一科，十五种动物。与北京周口店北京猿人属同一时代，其动物种类大多与周口店化石相近。

1993 年 3 月 13 日，一位民工在清理葫芦洞堆积物时，发现一块保存完好的头骨化石。

这块化石摆在了专家面前。

专家测定，这块命名为一号的头骨化石为女性。年龄在 21 岁至 35 岁之间，身高 1.3 米左右。

北京大学用常规铀系测年法，初步认定这块头骨距今在 35 万年以上。

后南京师范大学及南京地质古生物研究所用更现代的方法检测，测定头骨距今约 60 万年。

检测发现，这位女性患有骨膜炎，也不排除是梅毒。在头骨上发现病灶，这是世界已发掘古人类化石中的首例。

我们可怜的、迄今将近 60 万岁的南京老祖母，始终为病痛折磨，而且还可能是我们羞于启齿的性病。

她身体水肿、充血，也可能溃烂。肌肉日见萎缩，且极度怕冷、畏寒。

50万年前，南京地区的气温比现在低10摄氏度左右。到冬季，长江会封冻。因此，生活在北方周口店一带的动物，如鹿、熊、狐等，才可能同时活跃在南京地区。

全球发现的古猿遗址，有多处靠近温泉。可怜的南京老祖母，是因为畏寒，才选择在汤山温泉附近苦度余生吗？

我从哪里来

头骨所在的葫芦洞原始洞口朝北，不近水源，也不便出入。这显然不适合用作古猿人的住处。

专家参与清理发掘，仔细到连细小的老鼠骨头都未放过。很遗憾，这里没有像周口店的龙骨山，找到任何用火的痕迹。也未找到石制工具以及猿人其他部位的骨骼。南京老祖母的死亡之地不像在这个洞中。

那么，这块头骨是如何遗留在这个洞中的？仔细观察，头骨上有伤痕，南京老祖母死前发生过什么事情？

摆在面前的这副头骨，留下的信息远不止这些，还带来更多的疑团。

头骨上的鼻骨很高，而鼻腔后侧与眼眶之间有膨状隆起。这两点，完全是现代欧洲人的特征。现代亚洲人鼻梁扁平，也不存在膨状隆起。

南京猿人为何具有现代欧洲人的特征？几十万年前，欧洲猿人有没有到访南京地区？南京老祖母是地道的外来户后裔，还是欧洲猿人与本土猿人杂交的混血儿？

将目前现存古猿人化石比对，距今250万—40万年间，中国南京猿人、郧县猿人鼻梁较高，同期有鼻骨欧洲猿人化石反而相对矮出一些。这好像佐证了猿人未从欧洲远徙亚洲的观点。

有人从鼻梁功能入手，认为鼻子的作用是对呼吸空气的温度湿度作调节。高的鼻子宜于在寒冷干燥的地方生存，当时中国气候处于低温周期中，高鼻梁是适应环境的结果。

另一些科学家不认同这类观点。理由是，现代北极地区因纽特人、西伯利亚的布里亚特人身处严寒地带，而鼻子却十分扁平。生活在60万年前热带、亚热带的埃塞俄比亚的波多人，鼻子却很高。

欧洲的尼安德特人，与旧石器同期古人类同处冰期环境，鼻子却高宽不同。可见，遗传因素比环境因素重要很多。

从目前的化石证据与基因证据来看，古人类已于100多万年前从非洲远徙万里，到达印度尼西亚爪哇岛。这个结论，至今在人类学界没有疑义。

古猿人与古人类因气候变迁或种群扩大而进行迁徙是生存的需要。上万千米的距离，相对数万、数十万年的时限，每年移动的距离，不过百十千米。这自然不是难事。而迁徙必然导致相近人种的融合与杂交。

血缘，一场浩大的宿命

你来到这个世界，从来不是没有关联的个案，也不是一个孤立的偶发事件。

是一根神秘而又无形的链条把你牵扯进来，于是，你活蹦乱跳，哭着笑着，成为这个世界的一部分。

这根链条便是血缘。

你无从选择。不管你愿不愿意，你来了。你被牵扯进来，你被链接进来，你被押解进来，你在某一个时间节点，被活生生扔了进来。于是，你有了第一声啼哭，你看到了一个你喜欢或不喜欢的世界。

你的肉体与意识被安放在这里。从此，你不再是一名看客或局外人，你得为该死的一日三餐而苟活。即使心怀不满，也得装出讨好的微笑。

没错，血缘是一个面无表情、忠于职守的押解者，它是如此神秘，影影绰绰，似有还无。你没有想来，它押解你，你来了。

表面上，是你父母漫不经心的一次寻欢作乐，让一颗精子与一颗卵子发生了碰撞。实际上，不过是神奇的血缘精心策划的浩大宿命。

它好像与你无关，你是多么独立，多么自大，可以依循自己的意愿为所欲为。你就闹腾吧。

它好像与你有关，你的押解地只是一个被指定的圈子，你闹腾他闹腾的区别，仅仅只是圈子大小不同。不必为你扮演的角色得意与悲哀，国王或者平民，施暴者与被虐者，这不过是监狱里的一次年终演出，谁也无法越狱。

你被押解，注定已判处死刑。活着的区别，仅仅只是刑期长短。从来不会有改判的先例。

每个人都是繁茂血缘之树上一颗微不足道的果实。

你在这棵树的哪一根枝条上，在时间长河的哪一个瞬间，在茫茫宇宙的哪一个角落开花结果，这真是一场无可奈何的宿命，是上帝或是命运之神无意间扔了一下骰子。

你来了，来到这个世界作一次短暂的旅行。即使在茫茫人海中，你也不会被混淆，丢失。

那根无形的链条已为你做好了标记。

你必定有一个姓氏，那是你血缘的族徽。即使不写出来，也深深烙印在你的身上。

就像一个管理得秩序井然的监狱，每个犯人都肯定不会缺少编号。何况这个监狱如此之大。

中国的族谱与宗祠，把这根无形的血缘之链显影，并且具象。人们总是在这里认祖归宗，追寻血缘之根。从个人追寻到家庭，从家庭追寻到族群，从族群追寻到民族，从民族追寻到人类。

人们沿着血缘之链，辨识先祖的足迹。一代又一代，走过王朝的更迭，命运的无常，最终抵达渔猎时代。

“张”，金文作“”，是手执长弓的射手，还是弓箭的制造者？

“李”，甲骨文作“”，一说图腾为李树，一说图腾为虎。

“吴”，甲骨文作“”，是一个人急跑、回头、张嘴大喊的象形。吴姓的先祖在原始狩猎中是负责瞭望、报告野兽踪迹的哨兵吗？

“赵”，金文作“”，象形为一个人背着大块兽肉行走，或许，赵姓的先祖在原始狩猎的分工是运输？

“陈”，金文作“”，左为旌旗，右为车轮，上为戈矛的会意，是不是与上古战车有某种关联？

每一个血缘的支系，都会连回同一根主干——三皇五帝以及他们的部落。

中国人的血缘之书都会翻到相同的首页。

炎帝、黄帝，所有中国人都在这里找到共同的先祖，自己的血脉的终端。

这就是终端吗？

炎帝、黄帝从何而来？

先祖的足迹像谜一样消失了，消失在浩渺的时空之中。

只有偶尔一现的古人类化石，才撩拨人们继续寻根的热情。

黄帝，来自古巴比伦的国王

确认文明存在的三大标志是：城市遗址，文字，复杂的礼仪建筑。

所谓礼仪建筑，是指不用于生活需要，而满足精神需求的建筑。如寺庙、金字塔等。

符合这些要素的古巴比伦、古埃及、古印度、古希腊以及中国，为世界五大文明发源地。

古巴比伦位于伊拉克一带，底格里斯河与幼发拉底河的两河流域。古巴比伦文明的兴盛，距今长达六千余年。

而中国有文字可考的历史，距今也不过四千多年。按疑古派的观点，四千年都水分太多。

古巴比伦在约五千五百年前就建立了奴隶制国家，一千多年之后，中国才有黄帝的传说。

1894 年，一位幼年长于中国香港的法裔英国人拉克伯里出版了一部书，叫《中国上古文明的西方起源》。

在这本书里，拉克伯里讲了一个惊人的观点。中国的黄帝，原本是古巴比伦的一个国王，名叫Nakhunte。这个名字的读音，就是"黄帝"二字的转音。

公元前2282年，他率领巴克族从两河流域的迦勒亚底出发，翻越昆仑山，到达黄河上游，传播文明，从而开始中华民族的历史。

所谓"百姓"，不是现在人们理解的百家之姓。"百姓"，其实是巴克族的转音（Bak tribes — Bak Sing）。

拉克伯里的主要证据是，古巴比伦文明与中国早期文明十分相似。

如两河流域的居民与中国人都采用太阳历纪年法。置闰月，一年分四季，十二个月，二十四节气，都有十二生肖，六十年为一甲子。此外，金木水火土、天干地支的用法也相近。

再如摩擦取火，金属冶炼，黏土造瓦，舟车制作，技术相同。

古巴比伦与中国两地都置天宫，以右为尊，称"四海""四岳"等。

中国古代关于大洪水的传说、神农氏的传说、仓颉造字的传说，都在古巴比伦能找到类似记载。

中国《易经》中的八卦本身就是古巴比伦楔形文字的变形。乾坤二卦，在古巴比伦意作天地。

因字简事繁，故一字包含多种意义，蕴含万物之理。《易经》也因此用作占卜之书。

实质上，《易经》是一本古文字典。

拉克伯里虽见解独特，但在西方反响不大。而现在，更是极少人问津。

但在一百多年前的中国，这是一副适得其时的心理补剂。

除了反清排满的需要，中国人急于摆脱"东亚病夫"的暗示，乐得与西方人同种同源。

当年中国的一流大学者，如章太炎、刘师培、梁启超等，都倡导此说，刘师培更将拉克伯里的观点写入历史教科书。

日本学者白河茨郎、国府种德的《支那文明史》，中国学者蒋智由的《中国人种考》都坚定地持这种观点，令拉氏学说风行一时。

袁世凯主政时的中国国歌《中华雄踞天地间》，其词有：

中华雄踞天地间，
廓八埏，
华胄从来昆仑巅。
江河浩荡山绵连，
勋华揖让开尧天，
亿万年。

华胄从来昆仑巅，唱的就是黄帝西来说、中国人种西来说，足见“黄帝西来说”影响之深。

一块头骨有话要说

1921 年，北洋政府的矿务顾问，瑞典人安特生在北京周口店发现一处含动物化石的堆积。随后在当地群众引导下，又在龙骨山北坡找到一处更大的化石地点。

1929 年，在中国考古学家裴文中主持发掘中，发现一块完整的北京猿人头盖骨。

之后，又发现大量骨制品、石制品以及用火的痕迹。

北京猿人的发现与猿人遗址极为丰富的遗存，对世界人类学研究无疑是一次巨大的震撼。

从先后出土的四十多件猿人个体化石，约十万件石、骨制品及动植物化石，人们依稀可以拼凑出几十万年前北京一带的情景。

这里曾河流纵横，湖泊如镜，水草丰盛。蛇、蛙、鸟、虫、鱼在此栖息。

这里曾森林密布，嫩叶、鲜花、野果随手可摘。马、鹿、羊、熊、虎，无数动物在此出没。

北京猿人从河床山畔拾来石英、水晶、燧石制成刮削、砍砸工具，用以采摘果实，猎取食物。

它们已经学会用火，保留火种。白天，用火烧烤肉食；夜晚，用火取暖御寒。

它们大概十多人结成一个谋生群体，平均寿命在14岁左右。

一块70万—20万年前的猿人头盖骨的出现，令黄帝西来、中国人种西来之说戛然而止。人们寻根的热情再次回归本土。

原来，几十万年前，中国北京地区早有直立人生活。

北京猿人是中国人的共同祖先，又一次写进教科书，差点儿要成为常识。

随之，中国陆续发现了170万年前的元谋人，80万年前的蓝田人、郧县人，50万年左右的北京猿人，以及距今20万年的智人——巢湖人，3万年前的北京山顶洞人。而发现石器、骨器的地点多达数百处。

这一切，似乎形成了一个无懈可击的进化链。而南京猿人的发现，再次提供了一个有力的证据。

事实果真如此吗？

恐怖的食人族

教科书当然不会提及。一个无法回避的事实是，北京猿人不仅可以削制木矛猎杀大型动物，它们还用锐器、砍砸器捕杀同类，食肉，吸脑浆。

1935年，世界知名古人类学家，德国人魏敦瑞来到中国，负责周口店猿人遗址的发掘与研究。

魏敦瑞在对出土的猿人头骨检测与观察时，发现头骨有裂纹与孔洞。头骨是人体骨骼最坚硬的部位，这些裂纹与孔洞令人费解。

在众多古人类遗址中，1899年，克罗地亚克拉皮纳山洞，发现一个13万年前尼安德特人的骨骼有被打击和火烧过的痕迹。

1909年，法国费拉西山洞发现的尼安德特人头骨破损严重。

1924年，南非发现数百万年前的古猿化石，头部曾被尖锐物体重击。

魏敦瑞在清理多具猿人遗骨时，还发现头骨偏多，肢骨偏少。而同时出土的动物化石普遍是肢骨多于头骨。

再就是，猿人头骨发掘地点，同时出土了石器与其他动物化石。这显然不合常情。猿人在吃完肉食时，怎么还会有同类的头骨留在一起？

鬣狗是狮子也望而生畏的动物，古鬣狗粪便中都能检测出骨头的残渣。这些化石不会是古鬣狗吃剩之物。鬣狗饕餮之后，剩不下几根骨头。

魏敦瑞在更为细致的研究中，有了新的发现。

1929 年出土的第一个头骨上有多处凿伤。1936 年发掘的另一个头骨上有很深的切痕。骨顶中部有一块下陷，形成直径 1.5 厘米的凹痕，凹痕散发裂纹，显然是尖锐物体重击所致。另一块头骨则有一处深达 3 厘米的矢状凹陷。

欧洲的尼安德特人存在食人现象，这在法国南部一处遗址中，找到了明确的证据。

看来，北京猿人也没有例外。

在魏敦瑞的研究中，他发现，尽管几十万年前的北京地区草长莺飞，但绝非常年如此。天有不测风云，洪水、干旱、严寒时有发生。特别是以万年计算的时间中，会历经多次恶劣气候的周期。50 万年前，北京地区遭遇罕见的天灾，食物极度匮乏，导致猿人间的残杀。

1943 年，魏敦瑞出版《中国猿人头盖骨》一书。书中，他写道：猿人猎食自己的亲族，像猎食其他动物一样。猿人意识到击打脑部容易置于死地，于是用尖锐的石器攻击头部，然后，吸干脑髓，再慢慢割下其他部位的肉吃。

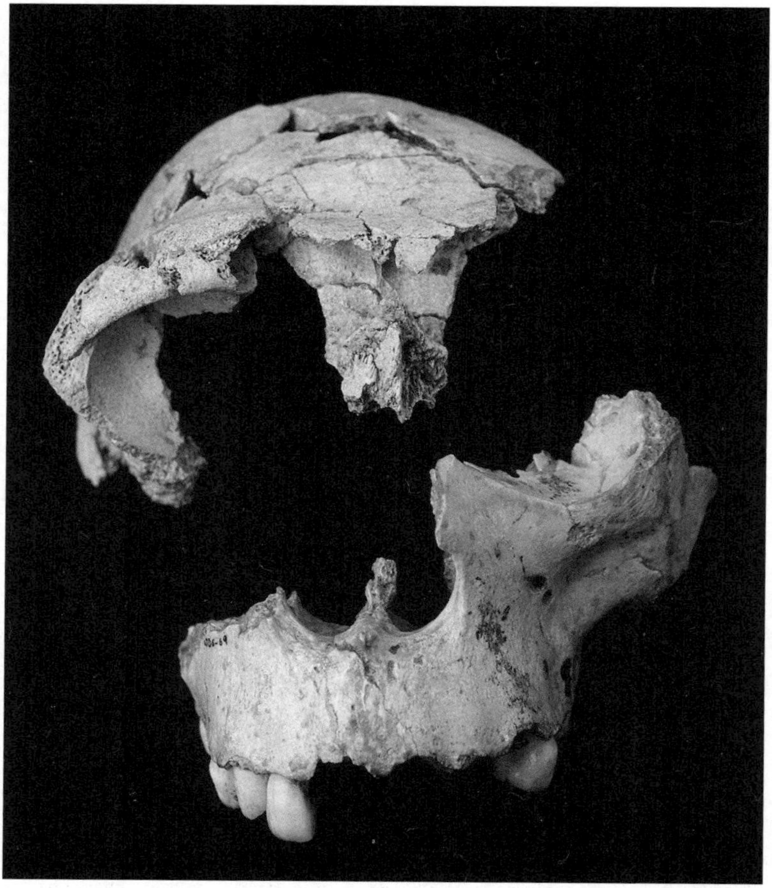

写给古猿人的辩护词

魏敦瑞的研究没有太大的漏洞。北京猿人曾同类相食。

如果综观现代文明人的历史，这真的不是一个值得惊讶的结论。

几十万年前的那个冬天特别寒冷，也特别漫长。大雪令天地云山上下一白，封盖了所有生机。如果有风，北风一定凄厉。如果无风，大地一片死寂。没有果实，没有绿叶，没有兽迹。在命垂一线之时，在最基本、最原始的需求迫使下，一些猿人选择了邪恶。

这似乎让现代文明人吃了一惊，并且心理不适。

虚伪是文明进化的另一个结果，文明人的健忘与作态竟是如此自然。

如果谈及邪恶与残暴，有太多的证据摆在我们面前，这样的词语只配留给那些现代文明人。猿人做的那些事与他们相比，是多么微不足道。

且不说现代智人的出现，灭绝了地球上无数的物种。

人吃人的记录更是触目惊心，哪里还好意思谈猿人的那点事儿。

西方有许多记录吃人场面的绘画。蒙田写过关于食人部落的论文，美国有淘金时期的吃人判案。

斯大林一手制造1933年乌克兰大饥荒，引发多少吃人惨剧。

至于中国，一部《二十四史》，人相食、易子而食的记录比比皆是。

每遇饥荒，即有“人肉肆”贩卖人肉，称之为“两脚羊”。

北宋靖康之乱，百姓无粮可食，将死人以盐腌制，晒成肉干，以之保命。

男人肉老，称为“烧把火”，意为要多加火，久煮。年轻女子味道鲜美，称为“不羡羊”。小孩肉嫩，叫“和骨烂”。当年斗米十千钱，人肉一具，才卖十五千钱。

太平天国之乱，江南富庶之地不再，皖南人肉每斤三十文，南京附近，句容、溧水、溧阳人肉价为每斤八十文。这些在曾国藩的日记中有过记录。

人肉从来就是军粮的补充。隋末朱粲常以幼儿熟食，他有名言：国中有人，不忧军粮。

五代赵思绾攻占长安，城中无粮，便杀妇女儿童犒军。赵爱吃人肝，将活人绑于柱上，剖肚，摘取人肝。肝脏既出，人犹惨叫不止。赵从作乱至败亡，吃人肝六十六副。

《旧唐书》载：

贼（秦宗权部）既乏食，啖人为储。军士四出，盐尸而行。

《旧唐书》又载：

贼（黄巢）围陈郡三百日，关东仍岁无耕稼。人饿倚墙壁间。贼俘人而食，日杀数千。贼有春磨寨，为巨碓数百。生纳人于臼碎之，合骨而食……。

将活人放入巨大的石碓和骨捣烂，吃人已经机械化了。

明末张岱记南京名媛王月生，何其动人，超然有茶韵。余怀老先生在《板桥杂记》中讲了这位绝世佳人的结局。

张献忠破庐州，掳王月生，王不随张意，张献忠砍了她的头，蒸熟，放在盘中，与部下分吃了。

康乾盛世不过是权势者的装点语。纪晓岚于《阅微草堂笔记》所写“菜人”已不忍卒读，岭南学者屈大均以诗记录了当年饥荒时的人肉市场卖食菜人场景：

两肢先断挂肉店，
徐割股胰持作汤。
不令命绝要鲜肉，
片片看入饥人腹。

假若把人相食的事实罗列出来，那是一本太厚太厚的书。

而要证明现代智人比猿人残忍，只需要一个事例便已经足够。

对不起，你认错人了

距一号猿人头骨出土不久，江宁葫芦洞又发掘了一块头骨。这块头骨仅存额骨、顶骨及部分枕骨，称之二号头骨。测定为男性，距今20多万年。

两块头骨出土地点相距约5米，但处于不一样的原始堆积层，它们的年龄相差达10万—30万岁。

脑容量常常决定物种的智力程度。古猿的脑容量为500毫升左右，猿人的脑容量在800—1200毫升之间，而现代人则在1400毫升上下。

一号头骨是典型的猿人头骨，而二号头骨测得的脑容量达到了1240毫升以上。这显然不是猿人，而是智人了。

同一个山洞出土两块年代相差如此之大的头骨，这是不是人类由本土起源并且进化的证据呢？从化石来看，似乎是这样。

现代分子学的迅速发展，产生了一种叫DNA的血缘检测技术。从现代人身上提取基因进行比对，即可追寻血缘先祖。

这项技术告诉我们，一号头骨与二号头骨，一个为猿人，一个为智人。虽然同为直立人，却是马与驴、猫与虎的关系。它们之间具有生殖隔离，属两个不同的物种，不存在血缘传承。

对不起，你认错人了。

北京猿人与现代北京人，与现代中国人没有血缘传承，他们不是中国人的共同祖先。

南京猿人与现代南京人，与现代中国人没有血缘传承，他们不是南京老祖母。

那么，谁才是人类的祖先呢?

1974 年，法国地质学家在非洲埃塞俄比亚阿尔法三角洲找到了一副骸骨。这是一副约有 40% 骸骨的南方古猿遗骨，距今 320 万年左右。

骸骨为女性，年龄约 20 岁，身高约 1.2 米，体重约 40 千克。

参与发掘的人员在营地为此次重大发现庆祝，庆祝时，反复播放甲壳虫乐队当年热播的《钻石天空下的露西》。

Lucy in the sky with diamonds. 这句一遍又一遍吟唱的歌词使那具骸骨有了一个好听的名字——露西。

1987 年，美国科学家用 DNA 技术，从现代人基因追踪到了这副 320 万年前的骸骨。认定这位来自非洲的露西才是现代智人共同的老祖母。

根据这一发现，一些人类学家描绘了一张新的人类演化的图谱。

露西之后，经过一些早期人种上百万年过渡，大约在 180 万年前，出现了一种叫匠人的重要人种。匠人一部分从非洲远徙到东亚，成为北京猿人、南京猿人的祖先，另一部分远徙到南亚，成为佛洛勒斯人的祖先。

而留在非洲的匠人则演化成海德堡人，海德堡人成了欧洲尼安德特人以及现代智人，即当今人类的共同祖先。

智人大约在距今7万—6万年前走出非洲，与尼安德特人争斗、融合，逐步走向地球的每一个角落。

智人以发达的大脑、灵巧的双手、广泛的食谱、超强的免疫力，成为这颗星球食物链的顶端。

他们疯狂地在地球繁殖，他们砍伐雨林、开采矿石，在河流上建坝筑堤，把整个地球弄得千疮百孔。而其他物种在他们的逼近中，正在逐一消亡。

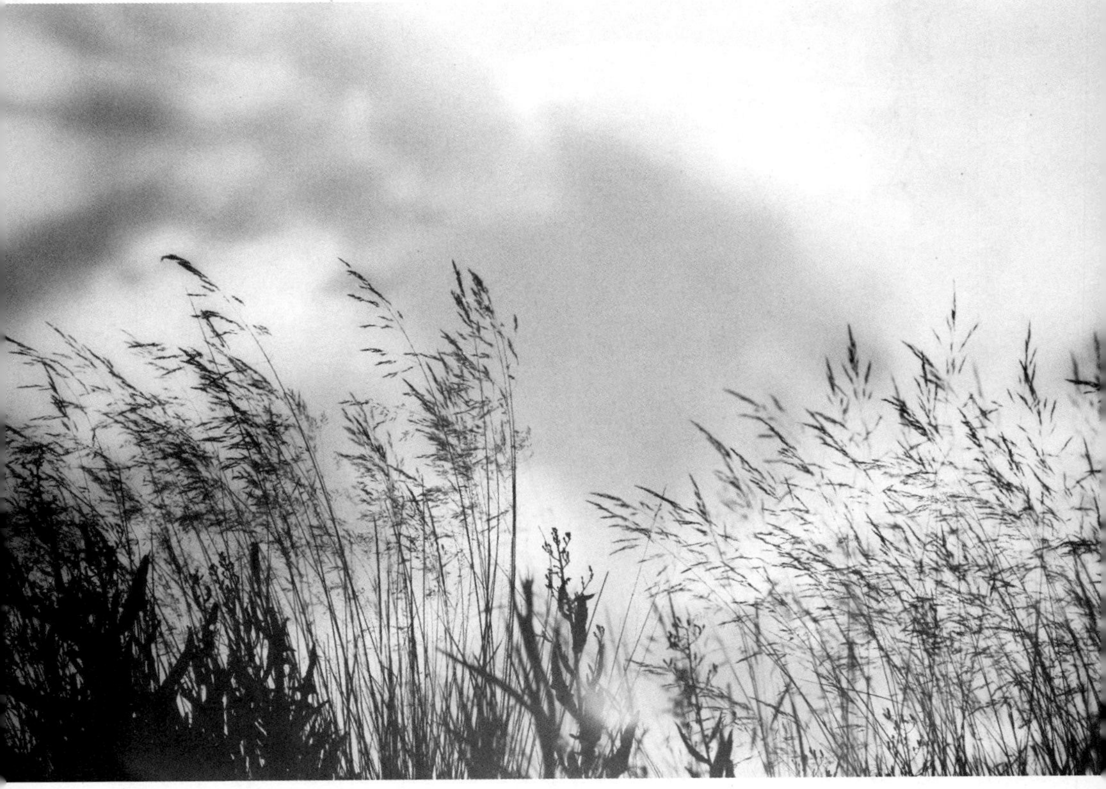

对不起，你会不会又认错人了

这是最终的结论吗？显然不是。

当欧洲大量直立人遗址发掘出来时，人们说，人类起源在欧洲。

当北京猿人遗址发掘出来时，又有人说，人类起源在东亚。

人类非洲起源说虽然有 DNA 技术支持，但依然有无数疑点摆在面前。

北京猿人、南京猿人作为一个物种，即使与现代智人血缘无关，那他们是如何灭绝的？为何与他们同时代的动物如鹿、熊、羊等得以保存？如果非洲智人迁移到了东亚，那么，应该把他们的石器打造技术一并带来，为何东亚出土了那么多石器，却找不到当年非洲石器的痕迹？

即使是进化论本身，也是存在疑点的。

按照进化论的观点，人是由猿进化而来的。但却找不出由猿到人的完整进化链。

持进化观点的科学家把不同年代的化石十分勉强地描绘了一

张由猿至人的演化图。可是一些猿人化石与现代人属于两个物种，以致一次又一次错认祖宗。

人类有文字可考的历史，不过5000年左右。文字产生之前，流传着各民族的神话传说。那些神话，是口述历史的一种形式，内容就是他们看见与听到的远古真相。尽管他们在讲述一个事实时，会夸张，会用身边的事物作某种近于魔幻的暗喻，以求叙述的生动。

有时候，神话传达的信息是不是比几块化石更为丰富？

录以备考

全能的神努（Nu），对着混沌一片的世界，他呼唤“苏比”，于是，世界有微风吹拂。

他呼唤“泰富那”，于是，天空飘起了雨点。

他呼唤“哈比”，于是，尼罗河流过埃及大地。

他呼唤“男人女人”，人就来到这个世界，带着他们繁殖的渴求。

造物完成，努便化作男身，成为第一个法老。

天神欧丁（Odin）在海边散步，看见沙岛上有两棵树，一棵高大雄壮，一棵姿态绰约。令人砍下，做成男人女人。欧丁赋予生命，其他神赋予智慧、语言与血液。日耳曼人因此有了自己的祖先。

居住于全世界任何地方的民族，都有关于人类起源的传说。

中国侗族与纳西族传说人是龟婆与天神孵蛋而生。

美洲与大洋洲传说人由动物，比如山犬、蜥蜴、猿猴变成。

尽管表述各有不同，但绝大多数传说都认定，人由神造。

毛利人的传说，与中国神话盘古开天十分相像。都说宇宙之初，天地不分，一派混沌。天神（叫什么已不重要），顶开天地，世界光明乍现。天神（就叫女娲吧），觉得大地荒凉，十分寂寞。一日，走到河边，看见水中有自己的影子，便顺手抓了河边的泥土，捏了几个泥偶。风吹过，泥偶活了，取名为，人。

神以泥土造人的故事还在印第安人中流传。

普罗米修斯捧起地上的泥土，按照世界主宰的天神模样，用河水调和，捏成人形。雅典娜女神惊叹这个创造物，便朝泥人吹气，一批充满善恶灵性的人在世上出现了。

更为著名的当然是《圣经》。

上帝花五天时间创造天地万物。

第六日，他说，我们要按照我们的形象，按照我们的式样造人。

于是，他用泥土捏出人的模样，用气吹入鼻孔，这个泥人便活了，是个男人，取名亚当。

不久，上帝取下亚当的一根肋骨，造了一个女人，叫夏娃。

亚当说："你是我的骨中骨，你是我的肉中肉。"

神与人立约，但人却屡屡违逆神的劝诫，偷食禁果，道德每况愈下。

"人终日所思全是恶。地上满是他们的强暴。"

神因此用洪水将上古世界毁灭了。只有诺亚是义人，神用方舟救了他。

"大洪水"的记忆几乎根植于每个文明古国，根植于地球上几百个民族的神话传说之中。

中国最古老的经典《尚书·大禹谟》中说，“洚水儆予”。非常明确地指出，上天曾用洪水滔天的形式，警告人类。

至于方舟，各民族的表述略有不同。

满族说是石缶子，黎族说是南瓜，鄂伦春族说是桦皮篓子，水族说是葫芦，而苗族的传说与《圣经》一致，说是方舟。

洪水以后，诺亚的三个儿子，闪、含、雅弗及后代带着大洪水的记忆迁徙世界各地。

雅弗与后裔北迁欧洲。

含的后裔西迁占领迦南地，再南迁生活于非洲。

《圣经·创世记》第十章记载，闪的后裔向东方迁移，散布于亚洲各地。

现代人类学把人种分为三类：高加索人种，即白种人；尼高拉人种，即黑种人；蒙古人种，即黄种人。一般人理解，白人是雅弗的后裔，黑人是含的后裔，黄种人是闪的后裔。

但事实并非如此简单。《圣经·创世记》中提到的西尼即指中国。西尼是迦南之子，迦南是含的儿子。那么，含的后裔是否有部分留居迦南地，或者与闪的后裔融合而演化为蒙古人种？

这样看，黄帝西来说、中国人种西来说又找到了另一种依据。

四川三星堆遗址的发掘，给世界留下一个巨大的疑团。那些青铜器的形象分明是西人的影子。而出土的金手杖，更像埃及与巴比伦的文物。

三星堆文化距今约5000年—3000年。

进化论是当下解释世界的主流视角。众多的疑点让人怀疑，进化论也属于所有神话传说中的一种，所不同的只是，这是一个逻辑严密的传说。

什么都可以存疑，唯一不必存疑的是，我们离真相依然十分遥远。

既然时间无始无终，宇宙无穷无尽，以渺小且有限的人类视角，怎么可能探知生命的全部真相？

南京猿人头骨的发现，再一次让忙忙碌碌、自以为是的人类，面对浩渺无际的宇宙自问，人为何物？

地球生命简史

宇宙大爆炸理论，是目前宇宙起源方面最为流行的理论。但宇宙有起源吗？如果有起源，那起源之前的世界是什么？如果宇宙有边界，那么边界之外是什么？也许，把很多理论看作一个猜想更为合适。只是，这个猜想引人入胜而十分有趣，博得大多数人认同。

村子里的孩子，谁不愿意到村口的老槐树底下，听一个叼着烟管的白须老人讲一个关于远古的故事呢？

依据宇宙大爆炸的假说，地球由原始太阳星云聚集成为一个行星。它成形的时间距今约为46亿年。

20世纪，科学家发明了放射性同位素地质检测法，测得地球上一块最古老的岩石年龄为35亿岁。

20世纪60年代末，人类登上月球，并从月球采得了岩石标本。检测结果显示，月球岩石年龄在46亿岁左右，从而得到了地球的大致年龄。

简单地说，地质学家把地球的历史划分为五个地质年代：

太古代 38亿年—25亿年前。

气温与现在相差不大，对任何生命来说，这是一个不错的消息。

大气正在形成，不过成分与现在有点不同。氦气与氢气比例较大，伴随火山频发，二氧化碳增多，兼有甲烷、氮气与水。

最初的地壳有点儿薄，以致岩浆随时喷涌。涌出的岩浆渐渐固结硬化，形成稳定的基底地块，地质学家称之为“陆核”。

这一时期的岩石主要是火山岩、片麻岩、花岗岩。金、银、铜、铁等矿产都可以找到，其中铁矿总储量的60%产生于太古代。

生命的元素在逐渐改善的环境中，由简单有机分子、复杂有机分子、生命凝聚体，朝原始生命演化。不过，时间长达15亿年。

这时候，如果从太空远望地球，一定比现在看它更令人惊叹，它蓝得太美。

海水漫过全球，陆地只是一些零星的小岛。

元古代 24亿年—5.7亿年前。

地球依然是海洋的世界，剧烈的地壳运动造成部分“陆核”的对撞、拼合，形成若干块陆地，但世界屋脊青藏高原的大部分依然在海平面之下。

如今依然可见的蓝藻，是地球最早的生命。那是藻菌繁盛的时代，当我们偶尔路过一片池塘水域，时常看见蓝藻漂浮水面，掬一捧水，蓝藻细如尘埃，有如阳光照射下飘浮于空气中的微尘。

它们竟是旧时模样。几十亿年啊。

海洋已产生无脊椎生物。三叶虫、腕足类，最早可以移动的生命。

地壳增厚，火山活动减弱，大量碳酸盐岩的出现，标志着大气中已产生维持生命不可或缺的成分——氧气。

冰碛层则提示大冰期的存在，地球出现首次全球大冰期，有的地方冰层厚达千米。

古生代 5.7 亿年—2.5 亿年前，生命出现不明原因的大爆发。

3 亿年，对于古老的地球来说，这个时间算不得太长。

火山不再像以前那样活跃，但仍然经常爆发。陆地经历几次下沉，北半球大部淹没海底，又经历几次上升，成为更大的陆地。地壳运动造成褶皱隆起，形成多块陆地拼合与连绵的山脉。

继元古代中国北方形成古陆后，又形成华北陆台，并多次发生沉降。时陆时海的交替作用，使大量古森林沉积于地下，产生煤层。

关于南京地区的消息是，古扬子海上升，逐渐形成扬子古陆，与江南古陆、康滇古陆对撞、拼合，连成大片陆地。

而天山、昆仑山、喜马拉雅山地区仍处于活动的海槽之中。

植物不再是水生菌藻类那样单调，它们无中生有，产生一个又一个全新物种，多姿多彩地爬上了陆地。紧挨地面的是苔藓、地钱、泥炭藓、葫芦藓，品种繁多。

古蕨矮的数十厘米，高的达数米、数十米，如果现在走进原始森林，还能目睹它们的风采。它们从不夸耀自己的年龄，只是静静生长在阳光照不到的潮湿角落。

松柏出现了，苏铁出现了，银杏也出现了。这些树种无不独具风姿，有这么多植物争相装点大地，大地还会寂寞吗？

有些植物只是客居，来了，又去了。

当年温暖湿润，沼泽纵横，属于科达纲的大树连成大片森林。这类瘦长的大树高达40米，树冠如卵状。在时海时陆的交替中变成了煤，深埋地下。

它们的风采仅仅残留在化石之中。

动物也不甘落后，三叶虫孤独的时间很长，海洋突然热闹起来。珊瑚、菊石、海绵、海星、鹦鹉螺等纷纷出现了。

海星至今仍是童话故事的主角，鹦鹉螺不难在很多海域找到。

鱼也很多，甲胄鱼、盾皮鱼、总鳍鱼来往穿梭。

两栖动物、哺乳动物也不会放过陆地的美景，它们相继在对陆地的窥探中，考虑是去做客还是定居了。

中生代 2.5亿年—0.65亿年前。

在不到2亿年的时间中，地壳板块、气候、生物演化改变巨大。

没有哪个时代如此生机勃勃，没有哪个时代会让蓬勃的生机突然消失于无形，归于沉寂。

陆地在地壳运动及沉降上升中连接成超级大陆，夺走海洋大约三分之一的面积。之后又分裂成北美大陆、欧亚大陆以及南美大陆、非洲大陆、印度大陆。

各板块漂移加速，整个地球的地理状态已接近现在的模样。仅仅只有大洋洲与南极没有完全分开。

气候在变化中，到白垩纪，平均气温比现在高出近10摄氏度。干旱也因之发生。

海平面也在变化中，侏罗纪时代，海平面大约在今天海拔200米。

中生代早、中期是爬行动物的天下，哺乳动物及鸟类也开始出现。

之后，生命的末日可怕地降临。

中生代晚期的大灭绝事件是生命史上最为重大的事件。这次事件灭绝了90%~96%的海洋生物，70%的陆地生物，造成了50%的物种消失，包括大家熟知的恐龙。

有迹象表明是一颗小行星撞击地球所致，但很多人不认同这个猜想。

所幸的是，能飞上天空的鸟类先祖，还有一些体形较小的爬行动物，躲过了这场浩劫，如壁虎、变色龙、乌龟与鳄鱼。

植物依然繁盛，蕨类、松树、杉树、苏铁、银杏生长于沼泽山岗。

有花的植物也悄悄出现了，这是真正的花，有花萼、花蕊、花瓣。

谁不会因为一丛开放脚边的野花而满心欢喜呢？

新生代 6500万年前至今。

新生代开始的时期，中国与印度还有古地中海相隔。

直到300万年前，喜马拉雅山脉才从海底隆起。随之渐渐升高，直至现在的海拔8800余米。这条雄视天下的山脉竟是如此年轻。与它差不多同样充满青春活力的山脉，还有欧洲著名的阿尔卑斯山脉、美国的洛基山脉。

青藏高原也伴随喜马拉雅山脉的隆起成为世界屋脊。对于古老的地球来说，一切似乎发生在昨天。

冰期与间冰期的交替，导致海平面上下升降，气候也因之发生干旱、寒冷、温暖、湿热的频繁变化。一部分物种在这种气候中消亡。

冰期干冷的特殊环境造成了黄土堆积，这是新生代后期独有的地质奇观。世界最大的黄土堆积区位于中国，其黄土厚度最深可达数百米。

有花类植物空前繁盛，给这个星球增添了动人的色彩。如今，在这个星球的哪一个角落，看不到或是淡雅，或是艳丽，或是清香四溢的花呢？一些人因一树梅花增添了生活的勇气，一个人随手摘了几朵篱边的菊花，竟能定格一个民族精神状态的一部分。

哦，对了，这颗星球发生了最为重大的事件，相比之下，中生代物种的大灭绝又算什么呢？

人，这个可怕的物种诞生了。

对地球来说，是该微笑还是哭泣？

附　记

质疑的声音依然很多。

放射性同位素地质检测法出现过多次误测，有些检测也存在很大误差。用这种方法检测的是地球上的岩石，如果汇聚成地球的原始星云也包括岩石，那测得的年龄还是地球的年龄吗？

曾有科学家用地球沉积物厚度、海洋盐度起源、热力学原理三种方法推测地球年龄，得出的年龄基本一致，大约为一亿年。

但作为故事，没有其他的故事比这个 46 亿年的故事更为完美。

金陵王气

南京地区位于地球东经118度，北纬31度左右，地处中国腹部。

从地球诞生到有菌藻类产生的元古代，再至中生代的三叠纪（约2亿年前），这里一直处于沉陷状态，大海茫茫，无边无际，人们称之为古扬子海。剧烈的地壳运动，海平面的升降，形成扬子陆台。

在地质学家看来，这是一个奇迹，南京地区沉积了地球各个年龄段里的全套地形。

二叠纪至三叠纪（2.9亿年—2亿年前）对中国地质是一个非常重要的时期。华夏板块与扬子板块完成碰撞、拼合，形成华南板块。

之后，从三叠纪到白垩纪（2.1亿年—6500万年前），南方地壳受到强力挤压，造成褶皱。也就是说，形成了连绵的山脉以及水系。南京地区的地形地貌、主要山脉水系及基本轮廓就此奠定。

苏南的主要山脉是宁镇山脉、茅山山脉以及宜溧山地。

整个茅山山脉形似一条扁担，挑起了西北端的宁镇山脉，东南端的宜溧山地。

宁镇山脉形如巨龙，钟山为龙头，其龙尾经镇江入海，神龙见首而不见其尾。

秦淮河北源句容宝华山，南源溧水东庐山，于江宁汇合为主干，由西而东，贯穿南京，注入长江。

所谓龙盘虎踞，金陵王气，只因是上亿年前地壳的褶皱隆起，形成独特的风水，从而造就了南京这座千年古城说不完、道不尽的成败兴亡。

北望中原，南及闽浙。长江上可连湖广巴蜀，乃至康藏之地，下则达沿海诸省，乃至远洋诸国。凡有经纬之野心者，最易作统驭九州、天恩普惠之想。南京成为十朝古都，看来是命定了。

南京曾用名甚多，称“建邺”“应天”，以表号令四方之雄图；贬“秣陵”，以压其地之王气；名“江宁”，则是惨经苦难之后那一点微薄的希冀与乞望了。

南京古称金陵，这金陵二字，才涵盖了这座城市的雍容华贵与由此引发的繁盛兴衰。

金陵的由来，专家考证，是因山得名。钟山春秋时期名金陵山。山边之地，也以金陵名之了。

而载于古籍的众多传说却别有动人之处。

《景定建康志》载：周显王三十六年（公元前333年），楚子熊商败越，尽取故吴地。以此地有王气，因埋金以镇之，号金陵。

《景定建康志》又载：父老言秦（始皇）厌东南王气，铸金人埋于此。

秦始皇于金陵岗设一碑，书："不在山前，不在山后，不在山南，不在山北，有人获得，富了一国。"诱寻金人遍山凿之，以泄王气。又改金陵为秣陵，将金陵之尊贵贬为喂马之贱草。

最离谱的是隋文帝杨坚。

公元589年，隋军破建康，灭陈。文帝深厌金陵王气，诏并平荡耕垦。一座繁华古城，顿时灰飞烟灭，化作农田菜地野蝶飞。

约三百年后，唐人张读在《宣室志》记南京景象："宫阙尽废，台城牢落，荆榛蔽路。"依然是何等荒凉。

金陵王气，祸兮？福兮？足令白发樵举浊酒而长叹。

一块陶片隐藏的人类生活

这是一段巨大的空白。

南京猿人之后，长达几十万年时间，南京地区再也没有找到直立人相关的更多痕迹，也没有发现旧石器时代古文化遗址。南京猿人尽管是直立人的另一个分支，与我们的血缘没有关联，但它们是如何消失、灭绝的？我们真正的祖先智人又是如何出现在这块土地的？

有人推测与距今11万年至距今9000年地球那次大冰期有关，冰期于18000年前达到顶峰，很多洋面封冻，最厚的冰盖达一千多米。大量物种没有逃过这场大劫，也许，北京猿人、南京猿人也在其列。之后，气候逐渐回暖，一些死里逃生的生物才慢慢活跃起来。

历史从来就是一个充满困惑的谜团。只是它的局部谜底可以逐一展现，而最后谜底永不揭晓。

1977年4月，南京溧水县白马镇回峰山采石场炸山，发现了一个山洞，当地称之为神仙洞。洞里散落众多动物化石。

本地人捡了，当作中药龙骨，拿到县城去卖。

甲骨文的发现，也是源于龙骨这味中药。此事立即引起县文物主管干部的注意，从而开始对神仙洞正式考古发掘。

考古专家在溧水神仙洞找到一批古脊椎动物化石及一块人类化石，并在堆积中发现木炭碎屑。经测定，这些化石距今约11000年。

让人惊喜的是，伴随化石出土的还有一块邮票大小的陶片。

历经几十万年后，南京古人类活动终于又有了蛛丝马迹。

利用现代仪器观测，这块陶片用黏土烧制，中间杂有的细沙尚未完全滤尽。陶片一面褐色偏黑，另一面褐色偏黄。从陶片弧度可推测器形较大。其烧制温度约800摄氏度。

更令人惊叹的是，在制作过程中，一万年前的那位工匠，用手指抹平陶器表面时留下的纹络，依然清晰可辨。

石器时代对人类来说是何其漫长。一块石头，从粗糙地打造到精细地磨制，这个现在看来微不足道的变化，经历时间竟长达两百多万年。

陶器的出现可谓石破天惊。

当这颗星球的古人类尝试第一件陶器制作时，天就亮了。那是人类文明的第一缕曙光。

只因陶器的出现，现代智人才有了明确的消息，历史也不再如远古那般扑朔迷离。

一块陶片储存的信息太多了。

1400毫升脑容量的大脑开始复杂地运算，在反复筛选中选取合适的材料——黏土。

已经进化为手的前肢开始对黏土反复淘洗，让黏土沉淀为可用的原料。

1400毫升脑容量的大脑开始想象，预设一个自己需要的器形。对于所有动物来说，这是相当复杂的思维。

灵巧的双手完成这个器形的制作。

然后是烧制。

如何让陶器经久耐用，这是一个把控火候极为复杂的过程。

没错，到这个星球有了第一件陶器时，古人类已不再为取火而烦恼，而是让火成为他们运用娴熟的工具，多少无机物在烈火中重生后，完成了“无中生有”的创造。

陶器之后，接踵而来的是青铜器时代，铁器时代，每一个创造都是用火技巧的一次飞跃，随之而来的是人类生存的方式焕然一新。

当然，还包括地球从此千疮百孔。

一块陶片还告诉了我们什么呢？

人类开始定居了。

定居当然需要房子，像制作陶器一样，建筑这项复杂的劳动也因之产生了。

活着不是一件十分容易的事情。

老天爷只管按照自己宏大的构想，安排天体运行、四季轮替。洪水、干旱、严寒、酷暑不过是那场宏大构想中的小细节，根本不会进入他的视野，这一切只能交给人类自己了。

活着的第一大麻烦，是必须考虑严苛环境的食物储存。人体对食物需求中断的极限不过才十余天时间，否则便饥饿至死。这是一个多么巨大的难题。

一块陶片会隐藏着两个重大消息，古人类已试着把多余的猎物驯养成家畜，再者，就是把野生植物的种子保留下来，用于耕种。

当然，伴随而来的一个信息是，财产出现了。人与人的差别除了丛林法则中的体格与智力之外，又多了一项重大指标，财富占有的多寡。

自此，人类开始了财产分配、占有、再分配、再占有的残酷争斗。可以说，人类迄今为止的众多学说与主义，都是因为“财富”二字生发出来的。一部人类史，基本是财富占有与分配史。

没有人能解释，这个不算太小的星球，埃及的陶器，两河流域的陶器，中国的陶器，世界各地的陶器，为何居然会产生于大致相同的时段。

陶器的出现距今顶多在两万年左右，而陶器的兴盛，则在距今 9000 年至 4000 年之间。

只要对世界各地的古陶作一次泛泛浏览，很难不被那种原始的、充满生命质朴与灵动的美感所震撼。

首先是器形，任何一件现代瓷器摆在它们面前都不能免俗。

再就是纹饰，那样的简约与朴拙会胜过所有的工巧与繁华。

至于工艺，龙山文化出土的蛋壳黑陶，黑如漆，亮如镜，薄如纸。至今无法复制。

当第一缕文明的曙光乍现，人类的脚步突然大幅加速了，似乎摸索了几十万年的前进之路不再黑暗，至此灯火通明。

溧水神仙洞那块小小的陶片最直接的信息是，陶器时代早期，南京地区已有原始居民在此定居了。

去一趟六千年前的故乡（上）

即使你从来不曾离开，终老故乡，你也是一个游子，因为所有的故乡都不是儿时模样。

永远不会有现在，每一个现在都在转瞬间成为过去。即使你身处一望无际的丛林，你也只为一棵古树的疤痕而震撼。

你在枯坐，花依然飘落，流水也不止息，眼前的每一个具象皆成梦忆。

一块陶片已揭示了随后的一切。原始人在旧石器时代失联了几十万年之后，南京地区新石器时代人类活动的痕迹四处可见。

位于南京市中心的北阴阳营文化遗址、高淳薛城遗址、浦口营盘山遗址、六合羊角山遗址、高淳朝墩头遗址、江宁陶吴昝庙遗址等等，甚多。

十分有趣的是，南京地区的古人类遗址，大多分布在平地上凸起的台形高地上。这些土墩，一般高出平地几米至十数米，面积达数千上万平方米不等。以当时生产力的水平，原始人要堆积一个这样的土墩，是何其浩大的工程。

何以至此?

一万多年前，地球经历了距今最近一次大冰期，那时候的地质形态，与现在有较大的差异。

故乡尚不能如儿时模样，何况几千上万年前的南京呢?当年南京的地面，约低于现在 20 米。之后，冰期结束，地球逐步变暖。海平面因冰川融化而渐渐升高，长江水位也随海水顶托升高，长江口逼退到镇江附近。

那时的玄武湖，自然不是今时模样，它涵盖了南京所有低洼地区，到年年洪水来袭，古玄武湖面积还将大出更多。

南京市中心北阴阳营文化遗址，紧挨古楼岗，是一块高出地面 7 米多的台形土墩。可以想象，原始人居于其上，极目远望，不会是高楼林立，而是一望无际的湖水。

三面环水，退可进山围猎，进可下湖捕鱼捉虾，而洪水退去后，湖边土地肥沃，可以种植稻粟。

对南京周围众多的古人类遗址发掘中，出土了大量石器、陶器、玉器、骨器，这些器具既有长江中下游如马家浜文化、良渚文化的特征，也有北方如仰韶文化、龙山文化的影响。可见，南京独特的地理位置，便于多种文化融合交汇。

出土的多处墓葬发现，当年没有单独墓穴，未见有男女合葬之墓。由此可知，现代概念的家庭尚未形成。人知有其母，而不知其父。主流理论把当年的社会形态称之为母系社会，更简单化的推想，不妨观察野生动物的群落关系。

每副尸骨的随葬品已有好坏多寡之分。北阴阳营文化遗址的随葬品大多数人是 2~4 件，而最多的达 40 件，且包括非生产非日用的装饰品——玉器。

是的，财产、等级、权势这些东西已伴随文明的产生如期而至。

人生而平等只是愿望，人生而不平等才是事实。

人死而平等才是事实，人死而不平等只是愿望。

不知那些冰冷的尸骨如何因葬品的多寡表达失落与得意。

经测定，这些人属蒙古人种，与任何一个现在南京人的DNA差异极小。

不再会认错先祖，他们是地道的南京早期居民。

去一趟六千年前的故乡（下）

新石器遗迹最重要的发现，当然是住宅遗迹。

高淳薛城发掘一处完整的原始人居住遗址，面积约 100 平方米。分布有住房、储藏室、灶坑、蓄养池以及存放垃圾的灰坑。其中有约 12 平方米的大坑，是屋基，为半地穴式，四周有几个柱眼，可以推断，房子上部结构是多根木柱支撑的棚屋。其中一个深坑，底部有鱼蚌类遗骨，可能是鱼获较多时的蓄养池。

北阴阳营文化遗址的原始住宅，其墙壁内有植物秆茎，外面用泥抹平，然后还经过烧土处理。

好了，有如此之多的线索，我们就可以到6000年前的故乡——南京作一次旅行了。

如果从高空俯瞰，整个南京地区原来是一个巨大的湖泊，称之为古秦淮大湖（引用自“月下沉吟”博文）。当洪水到来时，其边缘远达横山，东庐山山脚。而那些原始人居住的台地，就散落在大湖周围，依山傍水。

当朝霞把四周的湖水映红时，台地上会不会传来长长的一声鸡鸣？狗吠是一定的。那时候家畜饲养已经开始。炊烟会袅袅从树皮与茅草铺就的屋顶升起，摇动身姿，融入天空。熟食与取暖关乎生存，灶坑、火膛通常成为原始住宅的活动中心。

每个屋檐下聚居的，都是母系血缘关联的老老小小、青年壮年。他们以母系氏族为生存单位，出没于山林，采集果实，捕杀猎物。而下到湖边，则有莲藕、芡实、鱼虾、龟蚌。石制工具也大有用场，耕种与收获令他们有了更丰富的食物来源。

工匠显然是存在的。制作如此精美的石器、陶器，特别是玉器的琢磨，没有高超的专业技能根本无以胜任。

对于任何一个物种，交配与繁殖是最原始的宿命，同时也是活下去的动力。

群婚制的主要方式是野合。

中国最古老的经典《周礼》记：

仲春之月，
令会男女，
于是时也，
奔者不禁。

很多少数民族风俗，依然留有上古遗风。

如苗族风俗“跳月”，男女情投意合，便所私以归。布依族类似的风俗是“赶表”，黎族则有“放寮”等。

动物的丛林法则依然在群婚制中发挥作用，那些体格健壮、智慧超群的男子大多会得到更多的青睐，从而获得更多的交配机会。

任何一个物种的交配繁殖都受到宇宙中一种神秘力量的干

预，目的是让这个物种的后代获取更好的基因。

依然是旧时明月，依然是昨日星空。除了氏族间的野合以及为野合而产生的漫长的交往仪式，如对歌、嬉戏、角斗、丰庆、祭祀之类，闲暇时，他们还做什么呢？

占卜显然在生活中占有不小的比重。

北阴阳营文化遗址出土了卜骨。这种卜骨，以兽骨加工削平，钻有圆孔，并有火烧的痕迹。卜甲为龟的腹甲，有火烧斑疤，正面出现裂纹。

气氛一定相当庄重。整个氏族的男女老幼都围坐于原始住宅的灶坑。氏族中最具影响的老者经历种种仪式之后，在甲骨上钻凿，然后以火灼烤。每个人都屏住呼吸，等待那声轻微的炸裂。老者依据甲骨的裂纹，讲解占卜之事的凶吉。

有太多的事需要占卜，灾害总是频繁地到来，氏族间会因食物与领地发生争斗，瘟疫的流行，还有无数的偶然，一颗滚落的石头，无意间的一次失足，都能使刚刚还鲜活的生命瞬间成为尸骨。个体生命在茫茫宇宙中是如此渺小与无常，每个人都为苟活心存恐惧。

老者的解说有如咒语，动人心魄。火光会照见每张脸上的惊恐。

只尺之杆，日折其半，万世不竭

一个城市的故事，是人类的故事；人类的故事，是生命的故事；生命的故事，是宇宙的故事。

霍金说，我们探寻宇宙起源的秘密，只想回答两个问题。我们为何在此？我们因何而来？

这两个问题有足够的魅力，让每个人在某一刻从睡梦中惊坐而起，面对无边的黑暗，再难成眠。

那时候，我的生命刚刚觉醒。我还那样年轻，又那样不知所措。我曾在孤独、彷徨中爬上千疮百孔、无比荒凉的南京城墙。不知名的灌木顽强地从砖缝中钻出来，很多高过人头。密集之处，人不能过。野藤爬满城墙两侧，那些绿叶与枯叶在风中瑟瑟抖动，稍稍开阔的城头也是荒草丛生。

我就这样在荒草中躺下，躺了很久很久，没有人来打搅我，从白天直至夜晚。

我不知道人活着是怎么回事，生命的存在到底有什么意义。

天空的云朵飘来，又去了。天空是头上深不见底的海洋，无论我怎么想象，死命揪住头发，也想象不出天空的边缘在哪里。

我们生活在地球，地球之外是太阳系，太阳系之外是银河系，银河系之外呢？之外的之外呢？这是永恒之问，空间没有边际，任何回答都不是谜底。

阳光曾那样温暖，铺盖在身上，随之天色转暗，继而繁星满天。时间就这样不停地流逝。

没有现在。我们以为活在现在，但现在从来不曾存在。我刚刚想到现在，现在已经远去。每个现在如流水般奔腾，永不停歇。

我找不到之前，之前的之前，之前的之前的之前。

我找不到之后，之后的之后，之后的之后的之后。无始无终。

以有涯之俗身，置无涯之天地。这是何其无聊，细思又极恐的事情。

有限的生命能认识无穷的宇宙吗？

只尺之杆，日折其半，万世不竭。即使是霍金，他能做的，也不过是把手中的这根杆子折断一半而已。后来的人再折一半，没有尽头。

我为何在此？我因何而来？这是两个无解，却又无从绕开的人生大困惑。

在永恒的时空中，一切存在都是虚无。一切具象无论何其庞大，都可忽略不计。

当分母为无穷大时，无论分子是任何实数，都归于零。这个数学常识说明了一切。

这是我一次真实的经历，我独自一人在荒凉的南京城墙上面对苍穹，惊骇不已。

我突然理解了宗教。宗教才是人类面对永恒时空的惊骇中，一剂镇惊的苦药。

我把脸转过来紧贴冰冷的城砖，泪流满面。

“平生不下泪，于此泣无穷。”

第二章

先秦

公元前约 5000 年至公元前 221 年

黎明

每一座城市都会有自己的命数，南京就这样在人类刚刚处于黎明时分诞生了。棠邑，濑渚邑，金陵邑，范蠡城。那时候，南京城很小很小，但城里的人很大很大。现在的南京很大很大，但城里的人却很小很小。

◎阅读地图

从传说到信史

曙光依然微弱。几乎听得见人声，鸡鸣与犬吠，一切分明在那里发生，却相隔重重薄纱。我们瞪大眼睛，看到的只是模糊的影子与隐隐的轮廓，似有还无。

活着的先民

5000 年前南京人的衣食住行。

三千年前一次伤感的离家出走

去采药的，可不是太伯、仲雍兄弟二人，而是追随他们的两个部落。这才是人类有史可记的第一次无比悲壮的万里长征。此举被孔子、太史公解读为禅让的贤德。但每个多子女家庭长大的孩子都能感知，父母之爱的偏差，对他们内心是一种多么巨大的伤害，何况事涉烛影斧声的王位。

青铜时代：一剑光寒贯古今

青铜的冶炼与使用，不仅标志着冷兵器时代的到来，杀人的效率成倍提高了，还标志着农业生产的效率成倍提高了。

干将莫邪：一个故事的几个版本

鲁迅来到这个狗日的社会，是要复仇、弑君的。不过，他要弑的君，是几千年盘旋在芸芸众生头上与灵魂中的那股强大无比的恶势力。即便头被砍了，落入沸水之中，还要狠狠撕咬，够狠。文中那个弑君的黑衣人名宴之敖者，他曾用作自己的笔名。

蜗牛角上争何事

南宋词人姜夔看了杜牧的诗，以为扬州是如何繁华美丽。金兵杀入扬州，过了十六年，他眼前的扬州还没有一丝活气。断壁残墙，荒坟遍野。那些大树，树皮让人吃了，剩下干枝，像一双双枯瘦的手，伸向天空，作无声诉说。他感慨无限，写了一首词，叫《扬州慢》，词中有『废池乔木，犹厌言兵』。

南京地区首任行政长官

据《周礼·考工记》所载周制可知，伍尚的官衙及伍家住宅，当是棠邑城最宏伟的建筑。其屋址在城中心或略偏南的位置，南城住的是伍姓亲属以及当地有声望的贵胄。

棠邑母子

无法推测专诸母亲何以寡居，但从其行为看，她必是知书达理、不甘平庸的女子。财产与权力总是在阴谋与暴力中不断地再分配，时常会有一些诗书鼎食之家建高楼，宴宾客，楼塌了，子女流落贫街陋巷。

见下页→

不为蝼蚁（上）

子胥奔芦苇深处，渔父踏歌而至。歌曰：『日已夕兮，予心忧悲，月已驰兮，何不渡为，事浸急兮，当奈何。』

不为蝼蚁（下）

伍子胥自尽，其遗言非烈丈夫所不能出：我死后，在我坟上种棵梓树，到梓树成材，越国必把吴国灭了。我死后，一定把我的眼睛挖出来，挂到城门上，我要亲眼看见勾践的军队开进吴国。

公元前473年，越军围困吴都，吴灭。这一年，距伍子胥死，仅11年。其坟上梓树已亭亭如盖矣。

复仇复仇复仇（上）

三年，1095天，勾践熬到了头。连屎都吃过了，羞辱仇敌的游戏不再有新意。夫差遣返勾践归越，时为公元前490年。

复仇复仇复仇（下）

人与人近在咫尺，而人心的距离却可以远隔天涯。

夫差也算性情中人，不同于勾践，败了就败了，装孙子，伺候人的事干不来，遂拔剑自刎。死前，令人用白布蒙上双眼，表示羞于在阴间见到伍子胥。

范蠡城，南京城区之始

庄子在荒郊走路时，有东西触脚，拾起一看，是个骷髅，便笑，知你是王侯还是乞丐？顺手扔了。

汉字里远古的城邑与人家

唯有汉字是一个奇迹，它产生于四千多年前，一直沿用至今，依然充满独有的活力。四千多年的演化，如同化石，沉淀了先民的生活方式、地理环境、宇宙观以及审美趣味。

霞光万道的黎明

这一切，来得有些突兀。

人类历经几百万年演化，一直深藏于夜幕之中，只留下零零星星、似是而非的稍许消息。当东方的曙光乍露，他们突然从天而降，面目清晰，生动而精彩，演绎了一个个令后人惊叹的故事。

之后，一代又一代，人类的诸多生存方式，仅仅是没有多少创造的复制。

从传说到信史

关于人类，到了新石器时代之后，血缘的脉络才陡然清晰有序，出土的证据也逐渐多了起来，历史文献也有了语焉不详的记录。

当第一件陶器在这个星球产生，对整个人类文明史来说，天开始亮了。

但黎明是一段不太短的时光。

曙光依然微弱。

几乎听得见人声，鸡鸣与犬吠，一切分明在那里发生，却相隔重重薄纱。

我们瞪大眼睛，看到的只是模糊的影子与隐隐的轮廓，似有还无。

公元前5000年前后，古埃及、古巴比伦文明已如日中天，象形文字、楔形文字已经出现，造纸术随之发明，宏大的金字塔也在筹建之中。而此时的中国，依然一派混沌。

一些古代文献闪烁其词地提到夏朝之前有一个唐虞时代的存在，但没有确切的文字记录，也没有挖掘出地下证据。在疑古派学者看来，炎帝黄帝、尧舜禹都只能归为传说，而不是信史。

中国最早的文字记录是公元前 841 年，周厉王无道，民不聊生，以致西周首都镐京发生国人暴动。厉王奔逃，死于彘（今山西省霍州市），给后世统治者留下“道路以目，防民之口，甚于防川”等警句。

但这些警句对霸道且傲慢的统治者从来没有任何警示意义，他们相信和追求的是暴力。

西周进入短暂共和时期，史称“共和元年”。

至此，中国历史记录完整，流传有序。

这是世界任何一个文明古国没有的。

古巴比伦、古印度的文明断崖似地消失于历史的烟海，佛教的诞生地没有了佛教的传承，而以现代 DNA 技术追溯，古埃及竟然再也找不到一个法老的后代。

公元前 5000 年前后，生活在南京地区的北阴阳营人、湖熟人、淮夷人、勾吴人、荆蛮人等，有没有一个叫黄帝、炎帝、尧、舜、禹的贤明公仆，真还无从考证。

但他们是实实在在的存在，无数地下证据让我们在朦胧中看到他们的音容笑貌，感知他们的脉搏跳动。

活着的先民

模　样

南京江北营盘山出土史前先民陶制写实人面像。其高 9.8 厘米，为一头戴束腰形帽子的男人，国字脸，五官宽厚，生动逼真。面相与现代人无异，被视为金陵先祖。

衣

《墨子·辞过》说："古之民未知为衣服时，衣皮带茭。"

南京北阴阳营文化遗址发掘出陶制纺轮，营盘山遗址出土的陶制头像戴有帽子。显然，纺织技术出现了，服装出现了，他们已告别披兽皮、戴树叶的时代。

那时的衣服是什么样子呢？按照沈从文先生的研究，新石器时期，主要是披风式服装，称贯头衣。

贯头衣由整幅编织物缝合，尚无裁剪，胴身无袖，贯头而着，衣长及膝。

而至商周，纺织技术飞速发展，印染技术也因之产生。衣服材料有皮、革、丝、麻等。

奴隶、平民穿麻葛布衣，故布衣又代指百姓。贵族衣丝革绫罗，并可提花着色。除丹砂等矿物颜料外，还以鲜花、蓝草等植物颜料用于印染。

贯头衣不再流行，为上衣下裳所取代。

《释名》载：

上曰衣。衣，
依也，人所
以避暑也。
下曰裳。裳，
障也，所以
自障蔽也。

衣服除用来御寒遮羞外，还有了审美功能，“荣耳目而观愚民”。

从服饰史来看，上衣下裳有划时代意义。以后，直至今天，服饰的变化，或是时装大师所谓了不得的创意，都不过是在上衣下裳的大框架下的小把戏。

到周代，为穿着制定了一套严格的等级制度，纳于礼治。“非其人不得服其服。”

染上服饰的，不只是颜料，还有权力与金钱的霸道与傲慢。

食

陶器的出现，令食物的烹制有了千变万化。制作美食在那时已成为一门最古老的职业，兴盛至今。

最早的记载是一个叫彭祖的人献雉羹于尧帝，以美食取悦君王，得以受封于彭。大概这是最早的行贿记录。

商汤时期的伊尹，原来是奴隶，寄养在庖厨之家，由烹饪悟出治国之道，成了著名宰相。他的烹饪理论现在的名厨怕还讲不出来。他说："汤以致味。凡味之本，水最为始。"提及用火的技巧，则说："五味三材，九沸九变，火之为纪，时疾时徐。灭腥去臊除膻，必以其胜，无失其理。"

不敢说现在南京地区的烹饪水平比两千多年前高过多少。春秋时期，太湖边的名厨太和公，精于水产品制作，尤长制太湖三白，白鱼、白虾、银鱼，名扬天下，深得吴王僚赞誉。

太和公对厨艺的要求完全是今天的工匠精神。选料要鲜活肥美，刮鳞时不可伤及鱼皮，除内脏鱼腹开口不可太大，鱼腹中黑膜务必尽去，以避腥臊。对火候及食材配搭也有严苛要求。

他对徒弟说，做菜如引弓射鸟，须全神贯注，不可二心，方能一箭中的。

太和公的徒弟，有一个南京人，便是《太史公游侠列传》中的专诸。

食不厌精是有钱人的活法，至于平民百姓，大多数时候能填饱肚子，已属奢望。历朝历代皆是如此，何况三五千年前。

住

古文献提及，原始人的居住方式，主要是穴居与巢居两种。顾名思义，穴居在山洞，巢居则筑于树上或高处。

到新石器时代，穴居发展成半穴式建筑，屋顶斜若两翼，以梁柱支撑。

巢居则发展成干栏式建筑，以梁柱支撑高出地面的房屋。一般为上下两层，上面居住，下面饲养牲畜。

南京地区北阴阳营文化遗址及薛城的原始住宅遗址，因建于台地，更近于北方半地穴式建筑。尽管简陋，但居室、灶坑、储存间、蓄养池，一应俱全。地面平整，并经过火烧处理。由此可见，原始住宅已具有居住需要的最基本要素，以后几千年的发展，仅仅是由简陋向宜居逐步完善。百姓的民居变化缓慢，而一代一代权力与财富占有者却大兴土木，极尽奢华。

行

专家对北阴阳营文化遗址第四层出土文物鉴定分析，5000 年前南京城至少有西北向、东南向两条道路。

一条自鼓楼岗往鸡笼山、覆舟山、富贵山，至紫金山麓一带。另一条由鼓楼岗经今云南路、上海路、五台山、朝天宫、凤凰台一带高坡地往雨花台。

世上原本没有路，只是走的人多了，才有了路。这足以证明，南京地区当年居住的人口不算太少。再就是，南京城的低洼地区当年依然是湖泊。

南京处中国腹地，交通要冲。除依托水网上达巴蜀，下连东海之外，还有一条有史可考的丹阳古道，早在商代初已存在。古道位于南京之南，云台山与横山之间，西经采石矶达楚国各大重镇，东过勾曲山直抵吴国之都。商末，太伯、仲雍奔荆蛮，之后，秦始皇东巡，走的都是这条古道。

人类的出行，从依赖自己的双脚，到借助舟行车载，历经几千年。直到工业革命的出现，才使动力问题发生重大突破，世界从此小了、近了。

城　邑

南京地区出土的众多新石器时代的遗址，都是原始氏族的聚居地。这些聚居地，一些便成了城市的雏形。

到商周，氏族聚邑开始逐步演化为城邑。《史记·周本纪》载，西周分封诸侯数百个，这些大大小小的封国，需要有自己的集中居住地，城邑随之大量兴起。

《周礼·考工记》记载了有关城邑的规定。一等为王城，周天子居地。二等为诸侯都邑。三等则是诸侯之下大夫贵族的食邑。

不同等级的城邑大小规模都有严格的规定。每个城市，又分城、郊、野三个部分。用城墙围起来的区域为城，里面居王公贵族，还有为其服务的平民。城墙外称郊，郊外为野，住的皆为从事农业生产的奴隶与农夫。

直到春秋战国，城市的功能才得以真正完善。之前有城无市，贵族生活需求多以纳贡方式进行，百姓以物易物，极为不便。此时，商业交易活跃，“市”不可阻挡地形成了。严格地说，春秋之后的城邑，才可称之为城市。

南京地区最早的城市有三座。

一是位于今高淳县境内的胥河古道边，称濑渚邑。城周七里二百三十步，城墙以夯土筑成，高达一丈五尺，始建于公元前541年，濑渚邑位于吴头楚尾，有秀山、小茅山南北相峙，西临丹阳大泽，东障吴越内地沃土，为吴国咽喉要道，形势险峻，又称固城。

二是江北六合，古称棠邑。《左传》注有载，公元前559年，楚子囊率军驻此。“基址宏阔，不减壮武。非古之王侯国，即通都大邑无疑也。”

三是今南京秦淮河边长干里的越城。公元前472年，越王勾践灭吴后，令范蠡于此筑城，城周回二里八十步。这便是南京城区最古老的城池了。以后的十朝古都，不过是王旗变换，此来彼去。而山河依旧，南京城屹立于此长达2500年。

江山不管兴亡事，一任斜阳伴客愁。

三千年前 一次伤感的离家出走

三千多年前，商王朝一统天下时，有一个叫周的部落。其始祖为姬姓后稷，当时的首领古公亶父，率领周人定居陕西岐山。

这个古公亶父，可不是位等闲的人物。宁为鸡首，不为牛后那种，一心想做山大王。用现在的话讲，“老子的力气大如天，刚出的豆腐打得烂，纸糊的灯笼打得穿”。

他的部落投靠商王朝之后，都干些什么呢？

周人没有文字，殷商的甲骨文中那个“周”字，透露了极为重要的信息。

“周”，《说文解字》释：从用，从口。指用与口合成。而“周”中的“用”字，一般认为是田陌的象形，指周人很早就掌握了农耕技术。但也有另一种解读，《说文解字》载，“用”，从卜从中。有人认为“用”在商代，专指杀人献祭。金文的“”（周）字，一些还在“用”字方格中布满小点。小点代表什么？一说是田陌中的谷物，另一说呢，则是鲜血淋漓。够恐怖吧。

商王朝有杀人献祭的恶俗，是有地下证据的。殷墟遗址小宗庙区曾发掘身首分离尸骨673具，侯家庄商王陵墓出土尸骨3455具。经检测，这些尸骨大多为青壮年，还有年幼的孩子。

商统治者用活人祭祀的方式，还有一种“卯”祭。

甲骨文中，“”字为牲畜去除内脏，对半剖开悬挂的象形。在商代统治者眼中，战俘、奴隶与牲口没有区别。羌人常被抓来卯祭。

作为马仔、小跟班，周人为商王献祭提供敌对部落羌族的人、畜。

甲骨文“”（羌）的字，象形为一个人侧立，头戴羊角，脖套绳索，即战俘的象形。

古公亶父有山大王之志，这份差事实在令人屈辱。

《诗经·鲁颂·閟宫》记载：“后稷之孙，实维大王。居岐之阳，实始剪商。”古公亶父对商王早就牙痒痒的了。

古公亶父有三个儿子，太伯、仲雍、季历。

但这位个性强势的父亲有点偏心，特别欣赏幼子季历，并一心要传位于他。

这个决定隐藏了太多人情冷暖的信息。对长子太伯、次子仲雍来说，父爱的偏心让他们有点儿多余，有点儿尴尬，有点儿为难了。

恰好，古公亶父偶有不适，卧病于床。

太伯、仲雍就说，我们去南岳衡山采药去吧，传说那里草药很多。

古公亶父当时的病好没好不知道，但心病立马就好了，可以肯定。

南岳衡山远在离岐山达数千里的南蛮之地。去采药的，可不是太伯、仲雍兄弟二人，而是追随他们的两个部落。这才是人类有史可记的第一次无比悲壮的万里长征。

此举被孔子、太史公解读为禅让的贤德。

但每个多子女家庭长大的孩子都能感知，父母之爱的偏差，对他们内心是一种多么巨大的伤害，何况事涉烛影斧声的王位。

去南岳的道路何其遥远，两支扶老携幼、人头攒动的浩大队伍登上山岗，回望故乡，其泪何多，其情何哀。

必定是生死未卜的远行，能活下来已经属于奇迹。史书没有更为详尽的记述，只知道这支队伍越过秦岭，至汉江，遂沿长江东下，抵达安徽和县。在此，太伯的队伍分两路，主力经当涂到达江宁横山。横山高四百五十九米，林木丰茂，溪水潺潺，南京地区的这座山，便是他们心目中的南岳衡山了。

自此，太伯、仲雍两大部落散居吴越之地，以朱方（今丹徒东南）为中心，入乡随俗，断发文身，与本土淮夷人、荆蛮人交流融合，自号吴勾人。至于采药那事，不提了，若提起，唯有泪千行。

荆蛮以太伯之仁义，归附者千家，尊其为吴太伯。

据古籍载，太伯领部落长征万里，最终定居吴越，在南京六合至仪征一带，遭到本土干人的顽强抵抗。战斗十分惨烈。干国曾有严格规定，乳牙未脱的孩子不可参军。但伤亡已到无兵可战，干国国君不得不下令拔除儿童乳牙，持戈上阵。战争的结果，是干国从地图上被抹掉了。或许，我这样叙事有点轻慢，一个部落、一个种族在人间的争斗中从人间消失，会掩埋多少白骨？那些被拔掉乳牙的孩子，如何在母亲腹中为胎十月，呱呱坠地。然后，他用一种什么样的眼神，打量他身处的世界，经历了如何的生命故事？

公元前1047年，周武王也就是古公亶父的第三个儿子季历，于牧野灭商后，找到两个哥哥太伯、仲雍的后人周章，封于吴。

吴国始立。

青铜时代：一剑光寒贯古今

一千多年以前，中国的政治大戏都在黄河流域演出，长江以南一直被视为蛮荒艽野。但南京地区以至吴越，一直是民族迁移、交流、融合之地。先进的生产工具与技术能相互影响与传播，此地在整个中华民族文明进程中，时常有别样异彩。

北阴阳营、营盘山等遗址出土的玉器，说明这一带早于大多数中原地区掌握玉器制作技术了。而 4000 多年前，南京汤山点将台遗址就已发现有青铜炼渣。

青铜的冶炼与使用，不仅标志着冷兵器时代的到来，杀人的效率成倍提高了，还标志着农业生产的效率成倍提高了。以金属镰刀收割庄稼，自然与蚌壳石刀收割相差巨大。伴随青铜制造而来的生产力发展，必定带来人口数量增加，国力增强。

春秋战国时期，吴国作为蛮荒小国，曾一度成一方霸主，其底蕴便是发达的青铜冶炼制造技术。

西周青铜器《仲偁父鼎铭》载，“仲偁父伐南淮夷，孚（俘）

金”，《师寰簋铭》载，“征淮夷，俘吉金”，《诗经·鲁颂·泮水》有“憬彼淮夷”“大赂南金”句。这里兴师动众去抢劫的“金”，即是令世人垂涎的青铜武器、青铜农具及青铜礼器。而淮夷当然是指吴越。

吴越的青铜制品好到什么程度呢？不仅古籍《考工记》有多处记载，仅武器一项，历代大诗人也留有不少名句，屈原的“操吴戈兮被犀甲”，李贺的“男儿何不带吴钩，收取关山五十州”，很多。

最为传奇的，当然是剑。

《庄子·外篇》：“夫有干越之剑者，柙而藏之，不敢用也，宝之至也。”足见拥有一把吴越之剑是何其珍贵。

有名器必有名师，越人欧冶子，吴人干将、莫邪可谓名垂千古。其制剑技术之高超，已到出神入化的境界。

《越绝书》《吴越春秋》载，欧冶子自幼跟舅舅学冶金之术，初制农具，后以铸剑闻名天下。越王允常（勾践之父）曾令欧冶子铸名剑五把，名湛卢、钜阙、胜邪、鱼肠、纯钧。其剑“发及锋而逝，铁近刃而泥”。

《越绝书》还讲了一个故事。

秦国有个叫薛烛的相剑师，阅天下剑无数。云游至越国，越王勾践请之。

勾践设露台，摆满名剑。薛烛草草看过，哂之。有不屑之态。

勾践命人取来一剑。

薛烛：此为何剑。

勾践：纯钧。

话音未落，只听得咣啷一声，薛烛仰面倒地。

久之，爬起，捧剑，鞠躬。

缓缓出剑，只见剑身若清水漫过池塘，剑刃如千丈壁立，万钧寒气，压顶而下。

勾践：有人以骏马千匹，富乡二处，千户之城二座，换之。如何？

薛烛：断不可换。

勾践：愿闻其详。

薛烛：千年堇山，山破而出锡，万年若耶江，江涸而出铜。铸剑之时，雷神打铁，雨娘注水，蛟龙鼓风，天帝装炭。欧冶子倾心十载，此剑方成。今欧冶子死，堇山合，若耶江水深不测底。虽倾城量金，珠玉竭河，犹不能得此物，区区骏马城池岂足言哉。

但很多古籍讲，纯钧还不是剑中极品。

最好的剑，是欧冶子与女婿干将合铸的龙渊、泰阿、工布三把剑。

欲知龙渊，观其状，如登高山，临深渊。欲知泰阿，观其釽，巍巍翼翼，灿如列星之行。欲知工布，釽从文起，至脊而止，如珠不可衽，若流水不绝。

相传此三剑卷可为腰带，展则笔直如强兵，锋利无比，吹发即断。

楚王曾挥泰阿剑以弱国之旅大破晋国强师，楚国至此由弱而强。伍子胥曾携七星龙渊剑绝处逢生，又以一个男人冲天豪气死于工布剑下，这是后话。

干将莫邪：一个故事的几个版本

公元前495年，吴王夫差继位后，为抗衡楚国，图霸天下，曾筑冶城，广招工匠，冶铜炼锡，打造兵器。

冶城位于今南京朝天宫一带，以土墙围之，面积达三万多平方米。因冶城建于当时的小土山上，古称冶山。

这实际是一个规模宏大的百工作坊，以城称之，形容其大。这个以打造兵器为主的工坊，历经数百年而不衰，东吴孙权还在此设置“冶官”。

相传冶山下曾有“吴王剑池”，又传干将、莫邪曾铸剑于此。

干将、莫邪两把名剑铸于何地，已无从考证。但不难推断，干将、莫邪夫妇极可能铸剑于冶城。如此之大的铸造工坊，国有名师而不请，于理不合。

干将、莫邪剑最早见于《战国策·齐策五》，苏秦对齐闵王说：“今虽干将莫邪，非得人力，则不割刿矣。”

足见当时这两把剑已名扬天下，世人皆知。

《吴越春秋》记叙略详：“夫干将者，吴人也。与欧冶子同师，俱能铸剑。莫邪者，干将之妻也。”之后的叙事，颇近魔幻。说干将采五山之铁精，六合之金英，于太阳月亮同出、光辉满天时开始铸剑，天上各路神仙纷纷赶来助威。

忽然气温骤降，冶金久不熔化。莫邪断头发剪指甲投入炉中，三百童男童女鼓风装炭，金属才慢慢熔化。最终制成阴阳两剑，把阳剑藏了，阴剑献于吴王。

这些素材，到了西汉大学者刘向笔下，写成了一个故事梗概。如下：

> 干将莫邪为晋君作剑，三年而成，剑有雌雄，天下名器也。乃以雌剑献君，留其雄者。谓其妻曰：『吾藏剑在南山之阴，北山之阳，松生石上，剑在其中矣。君若觉，杀我。尔生男以告之。』及至君觉，杀干将，妻后生男名赤鼻，具以告之。赤鼻斫南山之松不得剑，思于屋柱中得之。晋君梦一人，眉广三寸，辞欲报仇，购求甚急。乃逃朱兴山中。遇客欲为之报，乃刎首。将以奉晋君。客令镬煮之头三日，三日跳不烂，君往观之，客以雄剑倚拟君，君头堕镬中，客又自刎，三头悉烂，不可分别，分葬之。名曰三王冢。

故事大意是，干将、莫邪被迫为君王铸剑。私下铸雌、雄两把剑，将雄剑藏了。君王得剑后，杀了干将。干将、莫邪的遗腹子赤鼻长大，找出雄剑，前往报仇。一侠客前来帮忙，提了赤鼻自刎的头，找到君王，让君王将赤鼻的头放进鼎锅沸水中煮。头煮了三日，不烂。君王伸头观看。侠客见机砍下君王的头，并自刎。三个头在沸水中马上煮烂了，剩下三颗骷髅，分不清哪个是王。

这个铸剑、复仇、弑君的故事梗概，内含浩荡不平之气，且具宏大的文学意象，历千年而解读常新。刘向无意写来，却是厚积薄发，大概与他出身皇族，曾两度下狱，贬为庶民的经历有关。

几百年后晋代大学者干宝在《搜神记》中，依这个梗概把故事大大丰满了，写成了一个有意思的传奇。

而到明清，冯梦龙及清朝的侠义小说，都演绎这个梗概，但都把侠客、楚王、眉间尺，三颗脑袋煮于锅中的情节删除殆尽。这等于阉割了故事灵魂，也挤干了水灵灵的意象。由此可知，明清文字狱的残酷。

鲁迅也用这个脚本作了演绎。一些人评价，《铸剑》才是鲁迅小说的高峰，这部小说具备了现代小说的诸多理念与元素，不输国外一些现代派佳作。

鲁迅来到这个狗日的社会，是要复仇、弑君的。不过，他要弑的君，是几千年盘旋在芸芸众生头上与灵魂中的那股强大无比的恶势力。即便头被砍了，落入沸水之中，还要狠狠撕咬，够狠。文中那个弑君的黑衣人名宴之敖者，他曾用作自己的笔名。

回到剑上来，书上的文字说得夸张且传奇，出土的实物也足令今人惊叹。

1965年，湖北荆州望山楚墓出土一柄越王勾践剑，历经两千多年，锃亮如新，毫无锈迹。寒气逼人，锋利无比。以剑的自重稍着力，竟可切开十六层白纸。

这把勾践剑是否为春秋战国时的高仿品，不得而知。现存国内的吴王夫差剑，多达二十多把。可见当年的山寨货也是泛滥成灾。这给今人留下一个想象，山寨货尚有如此水准，不知传说中的名剑好到什么地步。

冶金专家说，即使以今天的技术，要仿制两千多年前的夫差、勾践剑都极为困难。铜、锡、铅合金，含锡百分之十是一个分界线，超过与否，难度有天壤之别。越王剑含锡量高达百分之十七至十九，古人何以做到？至今无人破解。

一剑光寒贯古今，没错，实物为证，两千多年前的青铜剑至今依然寒气逼人。

蜗牛角上争何事

魏王问庄子国之大事。

庄子：大王可见过蜗牛？

魏王：黏黏糊糊，恶心。

庄子：蜗牛虽小，角上却有两个大得不得了的国家。左角住触氏，右角住蛮氏。两国为了土地，打得天昏地暗。死伤以数万计。打胜的一方追赶战败的一方，花了十五天，才撤兵回来。

魏王：有点儿扯吧。

庄子：大王以为天地有边吗？

魏王：没有。

庄子：天地既然无边，大王所统辖的魏国与蜗牛角上的国家有什么区别？

魏王怅然若失。

南京地区最早最重大的战事记录，是太伯、仲雍两个部落由陕西迁吴后，联合荆蛮人灭了干国。之后春秋战国，则是吴、楚、越角逐的舞台。打打杀杀，没有消停。

绝大多数战争的本质，是恶人用芸芸众生的生命换取抢劫芸芸众生的权力。所谓国土的大小，不过是当国者向平民百姓收取赋税的范围。王旗变换对百姓而言，除了苦难，如蝼蚁般苟活与消亡，他们的生活又有多大的改变呢？

这一时期的出土文物，包括南京地区，兵器占有很大部分，即使一些青铜礼器，大多也是为记录战事而制作的。

中国较早的史书《左传》，十多万字，写了春秋近三百年历史，何其简练。近三百年，几乎年年都有战事记录，因而写兵灾的词又多又动人，如：战、会、攻、取、克、夺、伐、灭、讨、失、溃、退、败、奔等。这些词的传神之处，任何一种语言也无法对译出来，只有深谙战争苦难的民族，才可意会。“取”是一方杀得顺手，人头滚滚。“克”是这边砍了那边好多人头，那边又砍了这边好多人头，极惨烈。而“灭”则是屠城了，男女老幼，无一幸免。

至于战火下的黎民，《左传》只写了八个字：易子而食，析骸以爨。

仅仅二百四十年的鲁国史，记录的战争多达四百八十三次。

禹在位号称天下万国，殷商三千国，西周之初一千七百三十三国，周武王灭商，封国七十多个，当然，之前的国，不过是些大大小小的部落。到战国，仅剩下七雄。这便是无数战争兼并的结果。

一千多年后。

南宋词人姜夔看了杜牧的诗，以为扬州是如何繁华美丽。金兵杀入扬州，过了十六年，他眼前的扬州还没有一丝活气。断壁残墙，荒坟遍野。那些大树，树皮让人吃了，剩下干枝，像一双双枯瘦的手，伸向天空，作无声诉说。他感慨无限，写了一首词，叫《扬州慢》，词中有“废池乔木，犹厌言兵”。

连草木都厌恶了。几千年，蜗牛角上这点事，从未消停。

南京地区首任行政长官

公元前528年，楚平王封太傅伍奢之子伍尚、伍子胥兄弟于棠邑。伍尚授棠邑大夫，为见于史籍的第一任南京地区行政长官。

依周制，棠邑为贵族食邑，属天子、诸侯之下的三等城市。然而，该城地处吴楚边陲，战时，大军云集，厉兵秣马，集粮备草。罢兵，除有屯卒常驻，还为吴楚商旅交会的通都大邑。志书称“其址宏阔，不減壮武”。

史书描述过春秋战国时同类城市的繁华，“车毂击，人肩摩”“人民之众，车马之多，日夜行不绝。輷輷殷殷，若有三军之众”。

棠邑城址，已探明位于六合雄州镇冶浦村一带，尚待考古发掘。但据《周礼·考工记》所载周制可知，伍尚的官衙及伍家住宅，当是棠邑城最宏伟的建筑。其屋址在城中心或略偏南的位置，南城住的是伍姓亲属以及当地有声望的贵胄。

北城多是贫寒之家，嘈杂脏乱，所住者，皆为南城人家服务的杂役、工匠。

城墙之外及郊野，则是提供牲畜粮食、交租纳赋的奴隶与农民。

早在殷商时期，《史记》载，纣王广作宫室，益广囿圃，南距朝歌，北距邯郸，皆为离宫别馆。到春秋战国的吴王夫差，也是“次有台榭陂池焉”。建筑工艺已达极高水平。

像伍家这样的贵族，其宅邸不可能有天子、诸侯宫殿的规模，但庭苑囿圃是会有的。烧瓦技术已使屋顶生辉，精美的石基与粗大的梁柱不再是遮风避雨那一点实用需求了。古代建筑著述不乏相关史料。

食有珍肴，穿则绫罗，出入车辇，乐以琴瑟。伍家在春秋战国，就是这种钟鸣鼎食的贵族阶层。

伍尚行政于棠邑，史书称“廉慈仁孝，政多惠爱，时称棠君”。

伍尚在任六年，到公元前522年，发生了一件对他人无关痛痒，对伍家来说却是翻天覆地的大事。

事情的起因完全源于权力的霸道与荒唐。楚平王为儿子公子建安排了一桩婚事，对象是秦国公主。太子少傅费无极看了，回来讨好主子：天姿国色啊，大王要不那个那个？楚平王很任性，马上那个那个，儿子的媳妇立马成了自己的老婆。

那公子建怎么办呢？好办，剁了。幸亏去剁的人手软，让公子建逃了。公子建的老师伍奢怎么办呢？剁了。伍奢的两个儿子怎么办呢？骗回来，一起剁了。楚平王逼伍奢亲自写信，说是儿子回来，父亲免死。

把天下人当白痴，权力就是这样致幻的。

伍尚收到信，与弟弟伍子胥商量。

伍子胥说，回去，父亲连同我们必死。逃走，父亲或许还能保住性命。

《左传·昭公二十年》记述了伍尚的回答。

尔适吴，我将归死。
吾知不逮，我能死，
尔能报。闻能免父
之命，不可以莫之
奔也。亲戚为戮，
不可以莫之报也。
奔父免死，孝也。
废功而行，仁也。
择任而往，知也。
知死不辞，勇也。
父不可弃，名不可
废。尔其勉之，相
从为愈。

伍尚归。

异史氏曰：太史公言，向令伍子胥从奢而死，何异蝼蚁。谬哉。伍子胥，家仇必报，烈丈夫也。伍尚，知死不辞，岂敢言非烈丈夫焉？

伍尚赴死之言，如刚玉坠地，铮铮千古。

棠邑母子

当时的棠邑，南城住着伍氏豪族，北城的城门边上，还住着一户历史无法绕开的贫苦之家。

一家三口，母亲守寡，媳妇颇贤能，儿子名专诸，屠夫，街坊称杀猪佬。

屠猪卖肉，必有其市。棠邑交易市场设在哪里呢？《考工记·匠人》说西周礼制规定，城邑市场，设远离贵族所居的北城门边。市场既在，这城墙北门一带便成居民汇聚之地，闲杂人等也好到此厮混。除交易买卖，官府于市场一带张贴告示，并作犯人行刑之地。斩首的重犯，其头还可能在此悬挂示众，震慑民众。

无法推测专诸母亲何以寡居，但从其行为看，她必是知书达理、不甘平庸的女子。财产与权力总是在阴谋与暴力中不断地再分配，时常会有一些诗书鼎食之家建高楼，宴宾客，楼塌了，子女流落贫街陋巷。

母亲教子甚严，身边常备一根手杖，专诸每有错失，必杖之。

专诸从无怨言，每受教，侍母更勤。

南城伍子胥于街头遇专诸，见其口大目深、熊腰虎背，惊其不凡之貌。

其时，专诸力搏数人，盛怒之下，有万夫莫当之勇。逢妻至，轻声一呼，即还。乖顺若此。

伍子胥目为异人，遂登门拜访，相谈甚欢。

伍子胥问专诸，你堂堂男子，何以惧内（怕老婆）？

专诸出豪言："夫屈一人之下，必伸万人之上。"果然非等闲之辈。

后伍子胥落难，出生入死，逃往吴国。仔细分析吴国形势后，看准了公子光的潜力。

公子光的父亲为吴王，按父终子及的传位方式，早该当王了。但因其祖父有遗愿，故改用兄终弟及。王位传到三弟时，四弟跑了，三弟就把王位传给了自己的儿子僚。看看，乱套了，顿时种下祸根。公子光不服。

伍子胥把专诸推荐给公子光。

公子光：此何人？

伍子胥：死士。日后必有大用。

公子光心领神会，将专诸一家接了过来，礼遇有加。

天下太平，祥和且平静。

公子光谦恭低调。

伍子胥与世无争，当了寓公。

专诸去太湖拜名厨太和公为师，苦钻厨艺。

这样一晃九年。

公子光有夺位之嫌，吴王僚本来神经紧绷，绷了九年，也渐渐松弛了。

吴王僚九年，伍子胥的仇人楚平王死了。吴王僚趁楚国办丧事，举兵伐楚。楚军反击，断了大军回撤的后路。

公子光告诉专诸：可以动手了。

专诸：国内空虚，吴王僚死期已至。

公子光何等人物，深知专诸心有牵挂，便说，你我如同一人，你的身子就是我的身子，不必后忧。

专诸欲赴死，特去拜望母亲。

母亲告诉专诸，一切皆好，就是口渴，想喝一口井中清水。

专诸出门取水。

回来，见母亲已吊死于后堂。知子者，母也。她断了专诸的牵挂。

吴王僚素慕名厨太和公美食，尤好炙鱼。公子光对吴王僚说，我有厨子，师从太和公，善做全炙鱼，味极美，不知可否前来品尝。吴王僚应允。

公子光将欧冶子所造鱼肠名剑交专诸，专诸将剑藏于鱼腹。

席间，公子光佯称足疾，离席，藏于布满伏兵的地下室中。

吴王僚卫士不离左右，常穿三层铁甲护身，故不在意。

专诸赤膊托鱼盘而上，突拔鱼腹利剑，力破护甲，直入吴王僚心脏。随之，专诸死于卫士乱刀之下。

公子光令伏兵尽出，一举功成，遂称吴王。封专诸儿子专毅为上卿。

太史公论专诸等侠士，“立意较然，不欺其志。名垂后世，岂妄也哉”。

专诸，死士，专诸母，立意较然，不欺其志，亦死士，岂妄也哉？

不为蝼蚁（上）

楚平王诱杀伍子胥而不得，遂悬赏重金，举国追捕。子胥经宋、郑等国逃至昭关。

昭关，位于今安徽省和县境内，古为吴楚间重要关口。

昭关官吏盘查甚紧，子胥困于关内，夜不能寐，几夜间头发全白。

有个叫东皋公的，十分同情伍子胥境遇，将其藏入家中，又找来相貌与伍子胥相近的好友皇甫纳。守关将士将皇甫纳当伍子胥抓了，满头白发的伍子胥才得以混出关去。

沿途乞讨奔逃，至今南京浦口乌江，阻于江岸。见江上有渔舟溯江而上，急呼求渡。渔父担心有人窥见，遂唱渔歌，“日月昭昭兮寝已驰，与子期乎芦之漪”。

子胥奔芦苇深处，渔父踏歌而至。歌曰：

日已夕兮，
予心忧悲，
月已驰兮，
何不渡为，
事浸急兮，
当奈何。

登船渡江，渔父为其取食充饥。子胥心疑，藏于芦苇。知渔父携食而归，方敢与见。取所祖传七星龙渊剑以谢，渔父不受，说楚国告示，得伍子胥者，赐粟五万石，另封爵。我岂图你的剑。子胥问其名，渔父答，你为芦中人，我乃渔丈人，而已。子胥走，渔父自沉江中。

子胥白天蛰伏，夜晚赶路，盘缠皆尽，只好拖着病躯，沿途乞讨。逃至濑水（今南京溧水），饥饿难耐。见一女子在水边洗被子，便下跪乞食。

女子给伍子胥一筐米饭，子胥说："千万别让他人知道我来过这里。"女子回答："我贞洁自守，送你饭吃已是越礼行为，请快走吧。"随之投水自尽。

数年之后，子胥破楚，回师濑水，遍访女子家人而不得，以百金投濑水中，此地后名金濑。

李白到南京，曾写诗颂濑女，并亲写碑文，称"声动列国，义形壮士。明明千秋，如月在水"。

伍子胥终至吴国，适逢吴王僚继位，公子光为大将军。当时，楚国边城钟离与吴国边城都养蚕，两个采桑叶的村女因桑树归属发生争执，以致吴楚两国交恶。公子光举兵大破楚国钟离、居巢两城，凯旋回朝。

伍子胥对吴王僚说，楚国不过如此，可令公子光破之。

公子光答，伍子胥父兄被楚王杀，他劝王攻楚，不过报私仇罢了。

伍子胥没因公子光的话生气，反而冷静下来。

之后，他认真研判了吴国政治格局与形势，策划了一个惊天阴谋。

他看中了公子光的野心与潜力。

他为公子光准备了死士专诸，然后当起了寓公，韬光养晦，以惊人的耐心等待了九年。

直到仇人楚平王死，吴王僚派出主力军攻楚，楚军反击，切断吴军退路，他才对公子光说，时不我待，可动手了。

公子光用专诸杀吴王僚，一举夺得王位，是为吴王阖闾。

不为蝼蚁（下）

九年闲居，伍子胥还结交了一个重要的朋友，当时隐居吴国的孙武。

伍子胥向吴王阖闾七荐孙武。吴王得孙武所献《孙子兵法》十三篇，大加赞赏，遂予重用。之后，百世兵圣孙武成为伍子胥降越破楚的重要搭档。

阖闾即位，令伍子胥、伯嚭、孙武伐楚，夺取舒地，剪除了吴王僚两个降楚的弟弟及残余势力。

又令伍子胥率军西进，收复濑渚邑，即南京高淳固城。伍子胥为泄楚平王毁家之恨，一把火烧了楚平王建于固城的行宫，“逾月烟焰不灭”。

据史籍《广通镇坝考》所载，伍子胥曾于高淳开通胥河，沟通太湖与长江水网。早在楚国时，伍子胥即为水利专家，曾于云梦泽畔（今洞庭湖）开渠，称胥渎。胥河是有史以来最早的运河，“自是河流相通，东连两浙，西入大江，舟行无阻矣”。

开凿胥河，不只是运粮通商的经济考量，还有一个重要的战略目的。楚郢都距吴地数千里，沟通水道，可直达楚国腹地，能使大军出其不意，迅速开赴战场。

随之，伍子胥、孙武以三师之兵力，轮番袭楚，彼出则归，彼归则出，以疲楚师。

公元前 511 年，吴军再次夺取楚六地，灊地。

公元前 508 年，吴国采用孙子“伐交”谋略，大败楚师于豫章，活捉楚公子繁，夺巢地。

孙武治军有道，“申明军约，赏罚必信”，军队战斗力极强。

公元前 506 年，伍子胥、孙武制订长途奔袭楚国国都计划，成就了军事史上一个极为辉煌的战例。

吴军乘舟溯淮水而上，至楚腹地，然后弃舟而行。“先多力者（强壮）五百人，利趾者（善于奔跑的人）三千人为前阵。”通过汉东隘道，直逼楚都。

历经五次大战，仅用十多天时间，便攻入郢都。

刘向《新序》中说，“孙武以三万破楚二十万”，创造了以少胜多的军事奇迹。

战争的功能是把人性的罪恶与兽性放大到极致。吴军进郢都不会有例外。伍子胥任凭士兵毁楚宗庙，烧杀抢掠。将领则分占宫廷王府，或霸其宫妃，或淫其妻女，吴军驻郢都数月，乐不思归，以致楚国民怨沸腾。伍子胥好友申包胥怒斥无道，伍子胥说，我如夕阳西下，只好倒行逆施。

楚昭王已逃，伍子胥寻昭王不得，便令人掘开仇人楚平王墓，挖出尸体，怒抽三百鞭，犹不解愤。

有史书称伍子胥鞭坟数下。鞭坟近史，鞭尸近情。

伍子胥助吴王阖闾成一方霸业，阖闾死，又助其子夫差平定越国。伍子胥知越王勾践有复国之志，屡劝夫差杀勾践，以除后患。

夫差手握重权，何其任性。赐给伍子胥一把剑，这把剑，就是欧冶子铸的工布剑。意思很明白，你自我了断吧，老子懒得听人啰唆。

伍子胥自尽，其遗言非烈丈夫所不能出：我死后，在我坟上种棵梓树，到梓树成材，越国必把吴国灭了。我死后，一定把我的眼睛挖出来，挂到城门上，我要亲眼看见勾践的军队开进吴国。

公元前 473 年，越军围困吴都，吴灭。

这一年，距伍子胥死，仅十一年。其坟上梓树已亭亭如盖矣。

太史公曰：向令伍子胥从奢俱死，何异蝼蚁。弃小义，雪大耻，名垂于后世。悲夫！方子胥窘于江上，道乞食，志岂尝须臾忘郢邪？故隐忍就功名，非烈丈夫孰能致此哉？

平王无道，楚民无辜。

“悲夫”二字，足见太史公心有无奈。

复仇复仇复仇（上）

一切历史都是当代史。

一切历史都是书写者眼中的历史。

卧薪尝胆的故事，较早的史书《左传》《国语》皆无记录。南宋吕祖谦在《左氏传记》中提到吴王夫差曾卧薪尝胆，而不是越王勾践。明朝张溥《春秋列国论》也承此说。到明末的戏剧及冯梦龙的演义，才使这个故事在中国人心目中有了固定版本。当然，半史半小说的《吴越春秋》确有绘声绘色的独家记载。

公元前 496 年，吴王阖闾伐越。勾践不按常理出牌，挑选死士至吴门装神弄鬼，然后引颈自杀，疑惑吴军，随之射以乱箭。这一仗，吴王阖闾脚趾中箭，不久引发感染身亡。死前，遗言儿子夫差“必毋忘越”。

夫差继位，苦练骑射，操演精兵，誓雪父耻。

一个细节足以令人知其决绝，夫差让门口站岗的士兵每天大声问他：“尔忘勾践杀汝父乎？”

仅三年后，吴王夫差即大败越军于夫椒（位于今江苏太湖）。勾践带残兵逃至会稽山，又被吴军重重围住。这种事，落到任何人头上，都必死无疑。

但勾践是个例外，他有两个不错的谋臣，文种与范蠡，还有呢，就是表演天赋。他装可怜，装孙子，自演奴仆，妙趣横生，戏我两忘，其效果，秒杀后世表演行业。

勾践派文种找夫差讲和，“膝行顿首”，够生动吧。开出一个条件，令夫差先是意外，细想又特别爽快。勾践愿亲自当夫差的奴仆，听凭使唤，老婆也做夫差的妾，随便夫差取乐。这种生不如死的羞辱，当然比杀了勾践更能满足复仇的快感。

夫差刚想要答应，伍子胥立马出来制止。还引经据典说此人不死，必为吴患。大煞风景。

勾践又以美女、财宝献夫差，并贿赂太宰嚭，只有一个要求，给盖世无双的夫差当奴仆。处处搔在夫差痒处，想拒绝都难。

公元前 492 年，勾践带着老婆去吴国。范蠡说，军事外交，文种不如我；治国安民，我不及文种。自告奋勇，陪护勾践。

夫差岂忘父仇，让勾践夫妇住进阖闾坟边一间简陋的石屋里，天天为父亲守墓。

《吴越春秋》记载，勾践老婆穿着粗布裙子，上衣简直像穷人家孩子系的兜布，时常被召去为外来使节作三陪。平时还要打扫清洁，清理马粪。

勾践没有衣服穿，只在腰间系一条围裙，头发就用稻草扎着，蓬头垢面，活脱脱与奴隶无异。

除了守坟，还给夫差养马，死人活人都伺候得十分周到。每到夫差出行，勾践亲自扶夫差登车，然后跑到车前牵马。

为了满足复仇的快意，夫差时常让勾践牵马走过大街，围观的人群指指点点，勾践羞愧不已，不敢抬起头来。

戏演到这个份儿上，已经十分精彩，但勾践还有神来之笔，如果上吉尼斯纪录，这恐怕是终极纪录，无法再破。

《吴越春秋》对这一段描述详细，用现代语言简单地说，是这样：勾践听说夫差生病，非常焦急，前去探望。正碰上太宰嚭随端着夫差粪便的仆人出门。勾践立即把粪便接过来，先是闻，闻过之后，又伸出舌头舔了舔。说，我学过这方面的知识，大王新拉的大便，味道酸苦，有稻麦之香。这是吉兆，真让人高兴啊，大王的病马上要好了。一下把吴王爽翻了。

三年，一千零九十五天，勾践熬到了头。连屎都吃过了，羞辱仇敌的游戏不再有新意。夫差遣返勾践归越，时为公元前490年。

复仇复仇复仇（下）

舞台后面当然不是给观众看的。

人与人近在咫尺，而人心的距离却可以远隔天涯。

勾践、范蠡回到越国，文种已经准备好了“灭吴七术”。这个七术，也算是权谋学的经典之作，两千多年了，依然屡试不爽。白话转录如下：

一、送金钱宝物，取悦吴国君臣。

二、高价买进吴国粟米，减少吴国屯粮。

三、选送美女，消磨吴王斗志。

勾践不仅把自己老婆送给夫差为妾，还选送了众多越女给夫差、太宰嚭。这其中，有一个中国两千多年知名度最高的美人西施。

西施，生于越国诸暨苎萝村，父卖柴，母浣纱。西施身材好到什么地步呢，当时人评价，增半分则嫌胖，减半分则嫌瘦。面容呢，西施在河边洗衣，水里的鱼、天上的鸟都为其漂亮打动，停下来观看。范蠡访得西施，立即进行专业培训，“饰以罗縠，教以容步，习于土城，临于都巷。三年学服，献于吴王”。吴王嬖之，日事游乐而废朝政。

四、输送优良木材以及能工巧匠，让吴国多建宫殿娱乐设施。

五、派能言善辩之徒，花言巧语，扰乱吴国抉择。

六、离间吴国能臣，除掉吴王臂膀。

这头号目标，当然是伍子胥了。子胥一日不除，勾践一日不安。他太懂戏了。

七、积财练兵，暗中提高越国国力。

仇恨的能量是巨大的。为了复仇，勾践置苦胆于座，卧即仰胆，食亦尝胆。身自耕作，夫人自织。食不加肉，衣不重彩。百姓有人生病，经常前往看望，有人死了，则去吊唁。去民所恶，轻徭薄赋。

当然，平民百姓看演出是要买门票的，那张门票最后收取，代价是参加复仇大军充当炮灰。

为了日后有兵源打仗，文种管理的政府采取鼓励生育、强制早婚的政策。女子十七不嫁，男子二十不娶，以罪论处。女人生孩子，政府派医生助产，以保证成活率。生男孩，奖两壶酒、一条狗；生女孩，奖两壶酒、一头小猪；生双胞胎，政府安排保姆；生三胞胎，政府配备奶妈。两千多年前的福利也他娘的够好。

范蠡从楚国请来一个叫陈音的，传授连弩之法，可一箭三矢。还请了一个军事教官，训练出三千精兵。这就是后人所叹的“三千越甲可吞吴”。

为了迷惑吴国，范蠡在重建越都时，故意修两座城，一座小城、一座大城，大城修得破败不堪，朝吴国的一面不修城墙。

夫差是真的相信勾践眼睛里充满臣服与恭顺，里面真没有一丝仇恨了。于是带领大军，连年北征齐国。

公元前 482 年，夫差再次领兵北上，与诸侯会盟于黄池。

吴国空虚，勾践懒得再装孙子了，发动突袭，俘获吴国太子友。夫差领兵回国，但劳师远征，军无斗志，只好与越国讲和。

公元前 475 年，越军围困吴国。公元前 473 年，吴亡。夫差也算性情中人，不同于勾践，败了就败了，装孙子、伺候人的事干不来，遂拔剑自刎。死前，令人用白布蒙上双眼，表示羞于在阴间见到伍子胥。

范蠡城，南京城区之始

就是在吴、越、楚三国恩怨情仇的故事中，南京奠定了最初的城基。

勾践败夫差，尽掠吴地，公元前 472 年，令范蠡在南京秦淮河畔修筑城邑。名越城，又称范蠡城。范蠡城“周二里八十步”，城中是范蠡居宅及办公官衙，并驻扎军队。城边秦淮河畔则有大量百姓聚居，逐渐形成繁华集市，各地商贾云集于此。

范蠡，楚宛地人。生于公元前 536 年，死于公元前 448 年，活了八十八岁。自幼患疯病，时而呆傻，时而明白。唯宛令文种慧眼识英，说：

士有贤俊之姿，必有佯狂之讥。内怀独见之明，外有不知之毁。非二三子所知也。

文种初次登门与见，范蠡钻进墙洞学狗叫。再见，二人即“终日而语”。

公元前511年，范蠡、文种往仕越国，越王允常纳为谋臣。范蠡的精神病也不治而愈。

越国大夫石买并不待见二人，认为不过是周游列国、说些大话的无能之辈。范蠡愤而出走，被允常派人追了回来。

至夫差大败勾践，越国落入谷底，到了亡国边缘。范蠡和文种表现出惊人的胆略与见识，十年生聚，十年教训，二十年时光，即令越国称霸春秋，堪称治国奇迹。

但这居然不是范蠡人生的顶点，他以惊人的洞察力，急流勇退，泛游山海，定居于陶（今山东菏泽一带）。随之经商成为巨富，自号陶朱公。范蠡总结的经商原则，历经两千余年，至今不失为经典。陶朱公也被中国很多地方当作财神，作业界之祖敬奉。

范蠡城始建于夫差死后第二年。此后，史书中再无范蠡在越行迹，他很可能是从南京逃往齐国的。

范蠡自齐遗书文种：

蜚鸟尽，良弓藏。狡兔死，走狗烹。越王为人长颈鸟喙，可与共患难，不可与共乐。子何不去？

文种或心存侥幸，未走。勾践送来一把剑，说，你教我灭吴七法，我只用了三法，就把吴灭了。剩下四法可不可以请你去阴间教教我父亲。

这把剑，便是那把工布剑。

此后一百余年，楚国再次强盛。

公元前306年，楚伐越，后一统江南。吴越两国政治好戏彻底收场，只剩下史书上一些残留的记载。

“蜗牛角上争何事，电光石火度余生。”庄子说，齐生死。帝王将相，平民乞丐，大蝼蚁小蝼蚁都在一个死字的面前齐了，齐为一个骷髅。

庄子在荒郊走路时，有东西触脚，拾起一看，是个骷髅，便笑，知你是王侯还是乞丐？顺手扔了。

公元前333年，楚威王于南京清凉山设金陵邑，为南京城区行政建置之始。

汉字里远古的城邑与人家

两千多年前，南京地区有四座城邑。江北的棠邑、高淳的濑渚邑以及位于城区内的范蠡城及金陵邑。

古老的象形文字如同化石，里面有先民生活的诸多信息。文字的起源与演变沉淀了太多的历史印痕。

南京最初的城邑是什么样子呢？城郭的“郭”字，甲骨文作“”，是城邑的鸟瞰图。南北有城门，城门之上有门楼，中间为食邑贵族的住宅及办公之地。

甲骨文无“城”字，但有“墉”字，墉即城垣。“墉”的甲骨文写作“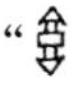”，也是城邑鸟瞰的象形。

城门上的城楼必须建得很高，才可瞭望敌情。故甲骨文的“高”是城楼的象形，写作“”。

有了这三个字，棠邑、濑渚邑、范蠡城、金陵邑是不是一下变得形象而十分质感？

我们已能感受南京城邑的大致模样，那么，城里城外的人家与现在有哪些不同呢？

甲骨文的“夫”字是一个男人头上插有发簪，而“妻”字写作“”，是一个女子，有一只奴仆的手为她梳头。古代家庭结构，与现代家庭有较大不同。那时候，生活稍稍过得去的人家，除了有妻，还有“妾”。

那时候的“妾”，不仅没人给她梳头，还是“女”字，从“辛”。这个“”（辛）字不得了，是古代黥面的刀具。黥面又称墨刑，是上古五种刑罚之一。犯了小罪，即刺字于脸，这个残酷的刑罚沿用几千年，直到清末民初才废除。所以，最早的字，凡与辛字搭配，多有贬义。故“妾”的地位低下。

如果妻家稍富裕，陪嫁的还有丫鬟。古代称之为“婢”。婢为女子依附之意。

至于贵族之家，还有“奴”“仆”“童”。

“奴”的篆文，右为女人，左为一只手抓住。没有自由可言。“仆”的甲骨文是一个人端食物伺候主人的象形。而“童”则是罪犯的后代或俘虏的孩子。

更多的平头百姓无法有太多的讲究，所以，安心的“安”字，甲骨文为“”，“宀”为一间房子，房子里有个女人。有间房子住，能找到一个老婆，谢天谢地，心满意足了。

活着还得有吃的，当年主要食物来源是种植庄稼与饲养牲畜家禽。“圂”字不看甲骨文也知道，是四面有墙篱，中间养头猪。新石器时代，人类不仅懂得饲养牲畜，还知道肥料对庄稼的作用。这个“圂”，不只是猪圈，还是人类的厕所，家肥囤积之地。汉代出土的陶制陪葬品，就有猪圈、厕所共用的“圂”。直到现在，一些边远乡村，特别是南方少数民族聚居地，依然如此。所以，这个“圂”字，是极少古义与今义没有变化的字。

人类文明史中出现过古巴比伦楔形文字，古埃及象形文字，玛雅文字，等等，但这些古老的文字，都在历史的演进中中断了，消失了。唯有汉字是一个奇迹，它产生于四千多年前，一直沿用至今，依然充满独有的活力。四千多年的演化，如同化石，沉淀了先民的生活方式、地理环境、宇宙观以及审美趣味。

仅仅是几个汉字的识读，两千多年前的先民生活不再抽象。如果我们继续跟随汉字旅行，一定会感知更多先人的呼吸、远古的风景。

霞光万道的黎明

每一座城市都会有自己的命数，南京就这样在人类刚刚处于黎明时分诞生了。

棠邑、濑渚邑、金陵邑、范蠡城。那时候，南京城很小很小，但城里的人很大很大。现在的南京很大很大，但城里的人却很小很小。

专诸、伍尚、伍子胥、孙武、范蠡……我远远地看着这些南京人的背影，只有羞愧与自惭形秽。如果每一个生命都是一种能量，他们磊磊落落，快意恩仇，决绝而睿智，卑躬而不卑琐。能量大到可以彰显个人意志，改变群体生存的状态。而我的人生是什么呢？因为碗里少了一片红烧肉仇恨过父母，看见老板过来立刻装出勤奋工作的模样，为抢购到一瓶降价的洗发水满脸得意，然后去街上围观城管搬走小贩的西瓜，再排进队伍参加爱国游行。如果我有能量，那些能量因维持苟活已消耗殆尽。仅此一点，就让我有足够的理由，怀疑进化论的真实。可以肯定，我与两千多年前的那些活跃于历史前沿的南京先民，虽然是同一个血缘，却不像同一个物种。

至今仍是一个未解的谜团。

距今两千五百多年前后，人类的智能突然爆发，一批拥有超级能量的人物，几乎同时出现在这颗星球的各个地方。

释迦牟尼在印度的菩提树下合十静思。他悲悯生老病死中的众生，在无边的苦海中寻求超度，即使苦海大浪滔天，而内心却心平如镜，连微风都不曾吹过。

几乎同时，远隔万里的孔子困于陈蔡，在行将饿死之际与弟子探讨人与人相处之道，从而奠定维系一个古老民族的价值体系。

衣衫褴褛的哲人苏格拉底，曾经赤脚走过雅典的每条街道，他已与这个城邦立约。在生命与契约之间，他从容地选择死亡，遵守契约。而契约精神，成就了人类另一种文明体系。

太多了，柏拉图、亚里士多德、阿基米德，中国的诸子百家。如果罗列，这个名单会很长，很长。

《商君书》至今是现代弄权者的枕边秘籍，只要称之为军事院校，《孙子兵法》必然是不可或缺的教材，《理想国》依然影响人类完美社会的探讨，而没有阿基米德，现代物理与现代数学就没有源头。《庄子》的博大与超然，要等外星人重访地球，才理解那是一种多么独特的视野。

在那个时代，连阴谋也发挥到了极致，对人性的剖析刀刀见血，精彩绝伦。兵家法家倡导的那些东西，本质是教人放弃道德底线，扬恶抑善的骗术、权谋。事实是，不择手段获得成功的代价是人类永如长夜，接近人道的社会迟迟不会到来。

越王勾践卧薪尝胆，一方面是多么励志的故事；另一方面，则是为了个人目的不择手段的成功范例。

几乎同一时刻，地球另一端的苏格拉底，平静地放弃生命，选择遵守与雅典的契约。

历史是一种冰冷的存在，没有是非对错，也不能如果。只有阅读者留下感叹，悲乎！

不只是智慧与大脑的能量，还有为人的爽朗与堂皇，对生死的达观。

原始陶器表达的审美趣味，如同拔地而起的高峰，壁立于每个现代人面前，需要抬头仰望。而工艺，龙山文化中轻薄如纸的蛋壳黑陶，至今难以仿制。

吴越时期的青铜利剑，历经两千多年出土，寒光犹在。

食物的烹制已十分讲究。衣服也有了上衣下裳的区别，裁剪、印染、缝制都成了终身职业。厨师、裁缝、建筑师、木工、石匠等，这些古老的职业一直延续至今。普通住宅具备了厨、卧、厅的基本格局。两千年前的史书记载，商代的宫殿已有花园、池塘与假山。可以想象，那些古老的建筑若不毁于兵灾战祸，将会是多么惊人的繁华。

这一切，来得有些突兀。

人类历经几百万年演化，一直深藏于夜幕之中，只留下零零星星、似是而非的稍许消息。当东方的曙光乍露，他们突然从天而降，面目清晰，生动而精彩，演绎了一个又一个令后人惊叹的故事。

之后，一代又一代，人类的诸多生存方式，仅仅是没有多少创造的复制。

是的，人类的黎明来了，这是霞光万道的黎明。

第三章

帝国

公元前 221 年至公元前 206 年

秦制

呵呵，似乎要讲一下花了，用征人迁客的泪眼，回首看看秦时的南京的花。野外的迎春枝条有了绿意，率先绽出了嫩黄，冰雪尚在消融，它们便抢先用豆大的花骨朵报告春天的消息。之后呢，蔷薇挂在一堵颓墙，桃花把山坡涂一片粉红，李花把另一处涂一片淡白。那时候，苹果尚未从西方传来，梨花也有，杏花也有，让和风搭载一点清香，再搭载一点蜂翅扇动的声响。夏天是看荷的季节，岂止是花呢？硕大荷叶上滚动的露珠，会含一片秦时的南京的天空。没错，当年的紫荆花开得如今天见到的一样妖冶。山茶花与梅花开放的时候，应把双手笼进衣袖，寒风吹红花朵与人面。太阳照常升起，南京人为征夫迁客时，花都是这样开的。

阅读地图

秦王扫六合，虎视何雄哉

唐代诗人杜牧作《阿房宫赋》，惊艳千古。其中对阿房宫的描述，细微到可听见风铃的响声。整篇《阿房宫赋》，原来是梦境里的哀伤。现实远不遂人意，而权力又如此傲慢，做一次如诗的神游何尝不是美丽。

高速马路建筑前后的黎民生活

西方人萧伯纳与杜牧的感慨是一样的，历史的教训是，从来没有人汲取什么历史教训。

去秦朝当一名邮差

如果有幸去秦朝的金陵或其他地方旅行，让人记忆深刻的建筑，必定是四处皆见的邮舍了。

生而为人，生而赋税

人无法独立生存于社会，每个人都从属于一个群体。赋税的美好意义在于，个人对群体承担了一份责任。身为纳税人原本是一件令人自豪的事情。人类历经几千年的大多数苦难，竟然只是对一个简单至极问题的认知，发生了小小的偏差。这笔赋税是属于群体，还是属于个人？国家的统治者是这笔赋税的拥有者，还是被群体委托的管理人？这些赋税是一笔多么巨大的财富，它的支配权是如此诱人，以致成了人类间一切纷争与仇恨的最大原罪。

一个国家的大小，另一个定义是，收税范围的大小，那就争吧，无非是血流成河。

户口，伴随终身的标记

苛捐杂税无论如何繁重，担负的只是一代人。而户口连坐连同告密之风的强化，并用作一个政权铲除异己的手段时，影响的是一个民族人种的精神状态。

秣陵县设置与秦始皇的精神问题

一个外表无比强大的人，往往内心无比虚弱。

简牍中的秦时明月（上）

读过沈从文小说的，都会知道湘西边城茶峒。依山傍水，遗世如诗。从南京溯长江而上，过洞庭，可入《离骚》描述的沅水，芷垂而兰香。沅水、酉水相连，一路船行，即抵茶峒。由茶峒沿酉水再上，便是秦朝迁陵县治所——里耶古城。

2002年，里耶出土秦简达三万六千片。这是一次惊人的考古发现。要感知秦时中国人的生活面貌，这些简牍里，几乎可以听见古人的呼吸。

简牍中的秦时明月（下）

从商鞅变法到秦始皇主政，官场弊习已日渐形成，所谓高效行政，只是明日黄花。仅仅一个戍卒的追债，其行政成本难以计算。要命的是，没有一个官员是真正想把这笔钱追回来的。君视民为草芥，民视君为寇仇。既然皇帝把国家当作私产，那国家的好坏又关官员什么事呢？秦之亡，于此已见端倪。

青铜箭镞与工匠精神

为了成功，人与人之间最后一点善意与准则，都可践踏殆尽。他变法的目标，是『臣畜天下』，没有一丝对苍生生命的尊重。

但阅读当年的史料，一条律令，一枚箭头，都让人震撼，商鞅之下，是一个多么务实的团队，使秦国出现一段充满生气与创造力的辉煌。从技术与操作层面来说，商鞅变法有太多值得后人借鉴并传承的东西。

大秦帝国的南京人

秦并六国，标志着耕战立国的红利使用完毕。一统天下，战事不再频繁。财产与权力基本完成了这一轮的再分配，以军功升爵的道路不再宽敞，普通民众没有了改变命运的途径与动力。接下来只有任权势鱼肉的苦难。

当国者无意关注这一深层的危机，而是陶醉于权力与占有的狂欢，陶醉于『臣畜天下』，即把百姓视为畜生的快意。

秦王扫六合，虎视何雄哉

公元前 223 年，秦灭楚，金陵再度易姓。

公元前 221 年，六合尽扫，秦王一统天下。

没有疑问，秦帝国的建立，是两千多年来死去与活着的中国人最为重要的事件，南京历代居民自然不在例外。

尽管如此短命，之后，没有哪个王朝给这颗星球留下这么清晰的痕迹。

哪怕飞上太空，长城，一条两千多年前人工垒起的城墙，依然在宇航者的视野之下。

长城西起甘肃临洮，东至今为辽宁省的辽东郡，长达万里，由秦大将蒙恬于公元前 215 年指挥始建。

修筑长城的，不止有蒙恬所率三十万军队，又从内地迁徙大量居民，定居边关。自愿迁居者，“赏爵一”。仅公元前 211 年，一次迁居北河、榆中的，即有三万户，十余万人之众。

史书载，长城的修筑，还有五十万刑徒、民工参与。

刑徒何以如此之多？原因在于秦朝刑罚极苛。犯有小罪错，即予高额罚款，动辄“赀盾”“赀盔”。盾牌与盔甲之昂贵，即使今天居民都难以承担，何况两千多年前的秦代。秦刑律中，有一种叫“城旦”的刑罚。在睡虎地及其他出土秦简中，记载甚多。交不起罚款，只剩一条路，充当苦役，谓之“城旦”。为“城旦”的，不只罪错者本人，秦有“连坐”法，妻妾及家人通常也沦为其列。

短短几十年间，秦帝国不仅举倾全国之力修筑长城，同时开建的，还有始皇陵、阿房宫与贯通全国的高速马路、驰道。两千多年来，每一项工程都是世界之最。

始皇陵占地达二十平方公里，建筑时间长达三十九年。从全国征用刑徒、民工多达七十二万。

1974 年，当地农民挖井偶然发现兵马俑坑三处。一号坑为右军，出土陶俑八千件，与真人真马大小无异。二号坑为左军，陶俑陶马一万三千件，战车八十九辆。三号坑陶俑六十八个，陶马四匹，战车一辆，为大军指挥部。完全是当年军阵再现。兵马俑坑出土，轰动世界，被视为奇迹。

始皇陵四周陪葬坑多达六百个，而三个兵马俑坑，仅仅只是冰山一角，足见其规模何其宏大。

秦始皇死后入墓，凡未生育的嫔妃，全部殉葬。为防墓内机关泄密，突封墓道，里面的施工人员无一生还。

咸阳宫殿藏美女万人，规模已经很大，但每灭一个诸侯国，秦始皇即命人绘制该国宫室图纸，在咸阳北依样建筑。增建宫殿达一百四十五处之多。

只要手握生杀大权，贪欲永远不会有什么底线。秦并六国，又动工兴建一座更宏伟的宫殿。

阿房宫于公元前 212 年始建，几年后秦亡，考古探明，规划十五平方公里的建筑群落，仅仅建了一个前殿。

光这个前殿有多大呢，史载可坐万人。其门为磁铁铸造，可吸兵器。今考古得知，光前殿基址占地八百亩，约九十个足球场大小。联合国教科文组织调查认可为世界最大宫殿遗址。

秦王朝的霸道是不会因为远居金陵就免除徭役的。苛严的秦律也不会放过帝国的每一个生民。汉朝开国大将英布就是脸上刺字的罪犯，他的住地离南京不算很远。孟姜女是齐人，为寻夫而哭倒长城有故事的演绎，但包含一个史实，南方刑徒与民工去北方为“城旦”，做苦役是家常便饭。公元前213年，秦始皇为愚民弱民，下令除医药卜筮种树之书外所有图书尽行焚毁。“令下三十日不烧者，黥为城旦。”

于始皇陵西南不远，曾发掘大量葬于同时期的刑徒墓地。死者除少量儿童、妇女外，多为男性青壮年。一些尸骨留下刀痕，也有的身首异处。读墓中出土的瓦志刻文可知，死者基本是以劳役抵罚款的罪人，来自秦灭的六国之地。金陵所在的楚国自然在列。

阿房宫遗址未发现任何火烧痕迹，《史记》载项羽火烧秦宫，大火三月不熄，指的是咸阳旧宫。阿房宫仅只建了前殿，尚为烂尾工程，火烧一说，是历史的误传。

六王毕，四海一；蜀山兀，阿房出。覆压三百余里，隔离天日。骊山北构而西折，直走咸阳。二川溶溶，流入宫墙。五步一楼，十步一阁；廊腰缦回，檐牙高啄；各抱地势，钩心斗角。盘盘焉，囷囷焉，蜂房水涡，矗不知其几千万落！长桥卧波，未云何龙？复道行空，不霁何虹？高低冥迷，不知西东。歌台暖响，春光融融；舞殿冷袖，风雨凄凄。一日之内，一宫之间，而气候不齐。

唐代诗人杜牧作《阿房宫赋》，惊艳千古。其中对阿房宫的描述，细微到可听见风铃的响声。整篇《阿房宫赋》，原来是梦境里的哀伤。现实远不遂人意，而权力又如此傲慢，做一次如诗的神游何尝不是美丽。

高速马路建筑前后的黎民生活

对大河以南的百姓来说，咸阳的宫殿与坟墓无论何其宏伟，似乎有点遥远，但纵横全国的高速马路、驰道，与每个居民关系就十分重大了。

驰道的修建，动用的徭役绝不在长城之下。而驰道的建成，则是中国历史的一个重大的标志。至此，中国不再是大禹时期的天下万国，西周时期的有国三千，春秋的七十二封国到战国时期的七雄纷争。一统天下的帝国，不会再有伍子胥、范蠡的故事，也不需要诸子百家说三道四。帝国要的是“壹”民。胆怯、怕事、愚昧、贫穷的弱民。

公元前220年，秦始皇下令广修驰道。从咸阳各个方向通往全国各郡的驰道多达九条。而全国各地则是驰道纵横。“东穷燕齐，南极吴楚，江湖之上，濒海之观，必至。”

金陵也因其独特的地理位置，成为驰道交会之处。向东经秣陵可至钱塘（杭州），西渡长江即往淮南。北达彭城，南经吴县再至钱塘。

驰道平坦之处，宽达五十步，相当于今天的六十余米。每隔三丈，植树一棵，可计里程，兼有林荫。路两旁以金属锥夯实。

驰道按规定，为皇帝专用车道，百姓乃至官吏皆不得通行。有学者认为，这应是皇帝出行时的规定，或指某些特定的地方为皇帝专用车道，非泛指全国，否则，久不通行，道路很快荒废。

河南南阳山区发现秦时“轨路”，且为复线，铺有枕木，原理与现代铁路无异。区别仅是路轨用的是经防腐处理的优质木材，当然，动力只能是马匹。

最具特色的是长达千里的蜀汉栈道。栈道盘旋于高山峡谷之间，或凿山为路，或架桥于水。遇悬崖，则凿危石，立木柱，铺木板，凌空而过，具有极高的设计与施工水平。天堑通途，历经数朝，皆为沟通川陕的交通要道。

驰道的贯通，显然极大地提高了王朝的行政效率，加快了讯息传播与物资交流，加之铁器的广泛使用以至生产能力得以大幅增长，从而改变了平民百姓的生活方式。

秦帝国短短几十年，全国沦为巨大的工地，徭役的负担是极其繁重的。阅读大量史料可以得知，秦朝对各种罪错高额罚款是一种驭民的有效手段，使无数平民因无力承担而变成苦役与奴隶。

1975 年湖北云梦睡虎地秦墓，以及 2002 年湖南龙山里耶古城出土的秦简，有大量刑徒、城旦领取粮食的记录，让我们多少能感受到秦时百姓生活的大致情形。

秦人日食二餐，城旦一天可领粟米三分之二斗，若从事筑城垣、运土修路一类重活，早餐可增至半斗。秦时一斗约为二斤七两，这点粮食，在缺乏副食菜蔬的情况之下，大致可吃个半饱。

重罪囚犯，一天口粮才三分之一斗，维持活命都很勉强。

这些放粮记录，还有隶妾、孩子，可以推想，当时工地还有家庭存在。而隶妾也是参与施工的，发粮也有工作轻重之分。始皇陵附近刑徒墓地发掘出女人、孩子尸骨，可以算作这个推想的印证。

刑徒以役抵罪，不会另有报酬。但秦代征用的民工有无薪水时常引发争论，睡虎地秦简有记录，民工自带铺盖食物，每天八个钱；工地管饭，六个钱。一个钱到底相当于多少，较难计算，但可以由此推知，当时一个钱，大致可以换到半公斤粟米。八个钱，也就是四公斤粟米。

秦帝国三大工程皆在北方，被征用的民工从家乡到工地，往往有几十天的行程。

睡虎地秦简记录的秦徭律载："御中发征，乏弗行，赀二甲。失期三日到五日，谇。六日到旬，赀一盾。过旬，赀一甲。……水雨，除兴。"

徭役迟到六天到十天罚一盾，迟到超过十天罚一甲，而实在天气不好，可以免罪。这段徭律曾引起一些人的疑问，秦律并非传说的那么严苛，太史公的记录是不是错了？

陈胜吴广起义，是赴役途中遇雨迟到，《史记》说，依律，要被砍头。无奈，反正是死，不如反他娘的。

其实，陈胜吴广服的是兵役，兵役要求肯定严苛，不可与徭役类比。

"天下苦秦久矣！"陈胜一呼百应，刘邦也将此语书帛上，以箭射入沛县城中，城门顿开，追随者云集。

> 呜呼！灭六国者，六国也，非秦也。族秦者，秦也，非天下也。嗟乎！使六国各爱其人，则足以拒秦；使秦复爱六国之人，则递三世可至万世而为君，谁得而族灭也？秦人不暇自哀，而后人哀之；后人哀之而不鉴之，亦使后人而复哀后人也。

西方人萧伯纳与杜牧的感慨是一样的，历史的教训是，从来没有人汲取什么历史教训。

去秦朝当一名邮差

如果说驰道是帝国的动脉，还有县道、乡道如毛细血管延伸至每一个穷乡僻壤。这便是秦王朝在前代基础上，构建完善的一个行之有效的庞大网络。这个网络一直使用至今。

让整个网络脉动起来的，是遍布于网络的邮置与生活于邮置中的邮人。邮，是秦时的称谓，之后称邮驿、舍、驿站等，现在称邮局。邮人，则是现在的邮递员。

秦行书律规定，人口较多的地区，“十里置一邮”。“南郡，江水以南，二十里置一邮。”这里江水，指的是长江。江北的浦口、棠邑，十里一邮无疑。江南的溧水、金陵处交通要道，且有鱼米之富，十里置邮的可能性更大。

汉承秦制，尹湾汉简记载，西汉东海郡有县三十八个、乡一百七十个，置邮人四百零八个，递属三十四邮，每乡约二至三名邮人。

我们从里耶、睡虎地等地出土的秦简可得知，无论穷乡僻壤，还是郡县城邑，邮舍想必是遍布全国、颇具特色的建筑。如果有幸去秦朝的金陵或其他地方旅行，让人记忆深刻的建筑，必定是四处皆见的邮舍了。

邮舍规模自然有大小不同，但这些邮舍是政府出资兴建的公产。不仅有邮人的住宅，还有接待往来官员的客房。大一点的邮站，则配备有马匹、马厩、井、石磨等设施。

邮人自然成了招人羡慕的职业。住公屋，且免租赋及徭役，还依爵位等诸多条件，配有耕田。若有邮人打算找老婆，媒人定会踏破门槛。

但在秦朝细致而严苛的法律之下，当一名邮人未必轻松。

行书律规定，所有邮件必须及时处理。耽误半天，“笞五十”。耽误一天，暴打一百鞭。“过一日，罚金一两。”

一般公文邮件，以人力送达。紧急公文邮件，则“乘传马行”。如果将一般文件当紧急公文送达，“罚金二两”。反之，治罪。

而行书的速度，“一日一夜，行二百里”。千里之地，五日即当送达。这是一般要求。行书律细致到不同路况、不同气候都有不同规定。特急公文则是邮驿间马不停蹄地飞驰，当时的居民，总是从这一景象揣测大事的发生。

私改或保管不善，危及公文安全的，“为伪书者，黥为城旦舂”，“毁封，以它完封印印之，耐为隶臣妾”。连坐，老婆亲人也不能幸免。

为了确保邮路畅通，有些特别的情况或特别的文件，如军情之类，秦政府还启用“亭”来传送。亭是负责治安的机构，职能近于现代的派出所。这样，传送邮件不光有邮人，间或还有亭卒。

里耶秦简中，有迁陵县县丞写给上级的信，报告所要的布匹货物已启运。可见，当年的邮人不仅是递送信件，还有运送包裹货物的责任。这个帝国构建的网络，不仅是一个高效的通信系统，还被用作物流配送。

里耶秦简有一个十分有趣的记录，让我们能感触到秦人相处的呼吸与小心思。

卅二年（公元
前215年）
正月戊寅朔甲
午，启陵乡夫
敢言之：成里
典，启陵邮人
缺。除士伍成
里匄、成。成
为典，匄为邮
人。谒令尉以
成事，敢言之。

这段文字的大致内容是，秦始皇三十二年（公元前215年）正月十七日，启陵乡乡长上报迁陵县县丞，说，城里的里典与邮人缺。推荐一个叫“成”的人为里典，一个叫“匄”的人为邮人，请县令、县尉批准。里面提到的“士伍”，指秦时无爵位的平民，“除”为任命之意。

正月戊寅
朔丁酉，迁
陵丞昌却
之启陵：
廿七户已
有一典，今
有除成为
典，何律
令？

正月二十日，迁陵县丞的回复是严厉的质问，成里才二十七户，并有一个里典，为何又任命里典？

尉已除成、
匄为启陵
邮人，其
以律令。
气手。正
月戊戌日
中，守府
快行。……
壬手。

事情的结果令人玩味，县尉已任命了成、匄两个人同为邮人。一个叫“气”的人记录了这个决定。并且，这个任命已铁板钉钉，已于正月二十一日中午，以快件上报备案。由一个叫“壬”的人经办。

看来，去秦朝当一名邮差并非易事，谁知道，这短短的几行公文背后，隐藏着多少微妙的人情世故与潜规则？

生而为人，生而赋税

南京人，无论生活在哪个朝代的南京人，与其他任何地方的人没有区别。他们从生到死，要背负两样东西，赋税与徭役。仅仅是，现代的徭役除兵役外，大多转化成了新的赋税。你穿过的衣，你吃过的饭，你走过的路，你住过的房，你坐过的车，通通都是税后产品。要说全那些赋税的名称，似乎是一门专有的学问。

人无法独立生存于社会，每个人都从属于一个群体。赋税的美好意义在于，个人对群体承担了一份责任。身为纳税人原本是一件令人自豪的事情。奇怪的是，人类历经几千年的大多数苦难，竟然只是对一个简单至极问题的认知，发生了小小的偏差。这笔赋税是属于群体，还是属于个人？国家的统治者是赋税的拥有者，还是被群体委托的管理人？

这些赋税是一笔多么巨大的财富，它的支配权是如此诱人，以致成了人类间一切纷争与仇恨的最大原罪。

一个国家的大小，另一个定义是，收税范围的大小。那就争吧，无非是血流成河。

人类是群居动物，从形成群落的那一天起，就存在弱肉强食，占有与被占有。

传说中的夏代“井田制”，既是土地制度，也是赋税制度。

顾名思义，井田分为九块，周边八块为奴隶耕作，中间一块为公田，也是赋税。

史书载，商代井田每小块约合今天十四亩，周代井田每小块约合今天二十亩。南方山地丘陵无法划作井田，则有贡赋、山泽税。即使采集、打猎、捕鱼，都是要交税的。

“任土作贡，随乡所出，就地取物，因田制赋。”公元前5000年前后，南京北阴阳营以及周边台地的居民，纳税方式大致是这个样子。

夏代首创田赋、盐贡、人头税三大直接税，沿用两千多年。力役，即徭役为人头税最初交纳方式。

《周礼》载，最初的税收机构，称为“司关”，“虞”为当时税官的称谓。

春秋无义战。没有一场战争关乎过天下黎民的福祉。秦始皇一统天下，理当休养生息，轻徭薄赋。但加在百姓头上的，不仅税种繁多，还空前繁重。如田税一项，除了谷税，还交饲养战马牲畜的刍稿之赋。从睡虎地出土的秦简可以看到，秦律的田律规定，所有田地，不管耕种与否，需交刍三石，稿二石。交不起实物，则转为货币交纳。把战时临时征用的土地附加税变成长期交纳的税种，并用法律的形式固定下来了。

《汉书》公认是严谨之作，其《食货志》说：

至于始皇，遂并天下，内兴功作，外攘夷狄，收泰半之赋，发闾左之戍。男子力耕不足粮饷，女子纺绩不足衣服。竭天下之资财以奉其政，犹未足以澹其欲也。海内愁怨，遂用溃畔。

所谓“泰半之赋”，颜师古注，三分取二。这真是赋税史上苛税的一大纪录。尽管铁器的广泛使用，水利的兴修，大大提高了农业产量，但如此重税之下，民不聊生，男子力耕不足粮饷。

当列国争雄之时，权力尚不敢如此傲慢。越王勾践十年休养，十年教训，曾给百姓带来一段短暂的宽松日子。

商鞅变法，废井田，开阡陌。“废井田”是一场土地革命，把土地从贵族世袭者手中夺过来，用作军功爵位的封赏。给了低层农民改变命运的希望，“斩敌首一，赐爵一级，为五十石官。斩敌首二，赐爵二级，为百石官”，“使民之见战也，犹如饿狼之见肉也”。

“开阡陌”则导致了一场农业技术革命。阡陌给田间水利灌溉以道路，这项举措之后，才有郑国渠、都江堰的修建。

郑国渠令关中平原沃野千里，粮产剧增，且无凶年，两千余年四万余顷良田受益至今。郑国渠因此列入“世界灌溉工程遗产名录”。

水利专业中，治沙至今是世界难题。都江堰“二八分沙”“四六分水”，其设计之巧妙，功效之长远，为世界水利史上的奇迹。也被列入“世界文化遗产名录”。都江堰使成都平原两千多年来“水旱从人，不知饥馑，时无荒年，谓之天府”。

商鞅变法，奖勤罚懒，生产粮食布匹多的，可减免赋税劳役，开垦山坡洼湿荒地不仅私有，且十年不征田税。各国前来归附的百姓免除三代赋税。

太史公评述，正是这些让百姓休养生息的措施，才致“秦国富强，卒并诸侯”。秦始皇不过是商鞅变法成果的惠泽与享用者。

南京一带的居民没有机会享受这短暂的变法之利。这一期间，金陵地区正饱受战争之苦，先是越楚之争，继而楚秦之战。至秦灭楚，随之而来的是秦帝国的横征暴敛。

秦并六国，害怕六国贵族利用百姓故土观念反抗，武力强迫了历史上第一次空前规模的大移民。

先是迁六国富豪十二万户于咸阳附近，以每户五人计，不下六十万人。富户有妻妾家丁，实际远不止此数。南京地区不会例外，迁移户数岂止千计。

公元前219年至公元前211年，秦分别迁三万户至山东胶南，八万户至陕西，三万户至内蒙古。又发五十万壮丁“南戍五岭”（广东广西）。再次波及众多平民家庭，不少人在押送过程中死于途中。史载，“十余年间，百姓死殁，相踵于路”。秦并六国，战争结束了，人口非但没有增加，而是大幅减少。每一个数字都是一条活生生的人命。

影响更大的，则是全国大型工程的徭役。《汉书·食货志》载，秦之“力役三十倍于古，田租口赋盐铁之利二十倍于古”。大量服役人一去不还，客死他乡。孟姜女寻夫是当年多少家庭的故事，一个王朝带给苍生的灾难，历经千年，犹有余痛。

户口，伴随终身的标记

所谓国家，从某种意义来说，是围绕税收与徭役建立的行政组织。

《周礼》记载夏商周三代井田制的社会组织情况是，“九夫为井，四井为邑，四邑为丘”。九夫实为九家，每甸约六百人。

其后，天下数千国，国家尚是原始部落，其社会组织各不相同，称谓各异。但主流是“什伍之制”，即“五家为邻，五邻为里，四里为酂，五酂为鄙，五鄙为县”，或“五家为比，五比为闾，四闾为族，五族为党，五党为州，五州为乡”。每乡约一万余户，约六万余人。

而管理人员的设置，“司民之官”掌登万民之数，生要入籍，死要除名，“皆书于板”，“司徒之官”统军队，“司寇之官”掌刑罚，“百工之官”管工匠，“廪人之官”理仓储。

有了严格的户口登记，又有什伍之制，再加上军队与刑罚，每个生民的税役就不会含糊了。

《左传》提及井田制时期的税役，每甸要向国家缴军马四匹，兵车一乘，牛十二头，甲士三人，步卒七十二人。十五岁至六十五岁的人都须服役，天数为丰年旬用三日，灾年旬用一至二日。当然，这些不包括每户要承担的主要税种，田税、人头税。

对繁重的劳役与兵役，民不堪苦，古老的《诗经》有诸多记录，如《小雅·何草不黄》："匪兕匪虎，率彼旷野。哀我征夫，朝夕不暇。"

《小雅·小明》："明明上天，照临下土。我征徂西，至于艽野。……心之忧矣，其毒大苦。念彼共人，涕零如雨。"但综观秦朝末年的税役，这只能算作微不足道的小哀怨。对于苦难，人类原来有如此惊人的耐受之力。

中国的户口制度，到秦朝才完善运用到了极致。

《史记·商君列传》说，秦"令民为什伍，而相牧司连坐。不告奸者腰斩，告奸者与斩敌首同赏，匿奸者与降敌同罚"。

以五家、十家为最基层单位，称什伍（今天叫村民小组，居委会），什上为里（今叫村），里上为乡（今同），乡上为县（今同），县上为郡（今为省）。这套行政机构的设置，两千多年来，基本没有变化。所谓"百代都行秦政法"，行的就是秦朝确立的那一套严密的户口与行政制度。

秦律对户口管理十分严苛，漏登、错登户口都是大罪，负责人、经手人会累及家人连坐。

里耶秦简档案记录，有两个乡因迁移户年龄登记不清，公文来去，相互扯皮，皆因谁也担不起这个重责。

里耶秦简的发掘，令两千多年后的我们能一睹秦人户口模样。秦时户籍为每户一简，宽约 1~3 厘米，长约 46 厘米。共书五栏。试看一简：

◎ 第一栏：**南阳户人荆不更蛮强**（南阳里住户，四等爵位，户主蛮强）。

◎ 第二栏：**妻曰嗛**（妻名嗛）。

◎ 第三栏：**子小上造□**（儿子名阙，未成年）。

◎ 第四栏：**子小女子驼**（女儿驼，未成年）。

◎ 第五栏：**臣曰聚伍长**（一名叫聚的伍长登记的这个户口）。

户口由县衙保管，每年都要复核。“生者添，死者削。”而子女一旦成年（十七岁或身高 145 厘米左右），即另立户口，独立承担赋税徭役。

户口除了一家的登记，成年人还有单独的档案，职务、年龄、身高、肤色记述尤详。如：“迁陵狱佐士伍朐忍成都谢，长七尺二寸，年廿八岁，白皙色。舍人令佐最占。”

人类以群居方式生存，登记是管理的需要。比如驾照、社会保险号、户口等。但登记变成当国者奴畜天下的手段，事情就可怕了。一个国家，瞬间可以变成监狱。真正可怕的是，商鞅首创的户口间的连坐与告密制度。

不告奸者腰斩，告奸者与斩敌首同赏。更严重的是连坐。《史记索隐》说，“一家有罪而九家连举发，若不纠举，则十家连坐”。

揭发罪行本为正当之举。前提是，法律为公共契约，而不是私人意志。

在这种氛围下生活的成人与孩子，心理必然扭曲。苛捐杂税无论如何繁重，担负的只是一代人。而户口连坐连同告密之风的强化，并用作一个政权铲除异己的手段时，影响的是一个民族人种的精神状态。

“诽谤者，族，偶语者，弃市”，因言获罪，不仅要斩首示众，还将累及家人。不会有荆轲、聂政、豫让了。南京地区的棠邑古城里也不再有专诸与伍子胥。诸子百家皆是异端，敢不告发？卜筮、医药、农耕之外的书籍，敢不焚毁？想升爵升官，斩敌首何难，必以性命相搏。告发何易，只需泯灭良知。

秣陵县设置与秦始皇的精神问题

史载，公元前221年秦废分封，全国置三十六郡，以郡统县。王国维作《秦郡考》，认为秦实际置四十八郡。秦置郡县，之后，分郡为二，或是新置，前后皆有变化，如南京地区，先置二县，后又加置三县，达五县之多。从里耶出土的秦简可知，《史记》三十六郡是一时之数，随之有若干新郡添加，王先生考证为是。

公元前223年，秦王翦灭楚，南京地区置两县，江南为会稽郡溧阳县，江北为九江郡棠邑县。

秦始皇曾五次出巡天下，四处刻石记功。公元前210年，携少子胡亥、丞相李斯、中车府令赵高，最后一次东巡，经丹阳古道，抵达金陵。再行云梦，登九疑，祭祀虞舜。之后，浮江东下，过丹阳进入南京地区。至会稽祭大禹，北返，“过吴，从江乘渡”。江乘即今南京栖霞区。秦始皇几过金陵期间，废金陵邑，置丹阳、江乘、秣陵三县。加之棠邑县、溧阳县，秦时，南京地区有五县之多。《景定建康志》载，秦始皇登江乘勾曲山北陲，埋下玉璧一对，上有李斯篆文：“始皇盛德，平章江山，巡狩苍川，勒铭素壁。”

西晋《江表传》及《景定建康志》皆有记载，秦有望气者说，金陵地形有王者都邑之气，故秦始皇改金陵为秣陵，掘断连冈，以泄王气。秦淮本名龙藏浦，东吴称小江，东晋名淮水，唐以后据此传说，称秦淮。

贬金陵之贵为马草之贱，并将秣陵县治所迁离战略要地，贱名迁治，是不争的事实。凿方山，泄王气，尽管有附会之疑，以秦始皇的心理病态，则完全可能。尽管秦朝短命，所遗史料不多，也不难看出，秦始皇是夸大妄想症患者。

中文名：夸大妄想症

外文名：delusion of grandeur

病态信念：坚信自己是最了不起的，才华盖世，拥有无上权力

特征：带有夸大色彩

不错，秦始皇的确拥有至高权力，但搜罗天下词语，自认为功盖五帝，德超三皇，把自己抬高到词穷语尽的地步，称皇称帝，四处刻石记功，绝不像一个能人的健康心理。自即位开始为自己修陵墓，其建筑规模之大，耗费民力之众，陪葬白骨之多，为史所仅见。这种私欲的极度夸大，完全超越正常人的行为与想象。咸阳宫殿建筑多达两百多座，藏美女万人，依然嫌小，征用全国劳役建阿房宫。一座阿房宫前殿，即可坐万人之众。

秦始皇晚年，周围多是方士环绕，完全生活在方士花言巧语中虚渺的妄想世界。事实上，秦自吕不韦时即秘密设有秘祝，专门以巫法将帝王的过失、不祥的灾祸，转移至指定的臣民身上，

望气者是风水之士，秦始皇身边，自然不乏其人。

秦始皇渡湘水，遇大风不得过，疑心为祠庙中供的湘君作难，即令刑徒三千，烧湘妃祠，尽伐湘山之树，以示报复。精神显然处于癫狂状态，非常人可理喻。

方士徐福上书称海上有仙山，秦始皇深信不疑，即任徐为御医，予以重金，派三千童男童女，出海寻长生不死之药。《史记》载，寻不死之药的，还有方士韩终、侯公、石公。

公元前215年，“燕人卢生使入海还，以鬼神事，因奏录图书”，曰“亡秦者胡也”。始皇乃使将军蒙恬“发兵三十万人北击胡，略取河南地”。

这不是传说，而是正史记录。秦始皇北击匈奴，修筑万里长城，故是必要之举，荒唐的是，其决定竟缘起于方士之胡言。大权在握，便可如此任性。

秦始皇晚年不再称朕，而自称真人。幻想真人入水而不沾，入火而不灭，能腾云驾雾，与天地同寿。

因多年寻不死之药而不得，方士便一谎圆一谎，骗他说神仙不来，是不喜欢凡俗之人打搅。秦始皇自此深居简出，下令将咸阳二百余座宫殿以廊桥相连，频繁更换住处，泄露其行止者，斩。

一个外表无比强大的人，往往内心无比虚弱。怕死已经怕到缺乏正常判断的地步，哪个精神科的医生能说，他不是妄想症患者。

就在这次东巡返回咸阳的路上，秦始皇一命呜呼。

三年后，秦灭。

两千余年已去，秣陵地名犹存。叹哉。

简牍中的秦时明月（上）

读过沈从文小说的，都会知道湘西边城茶峒。依山傍水，遗世如诗。从南京溯长江而上，过洞庭，可入《离骚》描述的沅水，芷垂而兰香。沅水、酉水相连，一路船行，即抵茶峒。由茶峒沿酉水再上，便是秦朝迁陵县治所——里耶古城。

2002年，里耶出土秦简达三万六千片。这是一次惊人的考古发现。要感知秦时中国人的生活面貌，这些简牍里，几乎可以听见古人的呼吸。

原来秦时的政府上班，为漏下二刻至漏下十一刻，按现在的时间推算是朝七晚五作息。

收田租的，管仓库的，乡里官员，大多熟知九九乘法，甚至包含分数运算。而西方人运用这一数学知识，要晚了数百年之久。

标准化是秦朝立国之策，书同文，过去的历史知识告诉我们，秦统一，使用的文字是小篆。从里耶的秦简来看，当时公文已广泛使用隶书了。上面的文字，今天的小学生也大致可认。信手而写的软笔书法朴拙而自然，极具美感。

每隔十里、二十里即可看见邮舍，邮人不仅每天寄送处理公文邮件，还需接送往来的官员。接待标准十分严格，御史卒人，主食粺米一斗，副食菜羹四分之一升，并配韭葱酱。

三级爵位以下小吏，粝米一斗，副食菜羹十一分之一升。

官员十人配伙夫一个，每十五人配牛车一辆，车夫一个。

卅年八月，贰春乡作徒簿。城
旦、鬼薪积九十人。仗城旦积卅
人。舂、白粲积六十人。隶妾积
百一十二人。凡积二百九十二人。
卅人甄。六人佐甄，廿二人负土，
二人泥瓦。

这片秦简让我们看到刑徒繁忙的劳动情景。秦始皇三十年（公元前217年）八月，迁陵县贰春乡参加生产劳动的徒隶有二百九十二人，其中，三十人生产陶器，六人辅助生产陶器，二十二人背土，二人做泥瓦工。

商鞅变法的重点是“壹”民。作为意识形态的信仰，必须归一。祠律规定，“擅兴奇祠，赀二甲”。《史记》也说秦“禁不得祠”。这个“不得”作何解，今无确论，有人认为是“般若”，即佛教于秦时已传入中国，被禁。

秦一统天下，只准老百姓信什么呢？秦简载，秦始皇曾于所设郡县立“泰上皇庙”。里耶秦简有迁陵县“行庙”的记录，所行之庙，只可能是这个“泰上皇”庙了。这大概是倡行个人崇拜之始。

既然以耕战立国，祭祀先农便成了全国最为重大的活动，以祈求神农保佑来年风调雨顺，五谷丰登。里耶秦简有诸多记录，每到春播之前，围绕祭祀的忙碌即已开始。仓库忙着出库祭祀用品，乡县官员忙于祭祀的筹措安排。祭祀开始，祝词以别样的声音唱读，且鼓乐时作，过程自是隆重而庄严。祭祀完毕，相关人员分发祭品，多余部分还可售卖给刑隶。对于当时城邑乡村的居民来说，这是一个多么难得的充满喜庆的节日。这种节日的气氛流传至今，演变为全世界华人每年的重大日子——春节。

从一片追捕逃兵的简牍可知，秦步卒单兵装备有长剑、弓弩，每支弩配易损件弓弦四条，箭二百支。除这些军事装备外，还需背负几十斤口粮。

当时迁陵县的植被与整个长江流域，包括南京地区差异不大，山上山下的树木有松树、杉树、柏树、梓树、槐树、银杏等。田里种得最多的是粟，其次是稻、秫、菽、芋。蔬菜则是芹、韭、菌、冬瓜、巴葵。水果有梅、橘、桃、李、栗子等。

秦以耕战立国，粮粟数倍于其他诸侯之国，故粮仓众多。见于记载的迁陵县粮仓，有经廥、乙廥、丙廥等。设于乡、县的，规模有“万石一积”“二万石一积”。当时秦国最大的仓储，达“十万石一积”。

仓律对仓库的规定十分细致，通行设施有围墙、吏舍、门卫、办公地、仓库。“仓勿近舍”，吏舍远离粮仓是为了防火，一切火源严禁靠近仓库。仓库除门卫外，还养有狗。粮仓以木板架空防潮。如粟禾霉变，对仓吏的处罚极为严厉，仓库发现鼠穴三个，即罚一盾。

徭役、刑徒、邮舍的放粮记录都须入档。出库、入库，则要主管官员、佐史、禀人三方在场，佐史担任记录。

赶集是一种最为古老的交易方式，至今还在不少边远乡镇流行。集市一般设在城邑之郊，通衢交会处，或是河边的码头。如南京的秦淮河畔，棠邑的城门之外。或五日一集，或十日一集，约定俗成。即便不买卖东西，城邑与乡村的居民也愿意稍作打扮，前去凑个热闹。

每集则百货俱陈，四远竞凑，大至骡、马、牛、羊、奴婢、妻妾，小至斗粟、尺布，必于其日聚焉。

里耶秦简有不少奴隶买卖的记录，当年的集市，可以买卖奴婢、妻妾、仆人。

秦简载：卅一年（公元前216年）十月乙酉朔朔日，贰春乡守。大奴一人直（值）钱四千三百。小奴一人直（值）钱二千五百。凡直（值）钱六千八百。

这里，“大奴”为成年男女奴隶，“小奴”为未成年男女奴隶。我们由此可知，秦始皇三十一年（公元前216年）农历十月初一，迁陵县贰春乡奴隶的买卖价格。按之前的推算，秦时一钱可买半千克粟米，一个大奴隶，约值当时粟米二千一百五十千克。

若是有幸去秦朝赶集，还可于人头涌动间，一见不同景象。

擦肩而过的人，会有黥面的罪犯。秦时黥面，即脸上刺字的情况十分普遍，如焚书不及时要黥为城旦，商鞅变法，太子犯罪，连太子的老师公孙贾也被黥面。

文人笔记中，有一个仆人用长锥刺到主人鱼塘中一条斤多的鱼，便受黥面之刑。

秦朝很多刑徒，如城旦、隶臣妾等，非重罪者，都不关押于监狱，他们如常人一样行动自由。秦政府放心让这么多刑徒招摇过市，一是刑徒脸上刺有标记，二是严密的户口制度与告密措施，以致整个社会便是巨大监狱，无处可逃。

集市中还会见到很多称为“数耐”的刑徒，罪行比黥面者略轻。他们的胡须、鬓角被乱剃，以示羞辱。几十年前的“文化大革命”，很多学生强迫老师剃所谓“阴阳头”，便是秦律中的数耐之刑。

简牍中的秦时明月（下）

当然，这一切，所看的都只是表象。先后出土的简牍里，还可以读到一些耐人寻味的东西。

秦简中，时常有“水下几刻”一类文字。如：“八月壬辰，水下八刻，隶妾以来。”里面隐藏的信息是秦朝对公文及公事处理的时间，要求极苛。当天处理都不行，要说明是何时何刻办的，并且记录在案，存档备查。

可以想见，当年的时钟是一个类似沙漏的水漏装置，刻度清晰，漏下几格，便称水下几刻。这种秦代时钟，是乡县以上办公机构必备的用具。有学者认为，秦计时，为日十一刻，夜十一刻。一日合计二十二刻。与今天的时间对应如下：

白　昼			
刻　一 6:00—7:05	刻　二 7:05—8:10	刻　三 8:10—9:15	刻　四 9:15—10:20
刻　五 10:20—11:25	刻　六 11:25—12:30	刻　七 12:30—13:35	刻　八 13:35—14:40
刻　九 14:45—15:50	刻　十 15:55—17:00	刻十一 17:05—18:10	

夜　晚			
刻一 18:10—19:15	刻二 19:15—20:20	刻三 20:20—21:25	刻四 21:25—22:30
刻五 22:30—23:35	刻六 23:35—0:40	刻七 0:40—1:45	刻八 1:45—2:50
刻九 2:50—3:55	刻十 3:55—5:00	刻十一 5:00—6:00	

前面提到过启陵乡任命成里的里典与邮人的往来公文。这个任命，先是被县丞否决，结果却是两个候选人如愿以偿。公文背后显然有潜台词，那便是复杂的人情世故与背后的运作。那个县丞当然要首肯这个任命，但留在档案里的，只有他的质疑。其中有令人寻味的想象空间。

公元前221年六月十三日，简牍记录了一件事，都乡负责人向迁陵县报告，从启陵乡迁来的十七户人家，年龄登记不清。启陵乡回复，早有文件通知都乡。秦时，儿童也要交人头税，但税钱较低，到十七岁，则要交全额税，年龄不清，事涉漏税重罪，后果严重。公文来去扯皮，迁陵代理县丞敦狐的批复，“按律令办”。正确而圆滑，绝不涉及解决措施。“按律令办”，这类官场用语，还在其他简牍上可以读到，两千多年来，类似这样正确圆滑的官话套话依然耳熟。可见秦朝晚期的官场，变法之初的民气不再，如老人迟暮，已开始但求无过、应付了事的弊习。

里耶秦简中还有大量追讨罚款债务的文书，大多停留在公文来去，官员都只履行分内的职责，并不关心办事的效果。

秦始皇三十三年（公元前214年）四月初六，阳陵司空腾报告说，阳陵县宜居里士伍名叫“毋死”的，积欠赀钱八千六十四，需要追讨，但毋死充当戍卒，现不知在洞庭郡哪一个县服役，归哪一个县管辖。

之后，是围绕这个“毋死”的负债人烦琐的公文往来。公文还用洞庭司马的印章封缄发送。历经长达三年公文来去之后，最后得知这个“毋死”戍卒迁调到了迁陵地界。

可见，从商鞅变法到秦始皇主政，官场弊习已日渐形成，所谓高效行政，只是明日黄花。仅仅一个戍卒的追债，其行政成本难以计算。要命的是，没有一个官员是真正想把这笔钱追回来的。君视民为草芥，民视君为寇仇。既然皇帝把国家当作私产，那国家的好坏又关官员什么事呢？秦之亡，于此已见端倪。

里耶秦简仅是从秦始皇到秦二世迁陵县二十多年的档案记录。二十多年间，迁陵县丞此来彼去，换了数个，一些县丞连一年都难做满。尽管县官有二百石俸禄，但事无巨细，疲于应付。且监督告密之风盛行，人人自危。只有老于世故，精于钻营，机巧油滑，才可能如鱼得水，否则，官不聊生。

几百年后，有个做县官的，遇到了一个问题。是改变自己的心性适应官场弊习，使得心为形役呢，还是保留自己的心性，回归自然，过穷日子？他最终选择后者。结果，辞职获准，便载欣载奔，高兴得像个孩子。写了《归去来兮辞》，文传千古。这个人叫陶渊明。

又一千多年后，有个做县官的，为官之地还是个肥缺，吴县，苏州府。

他给朋友的信，先是志得意满，之后，完全没有为官一方的得意，官场“吏情物态，日巧一日，文网机阱，日深一日”，“弟作令，备极丑态，不可名状。大约遇上官则奴，候过客则妓，治钱谷则仓老人，谕百姓则保山婆。一日之间，百寒百暖，乍阴乍阳，人间恶趣，令一身尽尝矣。苦哉！毒哉！”痛骂自己丑态百出，沦为奴才妓女。

最后辞官，“乌纱掷于优人，青袍改作裙裤，角带毁为粪箕”。把官帽扔给演戏的，把官服改作内裤，这是何等洒脱。此人是袁宏道。

当然，不是每个人的心性都适合做官。但官场一旦找不出一丝生气，冰灭了最后一点报效热情，这个政权也就只是苟延了。

袁宏道辞世仅三十余年，明亡。

青铜箭镞与工匠精神

西安兵马俑坑清理出青铜箭镞多达四万余件。北京理工大学冶金专家通过金相分析，发现这些箭镞的金属配比，完全是按同一技术标准铸造出来的。而同一规格的箭镞，最大的尺寸误差，仅仅只有零点几毫米。弓弩的基本零件，其尺寸精确到几乎可以互换。而兵马俑坑出土的一柄秦剑，压在兵俑身下两千余年，已经弯曲，移开兵俑，剑身立即恢复原形。其氧化处理工艺，令秦剑历经两千余年而不锈，这项工艺，到 18 世纪才得以广泛使用。

战国时期的出土兵器，大多轻重不等，大小不一。唯有秦国兵器出土，无论时间相隔多长，地点相距多远，其造型尺寸都相差无几。

这四万多支箭镞，都呈三棱形。

三棱箭头拥有三个锋利的棱角，在击中目标的瞬间，棱的锋刃处就会形成切割力，箭头就能够穿透铠甲，直达人体。比易受侧风影响的双翼箭头更为精准。

检测结果发现：箭头的三个弧面几乎完全相同，这是一种接近完美的流线型箭头。这种箭头的轮廓线跟子弹的外形几乎一样。两千多年前，秦人竟然摸索接近了空气动力学的原理。

秦朝的弓弩，弱弩射程超过百米，而强弩，须用腰力、脚力方可张开，射程可达七八百米，相当于现代的步枪。

商鞅变法统一度量衡，不仅令标准化生产确立，还配备有一套严苛的生产与质量管理制度。

“物勒工名，以考其诚，工有不当，必行其罪，以究其情。”兵马俑出土的兵器中，刻有丞相吕不韦及兵器厂长、管理人员及工匠的名字。每一件产品的生产，都有各级人员为之负责。

而相关的刑律规定十分细致，质量不合格或评为下等的，不仅要无偿重新施工，还视各种情况，对设计、施工、管理人员重罚，乃至连坐。质量合格，但不耐用，还要追罚。“公器不久刻者，官啬夫赀一盾。”

一支简单不过的箭镞，包含了众多管理与治国细节。这不能不让人想起令秦国由弱变强的商鞅。太史公对商鞅的评价只有四个字，“薄情少恩”。这种人非常稀有，身上找不到半点常人理解的温情与人性。秦魏交战，魏国将领公子卬曾是商鞅的好友，商鞅请公子卬前来和谈，公子卬欣然而往，商鞅将其生擒，从而大破魏军。为了成功，人与人之间最后一点善意与准则，都可践踏殆尽。他变法的目标，是“臣畜天下”，没有一丝对苍生生命的尊重。

他是胜负艺术的大师，最终却作法自毙，沦落到无处容身的地步。他效力的秦国如愿成为诸侯博弈的胜出者，最终却在转瞬间土崩瓦解。成功竟是过眼云烟。

但阅读当年的史料，一条律令，一枚箭头，都让人震撼，商鞅之下，是一支多么务实的团队，使秦国出现一段充满生气与创造力的辉煌。从技术与操作层面来说，商鞅变法有太多值得后人借鉴并传承的东西。不能不感叹，郑国渠与都江堰至今还造福后人。而灵渠，仅仅用一段不高的堤坝，一条不算太长的水渠，便打通中国长江与珠江两大水系，从水路把整个岭南与中国连为一体。如此令人惊叹的工程，堪称鬼斧神工！之后历时两千多年，很少再有类似奇迹。那些创造精神去了哪里？

让人深思的是，两千年后，秦人的工匠精神，秦人的后人居然要去日本与德国重新学习。

大秦帝国的南京人

公元前224年前后，随着秦楚之战趋近尾声，当年的南京居民见到了传说中的虎狼之师——秦军。

那支秦军我们也看见了，秦始皇陵旁出土的兵马俑再现了当年的军阵。

那是一支气势何其磅礴的军队，但兵俑的头上居然没有头盔。这是寓意，还是写实？《史记》及其他史书言及秦国士兵，每杀得兴起，即丢盔弃甲，袒胸赤膊，左手提人头，右手挟俘虏，奋然追杀对手。虎狼之师岂是浪得虚名。

秦楚之战，秦灭六国之战，本质上，是土地制度，即财产分配方式的对决。

商鞅废井田，行军爵，直接把财产分配与杀敌多少挂钩，每个士兵都为改变自己的生活而战，思战如饿狼思肉。而封建制下的土地是权贵世袭的，与平民无关，平民参战，仅仅是被动地承担徭役。交战的最终结果，自然确定无疑。

事实上，当南京居民看到秦国士兵踏进他们的土地时，一个重大的历史转折已悄然开始。

秦并六国，标志着耕战立国的红利使用完毕。一统天下，战事不再频繁。财产与权力基本完成了这一轮的再分配，以军功升爵的道路不再宽敞，普通民众没有了改变命运的途径与动力。接下来只有任权势鱼肉苦难。

当国者无意关注这一深层的危机，而是陶醉于权力与占有的狂欢，陶醉于“臣畜天下”，即把百姓视为畜生的快意。

南京居民改为了秦国户口，这个户口的模样，不会与迁陵县居民那一片记录于木简的户口相去太远。

改朝换代了，所有的行为都有新的规矩，比如管仓库，仓库门可以伸进一个手指，或者发现鼠洞，都将被罚，重至倾家荡产。

邻里之间依然是“什伍之制”，但里乡县郡的管理体制已经固定。要命的是连坐法的推行，邻居有小儿被拐卖，不仅拐卖者要判重罪，什长、里典以及治安人员都负连带责任。百米之内，有抢劫案及其他罪案发生，不施以援手，漠然视之者，要重罚。

晚上是不准随便出门的，否则触犯“夜行”之律。

别说集会，聚众也绝不允许，三个人以上喝酒也属“群饮”，在禁止之列。皇帝高兴了，打了胜仗，才恩赐百姓在一起喝酒，称“天下大酺”。

信仰亦有新的规定，每个县的治所立有先农祠、泰上皇庙，政府每年在确定的时间举行祭祀，其他信仰皆为异端邪说，严加禁止。家庭的藏书除指定几种外，悉数焚毁，私藏禁书，罚为徒隶。

以上谈到的仅是犯规，牵扯与谋反相关的大罪，则有腰斩、车裂、凌迟、剁成肉泥等刑罚，连坐至满门抄斩，诛杀九族。

秦律之细致，几乎囊括所有行为，而且简单明了，易于操作，真可谓密不透风。从百姓至官员，无不如此。官员处理公文延误或是错漏都有相应的处理措施。什么等级有什么接待标准，细到盐可用几克。秦简载，“吏有故当止食，弗止，尽禀出之，论何也？当坐所赢出为盗”。就是说，当官的多吃多占，公款消费，罪同盗窃。

与所有律令相配的是，鼓励告密。告奸者等同杀敌升爵，不告奸者以降敌论罪。天下一统，杀敌之路何其渺茫，告密的诱惑何其之大。

可以推知，秦制下的南京人与吴、越、楚时的南京人，其性格、气质、心态无法不产生变化。

秣陵、棠邑、南京的五县城邑与乡村的居民，在那一段时光，想必时常处于不安与恐惧之中。

秦迁六国十二万富户至咸阳之郊，这种迁移近于流放包括财产土地剥夺。《史记·货殖列传》记载了赵国一个姓卓的，开矿冶铁，成为富豪，秦破赵，迁卓氏，家产尽被掳掠。一个豪族，顷刻间瓦解，衰草空堂，只剩下夫妇二人推着车子凄凉地走上迁移之路。

夜晚一阵急促的狗吠，随之人声吆喝，第二天起来，几户原本富足的邻居便屋舍空空了，从此不再与南京有关。

之后的强制迁移是往关中、齐地与广东、广西，对象是商人，曾经做生意，有产业的人，还有这类人的儿子、孙子。秦的这个做法，汉代称“七科谪”。当然，强制迁徙的，还包括犯有罪错的官吏与平民。

波及每一个南京人的是三十倍于古的徭役。里耶秦简记录，迁陵县贰春乡公元前215年八月，做苦役的刑徒多达二百九十二人。这仅是一个乡，还有县、郡的徭役，秦始皇在全国的行宫达数百座，北方的长城，咸阳的宫殿与陵墓，这将令多少南京人离乡背井，花落人亡两不知。

“感时花溅泪，恨别鸟惊心。”呵呵，似乎要讲一下花了，用征人与迁客的泪眼，回首看看秦时的南京的花。

野外的迎春枝条有了绿意，率先绽出了嫩黄，冰雪尚在消融，它们便抢先用豆大的花骨朵报告春天的消息。之后呢，蔷薇挂在一堵颓墙，桃花把山坡涂一片粉红，李花把另一处涂一片淡白。那时候，苹果尚未从西方传来，梨花也有，杏花也有，让和风搭载一点梨花、杏花的清香，再搭载一点蜂翅扇动的声响。如何？夏天是看荷的季节，岂止是如碗的荷花呢？硕大荷叶上滚动的露珠，会含一片秦时的天空。没错，当年的紫荆花开得如今天见到的一样妖冶。秋天桂花如期而至，秦时桂树安在？然，古人与今人闻到的是同一股桂香。茶花与梅花开放的时候，应把双手笼进衣袖，寒风吹红花朵与人面。

太阳照常升起，南京人为征夫迁客时，泪眼回望故乡，花都是这样开的。秦时的，南京的花。

第四章

两汉

公元前206年至公元220年

价值

两件看似平常的事情相继发生在南京。一切似乎有些神秘。

项羽兵败六合，与所有战争的输赢不同，这是一个重要的历史节点。

刘邦项羽楚汉之争，绝非简单的王朝易姓，而事关国体。行分封的周制还是行集权的秦制，历史将是不同的写法，自然，中国人包括南京人的活法也将有所区别，南京城也可能是另外的模样。

董仲舒出任江都国相十年，也是中国历史不同寻常的事件。

这个行为怪异的教书先生有关『天人感应』、君权神授的解读，为皇权合法性找到了借口。

『独尊儒术』不只给暴力的秦制找到柔和的面具，同时也提供了王道霸道互用的空间。

『三纲五常』显然是社会人伦秩序易于操作的标准。

这一套大一统的理念，被当权者及士人儒生广为认同，成为维系华夏文化长达两千余年的核心价值体系。

可以说，中央集权的国体，诞生于秦，完善于汉。

◎阅读地图

丛林英雄

公元前209年七月，时值盛夏，南京一带自是炎热不堪。当地居民看到异常情景，邮舍之间，驰道之上，快马急驰，邮人行色匆匆，面带庄严。坊间村里议论，天下有大事发生。

凭君莫话封侯事，一将功成万骨枯

至垓下败，于汉军重重围困之中，与虞姬灯下对酌，拔剑起舞，悲歌苍凉。如此宏大战争场面的小景致，倘是从空中俯瞰，必定极为凄美，以至观者泣下。楚汉之争，项羽失了天下，却赢得了人格的磊落。人世间，除了财产、权力的多少之外，还有美的状态。这个美态，甚至超越生命。只要没有刀枪逼着，谁他娘的喜欢陪刘邦这号货去玩，若是街头遇着，见一次捶一次。

四邻何所有，一二老寡妻

又一轮财产与权力哄抢完成，丛林幸存的胜出者忙于封侯赐爵，汉初南京的，以至天下的百姓日子又如何呢？杜甫笔下的《无家别》岂止是安史之乱后的惨景，数千年来每一次财产与权力哄抢过后，送给平民的，都是同样的礼物。「人行见空巷，日瘦气惨凄。但对狐与狸，竖毛怒我啼。四邻何所有，一二老寡妻。」村庄除了一二孤老外，荒凉到只剩野兽出没了，狐狸龇牙咧嘴，认为来人侵扰了它们的地盘。

好日子

随之而来的好消息是算赋（人头税）由每人一百二十钱减至四十钱。一个五口之家，每年又多出四百钱的盈余。当时米价一百二十钱一石，值米三石有余。从居延汉简中得知，黄金时为八十四钱一克，光人头税一项，政府每户减免近五克黄金。

一个女人和两个皇帝

汉高祖二年（公元前205年），刘邦败魏豹，薄姬被俘，沦为罪妇，编入『织室』做工。刘邦因其姿色所动，纳入后宫。后宫佳丽如云，薄姬于深宫一年之后，偶得刘邦一幸，怀子刘恒，复为寂寞宫娥。刘邦身边有戚夫人等宠妃环绕，一个掳来的罪妇自然弃之如敝屣。

南京居民刘嫖

独特的经历与身份，令她熟知宫廷之外的世情，又深谙深宫之内的潜规则与微妙的周旋。想必长居深宫的汉景帝对这位亲姐姐的每次到来，都会充满期待与喜悦。她谈及宫外的人情趣事，让人颇觉新鲜。此外，姐姐还会时常带来可人的美女，这些来自民间的女子，自然比刻板的宫女有另外的生动。宫廷政治这类游戏，往往是私谊决定了国事的去向。

货币简史

（《中国货币史》读书笔记）

西汉初、中期，一斤黄金（今二百四十八克）可买一千二百五十斤猪肉，或二十五匹布，或四十只羊，或一百四十二只鸡，或五十石粮食（每石合今六十斤）。一片居延汉简记录，一两黄金一千三百四十七钱，一两合今十六克，约八十四钱每克。有人推算，汉时一钱，相当于今天四至五元人民币。即便推算存在误差，黄金在不同年代，不同地域，价格也存在差异，结论依然十分清楚，古往今来财主的想法相当靠谱。两千多年来的数据可以为证。

史书里的另类物种

稍不遂意，即扒光姬妾侍女的衣服，令其裸体击鼓，或放置于树上。那些赤身裸体的女子，最长的在树上待了三十天。有的则放狼咬死，屈死者多达三十五人。

潘驴邓小闲

『此五件，唤作「潘、驴、邓、小、闲」。五件俱全，此事便获。』所讲的内容，就是如今说的高富帅那点事。听了让人脸热，恨不得马上直奔明朝。同样的意思，现代人一开口，便是无趣。到了古人嘴里，该直白处，直白得有生气扑面，该含蓄处，含蓄得余味深长。

江都国相董仲舒

一番祭祀之后，命所有女人回家藏匿，因为女人主阴。而男人主阳，必须着红装戴红帽，走上街头唱歌跳舞。井水主阴，每口井都必须加上井盖，不使阴气泄漏。大雨不停，则祭祀不止。终于阳盛阴衰，天渐渐放晴了，万民欢腾，董仲舒想不成为偶像都很难。

汉武盛世

每个中国人命运的好坏，常常关联到他生下来，碰上了一个什么样的皇帝。南京人何曾会有例外呢？

看上去很美

442年，南京的玄武湖畔，发生了一起公开盗墓事件。盗掘者便是建康令张永，被盗墓主为新莽大司马甄邯。

从南京到罗马

这是一次长达近六千里路的远徙，其艰难可想而知。即使走的是官道，但道路并未硬化，每逢大雨，泥泞难行。

从林英雄

公元前209年七月，时值盛夏，南京一带自是炎热不堪。当地居民于烈日之下，看到异常情景，邮舍之间，驰道之上，快马急驰，邮人行色匆匆，面带庄严。坊间村里议论，天下有大事发生。

大泽乡位于安徽宿州，依现时的理解，离南京地区算不得太远，但当年却要步行十多天。两个戍卒于此地振臂一呼，竟然应者云集，庞大的帝国顷刻摇摇欲坠了。

随后的战事往北方发展，南京地区居民能听到诸多传说，而无从知道陈胜、吴广义军的更多实情。整个秦末八年混战，他们感同身受的人物，主要是项羽。

项羽举事吴中，与南京地区同属会稽郡，其精兵八千，皆江东子弟，于会稽郡多县选拔，自然不乏秣陵、江乘、溧阳等南京诸县青壮年者。

公元前209年九月，项羽率八千子弟渡长江北伐，过江地点，即南京江乘的龙潭古渡。

当年渡江情景应是极为壮观，即便没有亲人在征人之列，远行赴死的都是满口吴侬乡音的家乡子弟。江中舟船竞发，龙潭古渡沿岸，人声鼎沸，有多少人扶老携幼，挥手相送。

两千多年前的往事会沉淀，沉淀于件件古董。留给后人把玩，解读。一把锈蚀的剑，一块残缺的石碑，一个古老的地名。

龙潭古渡对岸，是六合区的金塘。相传项羽渡江后，扎营于此，虞姬失手，将金钏遗落塘内，此地遂名金塘。

今天的六合金塘，已离江岸甚远。沧海桑田，埋却了多少往事。

必定有不少南京地区的居民远远见到过项羽的雄姿，并留下极深的印象，以至“项羽”二字成为当年茶余饭后的主要谈资。

随后的故事充满传奇，破釜沉舟，鸿门宴，战彭城，以至南京地区再度改号易帜，成为西楚霸王治下。他们所交赋税的总支配人由秦二世换成了项羽。

项羽带八千江东子弟气壮山河，于南京龙潭古渡过江八年后，兵败垓下。

这一段，太史公笔下多有感伤。

> 项王则夜起，饮帐中。有美人名虞，常幸从；骏马名骓，常骑之。于是项王乃悲歌慷慨，自为诗曰：『力拔山兮气盖世，时不利兮骓不逝。骓不逝兮可奈何，虞兮虞兮奈若何！』歌数阕，美人和之。项王泣数行下，左右皆泣，莫能仰视。

虞姬拔剑自刎。

之后，项羽乘乌骓马，带八百壮士突围南逃。至六合边境九头山时，再度被围。一日九战，仅余二十八骑。

进入六合，沿江岸西奔，至乌江渡，遇乌江亭长泊舟江岸。亭长说，江东虽小，沃野千里，亦足为王。项羽答，我率八千江东子弟渡江而西，今无一人还，纵使江东父老怜惜而以我为王，我有何面目见之。遂将乌骓马赠亭长，徒步斩杀合围之敌数百人，身受创伤十余处。

战杀正酣，迎面见汉军中有昔日部下，叫吕马童。项羽说，原来是故人。又道，听说取我性命，汉赏千金，邑万户，这个好处就送你吧，遂自刎。

汉军争抢其尸，自相残杀，死数十人。项羽终被分尸为五，吕马童得其一，封中水侯。

乌江镇今属安徽省和县，距八年前项羽率八千江东子弟渡江扎营，虞姬遗落金钏的六合金塘，仅数十里之遥。

历史在南京地区完成了一个循环，但留下了一道缝隙。

凭君莫话封侯事，一将功成万骨枯

项羽是中国文化中的一个重要符号，言及英雄气概，很难离开关于项羽的联想。

项羽身高八尺有余，在一米九上下。力能扛鼎，怒目逼人。吴中弟子多畏而远之。他认准了读书无用，一心要学敌万人的本事，见到秦始皇出行的奢华排场，便冲口而出，“彼可取而代之”。一语道破终生志向，要做丛林法则的胜出者。这种强烈的占有贪欲，是不可能对苍生的生命有丝毫敬意的。

他随项梁起事吴中，于会稽郡守府斩杀百人，郡府上下为项羽气势震慑，皆匍匐于地，无人敢仰头相视。

之后，身经七十余战，每战必克，莫能挡之。一个力拔山、气盖世的铮铮丈夫，却又不乏妇人之柔情。《史记》载，项王见人，恭敬慈爱，言语呕呕，人有疾病，涕泣分食饮。

至垓下败，于汉军重重围困之中，与虞姬灯下对酌，拔剑起舞，悲歌苍凉。如此宏大战争场面的小景致，倘是从空中俯瞰，必定极为凄美，以至观者泣下。

同是奔命，刘邦为车快，几次将亲生儿女踢下车子。荥阳之围，脱逃手段更是卑琐。相形之下，项羽本可随船返江东，却向生而死。在生命与美意之间，他选择了虚有的美意，放弃的是实在的生命。

楚汉之争，刘邦是胜出者。获得的是天下，即财产与权力的占有。这一切，是用放弃为人的一切底线换取的，不惜沦为无赖。

楚汉之争，项羽失了天下，却赢得了人格的磊落。人世间，除了财产、权力的多少之外，还有美的状态。这个美态，甚至超越生命。

只要没有刀枪逼着，谁他娘的喜欢陪刘邦这号货去玩，若是街头遇着，见一次捶一次。

这种生命的豪气与美感首先打动了太史公，他写项羽垓下之败，充满悲情。

"生当作人杰，死亦为鬼雄。至今思项羽，不肯过江东。"一千年后，那位名垂词史的才女易安居士，用二十个字表达了她的倾慕。

而南京浦口与六合，则留下众多与项羽行迹相关的地名。《棠志拾遗》记录，六合有霸王山，山下有霸王塘。附近还有项羽饮水的瓢儿井。今大厂一带则曾名为御甲甸。六合浦口一带还有项羽登高远眺的高旺（望）、兰花坡、驻马河、滚马滩、虞姬自尽的失姬桥等。

南京居民为项羽交税的时间不算太长，但他们以特别的方式表达了对钱财、权力之外，生命美态的认同。

所有历史都是写史者笔下的历史，所有的人事，都是叙述者眼中的人事。

即使太史公有自己强烈的审美倾向，仍然能从他的表述中，找到他另一些欲言又止的真相。

项羽率军攻打襄城，《项羽本纪》仅有五个字，"已拔，皆坑之"。并在另外的篇幅中互证了这个史实。楚怀王说："项羽为人，剽悍猾贼。项羽尝攻襄城，襄城无遗类，诸所过之处，无不残灭。”

项羽于新安坑杀随章邯投诚的秦兵二十万。综观历史，战国时期尚有类似记录。而屠城，却是项羽首开恶例。若无军纪节制，战争可以把人的兽性放纵到极致，以致疯狂。

刘邦入关中，约法三章，秋毫无犯。战争早已停止，关中已在和平之中，面对手无寸铁的平民，“项羽引兵西屠咸阳，杀秦降王子婴，烧秦宫室，火三月不灭。收其货宝妇女而东”，“所过残灭，民大失望”。一个屠字背后是多少咸阳无辜百姓的生命。

齐国田荣叛楚，项羽讨伐，败田荣。齐民将田荣杀了，而项羽竟“虏其老弱妇女，徇齐至北海，多所残灭”。不可理喻。

楚汉之争，汉将彭越据外黄（河南商丘），断楚之粮道，项羽攻下外黄，又准备坑杀外黄百姓，一个十三岁的孩子挺身而出，才制止了这场屠杀。“外黄令舍人儿，年十三，往说项王，曰：彭越强劫外黄，外黄恐，待大王。大王至，又皆坑之，百姓岂有归心？”

自项羽始，刘邦及宿将皆有屠城恶例，秦汉间八年混战，人口锐减，西汉初年，全国人口已不足一千三百万。

太史公于项羽虽有偏爱，依然不失中肯，他感叹，“嗟彼盖代，卒为凶竖”。项羽真要取代秦始皇，对天下苍生同样是一场灾难。

还是那个简单不过的问题，百姓的赋税，是归当国者私有，还是代管？

一部《二十四史》，就是一部这笔赋税的哄抢史，谁是丛林胜出者，都不再重要，对南京居民乃至天下百姓来说，卒为凶竖。

“泽国江山入战图，生民何计乐樵苏。凭君莫话封侯事，一将功成万骨枯。”唐人曹松感叹的是安史之乱，痛彻何深。试想，天下哪一次战乱能有例外？

四邻何所有，一二老寡妻

西汉立国之初，时事所致，封建与郡县并举。公元前 202 年之后八十余年，南京地区四易诸侯王。当地税收先是楚王韩信享用，随之分别是荆王刘贾、吴王刘濞、江都王刘非。至公元前 121 年，刘非后人刘建以谋反罪死，封国不复存，该地诸县税收上缴汉王朝。

江北棠邑为陈婴封地，先食六百户，后增至一千八百户，称棠邑侯。刘邦诛杀异姓功臣，而陈婴竟得善终，可称奇迹。

陈婴居东阳，为东阳令史，待人仁厚，深有民望。秦乱，东阳人斩杀县令，聚数千之众，推举陈婴为首领，陈婴坚辞。随之跟从者达两万人，头裹青巾，号“苍头军”，再度拥立陈婴为王。

陈婴母亲说，自我嫁陈家，未见出贵人，如今你突然有这样大名望，恐非吉祥。不若跟从他人，尚可避祸。

陈婴对部属说，项氏世代为将，必能成大事，遂将兵卒交归项梁。陈婴领上柱国，封五县。

之后陈事项羽麾下数年，羽死，降汉。平定豫章（南昌），得封棠邑，食六百户。于刀俎下为侯十八年，去世，谥号“安”。其后人三代，多与皇室联姻，显赫一时。算是秦汉乱世委曲求生的一种活法。

汉初所行封建，与周朝封建有一个重大变化，侯国只封户，不治民。侯国治民官称令或长，武帝后改称相。治民官统统为朝廷指派，隶属于郡，只按食户数将税收交封侯，并有监国之责。是故，受封的侯多居京城，而无须前往封地。陈婴自然乐得如此，若远居棠邑，其后人何缘识得刘家公主。

又一轮财产与权力哄抢完成，丛林幸存的胜出者忙于封侯赐爵，汉初南京的，以至天下的百姓日子又如何呢？

《史记·平准书》载，汉兴，接秦之蔽，丈夫从军旅，老弱转粮饷，作业剧而财匮。自天子不能具钧驷，而将相或乘牛车，齐民无藏盖。《汉书·食货志》则说，汉兴……民失作业而大饥馑，凡米石五千，人相食，死者过半。

秦行暴政，人口不增反减，全国约余两千多万，再减半，仅有一千余万了。李剑农《先秦两汉经济史稿》统计，前汉会稽、丹阳、豫章、长沙、武陵、零陵、桂阳七郡合计，人口仅二百五十万有奇。南京地区曾为鱼米富庶之地，至此也是万户萧疏，人烟稀少。

物资匮乏到连将相都只有牛车可坐，乡里的村庄会凋敝成什么样子？青壮年无一不去了战场，留下老弱病残还要加紧生产，为前方提供粮饷。到战争结束，已是十户九空，屋塌田荒。

杜甫笔下的《无家别》岂止是安史之乱后的惨景，数千年来每一次财产与权力哄抢过后，送给平民的，都是同样的礼物。

人行见空巷，
日瘦气惨凄。
但对狐与狸，
竖毛怒我啼。
四邻何所有，
一二老寡妻。

村庄除了一二孤老外，荒凉到只剩野兽出没了，狐狸龇牙咧嘴，认为来人侵扰了它们的地盘。

即便民苦若此，享乐不会耽误。刘邦政权依然征派徭役，于咸阳修建长乐、未央二宫。长乐宫周回二十里，未央宫周回二十八里。之后，又修筑建章、甘泉二宫，极尽奢华，不输秦殿。黄金为壁带，间以和氏珍玉。“皆以金玉珠玑为帘箔，处处明月珠，金陛玉阶，昼夜光明。”

公元前 198 年，强迁六国豪族十万余人于关中，南京地区自在其列。

公元前 192 年前后，征发近十五万人于长安筑城修宫，有秦施暴政的前车之鉴，已属收敛。

一个女人和两个皇帝

无法绕开这个贤淑无争的女人。

史载，薄姬之父为吴人，母出魏王宗室。时值秦并六国，诸侯贵族皆家道中落，沦为贱民，一个私生女，会经历哪些世态炎凉，大致可以推知。

秦乱，魏王族魏豹起兵，割据自立。薄姬随母归故里，为魏豹侍妾。

汉高祖二年（公元前205年），刘邦败魏豹，薄姬被俘，沦为罪妇，编入“织室”做工。刘邦因其姿色所动，纳入后宫。后宫佳丽如云，薄姬于深宫一年之后，偶得刘邦一幸，怀子刘恒，复为寂寞宫娥。刘邦身边有戚夫人等宠妃环绕，一个掳来的罪妇自然弃之如敝屣。

毕竟是刘家骨肉，刘恒八岁，得封代王。代国位于山西靠北边，常为匈奴袭扰，属贫寒偏远之地。

薄姬信奉无为之学，贤淑无争，且远封贫瘠之地，故于吕雉诛杀刘氏后人时，母子得以保全。

公元前 180 年，周勃、陈平平定诸吕之乱，迎立刘恒为帝。至此，黎民百姓，开始了一段好日子，史称“文景之治”。

薄姬与文帝相依为命，又为景帝慈祥祖母，一生命运多舛，处事仁厚善良，深能体恤民苦，其品格，对文、景二帝影响至深。河南省孟津县有薄姬庙，相传文帝时，洛阳一带蝗虫肆虐，薄姬请赴灾区，亲领官兵灭蝗，当地百姓立庙以纪之。

文帝为政二十三年，深念民苦，“一人耕之，十人聚而食之”，负担何堪。遂减赋税，废酷刑，行仁政。禁止郡国奉献奇珍异宝，常年穿粗布衣服。

手下打算为宫殿增修一个露台，找工匠预算，要百金。文帝讲：“百金是十户中等家庭的产业，我住在先帝宫室，已觉羞愧，怎么可以用这么多钱增修露台。”

他的陵墓，不准用金、银、铜、锡为饰，为减少劳力，因山而建，不另起坟。

景帝一生少磨难，染贵胄子弟之习，无明君之量，德行非敢与文帝比。但景帝依然感念民苦，坚持与民休息，即位即下诏将十五税一再行减半，为三十税一，并作西汉田税之定制。又允许贫苦百姓自由迁居肥沃之地，并租公田与无地少地农民，服徭役的年龄也大为缩短。如此轻徭薄赋，史所罕见，对中国百姓来说，是千年难遇的好日子。

据《汉书·食货志》记载，汉初至武帝即位的近七十年间，由于国内政治安定，只要不遇水旱之灾，百姓总是人给家足，郡国的仓廪堆满了粮食。太仓里的粮食由于陈陈相因，致腐烂而不可食，政府的库房有余财，京师的钱财有千百万，连串钱的绳子都朽断了。这是对“文景之治”十分形象的描述。

人口数量的增减，通常是百姓生活状况的重要指标。汉初南方七郡人口仅二百五十多万，到“文景之治”，仅七十余年，全国人口已远超三千万。

好日子

对南京乡间坊里的居民来说，邮驿传来的消息多是令人惊喜。上谕说，田税要大加减免，先是十五税一，后又三十税一。于经历过秦时“泰半之赋”的百姓，这是何其之大的恩典。“泰半之赋”上缴多达收成百分之六十有余，这简直是以国家为手段暴抢。而现在，不过三十取一。

民以食为天，战国时，粮食亩产大致在八十斤，到秦汉，铁器使用及开阡陌，粮食亩产一百四十斤以上，肥沃之地则倍增。（见《中国经济史论丛》）

《汉书·食货志》载晁错的话：“今农夫五口之家，其服役者不下二人，其能耕者不过百亩，百亩之收，不过百石。”这里的百石，应为三百石之误（参见荀悦《前汉纪》），三百石指加工之后的实米，而非毛粟。

征“泰半之赋”，男子力耕而不足粮饷，三十税一，当时五口之家的生活已可称富足了。当然，农民有百亩之田应不在多数。

随之而来的好消息是算赋（人头税）由每人一百二十钱减至四十钱。一个五口之家，每年又多出四百钱的盈余。当时米价一百二十钱一石，值米三石有余。从居延汉简中得知，黄金时为八十四钱一克，光人头税一项，政府每户减免近五克黄金。

徭役也有减免，三年才服役一次。乡里有“三老”倡导孝悌之德，“力田”则近于当代农业技术人员，为百姓作耕种示范。

连坐之法被废除了，皇帝的诏书是这样的：一个人犯法，定罪便是了，为什么让他的父母妻子一起承担罪过呢？我不认为这样的法令有什么好处。

公元前167年，皇帝收到一个叫缇萦的小女孩写来的信件。缇萦在信中说，她的父亲叫淳于意，为齐国太仓令，老百姓对他为官多有赞誉，但却因罪要处肉刑。人死不能复生，肢体砍断，即使改过自新，也无法再接。她愿意入官府为婢，为父顶罪。

皇帝阅信，大为感动。下诏曰，人有过错，就断人肢体，摧残皮肉，令人不再生育，何其残忍。“岂为民父母之意哉”，“朕甚怜之”。肉刑因之废除。

若重去南京地区集市赶集，再不会碰见新增脸上刺字、割鼻、断足一类犯人了。集市依然有妻妾奴婢买卖，直到晚清前后，人口贩卖始终是中国社会的生意。还有一些以前不曾见过，但渐渐时兴的商品。

一是醋，人们已懂得利用酿酒的残渣制醋了，这种液体佐于饮食，可令胃口大开。“醋”字至汉方有出现，秦之前言“醯”，言“酸”，指的是另外的东西，醋是汉时才有的新事物。

二是茶，三人以上饮酒虽不再犯禁，但因制酒用粮，皇帝不予提倡。人们发现，一种特别的树叶经烹制后，服用有另外的韵致。饮茶之风渐渐推行开来。

三是豆腐，相传是淮南王刘安召集方士炼丹，从而发现的。豆腐这一美味，不输天下任何伟大发明，古人称小宰羊。瞿秋白遗言最后一句是说豆腐好吃。豆腐是苍天对百姓的怜悯与恩赐，价廉至贫民皆可受用，从汉朝至今日，始终是集市的热销商品。

笔墨砚在普通集市都可买到，较大的集市，则可买到乐器，除笛、箫、龠、筝等古老乐器外，还有新流行的琵琶。

围棋相传黄帝时期即已发明，但数千年战事频仍，鲜有弈棋记录。从诸多典籍可见，汉代围棋已较广泛流行与普及。中国象棋的发明有多种传说，但至少应当是汉初得以完善，棋盘中间“楚河汉界”便是明证。集市不仅有棋可买，大概还有品茶弈棋的地方。

琴棋书画的流行，当属好日子的一个侧影，玩这类东西，一要有闲，二要有心情，谁也不会饿着肚子摆弄这类玩意，历史上罕有的政治宽松与轻徭薄赋，有闲有心情，两种状态自然相随而来。

南京居民刘嫖

刘嫖，没有看错，是这个字，嫖字古义另有佳解。这个婆娘，不仅名字任性，处世也属一大异类。

从当朝至现在，让人非议的是，她六十多岁，丈夫死后，找了个叫董偃的美少年，才十八岁。这种破事，有权势的，几个不在私底下干，没权势的，几个不在睡梦里干。她却敢张扬，弄得天下皆知。到死，不与原配丈夫同穴，要求与董偃葬在一起。惊世骇俗。

过去的人，现在的人，大都认定刘嫖坏了礼制。一次，汉武帝在宣室设宴请姑母刘嫖与董偃。近臣东方朔手持武器，在门口拦住董偃，怒斥董偃身为下臣，私侍公主，败坏先祖之法，罪当诛杀，以免玷污了宣室这样庄严的地方。武帝亲口说情，东方朔也不让董偃进门，闹得如此尴尬，只好把饭局改了地方。如果换成法国人，都不觉得这算个什么大事。

刘嫖为汉文帝之女，与汉景帝刘启同为窦皇后所生，备受恩宠。

九岁，封长公主，食邑邯郸馆陶。

公元前 177 年，十二岁，嫁棠邑侯陈午。时文帝有诏，强制列侯归封国，刘嫖随陈午居棠邑，育一女二子，至公元前142年，才返回长安。前后长达三十五年，算得上地道老南京人。

这里留下了想象空间，刘嫖十二岁，尚是小女孩，谈不上婚姻自主，父亲贵为天子，何以让她下嫁陈午？查《汉书·百官公卿表》，陈午无一官半职，更无文名，吃的是祖父陈婴的这点封赏。当朝大公主的下嫁，不像一场豪华的婚姻，而像一次凄凉的远谪。

但刘嫖何等人物，以她的能量，岂是当个贤妻良母可以打发一生的。

时逢她的生母窦太后患眼疾，她得以往返长安，探望陪护。独特的经历与身份，令她熟知宫廷之外的世情，又深谙深宫之内的潜规则与微妙的周旋。

想必长居深宫的汉景帝对这位亲姐姐的每次到来，都会充满期待与喜悦。她谈及宫外的人情趣事，让人颇觉新鲜。此外，姐姐还会时常带来可人的美女，这些来自民间的女子，自然比刻板的宫女有另外的生动。

宫廷政治这类游戏，往往是私谊决定了国事的去向。

刘嫖在宫廷内外游刃有余，可不只是为子女谋点封赏，她更愿意参与长远的政治投资。

未来权力的顶峰当然是太子。于是，找皇太子刘荣的母亲栗姬，商谈儿女婚事。栗姬是那种长肉不长心的，加上有怨，一口回绝。

刘嫖另作打算，选中景帝最疼爱的第十个儿子，尚在幼年的刘彘。没有错，这个彘就是猪。

应当是去山东走亲戚时发生的事情。刘嫖把小胶东王搂在怀里，问："彘儿长大了要讨媳妇吗？"刘彘说："要。"刘嫖指着左右宫娥侍女百多人问："要哪个？"刘彘说："不要。"刘嫖指着自己的女儿陈阿娇问："这个好不好呢？"刘彘眼瞟母亲，见母亲王娡微微点头，于是说："好。"刘嫖说："如果娶阿娇做妻子，彘儿一定造一座金屋子给她住。"以后的中国汉字里，多了个“金屋藏娇”的成语。

探亲的结果，王夫人不只同意刘彘与陈阿娇联姻，还加了个双保险，把自己的女儿隆虑公主嫁给了刘嫖的儿子陈蟜。

之后的演变复杂而微妙，真相永远不会见诸字面，只剩下想象与猜测的空间。

结果是，（公元前150年）“春正月，废栗太子刘荣为临江王。夏四月乙巳，刘彘(改名彻)母王氏立为皇太后。丁巳，刘彻立为太子”。

历史就是这样吊诡。或许，没有一个叫刘嫖的女人，也就没有后来的汉武帝，没有汉武帝，中国的历史就会是另一种写法。

那个董偃被东方朔当众羞辱后，三十岁抑郁而死。公元前116年，刘嫖辞世。其长子陈须、次子陈蟜于服丧期间兄弟争财，还不忘寻欢作乐，“犯奸罪”，遭诛杀。同年，棠邑侯国废。

1982年春，距六合不远的盱眙南窑庄曾发掘楚汉窖藏，除大量金器外，金币多达四十公斤。据考证，此窖藏与陈须、陈蟜兄弟争财有关。

刘嫖的女儿陈阿娇如愿做了皇后，随之在宫斗中被废，沦为寂寞宫娥。昔日的繁华与荣宠，只留在白发眉毛叹息之间。

眼见他人建高楼，眼见他人宴宾客，眼见他人楼塌了。世事就这样在欲望的岩浆中翻腾反复。

好了好了。

士隐听了，便迎上来道：『你满口说些甚么？只听见些「好了」「好了」。』那道人笑道：『你若果听见「好了」二字，还算你明白。可知世上万般，好便是了，了便是好。若不了，便不好；若要好，须是了。我这歌儿便名《好了歌》。』

曹公笔下一首《好了歌》，何止是一时感叹，音符还缭绕整部历史。

潘驴邓小闲

刘嫖行事，张扬而不跋扈，是颇懂节制的。

当年，有个叫邓通的黄头郎，因机缘巧合得以亲近刘嫖父亲汉文帝。文帝生毒痈，邓通日日以口吸脓。后，得赏铜山一座，并特许铸钱。邓通处事严谨，所铸之钱十分精美，不含杂铅，得以广为流通。为此富比王侯，名扬四海。

刘嫖的弟弟汉景帝即位，厌弃邓通，找个理由，籍没全部家产。邓通沦为乞丐，还背一身债务。只有刘嫖看望邓通，并以钱物相接济。但看守邓通的官吏通通将这些财物没收抵债，连头上的一根发簪都搜走。身为长公主，并未使性子，之后，只好改作“借”的方式，送去一些衣服、食物。

邓通是个得福于权势又得祸于权势的小人物。但他的名字与钱连在一起，直至明朝，依然家喻户晓。

《金瓶梅》《水浒传》都写有明朝世态人情。其中王婆与西门庆的一段对白，颇生动：

大官人，你听我说。但凡挨光的，两个字：『最难』。要五件事俱全，方才行得。第一件，潘安的貌；第二件，驴大的行货；第三件，要似邓通有钱；第四件，小，就要绵里针忍耐；第五件，要闲工夫。此五件，唤作『潘、驴、邓、小、闲』。五件俱全，此事便获。

所讲的内容，就是如今说的高富帅那点事。听了让人脸热，恨不得马上直奔明朝。同样的意思，现代人一开口，便是无趣。到了古人嘴里，该直白处，直白得有生气扑面，该含蓄处，含蓄得余味深长。

《汉书·食货志》载，吴以诸侯即山铸钱，富埒天子，后卒叛逆。邓通，大夫也，以铸钱，财过王者。故吴、邓钱布天下。

其实，汉文景两帝时，邓通那点钱，哪里可望吴王刘濞项背。

韩信败项羽，封楚王，仅隔一年，遭诛杀。刘贾继为荆王，南京诸县为其制下，六年后，死于英布乱军。刘濞得封吴王，尽袭荆王之地。

公元前 195 年至公元前 154 年，刘濞为王达四十年之久。

刘濞坐断东南，借临海之便，煮盐以内销，又广招亡命之徒私铸钱币，以至富甲天下。《景定建康志》载，当时江宁、溧水有铜山，且留有炉冶遗址。今考古发现，六合冶山附近出土当年铸钱时遗存的铜块、铜锭，并出土大量西汉“半两”“五铢”钱。

足证史记所载不虚。

汉文帝有个儿子刘启，刘濞有个儿子刘贤，都染纨绔之习。刘贤进京玩乐，与刘启饮酒下棋，因棋路争执，刘贤恶语相向，刘启举棋盘重伤刘贤致死。

刘贤的遗体运往吴国，刘濞说，都是刘家人，何必送吴地。将遗体退回长安，方得安葬。刘濞自此称病不朝。

文帝崩，景帝继位，便是那位伤人致死的刘启。景帝采纳晁错的建议削藩，诸侯怨声四起。公元前 154 年正月，刘濞征发吴地十四岁至六十二岁男子为伍，约二十万众，联合七大诸侯以“诛晁错”为名起兵。史称“七国之乱”。

叛乱仅仅历经两个多月，便得以平息，刘濞兵败被杀，百姓免于持久战祸。但给南京居民留下深重的痛苦，十四岁至六十二岁的男子多战死沙场，所还无几。坊间乡里，徒然增添多少孤儿寡母。

太史公、班固都说，刘濞逆乱之萌，皆自子兴。为一己之私，不惜生灵涂炭。天下不齿。归根结底，是钱害的，钱多了，以为无所不能。

但南京居民于刘濞治下四十年，日子在几千年间，是相对轻松的。煮盐铸币，富了王侯，也利及当地百姓。

适逢文景宽政，吴地不仅是薄赋，而且干脆不要农业税。至于徭役，如百姓按规定戍边，吴国拿出钱来，换取免征。其他郡国追捕的罪犯，刘濞都下令收留，乡里有才之士，刘濞也前往拜访，并予赏赐。故刘濞周围时常有枚乘等名望之士环绕。

《史记》《汉书》都称吴王擅山海之利，能薄敛以使众。

苏东坡《於潜女》一诗云：“老濞宫妆传父祖，至今遗民悲故主。”

货币简史

（《中国货币史》读书笔记）

贝币的多地起源是人类未解之谜

汉字是全世界唯一使用了四千多年的文字，每个字几乎都是一部文化史。贝字，甲骨文是贝壳的象形，即贝壳的简笔画。货，上为化，下为贝，就是能转化为钱的东西。与贝相关的古字，都涉及财富。甲骨文“宝”字，是屋子里放着贝壳。“贱”是贝壳少了。“败”是一只手用棍子打坏了贝壳。“贮”是箱子里装着贝壳。“贫”是贝壳分走了。

一目了然，贝壳就是最早的货币。并且有足够的地下证据，如殷商妇好墓出土的贝币数量惊人。

费解的是，世界各地域的民族，初期大多以贝为钱。印第安人所用的货币是大牙贝。澳大利亚土著各部落的货币采用之贝，互不通用。亚洲一些地方用环贝，而中国殷商时期的贝币，多用齿贝。

居于世界各地的古人类，不通消息，何以会有共识？一些人认为，贝壳具有坚固、便携、好计量、数量多四大特点，这正是货币必需的四大要素。再涉及观念，古人的生殖器崇拜。贝壳近女性生殖器象形，人类潜意识里认定，这是每个人来到现实世界必经的门户。

人类发展史上，还有很多疑云，除贝币的使用外，比如陶器的诞生，比如孔子、释迦牟尼、苏格拉底等巨匠都在公元前四百多年同时出现。

贝壳作为钱币，一些地区很晚依然使用，比如，云南大理的南诏国。

这便是货币的最初形态，称之为自然货币阶段。

冥冥中那只“看不见的手”

有一个共同的问题是，海里贝壳那么多，都捡来用，岂不通货膨胀？其实，在当时交通条件下，从海边把合用贝壳运往内陆，并加工成为人心动的饰品，这个制币的过程并不简单，况且，交易自由，要两厢情愿。人们对贝饰的式样，精美程度，都有不同的喜好。不合意，交易无法进行。可见，贝壳最后约定俗成，变为货币，是冥冥中有一只“看不见的手”，在诸多机缘中操纵选择的结果。细想有点儿神秘。

后来，接受贝币的人多了，货币对市场投入量不足。于是，人们用淡水蚌，用石头，用兽骨仿制贝币。

再后来，炼铜技术掌握了，铜制贝币出现。

对货币史来说，当属划时代的事件。金属货币阶段开始了。这是跨越至今，长达几千年的阶段。货币的一切功能与属性，都在这一阶段得以完善。

金属货币初期只是商人的筹码

日常用的生产工具是交易最频繁的商品，用它们作为价值尺度，更让人认同。最早的金属货币是布币、刀币与环币。布币是农具铲的形象，刀币不过是古刀的小型化，环币则与殷墟出土的纺轮相近。

还有一种蚁鼻钱，传承的大概是贝币的模样，主要流行于春秋战国时期的楚国。

环币便于携带，中间有孔可以绳穿之，之后，定型为使用长达两千多年的方孔圆钱。初期方孔圆钱的代表是秦半两，天圆地方表达了中国古人对宇宙的认识。秦始皇统一中国，也确立货币的基本范式。

从先秦典籍可以看到，税收、俸禄、赏赐多是用实物，谷物、布帛或黄金。

货币只是商人制作的筹码，用于交易的媒介与信物。

秦代已有固定俸禄，但支付的是谷物与黄金。黄金视作上币，铜钱视作下币，铜钱仅在民间交易中使用。

人类思想繁荣是货币经济的派生物

人生存，要吃穿住。围绕吃穿住形成的动产与不动产，如果没有货币转换，人不可能获得肉体自由。见识、思想将束缚在狭隘的地域。

公元前 5 世纪，中国和希腊都是货币流通活跃之后，人在身体与精神得到一种前所未有的自由与独立，带来空前的思想活跃，从而产生一批巨匠。

欧洲中世纪经济衰落，陷入长久的黑暗，当意大利的城市产生新兴的货币经济，文艺复兴的曙光在天边出现了。

西方现代货币，主要承袭希腊罗马货币系统

西方货币起源于公元前1300年以前，土耳其西北部的吕底亚（Lydia）。然后往东传入波斯，波斯人传入以色列。向西则传入古希腊。之后，亚历山大征服波斯等国后，波斯币制也希腊化了。印度北部也在亚历山大东征时希腊化。古罗马曾以方块铜为货币，但很快也接受了希腊货币文化。

现代欧美货币，承袭的是希腊罗马货币制度，如英国的镑、先令、便士。

亚洲伊斯兰国家的货币，承袭的也是希腊罗马系统。伊斯兰禁止偶像崇拜，将货币的头像改作《古兰经》经文。

金银才是真正的财富

亚里士多德说："货币必须具备实质价值，其价值由金属的价值决定。"希腊罗马货币系统铸造的是金币、银币，小额的采用铜币，并多以重量为货币单位。

直到晚清之前，中国流通的货币一直是铜钱，没有铸造过金币、银币。但秦汉即把黄金称为上币，铜钱视为下币。铜钱的自身价值，低于货币价值，无法长久保值。这样，货币的职能在中国发生了分离。虽然也曾铸造过金饼、银锭，但金银基本不用作流通，自古就是保藏财富的工具，并作为国际购买手段。由于战乱频仍，又没有信用机构可托管，保藏财富的办法，就只有深埋于地下。这是中国历代大小财主的共同隐私。

算一笔账，就会对金银保值程度一目了然。

现在黄金的价格，即时可查，在两百元至三百多元每克。这

些钱，能买多少柴米油盐，也不难换算。上推两千多年，到西汉，看看当年的金价，便有惊人发现。汉代黄金提炼水平极高，成色已达97%至99%以上。

一些学者依据《史记》《汉书》《居延汉简》《中国历代度量考》等典籍获知，西汉初中期，一斤黄金（今二百四十八克）可买一千二百五十斤猪肉，或二十五匹布，或四十只羊，或一百四十二只鸡，或五十石粮食（每石合今六十斤）。

一片居延汉简记录，一两黄金一千三百四十七钱，一两合今十六克，约八十四钱每克。有人推算，汉时一钱，相当于今天四至五元人民币。即便推算存在误差，黄金在不同年代，不同地域，价格也存在差异，结论依然十分清楚，金银具有很高的保值属性，古往今来财主的想法相当靠谱。两千多年来的数据可以为证。

刘濞邓通致富之道

唐朝以前的铜币，也如西方金元、银元标有重量，减重会引发通货膨胀。但其材质远低于货币价值，再加上材质不纯，“淆之甚微，而利之甚厚”。因而为铸造者留有具大盈利空间，盗铸私铸猖獗。尽管政府处以重刑，巨额诱惑而致铤而走险，“弃市之罪不足以禁”。史载，光汉武帝时期，杀盗铸私铸者数十万，牵连其中者数百万之多。这几乎超过当时全国人口的十分之一。吴王刘濞私铸铜币达三十余年之久，参与者甚众，遗有大量技术、设备、人才。故南京乃至江淮为私铸重灾区，多少家庭因私铸富，随之由私铸祸。

中国的货币经济完善于汉代

汉承秦制，货币因袭秦半两。汉初，“听民私铸”，乱象横生。

秦钱剪边减重，而新铸的币，将八克重的秦半两减至不足一克，以致钱方孔过大，周边四片丑如榆荚，称“荚钱”。加之战后物资奇缺，从而引发巨大通货膨胀，以致石米万钱。

吕后时，禁私铸，加重货币，发行八铢钱。后与南越、匈奴战事起，军费大增，朝令夕改，又减重，行五分钱。

文帝改铸四铢钱，钱文仍是半两。从秦半两、榆荚钱、八铢钱、五分钱，到四铢钱，大小轻重不一，交易颇不方便。

汉武帝确立中央政府的铸币与发行权，试行六次币制改革，最终设立上林三官，主管铸币、成色鉴别、运输。规定非三官钱不得流通。新铸的五铢钱重五铢，钱文不再用半两，而书五铢。币材用民间难以提炼的紫铜，并有精致边框，不易盗铸。

货币铸造流通的乱象终止，五铢钱的使用长达七百余年之久。

更具标志意义的是，租赋收钱，薪俸发钱，买官用钱，赎罪用钱，货币经济的功能这才得以充分使用。自此，货币通过官俸流入商人、百姓手中，又通过赋税及其他手段回流国库。这样看，中国货币的使用，历史很长。但货币经济的完善，始于西汉。

还有一个令人沮丧的发现是，中国两三千年的铜钱时代，直至清朝，农民与下层劳动者收入没有多少增加。太平年月，普通人家尚可维持温饱，遇上天灾战祸，或苛捐重税时，往往“四海无闲田，农夫犹饿死”。彭信威先生对中国各朝物价、收入研究比对后，得出结论：西汉时，中国劳动人民收入高于西方世界，14 世纪之后，欧洲百姓收入逐渐高于中国。

信用货币

目前世界通行的纸币称之为信用货币。其币材完全与贵金属脱钩，基本不具备价值，因而没有价值尺度的职能。纸币是由国家发行，强制使用的价值符号。

货币量的投放成为调节国家经济增长极为重要的措施，同时，也是稀释、转移财富的一种手段。既然只是一个符号，给这个符号如何赋予价值，是一门高超而玄妙的学问。但这门学问有一个称之为信用的镣铐，脱离这个镣铐，便不再有美妙的舞蹈。剑悬在头上。

虚拟货币

这个时代已经来临，它将给我们带来一个什么样的世界？

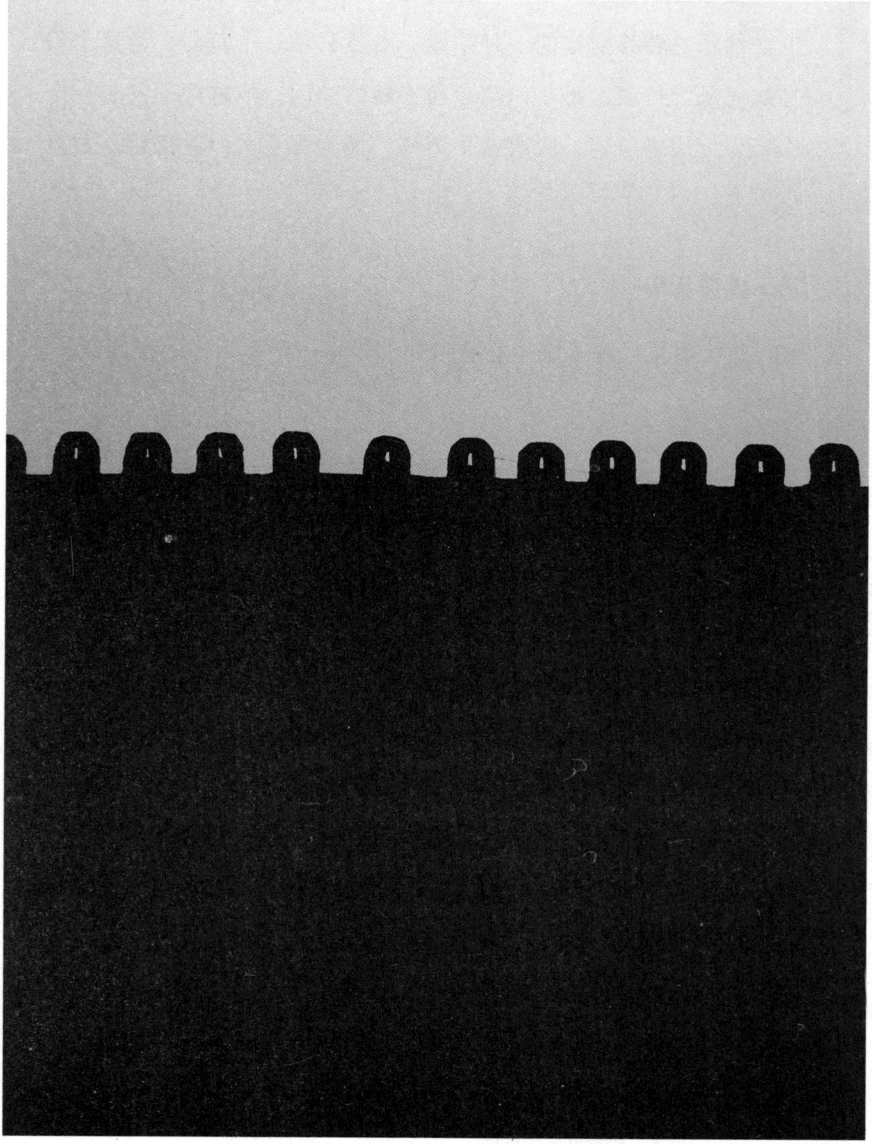

史书里的另类物种

平定七国之乱，有个将军，才十五岁。此人是汉景帝的儿子，汉武帝的哥哥刘非。因军功，授非将军印，赐天子旌旗，封江都王，尽袭吴王刘濞之地。南京诸县，在其治下，达二十七年。

2010年，中国最大的考古事件，是江苏大云山汉墓的发掘。尽管两千余年屡遭盗掘，依然出土金缕玉衣、玉棺等文物一万余件。这些文物，从种类繁多的兵器，到气势恢宏的玻璃编钟，足以让今人的思绪沿着那些锈色沁痕，感知两千余年前古人的气息。

这座汉墓的主人便是刘非。

史书对刘非着墨甚少，却记录了围绕于他的三个传奇。

在众多陪葬的姬妾墓中，发现了有“淖氏”铭文的漆盘，并出土了这位淖姬的牙齿。

这是一位何其风情万种的女人，史书断断续续的几笔记载，连同眼前的这几枚牙齿，给后人留下无穷的想象。从墓的位置即可断知，淖姬当年令刘非何其宠幸。刘非死，他的儿子刘建尚在守灵，便急不可耐，与淖姬在刘非尸体边强行淫乱。刘建死，淖姬又成了刘非的弟弟赵王刘彭祖的宠妃。并与赵王生了个儿子，名“淖子”。光是一个名字，都能感知其中的偏爱。

留下的问题是，淖姬在人世风情扑面走一圈，又如何回葬于刘非身边的？只有那几颗大云山出土、实实在在的牙齿知道所有的秘密。

刘非死，儿子刘建继任江都王。当年南京地区的百姓见证了一回生命奇观。权力与金钱加在一起，居然可以把人变为另一个物种。

《史记》与《汉书》，都作了特别的记录。

刘建不仅与淖姬在他父亲尸体边淫乱，还与前来吊丧的妹妹刘征臣通奸。

他经常拿着皇帝赐给父亲的将军印、天子旌旗驱车招摇。

游章台宫，令侍女四人登上小船，然后以脚猛踏，小船剧烈晃动，侍女惊恐落水，不予施救，直至两名侍女挣扎沉入水底。游雷波，遇大风，令两名随从乘舟入惊涛，观赏舟翻人落，时隐时现，以人命换得一笑。

稍不遂意，即扒光姬妾侍女衣服，令其裸体击鼓，或放置于树上。那些赤身裸体的女子，最长的在树上待了三十天。有的则放狼咬死。屈死者多达三十五人。

他突发奇想，想知道人兽交配会有什么结果，即令手下将侍女四肢按住，让公羊、公狗与之性交，他在一旁观看取乐。

如此令人发指的恶行，却没有受到任何制裁。告发他的人，都因各种罪名被处死。

只要权力没有制衡，法律不是公众契约，而是皇家之私法，刘建这类物种便是社会的一道风景。叫衙内也罢，叫八旗子弟也罢，尊称什么公子也罢，至今没有例外。

不作不死，作多了，内心难免恐惧。先是求助鬼神，后又膨胀到想谋反称帝。终因事发身亡。时为公元前 121 年，南京诸县所在江都国废。

江都国相董仲舒

刘非教子无方，却与国相董仲舒合作了多年。

刘建与董仲舒，都可归于另类物种。一个是劣迹斑斑的恶少，一个是德高望重的圣贤。

董仲舒的自律是与生俱来的。小时候读书用功到家人害怕的程度。父母为了让他分心，便在书房外修了一个花园。花园修了三年，他也从不入园玩耍，即使骑在马上，他也弄不清公母。

到诸侯王封国为相，是当时的高危职业。国相是中央派出的，除了去诸侯封国行政，还有监督诸侯王的职责，很少能有善终。

史载，刘非性格暴戾，但始终为董仲舒的德行与学识折服，对其恭敬有加。刘非死，董仲舒依然在刘建手下为相近两年，猜不出一个圣贤与一个烂崽如何相处，这真的是考验想象力的问题。

史书没有太多董仲舒在江都国为相十年的记录。但他必定会将终生抱负在这里付诸实践。

在他看来，大一统是宇宙最基本的规律，天地之常经，古今之通谊，应当作为君王最高的政治理想。为了这个大一统，全国上下就必须有一个共同的信念与道德准则。办法是罢黜百家，独尊儒术。

思想的大一统，秦王朝已作过尝试，便是焚书。罢黜百家，独尊儒术，本质上也是焚书，却是以文化统治文化，手段比秦始皇柔和而高明，为后来统治者沿用了两千多年。

但他讲的儒术，杂糅了阴阳五行等诸多学说，与孔孟之道不可等同而语。大一统、三纲（君为臣纲，父为子纲，夫为妻纲）、五常（仁义礼智信），这些经董仲舒改造的儒术，简单明了，成为两千多年来维系中华民族最核心的价值所在。

董仲舒鼓吹的三纲、君权神授，是统治者最需要的社会秩序，历代统治者都很欢迎。至于天人感应，大多表面信，心里不信，这点恐吓的小把戏从来不影响他们作恶。五常，那都是用来规范百姓的东西，仁义礼智信，对统治者来说，哪一个字都近于天书。他们只有权力的放纵与傲慢，从来不受他们嘴里倡导的德行与主义约束。

上行下效，谁都不傻。所以，中国文化最大的特色，是表面文章之下，还有微妙的潜规则、潜信仰。一个不深谙潜规则的人，在中国社会生活中必定举步维艰。衙门的前门多半用于摆看，后门才是达成交易的场所。

从史书中的蛛丝马迹来看，董仲舒是一个很善于炒作包装自己的人。他讲学，会用帷布把自己遮起来，让听课的人只闻其声，不见其面。这样怪异的行为，只可能是吸引公众眼球的小心思。实际效果不言而喻，连惜墨如金的史书也留有记录。讲课授徒是他的终身职业，司马迁也当过他的学生。到江都国为国相，这是一个提高声望的有效手段，推想，他前往江都国各县帷幕讲学的场次必定不会太少。

史书还记录他多次在江都国抗洪救灾的场景。他的理论是，干旱是天地阳气太盛所致，水灾则源于阴气太重。

整个救灾的过程，简直如同一场轰动全国的娱乐演出。

每当洪水肆虐，君主万民心急如焚。作为主角，他出场了，身穿红衣红裤，头戴红帽，腰缠红带，站上万人瞩目的祭坛，果然十分阳刚，光是化装就令观众倾倒。一番祭祀之后，命所有女人回家藏匿，因为女人主阴。而男人主阳，必须着红装戴红帽，走上街头唱歌跳舞。井水主阴，每口井都必须加上井盖，不使阴气泄漏。大雨不停，则祭祀不止。终于阳盛阴衰，天渐渐放晴了，万民欢腾，董仲舒想不成为偶像都很难。

遇到旱灾，则反其道而行之，严禁遮盖井口，男人回家藏匿，女人上街唱歌跳舞。

史书说，董仲舒调和阴阳的方法都很灵验。怎么会不灵验呢，雨不会天天下，太阳总会有被乌云遮住的时候。

董仲舒在江都国为相十年，中途虽遭朝廷贬斥，却与两任江都王相安无事。即使如刘建这样的烂崽，也为董仲舒的高深莫测震慑，只能敬而远之。

汉武盛世

公元前141年，春天刚至。北国仍是隆冬景象，江南靠北的地区残雪犹在，柳枝尚在寒风中落寞飘荡，不曾有半点儿绿意。

两个惊天的消息几乎接踵而至。一是景帝驾崩，讣告通过邮驿传至郡县乡里，啬夫里典已挨家逐户告之百姓，百日之内，不得音乐、婚嫁、嬉闹喧哗。衣着须素，不得艳丽。此外，还有斋戒等诸多规定。有汉以来，这是第六个皇帝去世。每个皇帝都要世人认同他是如何仁德，事实上，仁德与否，百姓只能通过自己生活的好坏暗中感知。文帝的死，曾令众多百姓深有不舍，景帝离去，自然心存戚戚。国家可以强制哀伤，但泪水是否产生，只能源于个人感受。很多时候，眼睛里流的是水，而不是泪。

大致一个月之后，新皇帝的登基仪式在京城举行。尚在景帝服丧期间，仪式因之从简。但依然要举行庄重的祭典，告之天地列祖，并诏示天下。南京地区的坊间乡里都已得知，景帝聪敏过人的第十子刘彻为万民新主，本地棠邑出生的陈阿娇已贵为皇后。

接着传来的诏书称作“复高年子孙诏”，以示新皇帝恩泽天下。诏书表达对乡里教化、德行的关切，凡九十岁以上老人，都予补贴粮食，并免除子孙税务，以表彰奉养老人的美德。

每个中国人命运的好坏，常常关联到他生下来，碰上了一个什么样的皇帝。南京人何曾会有例外呢？

至公元前 88 年，汉武帝治国达五十多年之久。

一个充满个性与能量的君主，面对先皇留下如此充盈的国库，权力的行使自然霸气。

“推恩分封”的举措，分割了诸侯王的土地与权力，一举解除朝廷对诸侯坐大的隐忧。所谓推恩分封，就是把封给皇族的土地再行切割，加封给皇族的子孙。南京地区的变化是，丹阳、秣陵、胡孰等地相继改称侯国。百姓纳税依旧，只是这些税收通过朝廷官员的收取，再转交受封的皇族。封地分割成小块，侯国之主又不参与行政，作乱再无可能。

东并朝鲜，南征百越，北伐匈奴，开疆拓土，赢得了一个巨大的国家版图。

稳定币制，完善了货币经济。

罢黜百家，独尊儒术。据此形成的价值认同，维系了中华民族两千余年历史。

在大一统的价值范畴之中，这是为一些史家推崇的汉武盛世。

但中国历史所称的盛世，如果不是轻徭薄赋，对大多数芸芸众生，都不是什么好消息。读汉史，只要稍稍触及汉武一朝黎民的生存状况，便会生出盛世名下的别样滋味。

公元前 119 年，匈奴已远遁漠北。国家耗尽文、景两朝积累，民不堪重负，流民四起，理当休养生息。但依然征伐不断，仅仅是因为几匹汗血宝马，竟劳师万里，攻打大宛。这一切都靠百姓繁重的赋税连同累累白骨换来。

《汉书·贾捐之传》载武帝时民间惨景：

> 父战死于前，子斗伤于后，女子乘亭鄣，孤儿号于道，老母寡妇饮泣巷哭。

男人战死太多，连女子也要征用到烽火台守卫。

《汉书·贡禹传》载：

> 武帝征伐四夷，重赋于民，民产子三岁则出口钱，故民重困，至于生子辄杀。

交不起重税，不得不杀死自己的孩子。

国库空虚，便动用一切手段，劫掠民财。先是树一个叫卜式的人作典型，号召百姓捐款。又纳粟拜爵，买官卖官，再以钱抵罪，以致贫富异刑，司法不公。

所有赚钱的行业收归国有，实行盐、铁、酒专卖。卖给农户的农具不只贵而且质量低劣，镰刀割草都割不动。

然后大举印钱，稀释百姓财富。武帝时用鹿皮制作的钱称作皮币，是现代纸币概念的首创。一张皮币高达四千钱。

最残酷的是算缗与告缗。算缗是对私人的商货、车船、田宅、牲畜、奴婢等财产课以重税。被课者不堪重负，多有瞒报。随之而来的是告缗，重奖对瞒报者的告发。公元前 114 年至前 111 年，仅三年，全国中等以上工商富户基本牵连破产。政府罚没财产数以亿计，奴婢成千上万。大县没收田产数千顷，小县数百顷。推想当年南京诸县，稍稍富裕之家皆被掳掠一空。

穷人的日子更为难熬。不只所有财产课税，每户又新增了马口税，用于征伐的牲畜。最可怕的是人头税，孩子三岁，即要征税，除每人二十钱外还需附加三钱。民不堪重负，由之生出杀婴恶习，惨不忍闻。故有言，宁为文景犬，不做汉武人。

汉朝赋税的分配，口赋专用于皇家日常开支，战争已耗费巨大的资财，但皇家享乐的开销，依然成倍增加。汉武帝中晚年，与秦始皇无异，身边方士环绕，一心想成仙不死。不惜大兴土木，修建章宫，周二十余里，千门万户。甘泉宫，周十九里。连同未央宫，其下各殿名称数不胜数，可满写几页书单。这些宫殿不仅以黄金美玉装饰，奢华至极，还以辇道相连。武帝仍嫌不足，又建上林苑、甘泉苑、西郊苑。每苑动辄数百里。离宫无数，藏美女万余人。汉宫之奢华，不只正史记载，还有班固《西京赋》，扬雄《甘泉宫赋》及《西京杂记》《三辅旧事》《三秦记》等书的描述流传于世。

汉武帝晚年，海内虚耗，户口减半，民变四起。意外的一笔是，他幡然警醒，放下权力的傲慢，与民休息。没有重走秦始皇的老路。

《轮台罪己诏》言辞切切，没有半点儿后世帝王装模作样。

朕即位以来，所为狂悖，使天下愁苦，不可追悔。自今事有伤害百姓，靡费天下者，悉罢之。

看上去很美

《南史·何承天传》载，宋元嘉十九年（442年），建康令张永在疏浚玄武湖时，于湖边发现古墓，墓冢上有一柄铜斗。报之朝廷，宋文帝不识，遂问朝臣。国子博士、太子师何承天说，此为新莽岁斗。王莽时，三公死，赐此斗。所赐有二，一冢外，一冢内。时三公居江左者，唯甄邯，此为甄邯墓。后掘墓，墓内果有一斗，并得甄邯墓碑。

新莽之政，不过短短十五年，成王败寇，为后世诟病。但其政治构想，近于千余年后的社会主义（胡适语），给历史留下一道超越常规思维的趣题。

而这个甄邯，至死都是王莽最重要的亲信与盟友，参与了王莽各项制度的设计与制定。

甄氏为西汉末年旺族，其家族成员多握朝廷重权。甄邯虽出豪门，然待人仁孝，饱读诗书，曾为县令多年，务实通变，深得王莽赏识。遂荐举重用，于民变四起时，临危受命，拜大司马，统领一国之军。新莽立国仅四年，故。可谓出师未捷身先死，令王莽痛失左膀右臂。

王莽与甄邯左右制定的治国方略，充满了儒家政治理想，几乎是一张提前近两千年公布的空想社会主义蓝图。

到西汉末年，家天下治国的弊端已日趋严重。自汉武帝之后，刘氏血脉虚弱，在位最长的成帝也只活了四十五岁，之后的哀帝在位六年，平帝在位五年，死时才十四岁。这样弱君治国的现状，自然豪强并起，外戚不想专权都难。社会秩序便依从丛林法则，弱肉强食。致富者田连阡陌，贫者无立锥之地。民不聊生，动乱频发，已呈亡国之象。

王莽和他的改革团队拿出的救国蓝图是什么呢？

首先是教育。扩充太学，“筑舍万区”。教学内容包括天文地理、历算医学、乐律兵书等。在郡、县、乡设立学校。蒙学教育也在此时得到极大普及。史游所著《急就篇》是儿童识字、长知识的蒙学教材，后来的《百家姓》《三字经》都不过是《急就篇》的模仿。南京所在县乡读书的风气也因之兴盛，自不例外。东汉开国皇帝刘秀，便是王莽选拔的太学生。史称，东汉为学风最盛朝代，事实上，继承的都是王莽留下的硬件与软件。

《汉书·王莽传》载：莽曰：古者，设庐井八家，一夫一妇田百亩，什一而税，则国强民富而颂声作。此唐、虞之道，三代所遵行也。秦为无道，厚赋税以自供奉，罢民力以极欲，坏圣制，废井田，是以兼并起，贪鄙生，强者规田以千数，弱者曾无立锥之居。又置奴婢之市，与牛马同兰，制于民臣，颛断其命。奸虐之人因缘为利，至略卖人妻子，逆天心，悖人伦，缪于『天地之性人为贵』之义。

这份诏书较长，只能略作摘录。归纳大意是，每人限有土地一百亩，多余的分给无地少地的贫农。土地国有，不得买卖。

再就是废奴。比美国19世纪富兰克林、杰弗逊的废奴运动早出一千八百多年。禁止奴隶买卖，主张天地之性，人为贵。

设立交易丞、钱府丞，类似今天的物价局，禁止商人盘剥百姓。

官吏薪俸以收成效益浮动，丰年多，歉年少。建立国家信贷制度，低息以解平民燃眉之急。

盐、铁、酒等六大涉及民生的行业收归国营。

还有一些看上去很美的措施，因操之过急，以致朝令夕改。

王莽依周制，大改官名、地名，虽无关宏旨，却给官吏平民带来诸多不便。如刺史改州牧，太守称卒正，县令为县宰。全国大多数地方都改了新名，南京地区江乘改相武、秣陵改宜亭。“岁复变更，一郡五易名，而反复其固。”

王莽时期的货币，是中国几千年来最为精致的钱币。尽管王莽有超越历史的现代货币理念，但其印钱无度，稀释民众财富，以致通货膨胀，新币三年一变，造成市场极大混乱。币制推行的失策、失度，殃及国计民生，令王莽声望大损。

王莽改革的失败，实为天不与时。他处的时代，是中国历史上灾害最为严重的时代。见于记录的有大洪水，以致黄河决堤。连年大旱，蝗灾不断。蝗虫铺天盖地，所过之处，颗粒无收。大灾又导致瘟疫流行。这样的灾祸，即便在盛世，也后果严重，何况国家疲弱，早已风雨飘摇。

王莽依旧吏制，行新法，设想再好，也无法不走样变形。凡有能力兼并土地的豪强，基本是握有权力的官吏，或与官吏有千丝万缕的联系。令豪强执行把豪强的土地均田给贫苦农民的政策，这基本是不能实现的目标。均田半途而废，盼望土地的贫苦农民最终没有得到土地，分了土地的豪强又以各种名目巧夺回去。失望最终演化为怨恨。

地皇三年（22 年），蝗旱之灾致使进入关中流民达数十万。王莽乃置养膳宫廪食之。办事官吏多将赈济粮米据为己有，致饥死者十之七八。长安饥馑，王莽问责主事者王业。“业乃市所买粱米，肉羹与莽视。莽信之。”新法难行，可见一斑。

中国几千年来主流的英雄史观，都是把爬上食物链顶端，当作最高标准。臣畜天下，将公共税务据为己有。然后灌输正统观，确保其家族对这笔巨大的资财永世占有挥霍。他们明里暗里推崇秦皇汉武，依据的就是这套丛林法则。

王莽是几千年来帝王中唯一的一个异类，一个丛林史观的叛道者。

“天地之性人为贵。”这是枯寂天地间一声呐喊，他第一次回答了那个简单不过的问题，国家的统治者只是民众赋税的管理者，而不是拥有者。

王莽断非完人，但他私德的高尚，史书多有记述。他捐献财产，退还封邑，赈济灾民，以致“母病，公卿列侯遣夫人问疾。莽妻迎之，衣不曳地，布蔽膝，见之者以为僮仆。问知其夫人，皆惊”。

王莽二儿子王获杀了一个奴隶，王莽命其偿命，儿子最终自杀。其妻为之哭瞎双眼。

人人生而平等，所有生命是等价的。只有这个信念不被口水玷污，人与人之间才有暖意。

王莽失败了。如同夸父，为了炽烈的阳光，道渴而死。他那一套看上去很美的蓝图，何以带来更深的民苦？这是一个太复杂，太值得探讨的永恒话题。

442 年，南京的玄武湖畔，发生了一起公开盗墓事件。盗掘者便是建康令张永，被盗墓主为新莽大司马甄邯。从墓里掘得的，只是一柄王莽赐的铜斗，还有一块墓碑。以大司马之尊，理当有大量随葬财宝，但史书只字未提。作为王莽最重要的追随者，甄邯的私德与俭朴，也见于史书。拒绝厚葬自然合乎情理。

玄武湖畔，甄邯墓早已不复存在。但甄邯与新莽旧事，将为后来的史家重新提起。这几乎没有疑问。

从南京到罗马

梁启超说，一部《二十四史》，不过是皇帝的家谱。里面有的是宫廷倾轧，阴谋阳谋，却很难找到平民生活的史料。

1993 年，江苏省东海县尹湾汉墓，出土了一百多枚汉简，内容是东海郡吏员的考绩记录。其中一枚的文字是：

平曲丞胡母钦七月
七日送徙民敦煌。

这里面隐藏的信息十分重要。平曲是西汉侯国，与南京地区相去不是太远。不难推断，当年徙民戍边，以及征战于西域的诸多将士，其中不乏南京居民。他们的足迹远达居延、敦煌，以至新疆的众多地区。

参见先后于居延、敦煌、悬泉置遗址出土的汉简，我们还能隐约找出他们的行迹。

这是一次长达近六千里路的远徙，其艰难可想而知。即使走的是官道，但道路并未硬化，每逢大雨，泥泞难行。

去屯戍西域的，大多是触犯刑律的罪犯，以役抵罪。还有走投无路的贫民，以期赏爵赐地，另寻一条活路。

悬泉置遗址位于茫茫戈壁荒漠，瓜州与敦煌交界处，南侧便是著名的火焰山。这里曾是西域极重要的关隘、邮置、边民中转站。20 世纪 90 年代出土一万五千多枚汉简，留下当年人来人往、进关出关的大批档案。

这些徙民，都由各县官员带领，每批多达千人，配有马匹、车辆。每到一地，都由官道邮舍接待，并提供口粮。简牍上的领粮记录，常标注“徒从一人”“从二人”，发粮多少。显然，很多都是举家迁移。

出关入关，都需关刺，没有官方特许，这些迁居关外的徙民，再无重回故乡的可能。

汉朝征战匈奴，国土拓展到了西域。一下把中国人的目光，从中原狭小的地区，拉向了世界。

张骞出使西域，越过帕米尔高原，到达阿富汗一带。但他是有心人，关注了阿富汗以远的世界。从波斯、大食，到当时称之为“身毒”的印度。

第二次出使西域，张骞的副使，最远到达北非以及大秦，即古罗马帝国。

汉朝与罗马，是当时世界并存的两大帝国。连接它们的通道，就是这条商贾驼队来来往往的丝绸之路。

公元97年，班超令副使甘英出使大秦。就在古罗马帝国的门外，他回头了，他大概有恐水症，害怕海里的水妖。他注定不是历史的叩门者。

如果汉朝与罗马，当时世界的两大帝国不隔着那张薄薄的帷幕，那历史又会怎样书写呢?

佛教从丝绸之路的一端进入了大汉帝国，基督教从这条路的另一端进入古罗马帝国。

仅仅是那张没有捅穿的薄膜，两大文明没有交融、对撞。就连贸易，在之后很长时间，也只能依赖波斯转口。

几千年的历史反复证明了，让人类真正受益的，不是武功的高强、疆土的大小，而是那些最为朴实的文明成果。比如，罗马法典确立的基本精神。

第五章

魏晋南北朝

公元 220 年至 589 年

王气

东汉近两百年时间，基本是西汉治乱兴衰的翻版。家天下必然出现弱主治国，外戚宦官轮番专权便无从避免。东汉末年，民变蜂起，朝廷连平叛的能力都没有，放任地方豪强建立武装，自行处理，为之后长达近四百年的大动乱、大分裂，埋下祸根。

南京就是在这样的乱世中脱颖而出，成为六朝之都。或许，这一切在几亿年前的地壳运动时就确定下了。地球板块的冲击、碰撞而在这个地方形成的褶皱隆起，暗示了这里将要发生的一切。

王朝更迭，城旗变换，道不尽的繁华与奢靡，说不完的荒草与血痕。江山不管兴亡事，留与渔樵作笑谈。

建业

208年，孙权将讨虏将军府由吴（苏州）移至京口（镇江）。其长史张纮进言，称秣陵地有其气，天之所命，宜为都邑。

建业之城

对于南京来说，229年是一个太重要的年份。依旧历，为己酉。近十年来，荆州已重归吴地，曹魏虽有征伐，皆望江而退，天下迎来短暂的太平。而年成，也是风调雨顺，未有大的灾害发生。

《资治通鉴》载：『四月，吴王即皇帝位，大赦，改元黄龙。』

九月，迁都建业。

《天发神谶碑》，东吴残留在一块碑里

东吴近百年旧事，早已是过眼烟云。历史开了一个玩笑，把帝王乞求的祥瑞，深藏于一块石碑，一千多年后，在一些艺术大匠的求法路上，洒下祥瑞之光。

白骨露于野，千里无鸡鸣

魏晋之乱的战争，有一个奇观，就是疯狂掳掠人口。这种刀架在脖子上的暴力劫持，可不再是徙民屯边，没有邮置发给口粮，完全是形同牲口，自生自灭，尸骨踵路，惨号之声，不绝于耳。

《桃花源记》，魏晋乱世遗留的一块化石

《桃花源记》不是凭空想象的人间仙境，而是取自避乱的坞堡。它是魏晋乱世出土的一块满是泪滴与血痕的化石。正是出自如此苍凉的背景，对每个无路可逃的人来说，那便是他们最后的精神坞堡。

金陵王气黯然收

其时应是280年三月十五日黄昏。石头城下。

孙皓遣人送上亡国之礼。自己请人反绑双手，在寒风之中袒露上身，衔璧牵羊，率太子孙瑾及家人臣子二十一人，素车白马，大夫穿丧服，士人抬棺材，参加受降仪式。

八王之乱前后的南京

这场杀来杀去的大戏，在长江以北上演，戏的结局是分裂成五胡十六国。实际上，十六国只是个说法，还有诸多小国没有计算在内。无数平民百姓的生命，就是『死数万』『杀数万』这样冰冷的数字轻轻带过了。

相国不是常人能做的

王导忙于政事，每次回家归相府，大儿子长豫都帮他整理箱子，默默跟在车后。后长豫死，王导再归相府，出门，车尚在，儿子却再无踪影。每上车，一路痛哭失声。妻子望着王导随行的箱子，不忍离开。

生命灿若樱花

324年，王敦之乱已平。朝廷命掘王敦墓，挖出尸体，剥光衣服，焚毁其墓，又将尸体押解至有司审判，半跪受刑。然后斩首示众，将头颅悬挂于朱雀桥上，四处前来观看热闹的百姓，莫不称快欢呼。

苏峻之乱，南京第一次浩劫

攻陷宫城，放纵士兵掳掠，奸淫六宫姬妃宫女。将百官驱赶在一起，任加羞辱捶挞，命令他们背负重物爬山。又将所有宫女的衣服剥光取乐，一些宫女找来树枝野草遮挡下身。有些找不到遮挡之物，只好坐在地上，用土埋住身体。哀号之声，惨不可闻。

劫后重生

就这样，建康在废墟上开始了都城建设。连晋成帝都无家可归，只好在东吴时的皇家园林建平园搭建临时皇宫。简陋近于工棚，几乎不能遮寒避暑。

庐山之下的一场大雪

那一场大雪之后，一个年近三十，叫陶侃的农民离开了耕种的薄田，开始了仕宦生涯。

似乎不止如此。

雪过之后，约三十余年，一个年逾花甲，叫陶侃的大军盟主，改写了东晋，也改写了一座城市的历史。这座城市后来称作南京。

雪过之后，约六十余年，浔阳陶家一个婴儿呱呱落地，这个婴儿叫陶渊明。

见下页→

六朝的『清明上河图』

建康的商业繁荣，是魏晋六朝乱世的一个意外。这种盛景，汉不曾有，秦不曾有，之前的历史更不曾有。八百年后汴京《清明上河图》的诸多细节，六朝时的建康已经清晰可见。

乌衣巷口何人住，回首令人忆谢家

六朝之后到晚清，历朝文人雅士都到这里凭吊追思，即便眼前一片秋风枯草，那又如何？乌衣王谢已是一种历史定格，成为中国文化的集体记忆，再也无从抹去。

去建康的乡下看看

这就是历朝都有记录的自残。逃避兵役，交不起繁重的赋税，只能砍掉自己的手足，刺瞎自己的眼睛，再就是溺杀自己的婴儿。隋朝称之为『福手』『福足』。以自残为『得福』。

刘宋六十年

人们总是在夕阳西下的时刻，看见一个老者，身穿粗布衣服，衣襟过膝，脚蹬木屐，像一个朴实的老农民，缓缓从宫门走出，散步一圈后，重回宫里。这就是刘裕，一个出身寒门的开国之君。

梁武帝的前前后后

其在位四十五年，建康城市之面貌，可谓繁华极盛。《资治通鉴》载：『梁都之时，户二十八万，西至石头城，东至倪塘，南至石子冈，北过蒋山，南北各四十里。』人口达百余万，为世界超级大都市。

君非民不立，民非谷不生

大批流民由北方南迁，带来了北方旱地作物与种植技术，六朝时建康农业最为重大的变化，是由单一的水稻种植，转化为稻麦杂种。北方菽、麦、黍、粟等开始在建康地区落户。旱地得以广为开垦，稻麦轮种大大提高了土地利用效率。这样，水稻在遭遇水涝旱灾之后，农民还可以补种冬季作物，农业在六朝期间得到空前发展，是中国经济重心南移的重要原因。

丝绸之路上的苦行僧

一切不可思议。一个古稀老人展示了生命的极限以及近乎遥不可及的美丽，走完了一次史所仅见的万里长征。苦行三十余国，即今天的印度、阿富汗、巴基斯坦、尼泊尔、斯里兰卡、印度尼西亚（也可能是北美的墨西哥）。这是见于史载，走过丝绸之路大部分国家，又历经海上丝路航线回归的第一人。而这一切，发生于一千八百年前。

南京的第二次浩劫，侯景之乱

552年四月十八日，侯景兵败被杀。尸体『以盐五斗置腹中，送至建康，暴之于市』。百姓争食其肉，连溧阳公主也打算分食一块。剩下骨头烧成了灰，乃有人以灰下酒。

走向世界，建康与海上丝路

这一切告诉我们，六朝的建康与世界的交往已非常密切。长江白鹭洲水道至秦淮河上，成千上万的大小舟船中，有来自罗马、波斯、天竺、东南亚诸国以及日本、朝鲜半岛的商船。《宋书》载，当时已是『舟舶继路，商使交属』。

建康梦忆　园林

祖冲之发明了千里船，日行百余里，曾在秦淮河试航。他发明的水碓磨，大大提高了劳动效率，一些边远乡村，至今仍有使用。就在乐游苑里，武帝还让他装了一台。侯景之乱，乐游苑『焚毁殆尽』，水碓磨没于荒草黄沙。

建康梦忆　名士

继春秋战国百家争鸣之后，魏晋六朝为中国人留下一笔巨大的精神遗产。春秋战国思辨是哲学的，魏晋六朝思辨是美学的。

天地有大美而不言

一个人生活的好坏，品位的高低，除了肉身的感受，还有心灵对身边美意的感知。而对这种美意感悟的深浅，是人生永无止境的修行。人类的一切艺术、文学以及精神成果，都是审美修行的心得。广义地说，艺术即宗教。六朝的园林、书法、绘画、田园山水诗文，为后人做了一次具有开创意义的修行示范。

白骨露于野，千里无鸡鸣

189年，并州牧董卓因宫廷内斗进京，毒杀汉少帝母子，专擅朝权。

曹操于陈留起兵，参加袁绍联军，讨伐董卓。

董卓将都城洛阳付之一炬，又将洛阳周围方圆二百里的民房尽悉烧毁，军队驱赶平民百万，西逃关中。

《蒿里行》

白骨露于野，
千里无鸡鸣。
生民百遗一，
念之断人肠。

这就是曹操沿途所见情景，记录于《蒿里行》中。

秦朝暴政及连年战争，汉初人口不过千余万。至汉盛期，全国人口达六千万之众。汉末，黄巾起义连同各地民变，长久的军阀混战，人口锐减。一些悲观的人口专家估计，三国末期，总人口在一千万上下。

短期战争，以少胜多战例甚多。但长期对峙，人口通常是决定因素。

按史书记载，一个士兵每年需军粮二十石，军服、兵器数千至万钱。而战斗力稍强的骑兵，耗费则数倍于步兵。如此巨额的物资需求，天上掉不下来，只能取之于民，要老百姓一点一点耕织生产。

魏晋之乱的战争，有一个奇观，就是疯狂掳掠人口。这种刀架在脖子上的暴力劫持，可不再是徙民屯边，没有邮置发给口粮，完全是形同牲口，自生自灭，尸骨踵路，惨号之声，不绝于耳。

董卓驱空洛阳数百里居民，人迹不至。汉献帝逃回洛阳后，只有野菜可食，跟随的官员纷纷饿死。

袁术在江淮称帝，南京地区在其治下。弄得财货空竭。其死时，军粮仅余麦屑三十斛，想喝口甜水也没有。处在食物链最顶端的一方霸王尚是如此，到平民百姓，便只能“易子而食”了。史书上有明确的记录。

204年，曹操攻邺城，决漳水以灌，城中人淹死过半，余下的全部掳去。210年破张鲁于汉中，又徙十万人充实邺城与洛阳。

209年，曹操担心江淮之民为孙权所用，举兵南下，拟将沿江郡县居民驱往淮北。消息传来，百姓弃家而出，赶牛牵羊，携家带口，争渡江南。这次大逃亡，多达十万户，数十万人口。舟船往返，哀号塞江。转瞬之间，江北长达千里的沿江平原，空无人烟。

在田园荒芜、人丁凋敝的情况之下，陡然涌入几十万人口，使得孙权治下包括南京地区的江东，不仅兵员大增，垦田拓荒，也令税收大增，使经济增加了新的活力。

207年，孙权“西征黄祖，掳其人民还”，208年再征黄祖，“掳男女数万口”。214年攻皖城，掳数万口。不仅将战败的少数民族男子编入军队，还经常派船队去海岛搜罗人口。230年，派将军卫温至台湾，掳数千人还。209年，派船队往辽东，俘大批人口。

《晋书·地理志》记载，吴国高峰时有六十多万户，军队二十三万，总人口约四百余万。

这些基本人口，以及他们提供的赋税，便是孙权称帝，最终定都南京的本钱。

建业

孙策死，孙权领孙策部众，曹操封其为讨虏将军。虽称霸东南，却无任免州官之权。

208年，孙权将讨虏将军府由吴（苏州）移至京口（镇江）。其长史张纮进言，称秣陵地有其气，天之所命，宜为都邑。

相传诸葛亮于赤壁之战前夕出使东吴，曾赞秣陵，“钟山龙盘，石头虎踞，此帝王之宅也”。

210年，刘备拜望孙权，途经秣陵，见此山环水抱，别有气象，亦认为可作都邑之地。孙权言：“秣陵有小江百余里，可以安大船。”小江即指秦淮河。战时，进可出击，退可藏兵。天下安定，又可为商贾要冲，粮资货物集散之地。遂迁将军府于秣陵。

211年，改秣陵为建业。意为建帝王大业，将问鼎天下之雄心，大白天下。

212年，孙权于金陵邑故址（清凉山）筑石头城。南朝《舆地志》载，石头城周长“七里一百步”，紧临长江，地形险要。西南高处设烽火台，遇敌情,可迅速报警。之后,石头城为南京的门户与要塞,兵家必争之地。

221 年，孙权遣使向魏称臣，授吴王封号，加赐九锡，其对江南的控制权获得认可。遂将丹阳郡治所由安徽宛陵迁至建业，领十九县。六朝时，丹阳即南京别称。这一举，建业的级别，大有提高，由县升格为今天概念的市。

222 年，孙权任命吕范为扬州牧，设治所于建业秦淮河南，丹阳郡治所“东南二里”。其后 370 年，南京名扬州。仅是一年之隔，建业的级别，又由市升格为省。

东吴有扬州、交州、广州、荆州，四州之地。至 280 年，扬州辖十六郡,一百四十二县。地域涉江苏、安徽、湖北、上海、浙江、江西、福建。又为京畿重地。吕范之后，无人授扬州牧一职。

219 年，孙权用吕蒙大败关羽，夺回荆州。221 年，改鄂州为武昌，并立王都于此。武昌产铜铁，是吴国兵器制造之地；其经济繁荣，铜镜远销日本；青瓷精美，广为民用；又是船舶制造基地。孙权在原县城址建武昌城，并于城内东北高地筑安乐宫。

孙权在此立王都八年，曹操、刘备相继过世后，遂于 229 年四月，在武昌称帝。仅五个月之久，即放弃城郭宫室诸备的武昌，迁都建业。

孙权迁都之举，历来有多种解读。一般认为，是与蜀国结盟的一种姿态，加之江东贵族的情结，所谓“宁食建业水，不食武昌鱼”。

土地兼并始终是汉朝严重的问题，王莽试图均田，未果，至东汉末年，已是豪强并起。魏晋前后长达近半世纪乱世，各地豪族圈地自保，以致形成独具特色的坞堡与坞堡经济。豪强大族成为政治角逐的重要筹码。吴郡有顾、陆、朱、张等江东世族，将帝都迁建业，与三吴旺族靠得不太近，避免北方世家生怨，又不算太远，符合三吴旺族的家乡观念。

南京为十朝王都，至此始。

建业之城

对于南京来说，229 年是一个太重要的年份。

依旧历，为己酉。近十年来，荆州已重归吴地，曹魏虽有征伐，皆望江而退，天下迎来短暂的太平。而年成，也是风调雨顺，未有大的灾害发生。

《资治通鉴》载：

四月，吴王即皇帝位，大赦，改元黄龙。

九月，迁都建业。

新都的位置已经反复勘测确定，并得圣上首肯。

如果去现在的南京考察，沿覆舟山下往西，经玄武湖，再去鸡笼山下，这便是都城北面的范围。东依青溪，以平岗为安；南近秦淮，以河水为阻；西则与石头城相遥望。

《舆地志》载，都城“周二十里十九步”，每边长约五里。若绕城一周，需半日时辰。

最初的城墙，以竹篱围之，其后才以夯土修筑。仅南面开一门，称宣阳门。位置约在今新街口一带。初建时，其门亦为竹篱编织。

都城内的核心建筑为太初宫，其前身即是孙权的将军府，为吴王所用。次有南宫，为太子所居。西苑即皇家园林。苑城又称仓城，位于太初宫东北部。苑城除卫队居住，主要是贮藏粮食之地。和平时期的人很难理解，皇宫为何建一个如此之大的粮仓？其实，这才是身处乱世不得已的选择。大致，这就是建业王都的最初模样。

247年二月，孙权迁居南宫，三月，征调军队民力，翻建太初宫。其翻建材料，梁柱砖瓦，大多不远千里，拆自武昌旧宫。随后顺江而下，运往建业。

历时一年，太初宫竣工，宏伟奢华，周长三百丈。正殿曰神龙殿，正北、正东、正西各开一门，而南开五门，距都城宣阳门约二里许，望之森严壮阔。重建后，太初宫内又新增一殿，曰临海殿。

267年，吴王孙皓又于太初宫之东建昭明宫。为建昭明宫，大征徭役，二千石以下官员全部上山，参与伐树。《建康实录》载，新宫“起土山，作楼观，加饰珠玉，制以奇石”，“引后湖水，激流入宫内，巡绕堂殿，穷极技巧，工费万倍”。《三国志·华核传》载，“是时盛夏兴工，农守并废”。昭明宫“周五百丈，正殿曰赤乌殿，后主移居之”。

左思《吴都赋》讲，春秋吴王夫差父子建吴宫的侈靡，孙权皆学之。

建业宫城是多宫制，与长安秦汉宫制相近。其营造风格，上承春秋吴宫，自有吴地色彩。

整个建业的大布局，分宫城、都城两大部分。宫城居都城中间偏北，于宫城南宣阳门出，则是左思《三都赋》描写的景象：

> 朱阙双立，驰道如砥。树以青槐，亘以绿水。玄荫耽耽，清流亹亹。列寺七里，侠栋阳路。屯营栉比，廨署棋布。

左思用词古奥，但依然可想见宣阳门外一派森严与繁华。

从宣阳门至朱雀门外，七里长道，称苑路，或御街。为皇帝专用的驰道，以上好的石料铺就，平整如砥，十分壮阔。驰道两旁，青槐高耸，浓郁如盖。路侧御溪，清澈见底，长流不息。驰道以外，则是行人步道，人来人往。驻扎的营房，一个挨一个，十分壮武。还有中央官署，分布于两侧。

出朱雀门，可见秦淮河，河中船行如织。

秦淮两岸，房屋毗邻，商铺林立。

至长干里，则官家富户杂居之地。

再南下，达丹阳郡治所——丹阳城。丹阳城筑城堡，有东、南、北三门。可作都城屏障。

这便是建业都城大致的面貌。整个六朝，都保留了这个基本格局，“东晋齐梁因之，虽时有改筑，而其经画皆吴之旧”。

《桃花源记》，魏晋乱世遗留的一块化石

人在旅途，去一个脚步不曾到过的世界，要么被完全陌生的风景打动，要么被似曾相识的风景打动。读史书，不也是这样吗？

魏晋六朝，近四百年的乱世，最为特别的景象，是遍布于南方北方，大大小小的坞堡。

久于太平的人如果想感知坞堡的模样，可以去福建看看那里的环形土楼。那些土楼，低层墙厚达一米五以上，以夯土加石灰、糯米等复合而成，坚硬无比。高达四层，二层以上才开小窗，用作火枪弓矢发射之用。环楼仅设一门，遇警即闭。内有井、粮仓，一应俱全，可坚守数月不出。土楼大小不一，大者可居千人。

而魏晋前后，仅关中地区，以家族为中心的大小坞堡多达三千余个，南方、北方各郡县，每县以数十上百计。再依太平年月旧习，毗邻而居，在匪盗流民残兵往来如常客的环境中，基本没有存活的可能。

生逢乱世，国破家危，律法不存，群居的人类一夜间回到丛林，退化为群居动物。流民哄起，盗贼横行，弱肉强食。平民的活路只剩一条，以家族为核心，聚居自保。

许褚为三国名将，《三国志》载:“汉末，聚少年及宗族数千家，共坚壁以御寇。”许褚，安徽人，与南京地区相邻。

田畴，三国时学者，“入徐无山中，营深险平坦之地而居。躬耕以事父母，百姓归之，数年间至五千家”。

完全依靠自救，这些坞堡，自成体系，自给自足。一是生产粮食及日用所需，二是武力自卫。这种武力自卫的传统，一直保持到晚清与民国，称之团练、民团。

坞堡居民食物资用危及生存时，也会转化为匪盗与流民，外出劫掠。坞堡之间则时常发生械斗与攻伐。上面提到许褚的坞堡就曾遭到一支葛陂的队伍围困。

还有苏峻，这个后来在南京屠城的千古罪人。他先为山东坞堡之主，跟从者数千户，后又率数百家南下，沦为流民。所谓流民实为武装匪盗，如蝗虫，走到哪里吃到哪里。这支流民队伍，到达扬州后被东晋招安。

魏晋六朝的经济形态也独具特色，货币的作用大为减弱，交易大多以物易物。只有能吃能用的东西才是实用可靠的，附加货币之上的信用概念，已令人生疑，连朝廷的封赏也主要是粮食或布匹。

坞堡林立的社会现状，使人弥漫着生命无常、没有任何安全感、不知身藏何处的情绪。连董卓这样的枭雄，也在长安东二百六十多里的地方，修筑坞堡，“高厚七丈，号曰万岁坞。积谷为三十年储”，“坞中藏金二三万斤，银八九万斤，锦绮奇玩，积如丘山”，“自云，事成，雄据天下，不成，守以毕老”。这样看，孙权在建业宫修筑巨大的仓城，就不难理解。好比夜晚路过一片坟地，再大胆的人，也想手里紧抓一个什么东西，给自己壮胆。魏晋之乱，犹如长夜。

魏晋前后的坞堡是多种多样的，未必都如当今福建的土楼，有一个坚固的建筑。很多家族逃入人迹罕至的深山老林，以自然为屏障，自耕自食。

陈寅恪先生在《桃花源记旁证》中考订："《桃花源记》乃寓意之文，亦纪实之文也。"魏晋之际，为避战乱，常聚族而居，储粮筑堡。其素材，取自陶渊明好友戴延之的经历。戴受命勘察洛水，写《西征记》，部分记叙留《水经注》中。"即舟溯流：……经檀山之南，其山四绝孤障，山上有坞，俗称檀山坞。"

《桃花源记》不是凭空想象的人间仙境，而是取自避乱的坞堡。它是魏晋乱世出土的一块满是泪滴与血痕的化石。正是出自如此苍凉的背景，对每个无路可逃的人来说，那便是他们最后的精神坞堡。

金陵王气黯然收

280年三月十五日，尚至初春，江淮一带，身着冬衣，犹感寒意。

江风甚紧，寒气扑面。王濬率晋军八万，分水陆两路，直逼建业。以水性好的健儿架竹排为前导，挂走吴国抛于水中的铁锥，又以粗达数十围的火炬，灌以麻油，烧断横江铁链，当日抵达石头城，兵不血刃，如入无人之境。

东吴最后一任君主孙皓魂飞胆丧，派张夔往王濬驻扎于石头城的营门，送上亲笔写的降书，连同代表皇权的印玺，请求宽大。

其时应是280年三月十五日黄昏。

石头城下。

孙皓遣人送上亡国之礼。自己请人反绑双手，在寒风之中袒露上身，衔璧牵羊，率太子孙瑾及家人臣子二十一人，素车白马，大夫穿丧服，士人抬棺材，参加受降仪式。

王濬亲自为孙皓松绑，接受白璧，命人烧掉棺材。随后将孙皓一行送往洛阳。

吴王孙皓已诏令官员百姓，东吴降晋，政权和平交接。

史书载，王濬“封府库”“收图书簿籍”。所谓“图书簿籍”就是户口税收登记，一个政权赖以生存的财政来源。天下大多数人祸，争来打去，嘴里都有漂亮的说辞，但真正想要的，就是老百姓的这点儿血汗钱。

又载：“军中无所私获。”对于南京来说，这句话太重要、太重要。如此之大的灭国之战，王濬军纪严明，没有纵兵抢劫。南京居民生活依旧，宫室民居未遭焚毁，百姓生活也未遭受太多骚扰。这从左思的《吴都赋》及当时诸多记录可证实。

晋灭吴，自一月起兵，三月即兵抵建业。势如破竹，没有遭遇太大的战事。可见东吴政权已民心尽失。

从孙权到孙皓，都不是什么仁主。大臣张昭见民不堪苦，请减赋税，孙权一口回绝，称“然劳百姓，事不得已”。

东吴曾发行“大泉五百”“大泉一千”“大泉五千”的货币。大钱的重量，不过是五铢钱的七倍，却要当五铢钱一千倍使用，用货币手段对民间财富疯狂掠夺。《晋书》载“既太贵，但有空名，人间患之”。

史书对吴主奢靡无道，多有记载，孙皓下令，官吏之女需经他挑选，方可私嫁，其后宫美女有五千之多。上行下效，官吏使权作恶，盘剥百姓。240年孙权诏书称，“吏或不良，侵夺民时，以致饥困”。

所有傲慢的独裁者都逃不出一个魔咒，君视民为草芥，民视君为寇仇。

晋军压境，丞相张悌带三万兵马迎敌，他的心情，完全是赴死。他说：“吴国将亡，人已皆知，岂待今日乎？”

三月十四日，晋军离建业仅五十里之遥。孙皓派游击将军张象领兵一万迎敌，结果，士兵一看晋军旗帜，便一哄而散。

原去交趾平乱的将军陶濬，返回南京。孙皓亲授符节，发兵二万。陶濬信心满满，以为东吴战船远较晋船高大优良，水战必胜。第二天一早，营房皆空，士兵早已逃散。

从丞相到平民，人人皆是看客与旁观者，国家是你们的私产，亡不亡，与我何干。

纵观吴史，苛政多，惠政少。老百姓没有过多少好日子。士人、军人、二品以上官吏不纳赋税，惠的是豪族，苦的是平民。

稼轩词“天下英雄谁敌手？曹刘。生子当如孙仲谋”所表达的英雄史观误导了太多读书人。把爬上食物链顶端视作抱负，不是黎民的什么福祉。历史不过在丛林的长夜里兜圈。

东吴残留在一块碑里《天发神谶碑》，

想长生不死的，都死了。想传国子孙的，国亡了。能留诸久远的，常常是超越具象，或与具象若即若离的一种美意，人与人、与万物、与宇宙博大的善念、细微的情致。

276 年，东吴已是内外交困，风雨飘摇。吴王孙皓改元天玺，伪称天降祥瑞，命立碑纪功，以安民心，亦安己心。

这块碑，相传大书家皇象为书，镌刻于一块巨大圆矮，分作三段的幢形石头之上。称之为《天发神谶碑》，或《天玺纪功碑》，立于南京天禧寺。

《天发神谶碑》以方笔写篆，以隶笔而行篆书。结字方折紧敛，姿态方劲峭厉。其格调古拙，竖画尖锐出锋，戈长剑利，森然如兵戟列于武库，凛然不可轻慢，营造出天发神谶的神秘氛围。

这种书风有如天外来物，非篆非隶，无师无从，别开一路，曾被遵循正统的士大夫视为妖书。

上天没有给孙皓带来什么祥瑞，仅过四年，一片降幡出石头，孙皓袒身缚臂，口衔玉璧做了俘虏。

光阴斗转。一千五百年后，清代碑学大盛。《天发神谶碑》深不可测的神韵，张扬的个性，一下令一批书家学者茅塞顿开。

康有为在《广艺舟双楫》中惊叹，“奇伟惊世”“篆隶之极”“笔力雄冠古今”。张叔未则云：

> 吴《天发神谶碑》，雄奇变化，沉着痛快，如折古刀，如断古钗，为两汉不可无一，不可有二之第一佳迹。

刀断钗折，何等境界。遂为各大书家争相临摹。

扬州八怪金农“漆书”，得的是《天发神谶碑》气象。

晚清篆刻大家赵之谦，首倡“印外求印”，博取广收，将秦诏、汉碑、泉币古字入印，一扫旧习，为后人开启诸多门户。

1859 年，赵为好友刻“丁文蔚”白文印。取《天发神谶碑》上方下尖，形如倒韭的笔意，开创前人未有的治印风格。赵篆刻，多用切刀，以求雅致。但此印一反常态，单刀冲刻。一刀下去，不再回刀修饰，一边光洁，一边毛涩，古拙雄健。

齐白石，乡间木匠，一介草莽。其画作，初为文人雅士讥为“厨夫抹灶”。

赵之谦已先开门户，《天发神谶碑》气韵扑面，深得白石之心。其篆刻遂以此为范，融合自己的法度，不做作，无修饰，单刀直入，大气磅礴。南京篆刻大家杨仲子曾亲观齐白石治印，有记叙：

白石刻印，其刀直下，长可寸许，深可半厘米。石不坚硬，立时崩裂。风驰电掣，顷刻而成。石不转方，自左连切而极于右，亦刻石之奇观也。

东吴近百年旧事，早已是过眼烟云。历史开了一个玩笑，把帝王乞求的祥瑞，深藏于一块石碑，一千多年后，在一些艺术大匠的求法路上，洒下祥瑞之光。

《天发神谶碑》于276年立南京天禧寺，宋元祐六年（1091年）三月，胡宗师将碑移至转运司后圃筹思亭，并为之作跋。1102年，石豫刻跋于上。后又移至尊经阁。1564年，明朝耿定再刻跋于上。乾隆时，翁方纲于碑下段刻“北平翁方纲来观”七字。

嘉庆十年（1805年），校官毛藻于尊经阁印刷《玉海》，不慎失火。碑字尽毁。惜哉！

八王之乱前后的南京

只要是家天下的政权，历史就按照治乱兴衰的规律轮番上演。西晋灭孙吴仅十年，晋武帝司马炎死，重新走上两汉灭亡的老路。弱主当国，外戚擅权，随之是长达近二十年的“八王之乱”。

所谓“八王之乱”，姓司马的王卷入其中多达十多个，重读那段历史，要理清这个王杀那个王，那个王杀这个王，比学绕口令还难。

这场杀来杀去的大戏，在长江以北上演，戏的结局是分裂成五胡十六国。实际上，十六国只是个说法，还有诸多小国没有计算在内。无数平民百姓的生命，就是“死数万”“杀数万”这样冰冷的数字轻轻带过了。

八王之乱，有个叫张翰的江东人士经历了。他在京都洛阳做官，“因见秋风起，乃思吴中菰菜、莼羹、鲈鱼”，遂弃官，踏上数千里的归家之路。大概尚在路上，当政不久的八王之一司马冏便人头落地了。这个故事叫“莼鲈之思”，后人讲得如此诗意，大约是不忍看兵荒马乱中亡命背后的血腥。

江东成了北方士族与百姓避祸之地，南京地区有川流不息的难民走过。北方幸存的司马王纷纷迁居落难于此，史称五马渡江。今南京幕府山北麓江边，还有地名称“五马渡”。

西晋灭吴是一次史所罕见的和平交接，南京没有遭受太大的祸害。但吴都建业，复名秣陵县，又分秣陵增设临江县，次年改江宁。丹阳郡拆分为宜城郡。282 年，于秦淮河北重设建邺，统十一县。313 年，因避司马邺讳，改称建康。此名沿用二百多年。

孙吴是江东顾、陆、周、张等多家本土士族支持的政权，孙吴不仅免除士人赋税，还允许士族养兵。以致士族力量日趋强大，一些士族坞堡养兵万人。

301 年，北方少数民族首领张昌，乘八王之乱，于荆州起义，声势浩大。303 年七月，其部将石冰击败扬州刺史陈徽，进入建邺。石冰所率义军，多是流民纠合，“皆桀盗小人而无禁制”，“多以劫掠为务”，军纪松弛，进城即掳掠宫室，并放火焚烧。后石冰改了主意，打算就地做山大王，又复修宫殿而居之，并在江东地区派置官吏，收取赋税。同年十二月，江东各大族联合起兵，讨伐石冰。304 年三月，与晋军陈敏部合击建邺，石冰弃城逃至江北。

平定石冰后，晋室多难，陈敏“遂有割据江东之志”。305 年，陈敏举兵反晋，据建邺，尽占吴越之地。陈敏出身扬州，虽寒微，却非流寇，依“孙氏鼎峙之计”，礼贤豪族。任命首望顾荣等四十余人为将军，江东大姓“悉受官职”。

但陈敏“一旦据有江东，刑政无章，且子弟凶暴，所在为患”。遂为本土士族不容。

307 年三月，士族联军断朱雀桥，尽收船只于秦淮河南岸。

陈敏带兵万人出战，无从过秦淮河。顾荣以白羽扇麾之，陈敏兵溃散。陈敏单骑逃至江乘，被捕获。斩之建邺。

随之而来的南渡浪潮，使南京成为北方大族世家的聚居地。南渡的侨民与本土士族适应磨合后，琅邪王司马睿登基为晋帝，史称东晋。

318 年，建康立为东晋都城。一切依吴都旧制，未有大改，仅依占卜名家郭璞规划，于 317 年三月，立宗庙社稷，大兴二年（319 年），再立南郊。

南郊即天坛，祭祀上天之地。帝王登基，大赦天下，赏赐表功，帝国最重大的典礼皆举行于此。南郊立于建康城的“巳”位，五行属火，方位于东南，即城南十五里，长乐桥东篱门外三里处。

相国不是常人能做的

一千八百年前，从建邺城中心出发，南行十二里，才能到今属南京雨花台的新亭。当年的新亭曾是南京侨民的聚会之所。大家从四面八方到这里，在草地饮酒野餐，交换南方北方的消息。

曾有人对景伤情，感叹景色依旧，山河破碎。引得众人相向而泣。唯有王导愤然而起，慷慨陈词："我们当齐心合力，收复中原，岂能如楚囚落泪！"

琅邪王司马睿虽以都督入镇建邺，但"吴人不附，居月余，士庶莫有至者"。于是，王导筹划，于三月三上巳节时，让司马睿坐上大轿，自己与堂兄王敦骑高头大马，领文武百官，前呼后拥，穿街而过。令当地士族大为震慑，"乃相拜道于左"。

随后，王导亲自上门，造访江东首望顾荣、贺循。"由是吴会风靡，百姓归心焉。自此之后，渐相崇奉，君臣之礼始定。"

大批北方难民南渡，完全失去土地，为争夺生存空间，必然与当地士族、平民存在利益冲突。王导制定"侨寄法"，在人烟稀少的地方设立侨郡、侨县。垦荒开田，兴修水利，繁荣了农业经济，又缓解了与本地士族的矛盾。丹阳、广陵、晋陵的侨民聚居区则对首都建邺形成拱卫之势。又倡行教育，广建学舍，风化人伦。这些举措自然获得本土士族支持。士人是不纳税的，不仅自己不纳，他们手下的奴婢田丁也避开了赋税与徭役。大批北方的流民为了生存，也成了士族庄园的私附。东晋朝廷采用了温和的对策，规定二品以上官员，佃客不超过四十户，依次递减，至九品，可有佃客五户。

王导采用的是清静无为，“宽众息役，惠益百姓”的治国之道，手段柔和而信仰坚定。

他风流倜傥，学识渊博，常与南北士人谈玄论道，又写得一手好字，其草书为世人称道。他有语言天赋，迅速掌握了吴语，使本土士人倍添亲切。在建邺的一次盛会上，王导注意到几个胡人有些冷落，便迎上前去，弹着手指用胡语说“兰阇，兰阇”，意为快乐，会场一时气氛高涨。

清静无为的状态是一个理想的目标，无为而无不为，要接近这个目标，需要超乎常人的付出与努力。把清静无为理解成消极入世的态度，是后人的重大误解。

王导忙于政事，每次回家归相府，大儿子长豫都帮他整理箱子，默默跟在车后。后长豫死，王导再归相府，出门，车尚在，儿子却再无踪影。每上车，一路痛哭失声。妻子望着王导随行的箱子，不忍离开。

一次与人交谈，王导太过疲惫，竟酣然入睡。惊醒，依然对客人的问题一一作答。

司马睿奉王导为导师，称帝时，坚持要王导坐在身边，接受百官朝拜。王导坚辞，司马睿坚请。王导说，太阳只能有一个，我和天下百姓一样接受阳光沐浴，这才不悖常理。司马睿方作罢。

偏安建康的东晋小朝廷，司马睿为名义国君，王导主内政，王敦掌兵符，时人称王与马，共天下。

兔死狗烹是家天下的老套路。这样的传闻对王家不是什么好消息。

司马睿称帝不到四年，便开始疏远王导，并以北伐为名，另组军队，实际是监管王敦。他的亲信还主张诛杀王氏一族。

王敦是性情中人，322 年，举兵谋反，清君侧。

王导的选择是维护君为臣纲的信念，忍辱赴死。

他带领族中叔侄子弟，日日立于宫门之外，等待皇帝处置。

武城周侯与王导世交，进宫，从王导身边走过，王导哀求："我一族百口人，就托付于你了。"周侯不答，径直而去。

周侯入宫极力解救王导。出宫，王氏一家仍立宫门之外，周侯说，待平乱，会拿一个斗大的金印挂在胳膊上。王导十分绝望。

后王敦攻入建康，杀了司马睿手下亲信，连周侯也杀了。

王导复为丞相，见到周侯为自己辩污的记录，大恸不已。说，我未杀周侯，周侯却为我而死，即便我死了，灵魂何安。

之后，王敦再乱，王导始终没有因为自己与家人的身家性命，放弃君为臣纲的信念辅佐三代帝王，成为中国历史上，相国这一高危职业中的奇迹。

生命灿若樱花

六朝的南京，朱雀桥是秦淮河上二十四座浮桥中最大的一座桥，正对建邺都城朱雀门。王导所居的乌衣巷即在咫尺之遥，当年应是南京繁华极盛之地。

324年，王敦之乱已平。朝廷命掘王敦墓，挖出尸体，剥光衣服，焚毁其墓，又将尸体押解至有司审判，半跪受刑。然后斩首示众，将头颅悬挂于朱雀桥上，四处前来观看热闹的百姓，莫不称快欢呼。

百姓的欢呼，很多时候是可疑的。有点儿近于取悦权力的娱乐。但这一次，多少出于真心。王敦322年攻入建康时，虽没有焚烧宫室、民居的恶行，却放纵士兵于城里城外掳掠。战争是一部罪恶的机器，生产饥饿的野兽遍地，稍不约束，便是百姓的灾难，何况放纵兽性。

二十三年后，晋成帝驸马桓温，适扫平五胡十六国之成汉，志得意满。过王敦墓，情不自禁，对墓大呼："可儿！可儿！可心的人，太可心的人啊。”

生命是难以思议的奇观，除了个人的行为外，还会传达无形的神采。中国几千年历史，唯春秋与魏晋，人少矫饰做作，率性而行，生命若星汉灿烂，光彩纷呈，令人为之心动，或是五味杂陈。

299年皇后贾南风废太子司马遹，迁许昌，禁与官属亲近。王敦前往送行，我行我素，将利害置之度外。

王敦与晋帝司马炎之女襄城公主结婚，如厕，见厕所放有干红枣，抓来吃了。婢女端来洗手的澡豆水，接过便喝了。婢女掩笑，说红枣用来塞鼻子，你怎么吃了。王敦生于琅邪巨族，岂不知上流贵族的讲究？红枣既然可食，本人便将它吃了，澡豆水既然可饮，本人便将它喝了，如何？这就是生命的一种状态，天下规矩岂为我辈设。

石崇富甲天下，摆酒宴，使美女劝酒，凡客人不饮，将美女交内侍杀掉。王导、王敦赴宴，王导不能饮，每劝必喝，以致醉倒。王敦酒量大，每劝皆不喝，以致杀了三名美女，王敦不为所动，自斟自饮如常。弄得石崇颇为尴尬。事后，王导有责备之意，王敦答，他杀他的人，与我何干。不接受被他人的规矩操纵。

王敦一度沉迷女色，以致身心疲惫。旁人劝他节制，他爽快地回答，这好办。回家，打开门，遣散几十名姬妾，遵随各人意愿，想去哪里，就去哪里。古代，奴婢妻妾都计作私人财产。居延汉简有一名燧长小官的财产申报单，除了房产田地牛马，还有大奴小奴，属财产主项，价值数万钱。

东晋立国，多赖王敦之力，后晋帝猜忌，王敦时常持酒高诵曹操《龟虽寿》“烈士暮年，壮心不已”。并以铁如意敲击唾盂，以致唾盂满是缺口。

史载，王敦不好言财利，熟知《春秋》，至今仍有他的书法作品传世。

又载，王敦少年居京城，一口土腔楚语，被讥为老农民。晋武帝召集文人雅士名流，大谈诗与远方之事，只有王敦面露鄙夷之态。武帝问他会什么，他答，会打鼓。武帝命取鼓与之。

王敦“振袖而起，扬槌奋击，音节谐捷，神气豪上，傍若无人。举座叹其雄爽”。

这岂止是打鼓，分明一道绚烂的生命的景观，如春之三月，长街满树樱花，铺天盖地。

可儿。可儿。

苏峻之乱，南京第一次浩劫

五千年前，南京地区只有一些台地上的原始小村落。春秋战国，开始形成最早的城邑，棠邑、濑渚邑、越城、金陵邑。秦汉置郡县，为封国。三国孙权立为都城。此后数十年经营发展，逐渐成为中国乃至世界的繁华之都。当时的《吴都赋》已描述殆尽。东晋前后，内乱不止。虽经西晋灭吴，建业无恙，后历石冰、陈敏、王敦几次兵指南京，虽宫室有毁，民遭掳掠，然都城尚存。王敦之乱平息仅三年，东晋于327年再遭苏峻之乱。南京没能躲过建都之后第一场浩劫。

《晋书·列传七十》载，苏峻，一介书生，才学出众，十八岁即举孝廉。天下大乱，即于家乡山东掖县筑坞堡以自存。苏峻为人豪爽仁厚，凡有难的乡亲流民，都予收留安置，连路上的尸骨也予以安葬。民众感于他的恩义，纷纷归附，他的坞堡发展到数千家之多。为自保，他广收兵器，于海边青山操演军事。后与家乡当局有不合，带领数百家人众，乘船到达江南，成为一股武装流民。苏峻贤名远播，晋文帝司马睿招安，封其为安集将军。后帮朝廷讨伐彭城作乱的周坚，因功升任兰陵相。

322年，王敦兵伐建康。朝廷下诏苏峻迎敌。苏峻以占卦不吉，止兵不前。324年，王敦再次兵伐建康，苏峻与王敦战于南塘，时王敦已大病将逝，苏军胜。苏峻因功升使持节、冠军将军，尽占江北之地。

晋元帝司马睿死，庾亮主持国政，征召苏峻到朝廷任职，实为削其兵权。苏峻坚拒。庾亮恃才自傲，不听王导等人劝导，327年，再次征召苏峻为大司农，夺取军权。苏峻说，朝廷疑我有谋反之心，我还能活吗？与其站在囚牢看山头，不如站在山头看囚牢。狡兔既死，猎狗理当自烹。那好，我就以死回报想陷害我的人。

苏峻以讨伐庾亮为口号，兴兵。一路杀到建康宫城北面的覆舟山。扎营之后，率领士兵顺风放火。烈焰冲腾，风助火势，台城宫署兵营顷刻只剩残墙断瓦。

攻陷宫城，放纵士兵掳掠，奸淫六宫姬妃宫女。将百官驱赶在一起，任加羞辱捶挞，命令他们背负重物爬山。又将所有宫女的衣服剥光取乐，一些宫女找来树枝野草遮挡下身。有些找不到遮挡之物，只好坐在地上，用土埋住身体。哀号之声，惨不可闻。

又将宫中财物劫掠一空。计有布二十万匹，金银五千斤，钱亿万，绢数万匹。剩下拿不走的，一把火，烧之殆尽。

苏峻初乱，温峤要求带兵驰援建康，庾亮回信，“吾忧西陲，胜于历阳，足下勿越雷池一步”，还在防范荆州的陶侃。至建康城破，才不得不低声下气，向温峤、陶侃求援。

陶侃为主帅，带兵与苏峻交战，才发现政府军根本不是流民军的对手。那些流民军跟随苏峻多年，骁勇善战，配合自如。政府军屡战屡败，士气低落，陶侃甚至想退兵荆州。

这时候，一个意外，改写了历史。

328 年五月，温峤、赵胤率步兵万人，苏峻领兵八千，会战于白石垒（今南京白下城）。

苏峻开始在帐中饮酒观战，见自己儿子苏硕与将领匡孝大败赵胤，顿时兴起，大呼："孝能破贼，我更不如乎。"遂上马，只带几名骑兵，挥戈冲入阵中。对方兵如潮涌，屡突不得入。在回转马头时，被彭世、李千两名将领以长矛投击，坠于马下。随之被斩首、割肉，最后连骨头也被焚烧。战事逆转，苏峻部下溃不成军。

苏峻自 327 年十月作乱，至 328 年五月身死败亡，历时仅八个月，但对南京城来说，是毁灭性的灾难。宫室尽毁，满城一片疮痍。财货烧抢无遗，居民十室九空。

建邺近于废墟，面对一片焦土，百官纷纷主张迁都。温峤等人力主迁豫章，而三吴大族要求迁会稽。王导力排众议，指出，建邺本王宅之地，若农事不修，迁都去哪里，乐土也会变成废墟。中原尚未收复，断不可迁都以向胡人示弱。

成帝以为然。

劫后重生

就这样，建康在废墟上开始了都城建设。

连晋成帝都无家可归，只好在东吴时的皇家园林建平园搭建临时皇宫。简陋近于工棚，几乎不能遮寒避暑。

逃避兵祸的百姓纷纷返城，面对残墙断瓦以及亲人丧失的哀痛。史书是皇帝的家谱，从来不会在意芸芸众生的生生死死。

《建康实录》载，330 年九月，晋成帝命大臣王彬主持重建建康宫城。这个王彬，就是史书记载，被苏峻羞辱暴打并负重爬山的光禄勋。光禄勋位列九卿，实际上，是皇宫的大总管。

建康宫的位置，即是孙权吴宫中那个大粮仓，苑城的旧址，北靠覆舟山、鸡笼山。

查看历史地图及史料可知，建康都城的规模形制，基本承袭吴都面貌。所不同的是，宫城不再沿用秦汉群宫制，仅建康宫一宫，又称显阳宫，民间称之为台城。台城“周八里”，筑城墙两重。辟有五门，东、西、北各一门，南开二门。

《建康实录》载，建康宫的修建，“始用砖垒宫城”。可以推知，宫殿的墙体，应是砖木结构，而内宫的城墙，不再是土筑，而是砖砌。

砖在战国时期即有烧制，其薄如瓦，大概用作装饰，秦汉始有条砖，但为奢侈材料，采用尚不广泛。史载，建康宫墙修至西门靠南时，出现损坏，只好以茅草遮住。如果用砖砌，损坏的可能极小，经费的短缺导致材料不足，以致短暂停工的可能更大。晋成帝诏令官员每人出钱两千，以补工费不足。似可引为旁证。

建康宫城的建设，用了两年多时间，于332年十一月完工。

关于都城重建的规模，《建康实录》记录为“都城周二十里十九步”。这和吴都没有丝毫差别。又载：“至成帝作新宫，始修城开陵阳等五门。”就是说，吴都仅开宣阳一门，此次重建，东、西、南三面增开了陵阳、开阳、清明、建春、西明五门，共为六门。增设这么多门，只有一个原因，此时建康的人口，较之孙吴，已成倍增加。

宣阳门是东吴建都以来最古老的城门，也是官民出入最为重要的通道。民间称之为白门。相传宣阳门初时门墙皆白，故称白门，又传宣阳门位于都城西南，依五行说，西南为金气之始，金气白，故称白门。

按吴之民俗，白与丧事相关，不祥。《宋书·明帝纪》有一段十分有趣的记载，讲刘宋的明帝“以白门之名不祥，甚讳之”，“尚书右丞江谧尝误犯”。就是说这个叫江谧的尚书不小心讲到了白门二字，结果，“上变色，曰，白汝家门！”这恐怕是史书上最形象、最简洁、最有趣，令人读之拍案的一次记载。

《舆地志》载，宣阳门三道，上起重楼，悬楣上刻木为龙虎相对，皆绣栭澡井。南对朱雀门，相去五余里，名为御道。开御沟，植槐柳。

较之吴都，宣阳门已气派许多，而御道两旁的景观，亦有不小的变化，不再是单调的青槐，而添植了不少柳树。

王敦之乱烧毁的朱雀桥得以重建，桥长九十步，宽达六丈。这是一座极具特色的浮桥，联舟为桥，撤舟为流，船只仍然可以通行。桥北是御道都城；桥南为繁华极盛的长干里，寺庙刹宇，商铺林立；桥上人流如织。

覆舟山下新建了北郊，北郊即是地坛，祭五岳、四海、五湖、四渎之神。与南郊的天坛相呼应，合祭天地诸神。北郊立于建康城“午”地。五行属火，方位南。故在覆舟山南麓。

最为重要的变化，是秦淮河南岸新立了一所太学。

378年二月，丞相谢安主持对建康宫重修。光动用官兵即达六千人之多。建成殿宇大小达三千五百间。主殿称太极殿，“高八丈，广十丈，长二十七丈”。其建筑装饰应是道家风格。之后，又增建了东宫、清暑宫、永安宫。

至于都城，于392年重修了太庙。最令建康城引人注目的，是新增的一座标志性建筑——朱雀门。其位置，在出宣阳门五里，御道之尽头。西邻建初寺，东近谢安宅邸乌衣巷。

朱雀门与宣阳门相似，“皆绣栭藻井”，栭为斗拱，皆刻有花纹，藻井则是建筑物上方，其形若井的窟顶装饰，十分华丽。“门开三道，上重名朱雀观。观下门上有两铜雀”，“悬楣上刻木为龙虎左右相对”，与宣阳门上木刻相呼应，蔚为壮观。

成帝时，除宫城有围墙二重外，又在都城修了外郭。外郭以竹篱围之，环郭设篱门五十六座。其时，建康城宛如竹寨。《宫苑记》载，建康外郭“东起东府城东，西至石头城东，南达越城南面，北抵覆舟山下”。至梁朝，外郭之界越过钟山，东界远达离原都城二十五里的倪塘，即今方山附近，成为世界罕有的大都城。

如同野火烧过的荒原，一阵斜飘的细雨之后，焦黑的土地上又露出了野草的嫩黄。

南京城似乎又有了王都气象。

庐山之下的一场大雪

一场大雪骤然而至，事前毫无征兆。

天上冬阳高照，忽然北风乍起，一阵紧似一阵，乌云夹着冷风呼啸，压头涌来。雪子先是稀稀落落，随之密集而下，在地上跳跃，沙沙有声。待鹅毛大雪铺天盖地时，纷纷扬扬，连一丝风都没有，大地寂静无声。庐山上下，丘壑平原，天地一白。

这场大雪落在浔阳，时间应在公元280年后的一个冬季。

鄱阳郡孝廉范逵一行，正在旅途，欲往庐江。突逢大雪，人疲马乏，雪阻路断之时，远远看见有乡间茅舍，便敲门投宿。

茅舍住的是年近三十岁的农民陶侃，其母湛氏。湛氏之贤淑，远近皆知。见有客上门，生火取暖，待若家人。家贫无所供给，来客马匹无草料，遂将自己垫床的稻草铡了，喂马。家贫无余粮，又将自己长发剪了，卖与乡人，换来一桌酒菜。

与陶侃略作交流，范逵得知，眼前这个农民，饱读诗书，见识非凡。因早年丧父，家道中落，陷入贫困之境。

那一场大雪之后，范逵到庐江，将陶侃举荐给太守张夔。

那一场大雪之后，一个年近三十，叫陶侃的农民离开了耕种的薄田，开始了仕宦生涯。

似乎不止如此。

雪过之后，约三十余年，一个年逾花甲，叫陶侃的大军盟主，改写了东晋，也改写了一座城市的历史。这座城市后来称作南京。

雪过之后，约六十余年，浔阳陶家一个婴儿呱呱落地，这个婴儿叫陶渊明。

陶侃初为督邮，因才能卓著，升任主簿。

又是大雪纷飞，适逢张夔母亲大病，医生远在百里之外，幕府之中人皆有难色，只有陶侃二话不说，顶雪出门。

陶侃被举孝廉，抵达都城洛阳。陶侃的才学见识很快被京城名士赏识，吴中大佬顾荣也礼遇有加。一次，随豫章国郎中令杨晫出行，有人讥讽杨晫，何以与无名小人同车，杨晫说，车上坐的，现在是小人，以后是大人物。陶侃时已三十九岁。

八王之乱以致政权薄弱，民变哄起。303 年，张昌聚众于江夏起义，追随者达数万人，声势日益浩大。朝廷令荆州刺史刘弘出兵镇压，初期胜少败多。荆州、江州、扬州等南方大部皆为张昌控制，建邺即被张昌部属石冰占领。

陶侃领兵与张昌数度交手，先后斩杀数万人，直至收复荆州，张昌乱平。

刘弘感慨不已，说：“将来能取代老夫的，必定是你。”

305 年，陈敏盘踞建邺拟称帝，陶侃屡败其弟陈恢及残部，陈敏败亡。

313 年，杜弢再乱，占据荆、湘两州，将荆州刺史周顗围困于浔水城。陶侃率援军抵达，杜弢已退兵二日。陶侃判断杜弢将攻武昌，遂火速行军三日，抢先埋伏于武昌城内，杜弢次日攻入武昌，被陶侃所设伏兵大加斩杀，杜弢溃败，逃往长沙。陶侃封荆州刺史。之后，陶侃屡败杜弢，直至攻入长沙，最终平定杜弢之乱。

王敦忌妒陶侃的功劳以及在荆州的民望。陶侃回江陵，欲与王敦告辞，身边的人认为凶多吉少。陶侃不为所动，果然被王敦扣住，拟将陶侃调至荒蛮之地广州为刺史。此举引发荆州官吏不满。王敦大怒，身穿铠甲，手持兵器，要杀陶侃。命将陶侃押出去问斩，后悔，又放回来，如此往返五次。陶侃平静地对王敦说，裁决天下，理当果决，怎么可以为这点小事犹豫再三。然后起身如厕。

王敦为性情中人，遂作罢，为陶侃设宴饯行。

陶侃在广州，除理政读书外，早晨将一百块砖头搬至书房外，傍晚又将这一百块砖搬至书房里。日日不辍。别人奇怪，不知何苦，陶侃答，安于悠闲，何以担大任。

魏晋好清谈，唯有陶侃最忌清谈。手下官吏的酒棋玩乐之具都被他扔到江里。

一次去下属家，见门前的树，便问，这树是不是驿道上的？官员赶紧将树移回驿道。

陶侃为政，最重农桑，常派官员给农民教授农耕技术。有次下乡，见人摘禾穗玩耍，立即将此人捆起来，一顿鞭打。广州在其治下物富民安。

324 年，王敦乱平，陶侃重为荆州刺史，督四州军事。陶侃治荆州，“务勤稼穑，劝课农桑”，“是以百姓勤于农殖，家给人足”。于秋熟广购大米入库，遇饥荒又减价出售赈灾。官民欢悦。

荆州造船之所遗有大量木屑竹头，陶侃命人收集储存，众人不解。后逢雪过天晴，水湿泥泞，陶侃令人取木屑铺之。待伐蜀，大批船只急需修造，陶侃令人取竹头为钉。众人始知陶侃为政，用心之细。

史载，陶侃治下，“自南陵迄于白帝城数千里中，路不拾遗”。于大乱世中，保靖安民，争得了短暂的小安定。

至苏峻南京浩劫，若是没有陶侃在荆州积蓄的力量，东晋政权恐怕已早早打上句号了。

历史总是在无数机缘巧合之中运行。或者，若干年前，庐山之下的那一场大雪，提早，要么推迟了半天。再或者，那个叫范逵的孝廉因故改道，没有从陶侃门前路过。一切就是另外的故事了。南京城是另外的样子，后人的课本里也没有陶渊明的《桃花源记》与《归去来兮辞》。

乌衣巷口何人住，回首令人忆谢家

无论南京城经历了多少灾难，无论南京城以后还会经历多少灾难，即使如隋文帝杨坚那样下狠手，将南京平荡耕垦，种上庄稼，长满野草，后人依然能从荒草残砖上感知南京曾经的繁华与苦痛。

六朝已去，沧海桑田。但南京乌衣巷依然晋时模样，车马来去，名士高谈。王谢两家门开门闭，一千年、两千年，人们依然能听见清晰的声响。

朱雀桥边野草花，
乌衣巷口夕阳斜。
旧时王谢堂前燕，
飞入寻常百姓家。

六朝之后到晚清，历朝文人雅士都到这里凭吊追思，即便眼前一片秋风枯草，那又如何？乌衣王谢已是一种历史定格，成为中国文化的集体记忆，再也无从抹去。

谢家何时建于乌衣巷，无从确考。谢安父亲为东晋开国时吏部尚书，其居宅应在此地。

几千年来，谢安是令世人瞠目结舌的南京第一居民。年轻时，东晋名士聚集，讲《庄子·渔父》，有人当场写七百言，众人喝彩。四座言毕，谢安旁征博引，作万余语，才锋秀逸，一往奔诣，众人倾倒。

谢安年轻时名声大到什么程度？史书有一则记载。其乡人生意破产，前来告辞，“安问归资，答曰，有蒲扇五万”，谢安取一把，时常捉在手里，京中士庶，争相购买，时价倍增。《晋书》说：“安少有盛名，时多爱慕。”

大好年华，谢安隐居东山，拒不出仕。他隐居的生活，千古名篇《兰亭集序》有记叙。他在兰亭聚会中赋诗饮酒狂欢，仰观宇宙之大，感叹人生须臾。他时常带歌伎游乐，又时常独坐山洞静思。

一次与王羲之等名士登船出海，赋诗谈玄。忽遇风浪骤起，船摆欲沉。众人无不色变，惊恐失措。唯有谢安，依然临之而不惊，咏诗如故。他的镇定，感染了满船同行者。

四十岁，始为官，二十六年为政，力挽江山之既倒。

东晋已是风雨飘摇，内忧外患。外患是北方苻坚，虎视眈眈。内忧是诸侯坐大，桓温拥兵自重，欺凌皇室，一意篡位易帜。

谢安深通黄老之道，无为而治，以柔而带刚的手段，化一切风险于无形。

王羲之与他游冶城，认为清谈误国，建议废止清谈。他淡淡地回了一句，秦用商鞅，二世而亡，岂清谈之患焉？

“镇以和靖，御以长算。不存小察，宏以大纲。”他的治国之诀，史家有多种解读。

事后归纳，“长算大纲”大致是，消弭内患，增强国力，抵御外侮。

谢安一介书生，手中无一兵一卒，讲的那些又虚又玄，近于骗术。

恐怖的是，确凿的史实回答了一切。他的每一个目标都完美实现了。桓氏家族由霸道转化为合作，苻坚百万大军于谈笑间灰飞烟灭。而这一切，谢安做得了无痕迹，即使一千多年过去，后人也不谙其中奥妙。只剩史书留下的只言片语，慢慢参悟。

增强国力的手段，谢安只是将税制略作调整，改田税为人头税。这一改，貌似轻风蘋末，实则石破天惊。孙吴以来，为获取士族支持，士人不仅自己不交赋税，手下田丁婢佣也是不交的。北方的流民常为避税，成为他们的私附。这一改，除公侯，人人不能幸免，自然国库大增。对于无地少地的农民，则鼓励垦荒，当时人口稀少，可垦之地很多。田无税，垦荒有很大吸引力。还有一条是从军，军人不仅不交赋税，还有因功晋爵的机会。

抵制是必然的，但谢安有巨大声望，超乎常人的毅力。

消弭内患简直是螳臂当车。桓温权倾朝野，凡不合作，则人头落地。桓温要皇帝禅让，谢安不许，并以独特的方式表达了自己的果决。

谢安迎面遇见桓温，跪下便拜。众人大惊，这不是行皇帝之礼吗？桓温意外，慌忙拉起，问，何至如此。谢安说：“连皇帝都对你下拜了，我做臣子岂敢不拜。”

371 年十一月，桓温拥兵入朝，废皇帝司马奕，改立司马昱。然后，大肆诛杀异己。还将下一步要诛杀的名单给王坦之、谢安看。王坦之愤然说：“多！”谢安则连名单也不看，忽有风吹帐动，发现桓温的幕僚郗超在幕后偷听，便笑曰，原来还有入幕之宾。

桓温想诛杀谢安，却一直找不到借口。离开建康后，让郗超监理朝政。

一日，郗超约王坦之、谢安言事，结果，二人到门外，大门紧闭。站了一天，也无动静。王坦之愤而欲走，谢安一把拉住，说："你就不能为了性命再等一会吗？"

372 年，司马昱重病，遗诏桓温摄政。王坦之坚拒，将摄政改为辅政。这一字之别，决定东晋是谁家天下。

司马昱驾崩，朝廷不敢立太子，要等桓温决定。王彪之、王坦之、谢安联手，抢在桓温到达建康前立司马曜为太子，断了桓温摄政的后路。

373 年二月，桓温带兵入朝。朝中一片惊慌，唯恐其大开杀戒。

朝廷命谢安、王坦之率百官至新亭迎接。王坦之吓得浑身哆嗦，谢安平静地说，晋室存亡，在此一举。

见到桓温，王坦之衣衫汗透几重，连手中笏板也拿倒了。谢安坦然就座，朗声对桓温说："诸侯有道，派将士安守四方。明公今天何以把将士安在帐后？"桓温深被谢安气度打动，哈哈一笑，令退幕后甲兵。

之后几年，谢安以一己之力，令桓氏集团放弃对长江下游的控制，退守荆州，从而使政治力量均衡，由内耗转化为合作。东晋进入国力最盛的时期。

内患消弭，国库充盈。谢安以侄子谢玄为帅，迅速组建北府军。

这支北府军是中国军事史上的奇迹，它创造了太多非凡战例。

378 年五月，前秦彭超、俱难率十余万大军，一路南下，逼近扬州。建康危急，朝中一片惊慌。而此时，北府军组建不过几个月。

前秦大将俱难的骑兵十分剽悍，从淮北杀到淮南，所向披靡。

与晋军在扬州附近的三阿遭遇。首战，谢玄指挥北府军即大败俱难精锐，斩杀骑将都颜。

之后，谢玄仅以五万之兵力，将彭超、俱难十多万大军一路追杀。

前秦部队败退盱眙，被谢玄一举攻破，再逃淮阴。谢玄命刘牢之等烧毁淮河桥梁、前秦水军船只，完全是切断退路，一举全歼的气势。

战争的结果是前秦军败退淮河以北，彭超自杀。北府军以少胜多，四战皆捷，晋军声威大震。东晋民气为之大升。

383 年八月，苻坚率步兵六十万、骑兵二十七万、禁卫军三万、水军七万由巴蜀顺长江而下，直逼建康。苻坚狂傲宣称，“以吾之众旅，投鞭于江，足以断流”。

京城一片惊慌。百官都心急如焚，谢安却带着家人姬妾，去东山别墅游乐下棋，至日落方归。闭口不谈御敌之事。连主帅谢玄也沉不住气了，前来问计。谢安只淡淡说，已有安排，然后拉谢玄好友张玄之下棋。张玄之棋力远在谢安之上，这一回，大败。

有淮南之战北府军以少胜多的战例，谢安已知，苻坚军队号称百万，实由多个民族凑合，军心不稳。部队前军后卫，绵延千里，局部优势不大。应对得法，仍有胜算。

淝水之战开打，谢玄以八万之众，迎击苻坚百万大军。

前方战报传来，谢安正与客人下棋，看完战报，随手置于一边，弈棋如常。客人问前方如何，谢安平淡一答：“小儿辈大破贼矣。”

待客人告辞，谢安才舞跃入室，木屐（古代一种鞋）上的齿被门槛挂断，他也不知道。

淝水一仗，苻坚被晋军追杀，一路奔逃，部下踩踏死伤无数，儿子被斩，自己也身负箭伤。这场战事，让东晋的边界推进到黄河边，给汉语留下“草木皆兵”“风声鹤唳”诸多成语。

捷报传来，朝野大震。谢安又有意外之举，上表朝廷，请皇帝同母弟弟司马道子共担相权，之后，安排重回东山。谢安一生于黄老之学，道行太深。天下几人知谢安？他打算重回东山，不过是依从内心的召唤，如庄子，到野地泥塘当一只快乐爬行的乌龟。

司马曜宴请大臣，席间名士桓伊吹笛，众人听之如醉。桓伊放下笛子，说：“我还会弹筝，请皇帝允许自弹自唱一首。”司马曜许之。桓伊抚筝而歌，旁若无人，慷慨激越。歌曰：

为君既不易，
为臣良独难。
忠信事不显，
乃有见疑患。
周公佐成王，
金縢功不刊。
推心辅王室，
二叔反流言。

唱的是曹植的《怨歌行》，猜忌致残杀的故事。司马曜面有愧色，谢安泪流满面，以致衣衫都湿了。这大概是平生唯一的一次失态。

公元385年十月十二日，谢安病逝于建康，终年六十六岁。

去世的地点，应当是乌衣巷的家里。

乌衣巷是一个民族的集体记忆，那些场景永远不会消逝。

王导还在，他要前往相府。马车正等在乌衣巷口，天色尚早，寒意犹存。看得见宽大马鼻呼出的缕缕白气。大门转动的声响中，王导走出家门，长子长豫就默送于身后。之后，长豫没有了，我们能听见王导凄凉的哭声。

谢安也不曾死去。从谢家的大门进去，便可步入厅堂。棋盘依然置于几上。棋子散乱，尚未收拾。夜已很深，烛泪将尽，不用轻敲棋子，灯花已落在棋盘。他已熟睡，当轻脚退出，不必惊扰那一场千年旧梦。

六朝的『清明上河图』

大一统下的强权苛政，只会让臣民多一些奴性与卑琐。而乱世之中，人生无常，自然导致佛学兴盛。再就是礼法规矩的约束松弛，使人的个性得到张扬。魏晋六朝，太多率真可爱之徒，令人目不暇接。

这一切，也影响到了一座城市的风貌。

作为都城，南京不再为周礼城制约束，也不再是秦汉长安、洛阳的复制。

阅读《周礼》可知，从春秋至秦汉，城邑的建设是有诸多礼法的。如贵族平民的分隔，城南城北有贫富之分，而交易集市，则立北门。都城按规定，市场在宫廷之后北部以远。

都城长安，皇宫之外，市民居于里坊，布局如棋盘方格，里坊设围墙，有点像关牲口。大门昼开夜合，完全封闭。晚上出门是违法的。市场单独设立，绝对不会坊市不分。到唐代，长安为一百一十坊，《洛阳伽蓝记》载，洛阳为二百二十坊。规模壮观。

而建康见于各类史书的里坊有二十多个，设里坊，大概只是管理的需要，完全没有那种棋盘格式的森严。里坊设城垣坊门恐怕不多，连都城外郭都是竹篱，官民杂居的里坊很难以墙围之。如长干里，绵延数里，平民众多，舟船往来如织，又有陆氏等大家族居于其中，史书也未见有门墙记载。

君赖民而存，一切花费取之于民，为政靠的是什伍之制。什伍之制在农村为县、乡、村，到城市就称坊、里。建康的坊里自然有官吏管理，登记户口，管理治安，收取赋税。但较之北方的坊里，居民自在很多。没有被圈起来，也没见过有“夜行”之罪。

而市场的设立，首先考虑的不是礼制，而是方便。如人流量大的寺庙旁，水运方便的秦淮河畔。

秦汉行重农抑商之策，视商人为贱民、蛀虫。不仅课以高税，而且把商人，甚至商人家属与罪犯同等，迁移蛮夷之地。到六朝的建康，这一套已荡然无存。不仅没有对商人的歧视，而且任其以市场需求自由发展。

谢安为蒲扇做过商业广告，《晋书》中也有不少官员当过小贩的经历。好玩的是，六朝的建康，连皇帝也做起了生意。刘宋少帝刘义符，在皇家华林园（今鸡鸣寺一带）建了一排商铺，史书记载，他曾“小巾衣，短打扮”，亲自站柜台，买卖货物，讨价还价。南齐东昏侯也“于苑中立市，每旦进酒肉杂肴”。

如果帝王做买卖有娱乐的味道，史书记载刘宋孝武帝儿子“皆置邸舍，逐什一之利”，那就是真买真卖了。所谓邸舍，即是客馆，现在称作宾馆，当时不仅商贾来自全国各地，连南海诸国也商客毕至，欧洲罗马也曾有过来使，对客馆有巨大需求。

建康的商业活动不再像长安、洛阳限定于“市”内交易，自由到可以沿街叫卖，住宅也可以前店后居，用来做生意。以后的城市，包括北宋的汴京，传承的都是六朝建康的市井余风。没有礼法森严，十分亲切。

《梁书·傅昭传》说，傅昭“曾随外祖于朱雀航卖历日”。

梁朝辅国将军吕僧珍的姐姐住城西，小屋临路，便用作铺面。僧珍还时常带人去买东西。

南齐的豫章内史刘休，也在屋后开店，其妻王氏经营，卖扫帚、皂荚。

建康的商业繁荣，是魏晋六朝乱世的一个意外。这种盛景，汉不曾有，秦不曾有，之前的历史更不曾有。八百年后汴京《清明上河图》的诸多细节，六朝时的建康已经清晰可见。

《通典·食货》载，淮水北有大市，自余小市十余所。

《景定建康志》载，有小市、牛马市、谷市、蚬市、沙市等十所，皆边淮列肆稗贩焉。今银行、花行、鸡行、镇淮桥、新桥、里桥、清化市皆市也。

商品五花八门，无奇不有。小到柴米油盐酱醋茶，大到棺椁家具。连草料都有专门的草市。“南货羽毛、齿、革之属，无远不至。”来自闽广、交趾、南海诸国的象牙、玳瑁、珠玑等奇珍异货也有专门店铺。商品分类已经细化，卖花有花市，卖草有草市，如纺织品，便有绢、绫、锦、麻、棉的专卖。前面提到的刘休，他老婆主卖扫帚。

若登高俯瞰，商贾舟船云集，从长江过白鹭洲二分水道，入秦淮河口，溯水而上，经朱雀航，绵延十余里，秦淮河盛时舟船过万。这些船，最远来自南海诸国。沿河商铺林立，沿街人头涌动。贩夫走卒，叫卖之声不绝于耳。如此盛况，见于书，未见于画。或许有人画过，只是，那幅建康上河图，在时间的流水中浸漫太久，已无从辨认了。

刘宋六十年

谢安之后，东晋气数已尽。司马道子与司马元显父子专权，致官怨民苦。403年，桓玄兵入建康，杀司马道子，迁晋安帝于浔阳，自号楚王。

人们总是在改朝换代的期待中，陷入新一轮失望。桓玄“骄奢荒侈，游猎无度”“人不安业”。没有给朝野带来什么好日子。

北府军战将刘裕崛起，先后平孙恩、卢循之乱，405年攻入建康，桓玄败死。又举兵北伐，灭燕破秦，直捣长安，功勋卓著，朝野震动。

420年，刘裕代晋称帝，至此，南朝历史的大幕徐徐拉开。

建康。都城犹在，宫城犹在。

宫城易主，物是人非。司马家族来来去去的身影，转瞬已为云烟，现在只听见刘氏家族喧哗。那些门阀世族、豪门之士没有了昔日的神气，他们已不再是出入宫门的常客。

人们总是在夕阳西下的时刻，看见一个老者，身穿粗布衣服，衣襟过膝，脚蹬木屐，像一个朴实的老农民，缓缓从宫门走出，散步一圈后，重回宫里。

这就是刘裕，一个出身寒门的开国之君。史书说，他读书不多，“字大如斗”。做皇帝了，还把年轻时用过的农具，诸如犁、耙、纺车之类，搬进了宫里摆放。若依现在的观念看来，这大概是最前卫的装饰风格。也许过于超前，连他的儿女都嘲笑他的土气，说：“田舍公得此，以为过矣。”

但这个田舍公做皇帝，做得不算太坏。

他多次旁听司法审判，对法律的制定、执行，做出了一些非常务实的调整，杜绝官吏枉法害民，并将君主亲自听讼沿袭为制度。

或许自己读书太少，故对文化多有敬重。422年，下诏兴国学，选儒官。刘裕在位虽短，其治国之策依旧得以沿用。438年，宋文帝征召隐居庐山的学者雷次宗到建康，于鸡笼山下开馆，讲授儒学。次年，又于鸡笼山东麓开玄学馆，由何尚之讲授老庄。开史学馆，由何承天讲史学，开文学馆，由谢元讲辞章。仅儒学一馆，学生有数百人之多。宋文帝多次前往听课，测试学生。四馆的设立，开创了学术自由之先风。下属县郡，争相效仿。之后，南朝，特别是唐代文化的空前繁荣，与刘宋倡导的读书之风不无关联。如果讲人类教育史，南京人应分外自豪，世界最早的分科大学，创立地就在南京。

疾病是困扰人类的一大苦恼。刘宋之前，秦汉设太医令、太医丞管医药之事，服务对象主要是皇室。父子相传，师徒相授，无法解决民间巨大的医药需求。443年，刘宋设立医学，并在朝廷新置太医博士、太医助教等官员，负责医学教育。对人类医学史来说，这是划时代的大事，而这件事的发生地，便是南京。

造纸术始于东汉蔡伦，但至魏晋，纸的使用尚在推广阶段，并未普及，这从长沙走马楼出土的大量吴简可以证明。

420年，刘宋初立，即下令在建康设置专门造纸的机构——纸官署。此之前，王羲之等人的书法，多写于麻纸之上，即蔡伦以麻头破布制成的“蔡侯纸”。设纸官署之后，造纸材料扩充至树皮嫩竹，成本大为降低，而制造技术也大为改进。纸张光洁平整，色泽多样，还可掺入防虫蛀的药物。南齐时，皇帝曾以银箔纸赏赐大臣。

如果没有文字，人类走不出荒蛮的长夜。而文字的载体，从简牍到纸张，则是人类文明一次千年巨变，大大加速了文明的传播与推进。

刘裕体恤民苦，自己十分节俭，粗衣淡饭，丝竹管弦不用。他患热病，下属送来一张石床，减少了痛苦。听说有人打算送玉床，他把床砸了，不愿给百姓增添负担。《宋书》称：

> 自元熙十一年司马休之外奔，至于元嘉末，三十有九载，兵车勿用，民不外劳，役宽务简，氓庶繁息，至余粮栖亩，户不夜扃，盖东西之极盛也。

刘裕不坏，但他的后人却大多乏善可陈。骨肉相残，过于禽兽。几十年，便把江山折腾完了。

少帝刘义符，就是在宫苑开店，做买卖的那位，成天声色犬马，不理朝政，杀了亲弟刘义真。在位不到两年被大臣废黜，随之被杀。刘裕第三子刘义隆继位，号文帝。刘义隆是个冷血动物，上位即诛杀辅佐之臣。不只多位良臣被杀，曾帮他辅政的弟弟刘义康最终也被他赐死。

刘义隆在位近三十年，太子刘劭等不及，干脆带兵进宫把父亲杀了。仅几个月，刘义隆的第三子刘骏带兵入建康，又把哥哥刘劭杀了。当时建康流传民谣："遥望建康城，小江逆流萦。前见子杀父，后见弟杀兄。"

之后的骨肉相残，更是触目惊心。孝武帝刘骏诛杀宗室四王，其子废帝刘子业诛杀宗亲七人。刘骏之弟刘彧弑废帝刘子业，是为明帝。明帝刘彧杀刘骏之子刘子勋，最后杀光了刘骏十余个儿子，连自己的四弟也杀了。

如此疯狂的弑亲篡位，恶于禽兽，算得上家天下的一道特别的风景，要是孔子看了，只有投河了之。

去建康的乡下看看

是该去乡下看看了，那里居住着沉默的大多数，生生死死，悄无声息。史家的笔端不会触及他们的喜怒哀乐，朝廷的户口对他们的登记又绝无遗漏。

最好是春天去，时不时会飘来一阵细若轻烟的小雨，飘到脸上，凉，却不冷，潮，却不湿。沾衣欲湿杏花雨，当山野的杏花、迎春花一齐开放的时候，偶然，雨就是这样下的。

春天是所有植物的舞台，吐芽着花，花艳叶绿芽黄，想让谁来喝彩呢？当然，农田的苜蓿花开得更加抢眼。挤挤挨挨，铺成一大片浓紫，一大片淡紫，连山接水。苜蓿是几百年前张骞从西域带回来的，它是最好的草肥，还可改良土壤，已在北方、南方得到迅速推广。南方农民更喜欢按照自己的直观，把苜蓿称之为“紫云英”。

肥料的施用已有几千年历史，这从厕所兼猪圈的“圂”字可见端倪。所以，六朝的乡下农田，除了花草的气息，还可闻到农家肥的清香，不错，是清香，那种特别的，让人想深吸一口的乡村气味。

此起彼伏的蛙鸣，在提醒溪流堰塘水注，土地已经十分丰润。当鹧鸪声叫，播种的季节便已来临。远远可见，蓑衣细雨，农夫正吆喝耕牛。

在乡下偶然碰上一栋瓦屋，那一定是士族之家、殷实之户。散布于山岗之下，绿林修竹旁的栋栋茅舍，才是底层农夫的栖身之所。王公贵族筑园造亭，镶金饰玉，住地极尽奢华。而处于最底层的黎民百姓，直至清末民初，几千年，居所都近于半穴居，原始干栏建筑，没有太多改进。

随便走进一户农家，便可一窥大概。屋顶盖的茅草，北方多用麦秸，而建康一带多用稻草。屋顶的厚薄，常常表示家境年成的好坏。家境好，年成好，稻草会多盖几层。门是不用敲的，篱门单薄，轻推即入。屋内昏暗，仅从窗洞透进一方光亮。有窗而无户，这样简陋的居所，又如何配得起窗户的奢华。墙多是竹条编织，里外涂以泥巴。这种墙有个名称，叫“织壁”。灶台火塘是必需的，床很简陋，冬天铺以稻草，用以避寒，夏天就得益于那个茅草屋顶了，茅草屋尽管寒酸，却比瓦屋更是冬暖夏凉。

史书极少平民生活的记录，仅能从正史一些传记中找到只言片语，推知他们的生存状况。《晋书》中，皇甫谧讲，贫民常年吃的是糙米咸菜，很难吃到酒肉。《南书》中徐孝克回忆母亲曾希望喝一碗粳米粥，家贫而不得。母逝，孝克每见粳米而悲泣。

长沙走马楼出土的吴简，有大量当地农户的户口及纳税记录，完全可作六朝建康底层百姓生活的参照。读这些简，可以知道政府对平民的管理何其严密。一枚乡计简载：

右小武陵乡领四年，
吏民一百九十四口，
民口九百五十一人。

该乡下辖五个里，每里约四十户。

另一简，记录了一个叫区伯的农户于235年纳税的详细过程。

区伯租种土地四十亩，235年，大旱，三十八亩颗粒无收，无法交米税。但每亩需交布六寸六分，三十七钱。剩下二亩交米一斛二斗，布二尺，七十钱。十二月九日，区伯将米交仓吏李金，布与钱交库吏潘有。次年（236年）三月三日，田户曹赵野、张惕、陈通复核。

在三十八亩绝收的情况下，政府不予救济，依然交纳如此之高的赋税，区伯一家如何活下去？

魏晋六朝时粮食亩产平均约在三石，当时成人食量每月约需一石半。区伯一家所剩口粮不足维持两个月的生活。即便可复种其他作物弥补，一家饥寒可想而知。

问题是，苛捐杂税繁多，据走马楼吴简统计，加在平民身上光米税就有十多种。钱、布、米、豆、皮，无所不收税。人头税每人一百二十钱，到战时或大兴土木，还要收“调”税，淝水之战时，连官吏薪俸都减半，百姓可想而知。

吴简中的户籍登记，有大量“刑手”“刑足”的记录。如：

常迁里户人，公乘
何著，年五十四，
算一，刑两足，复。

□会里大男周春，
年廿四，刑右手。

高平里户人，公乘
鲁开，年卅二，算
一，刑左手，复。

从五岁孩子，到八十多岁老翁，还有妇女，都有刑手足的记录。

这就是历朝都有记录的自残。逃避兵役，交不起繁重的赋税，只能砍掉自己的手足，刺瞎自己的眼睛，再就是溺杀自己的婴儿。隋朝称之为“福手”“福足”。以自残为“得福”。

建康乡村茅舍里，会有这样“幸福”的居民吗？有。《三国志·吴书·骆统传》有大段民苦的叙述，最后几句是“又闻民间，非居处小能自供，生产儿子，多不起养，屯田贫兵，亦多弃子”。这就是杀婴啊。《三国志》又载：“永安三年，都尉严密建丹阳湖田，作浦里塘。功用之费，不可胜数，士卒死亡，或自贼杀。”自贼就是自残，即“刑手”“刑足”，或是剜掉自己的眼睛，没有二义。

走在建康的乡下，大自然总是一如既往，展现它的美丽与妖姿，如果肠胃有足够的食物填充，内心也毫无恐惧，当然会听见蛙鸣鸟语，看得见野花摇曳。但这是那些茅屋居民的感受吗？

造物主把大自然安排得多姿多彩，或许，只是想给那些卑微的已如死灰的心灵一点儿抚慰。

君非民不立，民非谷不生

443年，宋文帝下诏设立耕坛，亲耕籍田。经卜筮，耕坛位于建康“辰”地，地支属龙，五行为土，方位东南，去宫城八里之外。大约在朱雀桥一带。文帝在耕坛祭祀先农，作亲耕示范。444年诏令各诸侯皆设耕坛，行亲耕之礼。

459年十一月，宋孝武帝又诏立蚕宫，供皇后行亲蚕之礼。

蚕宫位于西郊台城白石里，紧邻丝织品集散地——“纱市”。

每年祭祀蚕神在季春之月，皇后斋戒，又不着妆饰，以免容妆的气味伤及蚕房的洁净。亲率嫔妃及王公贵族夫人往蚕宫。以中牢羊、豕祀祈蚕神，然后，皇后登上桑坛，嫔妃、王公贵族夫人皆立坛。皇后亲采桑叶，又亲作分茧，以劝蚕事。

历朝统治者都把农桑视作立国之本，秦汉于基层乡里设“力田”一职，六朝时也不例外，力田主要是传授农业知识，与今天的农业技术员相近。如肥料的使用，《汜胜之书》所说：“教民粪种，负水浇稼。区田以粪气为美，非必须良田也。”

铁犁牛耕，不仅是提高劳动效率，更重要的是深耕，从而大大提高了粮食产量。铁犁牛耕就需要力田指导，把握技术要领。

禁止屠宰耕牛是六朝推行的重要法令。不仅严禁，还鼓励告发。《晋书》载，“老牛不牺”，连用牛敬神都不允许。

水为农业的命脉，六朝时的统治者无不重视水利设施的修建。

从建康到句容，再南行三十里，便可见一片壮阔的水面，烟波浩渺，水清若碧。远岸若有若无，淡青色的茅山依稀可辨。这便是赤山湖，修建于一千八百多年前的大型水库。当年可灌田万顷。

建康所属的宁镇地区，丘陵起伏，遇雨则山水漫灌，遇旱则溪涧断流。变害为利的办法，便是筑塘拦水。雨季蓄水，减轻涝灾，旱季放水，灌溉农田。《景定建康志》载，六朝时类似赤山湖这样规模的水利工程，还有数处。中小塘堰水库，更是为数众多。如娄湖、迎担湖、葛塘湖。江乘有半汤湖，一半热，一半冷，热可烂物，冷处如冰。冷水鱼往热处，即死，反之亦同。民以热水溉稻田，一年两熟。

大批流民由北方南迁，带来了北方旱地作物与种植技术，六朝时建康农业最为重大的变化，是由单一的水稻种植，转化为稻麦杂种。北方菽、麦、黍、粟等开始在建康地区落户。旱地得以广为开垦，稻麦轮种大大提高了土地利用效率。这样，水稻在遭遇水涝旱灾之后，农民还可以补种冬季作物，农业在六朝期间得到空前发展，是中国经济重心南移的重要原因。

在如此苛重的赋税之下，六朝政权居然苟延了四百来年，与农业技术的推广、旱地作物引进南方也不无关系。

梁武帝的前前后后

529年九月十五日，同泰寺举行首届“无遮法会”，设救苦斋食。消息不胫而走，轰动建康。当日，城内城外男女老幼会集于此，达五万之众。无遮，即无论贵贱僧俗，众生平等之义。

同泰寺为梁武帝敕建，与台城北掖门一路之隔，有大殿六所，小殿十余所，金佛十尊，银佛十尊。东西有般若台三层，东南有璇玑殿，殿外积石为山，树木繁盛，有盖天仪，激水随滴而转。寺内九层佛塔高耸，直入云表，数里之外塔顶遥遥可望。同泰寺旧址，一说为今珠江路北，一说为今鸡鸣寺。

当日，梁武帝入同泰寺，焚香沐浴，换僧衣袈裟，自号三宝奴，主持法会。次日，向五万信众亲授《涅槃经》。此后，长住寺内，执意出家。

侍从回报，朝中惶恐，百官纷纷往寺内磕头，叩请皇帝还朝理政。二十五日，群臣捐钱一亿，祷告三宝，请求赎回“皇帝菩萨”。二十七日，梁武帝在众僧恳劝下，还俗回宫。梁武帝先后出家四次，百官筹资五亿赎回。

南朝一百六十余年，如同魏晋，宋代晋，齐代宋，梁代齐，陈代梁，改朝换代，都是诛杀篡弑完成。刘宋骨肉相残，政权落入实力派将领萧道成之手，号齐。萧齐短短二十四年，前后七个皇帝登位，都是杀来杀去。宗室萧鸾假太后之令称帝，连杀二十九人，将萧道成后人几乎杀绝。501 年九月，秣陵出生的萧衍，兵入建康，迫和帝萧宝融禅位，梁朝建立。

梁武帝萧衍，堪称文武全才，于经学、史学，皆有巨著行世，其书法也属大家之列。夺得政权之后，幡然自省，停止杀戮，宽怀为治。他曾在皇宫门口设两个盒子，一个叫谤木函，百姓如有冤屈不平，可投书于此；一个叫肺石函，官员有奖惩不公、怀才不遇，可投书于内。

萧衍晚年痴迷佛学，自己也身体力行，在一份奏折批复中，自述克己苦修，已三十年不近女色，简衣素食，连原本粗大的腰围也瘦到只剩二尺。不仅四次舍身同泰寺，还亲自讲经说法，把佛教定作国教，写《断酒肉文》，要求全国吃素，连祭祀也不得宰杀禽畜。很多佛教仪式，都源于他的倡导，如无遮法会，僧侣受戒都始自梁朝。再就是中元鬼节，又称盂兰盆节，七月十五上坟祭祀亡去的先人，超度死去的战士及一切孤魂野鬼。这个风俗，至今仍在民间流行。皇帝敕建寺庙，各地争相效仿，“南朝四百八十寺，多少楼台烟雨中”。实际上，建康一地寺庙多达五百多座，僧尼达十万余众。很多贫苦百姓为逃避赋税，入寺为僧。梁朝半壁江山，有寺庙两千八百四十六座，僧尼八十余万人。

其在位四十五年，建康城市之面貌，可谓繁华极盛。《资治通鉴》载：

梁都之时，户二十八万，西至石头城，东至倪塘，南至石子冈，北过蒋山，南北各四十里。

人口达百余万，为世界超级大都市。

盛极而衰，梁末的侯景之乱，建康遭受毁灭性破坏，一切皆成明日黄花。梁武帝信佛，反而令佛教的正常传播带来灾难。

这段历史引出一段禅门公案。

520 年达摩祖师泛海来华，九月二十一日到达南海，梁武帝遣使者往迎。十月一日，抵建康，武帝与见。

武帝：朕即位以来，造寺，写经，度僧不可胜数，有何功德？

达摩：并无功德。

武帝：何无功德？

达摩：只是人天小果，有漏之因。如影随形，虽有非实。

武帝：如何是真实功德？

达摩：净智妙圆，体自空寂。如是功德，不于世求。

武帝：何为圣谛第一义？

达摩：廓然浩荡，本无圣贤。

武帝：对朕者谁？

达摩：我也不识。

《金刚经》云，凡有所相，皆是虚妄。

六祖慧能言，武帝心邪，不知正法。

达摩一苇渡江，之魏。

丝绸之路上的苦行僧

肉身的痛苦必然寻求精神的解脱，佛教因之在魏晋乱世得以盛行。频繁地篡位弑君，骨肉相残，今天手握大权，明天则可能身首异处，连皇帝也充满对命运的惶恐与无常感。他们的推崇，成倍放大了中国整个社会对佛教的热情。我们至今能从残留的石窟感知北方佛事的兴盛，而南方六朝，从孙权到陈后主，无不礼遇高僧，倡行佛教。佛家的“五戒”“因果报应”“生死轮回”“极乐世界”种种信念，可以教化风俗，规范行为，求得对现时痛苦的解脱。

布罗代尔认为，佛教在中国的成功，是本土的儒教、道教长期误会的结果，这种误会是对中国文明的一次完善与补充。而儒、佛、道三大宗教不过是在中国古老宗教，即鬼神文化的水上航行。并且已沉没其中了。信仰通常与交换相关，神与生者要达成如下规则，前者提供保护，后者提供祭品。

佛教在魏晋空前盛行，但经典缺失，更无权威翻译。寺庙如雨后春笋般建立，如何规范僧众行为，僧侣集团无法可循，急需完整的佛教律典。

去西方求取真经，这成了那一代高僧大德可想而不可即的宏愿。

399年，一个老者从长安上路了，同行的有慧景、道整、慧应、慧嵬四人。

他便是法显，时年六十五岁。古人多早夭，韩愈四十岁，即自称发苍苍而齿摇摇，尽显老态。六十五岁，在当时，已是行将就木之人了。法显此次出行，不是郊游，而是要徒步万里，穿过西域沙漠，翻越帕米尔高原，去天竺取经求法。这是超越常人理解能力的巨大气魄，谁会相信他能活着回来呢？

十四年之后，413年，他出现在建康朱雀门外的道场寺，潜心翻译从西天取回的律典。时，年近八十。

一切不可思议。一个古稀老人展示了生命的极限以及近乎遥不可及的美丽，走完了一次史所仅见的万里长征。苦行三十余国，即今天的印度、阿富汗、巴基斯坦、尼泊尔、斯里兰卡、印度尼西亚（也可能是北美的墨西哥）。这是见于史载，走过丝绸之路大部分国家，又历经海上丝路航线回归的第一人。而这一切，发生于一千八百年前。

法显，俗姓龚。因三个兄长早夭，三岁被家人送入寺庙为沙弥，自此终生事佛。《高僧传》记载了一则逸事，法显与众僧劳作于庙田，流民汹汹而来抢粮，众僧奔逃，唯法显静立不动，对流民说，如果你们没有吃的，这些粮食拿去就好。平时你们不布施他人，才有今天的饥饿，我担心你们下辈子会不会过得好。流民纷纷放下粮食走了。

而他去西天求法的经历，则记录在自传《佛国记》中。

他们出阳关，碰上第一个沙漠，昼夜行走十七日，行程一千余里。“上无飞鸟，下无走兽，四顾茫茫，莫测所之。唯视日以准东西，人骨以标行路耳。”第二个是塔克拉玛干沙漠，更艰险，走了一个多月。

过帕米尔高原，“冬夏有雪，又有毒龙（雪崩），若失其意则吐毒风，雨雪飞砂砾石，遇此难者，万无一全”。

到达巴基斯坦、北天竺（印度）、阿富汗诸多佛教圣地，慧应病逝。翻小雪山，去中印度，突遇风暴，同行的慧景“噤战不能前，谓显曰，吾其死矣，卿可时去，不得俱损。言绝而卒”，“显抚之号泣，曰，本图不果，命也奈何”。

中天竺是佛教发源之地，当地僧众对法显万里求法，敬重有加。此时距离开长安已过去五年。法显在中天竺拜谒佛陀诞生地及诸多圣地，研习梵语，考察风土人情，抄写收集《摩诃僧祇律》等六部经律。

寒暑调和无霜雪。人民殷乐无户籍官法，唯耕王地者乃输地利，欲去便去欲住便住。王治不用刑斩，有罪者但罚其钱，随事轻重，虽复谋为恶逆，不过截右手而已。王之侍卫左右皆有供禄。举国人民悉不杀生，不饮酒不食葱蒜，唯除旃荼罗，旃荼罗名为恶人，与人别居，若入城市则击木以自异，人则识而避之不相唐突。国中不养猪鸡不卖生口，市无屠行及酤酒者，货易则用贝齿，唯旃荼罗猎师卖肉耳。

法显的见闻，竟然成为后人了解印度中古历史的唯一记录。

409年年底，法显经海路抵师子国，即今斯里兰卡，住王城无畏山精舍。此时已是七十五岁，孤身一人。在师子国二年，求得《长阿含》等经典四部。

一日，法显在无畏山精舍偶见信众供奉于佛前的白绢团扇，伫立良久，这是远来于故土之物啊。法显顿时潸然泪下。

411 年十一月，法显求得真法，由师子国搭商船回国，船遇风暴，在海上漂流近百天，到达一个叫耶婆提的地方，这个地方，一说在今印度尼西亚，一说在今北美墨西哥。

在耶婆提国居留五个月后，再次乘船回国，又多次遇险，粮尽水尽时，死里逃生，船漂至今青岛崂山之下。

413 年，法显抵建康，住道场寺。译经达五年之久。

道场寺，谢安之弟谢石于 323 年始建，又称谢寺。位于秣陵县三桥篱门外斗场里，距谢家所居乌衣巷不是太远。

416 年十一月至 418 年二月，译《摩诃僧祇律》（大众律），四十卷。

417 年十月一日，起译《大般泥洹经》，随书记录了当时场景："晋义熙十三年十月一日，于谢司空石所立道场寺出此《大般泥洹经》，于十四年正月一日校定尽讫。禅师佛驮跋陀罗手执胡本，宝云传译，于时，座有二百五十人。"

南京的第二次浩劫，侯景之乱

陈寅恪说：“侯景之乱，不仅于南朝政治为巨变，并在江东社会，亦是一件划时代的大事。”对于南京这座城市的命运，何尝不是划时代的转折。

梁武帝以为佛法能超度感化所有的人。事实上，恶人从来就无法超度。这永远是人类群居相处无解的难题。

侯景，羯人。其貌猥琐。矮身，瘸足，上长下短。目不正视，左右顾盼，其声如豺。为北齐将领，547年，叛反兵败，仅余八百骑。梁武帝以菩萨心肠接纳，并予厚遇。驻守寿阳。

侯景于寿阳大减赋税，广扩军队。548年八月十日起兵，十月二十四日兵至建康朱雀门。梁武帝义子萧正德为内应，开宣阳门，纳军入城，围攻台城，久攻不下。“景于是百道攻城，持火炬烧大司马，东、西、华诸门……至夜，太宗募人出烧东宫，东宫台殿遂尽。景又烧城西马厩，士林馆，太府寺。”东宫、士林馆藏书籍三万余卷，化为灰烬。连同之后梁元帝又于江陵焚书十四万卷，江南士族几百年典藏积累毁之殆尽。对文化的影响不可估量。

又“引玄武湖水灌台城，城外水起数尺，阙前街并为洪波矣。又烧南岸民居营寺，莫不咸尽”。

548 年十一月一日，萧正德登基称帝，侯景为丞相。

549年，侯景杀萧正德，立太子萧纲为帝，自封“宇宙大将军”。强娶溧阳公主为妻。

攻破台城，将满朝文武剥光衣服而出，斩杀三千人。

侯景带五百甲士，持剑升殿，面见梁武帝。

武帝神态安详，正襟危坐，问：“卿何州人，而敢至此乎？”

侯景汗流满面，竟不敢作答。

武帝又问：“过江有兵多少？”

景答：“千人。”

“攻城有兵多少？”

“十万。”

武帝垂目，不再说话。

侯景退出，感慨：

吾常据鞍对敌，矢刃交下，而意气安稳，了无怖心。今日见萧公，使人自摄，岂非天威难犯？吾不可再见之。

侯景初入建康，“号令甚明，不犯百姓”。久之，“纵兵掠杀，交尸塞路。富室豪家，恣意裒剥，子女妻妾，悉入军营。及筑土山，不限贵贱，昼夜不息，乱加殴棰。疲羸者因杀之以填山，号哭之

声，响动天地”。以致兽性大发，令麾下将领“若破城邑，净杀却，使天下知吾威名”。（皆见于《梁史》《资治通鉴》）

侯景的兵源，主要是来自社会最底层的奴仆。侯景数次免奴为民，动摇门阀世族建立的等级秩序。《资治通鉴·梁纪》中，有一个小故事，士族朱异的奴仆去侯景队伍当了兵，回来羞辱朱异，说，你活到五十，不过做个小官，看看我，披锦袍，骑良马，比你威风。鲁迅先生说，奴才一旦做了主人，往往比主人更凶残。一旦纵容劫掠，其破坏力，超乎常态。所以，这一场动乱，对江东社会是划时代的大事。门阀世族自此断崖般衰落。遭劫掠的，主要是富室豪家，妻女被没入军营蹂躏，男人则被抓去做苦工，富人做不了体力活，大都被杀了填山。粮食全被抢光，很多人“鸟面鹄形，衣罗绮，怀珠玉”，饿死于床上。

建康至梁朝，到达鼎盛，佛寺商铺林立，人口百万。所需粮食，须从四方运送，“粮无半年之储”。“自景乱，道路断绝，数月之间，人至相食，存者无一二。”饿倒的人，尚未断气，就被吃了。

551年十二月，百济国使臣到达建康，见眼前一片疮痍，繁华不再，痛哭失声。侯景大怒，将他们关了起来，直至乱平，才得以返回百济。

给建康带来劫难的，不只是侯景，还有梁朝政府军队。台城被围时，各地前来勤王的军队各怀心思，视而不救，只在建康城外抢掠百姓后，便各自散去。

梁朝大将王僧辩攻入建康，亦是“纵兵大掠”，“自石头至于东城，缘淮号叫之声，震响京邑”，“台城宫室，并尽焚烬”。

552年四月十八日，侯景兵败被杀。尸体“以盐五斗置腹中，送至建康，暴之于市”。百姓争食其肉，连溧阳公主也打算分食一块。剩下骨头烧成了灰，乃有人以灰下酒。

六朝古都建康盛极而衰，昔日繁华皆成梦幻。

之后的陈朝，不过是龟缩于长江以南的短命政权。近于废墟的建康，依然定为都城。但这仅仅是这座城市衰落前的回光返照。除了供陈氏政权享受的宫室殿宇、苑圃亭阁得以重建外，连那座沟通秦淮南北，建康最为重要的交通要冲朱雀桥，竟然在侯景之乱十多年后才得以修通。

589 年，陈亡。

“万户千门成野草，只缘一曲《后庭花》。”

建康，连同它承载的三百多年兴衰变乱，只留下史书上几行墨迹，渔樵几句笑谈。

走向世界，建康与海上丝路

20 世纪 90 年代末，南京市白下区八府塘国税大厦打地基，发现南朝墓葬。随之出土大量南朝遗物，遗物中，有一枚波斯萨珊王朝的银币。这枚银币，磨损痕迹很重，可见，银币在随葬前，已经多次转手，极可能在建康市场流通。

南京历年出土文物中，还有产于欧洲、西亚的玻璃器皿、金刚石指环等，一些六朝墓砖，则有胡人头像。

这一切告诉我们，六朝的建康与世界的交往已非常密切。长江白鹭洲水道至秦淮河上，成千上万的大小舟船中，有来自罗马、波斯、天竺、东南亚诸国以及日本、朝鲜半岛的商船。《宋书》载，当时已是“舟舶继路，商使交属”。

人头攒动的长干里，人们对欧洲西亚的胡人面孔不再陌生。而鳞次栉比的商铺，不乏西方香料、玻璃器皿、琥珀奇珍的专卖。

《梁书》载，波斯使者于 530 年、533 年、535 年三次到达建康，“贡方物”。这些方物包括玛瑙珍珠、龙驹马。更重要的是，其中有波斯锦。这告诉我们一个事实，中国纺织技术早已远传波斯，并得以改造发展。

梁武帝对波斯的狮子极感兴趣，多次向大臣询问狮子的形态颜色。520 年，波斯遣使献白貂裘、波斯锦，还有黄狮子。南京等地陵墓现存多处六朝石兽，梁思成说："中国六朝石兽为波斯狮子，殆无疑义。"

早在 226 年，罗马商人秦论即到了建业。孙权"问方土谣俗，论具以事对"（《梁书》）。秦论在建业侨居十年，返回罗马。孙权令刘咸领男女十人相送，刘咸客死途中。

东晋穆帝时，东罗马曾遣使到达建康。之后贸易不断，其中传入中国的羊毛混纺呢绒海西布最具盛名。

水仙花一般认为唐代由欧洲传入，但六朝已有来自东罗马的水仙及大量玻璃器皿，很多六朝皇室、士族墓中都有玻璃器皿出土。不难想象，崇尚风雅的六朝名门望族之家，客厅几上，又添了一番别致。

孙吴时，造船业已达到世界先进水平，船体大，龙骨结实，大大推进了海上丝路的发展。

其时，最为繁荣的是马来半岛连接建康的航线。

通往波斯、罗马的海上丝路开辟之后，为了缩短航程，货物大多在马来半岛盘盘、丹丹、狼牙修等国周转。盘盘等国多次与宋、梁、陈三朝通使，并献贡物。孙权曾派朱应出使东南亚诸国，见到马来半岛市场盛况。"东西交汇，日有万人。珍物宝货，无所不有。"《梁史》则称"航海岁至，逾于前代"。梁武帝大通元年（527 年），盘盘国遣使奉表，称"并蒙圣王光化，济度一切，永作舟航。今奉薄献，愿垂哀受"。

几乎海上丝路沿线的所有国家都与六朝时的建康有来往，包括天竺、师子国、林邑、扶南等。

日本与朝鲜半岛纯属近邻，往来就更加频繁。六朝期间，倭王遣使到建康十二次之多。

421年，宋武帝封倭王珍为“安东大将军、倭国王”。

438年，倭王珍向刘宋请求都督百济、新潟诸国军事，以控制朝鲜半岛。

451年，刘宋又准倭王都督百济之外军事之权。

470年，倭王济曾遣使使刘宋，聘请大批汉织、吴织工匠女工，返回日本。

当时，日本已广泛使用汉字，百济学者王仁到日本讲授《论语》《千字文》使用的是汉语。《宋书·倭国传》有倭王武上刘宋顺帝表，完全是六朝文赋风格。

近年日本多地出土铜镜，其文饰式样，大多是吴镜风格。5世纪之后，日本很长一段时间，都把与中国有关的东西冠以“吴”字，可见建康六朝与日本交流的密切。

孙吴时期，汉字传入朝鲜半岛，之后一千多年，他们一直使用汉语，仿中国立太学，引入儒家学说，贵族的服饰也与中土差别不大，连史书也用汉字写就。直至15世纪，才颁布表音文字。

六朝时期，朝鲜半岛有高句丽、新罗、百济三国，其使者商船频繁往来建康。

至侯景乱，百济使者面对建康一片废墟，大哭失声。被侯景扣押，四年后才得以返国。

岂止是百济使者呢，那些来自世界各地，曾一睹建康都市繁华的使者商人，面对眼前的残砖荒草，唯剩一哭了。

园林

太多了。那时候，建康的皇家园林，有西苑、内苑、别苑、桂林苑、乐游苑、上林苑、华林园等，占地广阔，前后多达二十多座。豪门大族的私家园林，仅见于史载的也有数十处之多。梁朝鼎盛时期，五百余家佛寺遍布都城每一个角落，有寺庙即有园林。都市多见寺内造景，有池塘水榭，山石流泉，佳树成荫，风格与私家园林相近。而至郊野，古刹幽林，以天地造化为借景，负高山，带丘壑，清泉环阶，白云盈室。建康周围栖霞山、覆舟山、钟山等，几乎山山有寺。皇家园林有专职官员掌管，私家园林由家奴仆人打理，留给信众平民修心赏目的绝好去处，便是众多的寺庙园林了。

不妨循着史书的墨迹，闯入几处皇家的园林。

乐游苑是必须去的，这里原来是北郊地坛，后为药园。位于覆舟山一隅，北临玄武湖。史载，462 年五月，刘宋皇室“置凌室”

于此，并“修藏冰礼”。凌室即冰窖，冬天取冰窖于地下，夏天取之以消暑。藏冰之礼为初冬时节，由公侯主持，祭祀冬神“司寒”的仪式。这是有史以来，南京地区最早的藏冰记录。

更为重要的是，乐游苑尽管是皇家宫苑，历史记住的却是祖冲之。他曾是这座园林的主角。

祖冲之生于刘宋时期的建康。中国一千七百年前的无敌理科郎。下棋无对手，他计算的圆周率，精确到小数点后七位，这项世界纪录，一千年后才有人打破。当时北方有个叫索驭骣的，传说他造的指南车如何神奇，高帝萧道成便在乐游苑设擂，令他与祖冲之各造一部，一比高下。比试的结果令索君羞愧不已，当众把自己造的指南车砸烂，烧了。

祖冲之发明了千里船，日行百余里，曾在秦淮河试航。他发明的水碓磨，大大提高了劳动效率，一些边远乡村，至今仍有使用。就在乐游苑里，武帝还让他装了一台。侯景之乱，乐游苑“焚毁殆尽”，水碓磨没于荒草黄沙。

华林园，“在台城内，本吴宫苑也”。

从229年孙权立都建业，到589年陈灭，陈后主藏于华林园井下被捉，这座园林如同一位三百余岁的老人，见证了建康六朝太多的往事。

孙　吴

那时候，这个地方位于宫城北部，称之为西苑与苑城。西苑有水池、假山、佳树、花草，不过是一座称不上奢华的花园，主要供太子游玩。而苑城，则是一座巨大的仓库，储藏粮食与日常用品，苑城与漕运水道相连。整座宫城，类似于巨大的坞堡。

到东吴最后一个皇帝孙皓，“起土山，作楼观，加饰珠玉，制以奇石”，“又引后湖水，激流入宫内，穷极技巧”。

很快，孙皓袒身缚手，衔璧牵羊，让人抬着棺材，当了亡国之君。孙吴亡。

东　晋

东晋在此增修后苑，定名华林园。

园址较吴苑应有扩大，园内有天渊池，又有山林野地，曾有白獐出没其间。于玄武湖作大渎，通华林园天渊池，故园中诸沟，水常潆潆不息。

华林园虽仿洛阳旧制，造园风格已有很大不同。反礼法，尚自然，不求庄重，而崇风雅。简文帝游华林园时说：“会心处不必在远，翳然林水，便自有濠濮间想也，觉鸟兽禽鱼自来亲人。”

孝武帝时，增建清暑殿、延贤堂。清暑殿重楼复道，天下无比，虽暑月常有清风，故名。

晋孝武太元十年（385年），大旱，井渎皆竭，太宫供膳皆资天渊池。东晋亡。

刘　宋

刘宋史载，宋武帝于延贤堂听讼。少帝刘义符成日在华林园淫乐嬉闹，“夕游天渊池，即龙舟而寝”，又开商铺于其中，身穿短衣短裤，亲自贩卖。故废。

446年，宋文帝命将作大匠张永对华林园大规模扩建。

华林园南门为凤庄门，与宫殿相通，北门称北上阁，东门为东阁，立延贤堂，用于理政，堂西北有“李树连理”。新建有景阳、武壮诸山，拓天渊池。造蔬圃、花萼池，造景阳楼以通天观，灵曜殿为礼佛之所，阅武堂、射棚作骑射之用。琴堂东有橘树，双双连理，改名连玉堂。

“元嘉二十三年，九月己卯，吴郡获野稻嘉禾，秀于华林园。”《宋书》载，清暑殿西甍鸱尾，中央生嘉禾，一株五茎，因设嘉禾堂。

宋孝武帝刘骏、江夏王刘义恭、大臣何尚之三人共作《华林清暑殿赋》，描写园内假山、茅堂、湖池、长桥、曲室、流杯渠。其赋今存，有“列乔桐以蔽日，树长杨以结荫”之句。

废帝刘子业好游华林园，“使妇人裸身相逐，一妇不从，斩之”。刘宋亡。

齐

于景阳楼置大鼓，“应五鼓及三鼓，宫人闻钟声，早起庄饰”。

常聚宴，觥筹交错，丝竹歌舞，群臣献技。经久不散。

东昏侯萧宝卷将阅武堂改芳乐苑。“与六宫于华光殿立军垒，以金玉为铠仗，亲临阵战”，还做出自己负伤的样子。

在苑中“立店肆，模大市。日游市中，杂所货物，与宫人阉竖共为裨贩”，还让宠姬潘妃当市令，自己当秘书，听候潘妃处罚。齐亡。

梁

梁武帝于天渊池造编鱼舟，形阔而短，常泛此舟与群臣吟诗作赋。

《六朝事迹编类》载，天渊池架石引水，为流杯修禊之所。

不只曲水流觞，三月三，上巳，华林园举行了盛大的庆典。空阔的草地，搭上了帷宫、帐殿，陈大射之礼。钟鼓震地，马逐尘飞。大文人庾信写了《三月三日华林园马射赋》，其中有“落花与芝盖同飞，杨柳共春旗一色”之妙句，后来被王勃在《滕王阁序》中抄去了。

梁武帝在灵曜殿编集佛经，谈佛修行，于华光殿设救苦斋。在景阳山筑重云殿，立观测天象之铜仪。登殿需绕阶道九转，足见高雄。重云殿为双层殿，下殿称兴光殿，两侧有崇楼两座，一曰朝日楼，一曰明月楼。

侯景篡立，园内荒草丛生。侯景尝匹马入园，弹鸟射兽，夕阳犹照。梁亡。

陈

陈后主骄奢淫逸。国犹疲弱，建康待举，仍于华林园大兴土木。

584 年，于光照殿前起临春、结绮、望仙三阁。高数丈，并数十间。以沉香木为之，饰金玉，间以珠翠，外施珠帘，有宝床宝帐，瑰奇珍丽，近古未有。每微风至，香飘数里。陈后主与宠妃宫女在园内淫乐终日，创作《玉树后庭花》诸多亡国之音。

《南史》载：“隋克台城，陈后主与张丽华、孔贵嫔俱入井，隋军出之。”

又载：“其井有石栏，上多题字，旧传云，栏有石脉，以帛拭之，作胭脂痕。”

六朝不存，建林园里，残阳如旧，红若胭脂。

陈亡。六朝亡。

名士

只有魏晋六朝才会有这样令人目瞪口呆的风景。

丧礼正在举行，一家人伤痛欲绝。突然闯进十几条汉子，前来吊丧，一个个披头散发、赤身裸体，围着守灵的长者转了三圈，扬长而去。裸奔吊丧的领头人叫王忱，竟然是守灵长者的女婿。这还不算，王忱的身份是政府官员，做过荆州刺史，官职相当于现在的一省之长。

更为惊世骇俗的是，秣陵豪族、大司马东阁祭酒纪瞻举行家宴，宾客为高官雅士，席间令宠妾歌舞助兴。尚书左仆射（相当于现在的国务院副总理）周颛看着看着就脱衣服，然后光着身子往上扑，被周围的人死死按住，才作罢。

王忱、周颛都是同刘伶一个级别的酒徒。王忱三日不饮，便觉形神不复相亲，常一饮连月不醒。周颛常叹饮酒无对手，一日来了北方酒友，搬出二石酒对喝，大醉。周颛酒醒，才知酒友已经醉死。

问题是，当时的名士不仅沉溺于酒，还服一种兴奋剂，叫五石散。服药之风和晚清吸鸦片、现代人抽烟一样普遍。这种毒药，王忱、周颛服，魏晋一些皇帝服，王羲之、王献之及当年的名士都服。

五石是丹砂、雄黄、石英等石头，不同配方，选用石头略有不同，再掺以其他药物，称五石散。据何晏说，“服之非惟治病，亦觉神明开朗”。王羲之的感觉是：“服足下五色石膏散，身轻，行动如飞也。”

王羲之的书法成就与五石散关联终生。《晋书》载他“又与道士许迈，共修服食。采药石不远千里，遍游东中诸郡，穷诸山水，泛沧海。叹曰，我卒当以乐死”。从上述记录来看，五石散多少有点儿致幻作用，这大概没有疑问。

王羲之留于史书的法帖，很多是服药的记录。

《何如帖》，羲之白：不审尊体比复何如？迟复奉告。羲之中冷无赖。寻复白。羲之白。

《右军行记》，追伤切割，心不能自胜，奈何奈何。……信既乏劣，又头痛甚。

《汉魏六朝百三家集》，冬中感怀深，始欲寒。足下常疾何如？不得近问，邑邑。吾故若心痛，不得食，经日甚为虚顿，力及不具，王羲之白。

还有一些记录服药反应，如“烦不得眠”“大吐”“沉滞兼下”等。

服药后虽有精神旺健、神思飘逸的感觉，但把握不好，便会伤及性命。由于浑身发热，必须行走散发，因而，多有人裸体奔走。刘伶裸身，有人笑话，刘伶说：“我以天地为房，房间为衣，你跑到我裤裆做什么？”

不愿裸体，衣服必须宽大，以利散发。又，服药后皮肤易伤，故，衣服宜旧，最好不洗。

这样的衣服，无论温差、气味、油腻程度，都让虱子觉得宜居。于是，六朝的名士除了清谈、醉酒、裸游外，又多了一道风景，扪虱而谈。

354年，桓温入关，王猛往谒。论兴废大事，扪虱而谈，旁若无人。只有在魏晋六朝，虱子才是充满书卷气息的小宠物。在浓烈的体味中，一些小动物在身上爬来爬去，在当年名士看来，这才是和谐的自然之相。

古代名士以扪虱为雅事，嵇康在《与山巨源绝交书》那样宣言似的作品中，就说自己“性复多虱，把搔无已”。阮籍的文章也谈到虱子。

虱子是与人类共生的小动物，只是近代卫生观念与技术的变化，才渐有隔离。六朝前后，连皇帝也不例外，宋徽宗被金人掳至五围城，给大臣写信，“朕身上生虫，形如琵琶”，他的父亲宋神宗在听宰相王安石汇报时，看见一只虱子从宰相衣领爬出，然后爬上胡须。有人以此笑话，说该虱“曾经御览”。

《坚瓠集》记录，一清客与妓女对座，清客将虱子扔入口中，嚼如豆响。妓女也从身上摸出一只，扔入熏香炉里，爆响。清客说，熟了。妓女说，比生的味美。

后人金圣叹说，把身上的虱子啪地捏死，是天下一大乐事。中世纪的欧洲视虱子为上帝的珍珠，也认为，爬满这些小动物是圣人不可或缺的记号。这是题外话。当我们回想六朝建康的市景时，应该知道，虱子与当年生活的关联。几乎全世界的人类聚居之地，包括建康的坊间乡里，都有一个共同的取乐方式，冬天，在火堆前脱下衣服，朝火狠狠一抖，于是，噼噼啪啪，声响如炮仗。

我们还能从史书以及《世说新语》读到一千多年前的南京人，

行为举止的磊落与率真。

桓公北征，经金城，见前为琅邪时种柳，皆已十围，慨然曰，木犹如此，人何以堪！攀枝执条，泫然流泪。

桓宣武平蜀，以李势妹为妾，甚有宠，常著斋后。主（桓妻南康长公主）始不知，既闻，与数十婢拔白刃袭之。正值李梳头，发委藉地，肤色玉曜，不为动容。徐曰，国破家亡，无心至此，今日若能见杀，乃是本怀。主惭而退。

（《妒记》：主于是掷刀前抱之，曰，阿子，我见汝亦怜，何况老奴。遂善之。）

“顾彦先平生好琴，及丧，家人常以琴置灵床上。张季鹰往哭之，不胜其恸，遂径上床，鼓琴，作数曲竟，抚琴曰：‘顾彦先颇复赏此不？’因又大恸，遂不执孝子手而出。”这个张季鹰，就是为了吃家乡的鲈鱼，连官位都不要的那位。

魏晋六朝几百年乱世，是肉体最痛苦，命运最无常的时代。秩序大解体，礼法大崩溃，也给行为的狂放、思想的自由留出了巨大的空间。醉酒、清谈、裸游、扪虱，不过是肉体在乱世之火煎熬下的绝望挣扎；他们寻求的，是精神的出路与解脱。

继春秋战国百家争鸣之后，魏晋六朝为中国人留下一笔巨大的精神遗产。春秋战国思辨是哲学的，魏晋六朝思辨是美学的。

天地有大美而不言

永和九年（353 年）三月三日，这肯定是一个非常重要的日子。相比之下，六朝更迭又算什么呢？那一天，惠风和畅，阳光温暖，山青树绿，曲水流觞，一些有钱有闲的名人雅士聚会于会稽兰亭，大家饮酒赋诗，玩得高兴。忽然发现，这样的好时光转眼就要过去，宇宙如此之大，而人生是如此短暂，不免悲从心来。

人活着，到底有什么意义？这不只是那些偏安一隅的名士面临的问题。

三百多年的乱世，连皇帝也没有什么安全感，骨肉相残，篡位弑君，皇帝换了四十多个。百姓更是命如草芥，在频繁的战祸中被践踏收割。生命朝不知夕，如此无常，以至佛教在中国的北方、南方得到空前的传播与发展。

寻求成仙或寄望转世固然是一种心灵慰藉，人类的灵魂是不是还有另外的安放之处呢？

有的。六朝人在苦苦摸索中，似乎这样感觉。

人生于天地之间。而天地万物，各具姿态，在时光气象的变幻，在宇宙天体的运行中精彩纷呈。只可意会，无法言说。即便是一片树叶、一块顽石，都随四季变换，光照日影，晨雾暮岚而姿态万千，色彩流动，温润可触。这就是天地宇宙之大美。

一个人生活的好坏，品位的高低，除了肉身的感受，还有心灵对身边美意的感知。而对这种美意感悟的深浅，是人生永无止境的修行。

人类的一切艺术、文学以及精神成果，都是审美修行的心得。广义地说，艺术即宗教。

六朝的园林、书法、绘画、田园山水诗文，为后人做了一次具有开创意义的修行示范。

书　法

一代一代，多少人写字。悲哀的是，这些字，通通不过是对六朝书法的摹写。一千八百年来，几人能与二王比肩？这简直是建康乌衣巷的奇迹。汉字刚刚定型，纸张也出现不久，王羲之、王献之、王珣一出手，便高峰兀出，令后人头仰帽落。

二王的师傅卫夫人写有《笔阵图》，石破天惊，完全源于天地大美的开示。书法，正是在对天地之美修行参悟后，一个呈现于世人实在的具象与果实。

所谓“心后笔先者，败。意先笔后者，胜”。何谓意？意，天地之大美也。

她讲：

横，如千里阵云，隐隐然其实有形。点，如高山坠石，磕磕然实如崩也。……竖，如万岁枯藤。

全都是对大自然参悟的心得。一横下去，心中有云，不是一般的云，而是层层叠叠、浑厚广阔、奔涌翻腾之云。点如高山坠石，听得见炸裂的声响。竖如万岁枯藤，苍劲，看得见凸凹的纹理。

天地万物，无穷无尽，她何以会把竖与藤联系到一起？而且是枯藤，要长一万年的枯藤。她又说："撇，如陆断犀象。"挥利剑将犀角象牙一刀而断，惊人的利落，果决。

一个具象与另一个具象的对应与联想，那样精妙，如电光石火，瞬间照彻夜空。这只能是内心经历了一次次宗教般的修行与参悟，才可到达的意境。

书法，六朝建康乌衣巷的人，所得的是道；后人的所得，是术。

园　林

到苏州园林，如观流动的山水画展，一步一景，天趣盎然。这正是六朝建康造园艺术的流觞。

秦汉宫苑，巍峨高耸，"惟帝王之神丽，惧尊卑之不殊"。要么逞威摆阔，饰金银珠玉，置名花异兽；要么求仙，造瑶池，设蓬莱。只是到了六朝，才一改故态，崇尚自然之趣、之美、之意。将天地造化尽入园中，可拳石为山，斗水为池，明媚天成，步移景易，变幻无穷。人在园中，如读诗，如品画，心园交融。

建康华林园曾有凤凰飞临，野獐出没。而清暑殿则曾生出嘉禾，宋孝武帝等三人写的《华林清暑殿赋》中，提到园中有草庐，其中野趣可以推想。晋简文帝入园，才会说："会心处不必在远，翳然林水，便自有濠濮间想也，觉鸟兽禽鱼自来亲人。"而昭明太子在园中低咏"何必丝与竹，山水有清音"。

绘　画

中国人物山水画的基本风格是魏晋六朝奠定的，观赏顾恺之等人的画作，不难得出这个结论。以形写神，师法自然，都是运用至今的审美原则。

品　藻

既然一切艺术都是审美修行的成果，那么，每个人的参悟，就存在雅俗高低。《诗品》《文心雕龙》《画品》为六朝品评诗文画的专论，《世说新语》则以极简的文字，几笔几画人物跃然纸上。

> 管宁、华歆共园中锄菜。见地有片金，管挥锄与瓦石不异，华捉而掷去之。又尝同席读书，有乘轩冕过门者，宁读书如故，歆废书出观。宁割席分坐，曰：子非吾友也。

仅仅几十个字，写出二人品格高低。

田园诗

“鱼戏新荷动，鸟散余落花。”这样的诗句与唐诗意境已毫无区别了，但山水诗人谢朓、谢灵运所在的六朝与唐人相隔了一个朝代，连二百年后的诗狂李白也说“一生低首谢宣城”。这是建康乌衣巷的又一个奇迹。

山水田园的美意可以抚摸慰藉肉体的苦难，参悟这种美意的过程，能找到内心的愉悦与境界的高远。“采菊东篱下，悠然见南山。”这样平实无华的句子，蕴含了无法言传的情趣。“晨兴理荒秽，带月荷锄归。”“狗吠深巷中，鸡鸣桑树颠。”“山气日夕佳，飞鸟相与还。”“此中有真意，欲辨已忘言。”在这样动人的诗情背后，陶渊明“耕植不能自给，幼稚盈室，瓶无储粟”。他曾有的“草屋八九间”，也因火灾烧毁，一家人只能到别处谋生。他找人借米，连鞋也没有，还是东家把仆人的鞋子脱下给他穿上。

陶渊明家族与建康渊源深厚，陶侃是建康的再造者，陶渊明先后与乌衣巷王家人共事，又在桓玄、刘裕手下做过部属。而他的后人，还在建康坊里街道管过事，就是现在的街道社区主任一类。这都不重要，重要的是，他用他的修行给后人提供了一条活下去的理由。肉体的苦难与奢华之外，还有灵魂的高贵与猥琐。

第六章

隋唐五代

公元 589 年至 960 年

复活

隋灭陈，隋文帝一纸诏书，将建康平荡耕垦。一座城市就这样从地图上抹去了。宫苑焚烧殆尽，都城也夷为平地。六朝古都兴衰旧事顿时没入荒草。

与建康同时被隋文帝下令平荡耕垦的，还有另一个六朝古都邺城。邺城只留下史书上的记载，成为永远的荒丘。而南京，却以它独有的生命力，再次复苏。

记忆无从抹去，历史也无法擦尽。随之而来的隋唐盛世，多少诗人墨客，前来这片故地凭吊感叹。从烟雨朦胧中回望南朝四百八十寺的盛景，从天空翻飞的燕子念想乌衣巷中王谢之家的人来人去。

秦淮河太让人留恋。于是，河里的商船渐渐多了，河边的住家过客日见增加，长干里又有了往日风采。如此三百年过去，至五代之乱，这里又成为一个朝廷——南唐的都城。

阅读地图

苟活在隋朝

《隋书·食货志》说，隋朝数年间，百姓因劳役死亡达三分之二。家家有子弟去边陲参战，分离哭泣之声，响于乡县。老者耕田，不足以解除饥饿，妇女织布，不足以供衣御寒。庭院长满野草，乡村炊烟断绝，人相啖，十之四五。

南京第三次浩劫，平荡耕垦

一切有条不紊地进行。隋军将建康城内所有财宝物资、档案户籍、图书资料，一一装箱。随后，将陈后主连同陈国官吏贵族大户押送到关中与洛阳。史书记载，往北方运送的人员货物，绵延长达五百里之遥。

贞观之治

由此可推算，唐初百姓生活是较为宽裕的。在无大灾的情况下，百亩之田不计复耕，可产米一百五石，而交租仅二石，若为五口之家，余粮是相当丰足的。

闲坐说玄宗

开元后期，唐玄宗把儿子的老婆据为己有，是为杨贵妃。这在帝王之中算不得什么恶行，何况玄宗是动了真情的。但因此荒废朝政，任凭奸佞横行，后果就严重了。

金陵诗事录

问题是，金陵不止于江南的山水韵致。一切并未完结。乌衣巷早已破败，天空翻飞的燕子年年来去，在这里筑巢。它们是否记得，这里曾是王谢两大家族居住了几百年的旧宅？细雨飘落于台城杏花之上，凝成水珠，滴落而下，穿过荒草，最后砸在一块六朝宫城的残破的瓦片上飞溅散开，这不能没有诗的纠结。

吴姬压酒唤客尝

现在，我能断定那是深秋。菊花开了，枫叶红了。如果早起，清晨的瓦楞会看见一层白白的薄霜。但清晨，李白应当还在酣睡。

长干里街景与建康七妙

当年长干里街头，女孩子着装开放，男人则多身着长袍，头戴乌纱。平民百姓粗麻布衣，奴仆婢女着装多为青色。仕人豪族则是紫裘绫罗，望之华美。

从黄巢之乱到金陵重建

唐诗人韦庄，从北方逃难至南方，是极少存活者之一，他有许多诗记载途中惨景，其中一首为：『朝见西来为过客，暮看东去作浮尸。绿杨千里无飞鸟，日落空投旧店基。』他时常躲避在空无一人的荒宅里。

公廨钱，政商之害

公廨钱是隋唐两朝开创权力转换金钱的恶例，从而生出众多权钱之间的潜规则、潜手段。唐朝以后公廨钱逐渐取消，但权钱游戏的潜规则、潜手段却保留至今，成为中国文化中的一大糟粕。

三千里地山河

身穿布衣，脚穿草鞋，住的官殿简陋，用具是铁制的，没有金装银饰，蚊帐是麻布做的。讨厌打仗，喜欢收集图书，开办学校，这就是陆游眼中的开国皇帝李昪。

四十年来家国

李煜生于深宫，长于妇人之手。除了醉心文学更醉心声色，既无治国之志，又无治国之能。让这样一个兵戈不识的花花公子接手一个风雨飘摇的政权，其结果是注定的。

金陵之城

南唐的金陵城，东、北两面依然与六朝建康城基址略略相近，而西、南方向却有较大拓展。

宋《江淮异人录》说，天祐末年（904年），有方士钱亮，能卜未来之事，时居金陵杨家。见城西有荒废之地，劝杨家买之。至932年扩金陵城，该地拓入城内，顿成繁华之处。杨家于此建酒肆。

金陵过客李煜之我注

这就是李煜的人生。背后始终有一只巨兽，张开血盆大口追赶。他逃跑的距离是人类的极限，从卑微的乞丐一直跑到至尊的皇上，又从至尊的皇上沦为可怜的乞丐。面色苍白，气喘吁吁。

南京第三次浩劫，平荡耕垦

陈朝都建康，仅历三世，国弱兵疲。隋军已尽袭江北之地，厉兵秣马。陈后主依然建新宫豪苑，极尽奢华，作《玉树后庭花》等诸多亡国之音，配乐歌舞。连处理政务，也将宠妃张丽华抱于膝上。588年三月，隋文帝下诏，历数陈后主二十项罪名，印成传单三十万份，在江南散发。随之，于长江上游、中游、下游屯兵八路，大举伐陈。

589年一月初一，隋军乘陈国欢度春节之际，杨广遣宇文述从六合渡江攻占石头城。大将贺若弼由瓜州（仪征）挥军入江东之地。韩擒虎则领兵于安徽和县夜渡，袭占采石矶。三军兵指建康。

陈军无心恋战，全无有效抵抗。一月二十日，贺若弼军即达建康北掖门，攻至台城。韩擒虎军占领秦淮河南岸石子冈（雨花台）。建康守将任忠请降，打开朱雀门，韩擒虎领五百骑兵长驱直入，兵不血刃，在台城后苑景阳殿边的胭脂井中活捉了陈后主。当夜，贺若弼军也从北掖门进入建康城。城中无战事。

长江上游及陈朝各地军队得知建康已破，后主被俘，纷纷投降。自此，陈朝灭亡。隋一统天下，魏晋六朝长达四百年的分裂割据宣告结束。

总体而言，隋伐陈的整个过程，虽有几场交战，但算不上惨烈，历时也不过两三个月时间，没有给江南百姓带来太大的祸害。

隋伐陈之前经过长久而精心准备，兵强马壮，后勤补给充足。军纪也十分严明，严禁抢劫骚扰百姓，连私自饮酒都要处斩。

陈后主被俘后，立即发布诏书，诏告全国，配合隋军接收，不得抵抗。

陈国亡了，建康城安好如旧，只是换了主人。

一切有条不紊地进行。隋军将建康城内所有财宝物资、档案户籍、图书资料，一一装箱。随后，将陈后主连同陈国官吏贵族大户押送到关中与洛阳。史书记载，往北方运送的人员货物，绵延长达五百里之遥。

但南京城没有因此逃过最大的一劫。一切都是传说中的金陵王气惹的祸。

隋文帝自幼长于寺庙，迷信风水。

580 年，北周大将韦孝宽攻下邺城。邺城位于河南安阳之北，曾为曹魏、后赵、前燕、冉魏、东魏、北齐六朝古都，黄河流域政治、文化、经济中心，长达四百余年之久，盛极一时。

时为北周丞相的隋文帝下令，将全城居民南迁于四十五里之外，放火焚烧，大火三月不熄。邺城至此从地图上消失，只留下史书上的一个名词。

589 年，建康归为隋朝版图。隋文帝没有采用秦始皇凿断方山龙脉的方法，而是下诏“建康城邑宫室，平荡耕垦”。

隋军依诏毁城墙，烧浮航，将都城、宫苑、官府、军营，连同丹阳郡城夷为平地，改作农田。610年，隋炀帝修建沟通南方北方的大运河时，下诏运河由余杭至京口，有意绕开了南京。并废除秦淮河至太湖的水道破冈渎，切断了建康与太湖平原的联系。

隋废丹阳郡，置蒋州，治所设于石头城。将建康、秣陵、同夏、江乘、丹阳、湖熟并入江宁县。又废淮南侨郡，并入当涂县。当涂、江宁二县隶属蒋州。蒋州领三县，共两万四千余户，十多万人。与六朝建康鼎盛时期相比，人口只剩下十分之一。

唐人张读的《宣室志》载：

有老僧至建康，所见宫室尽毁，台城牢落，荆榛蔽路。景阳结绮，空基尚存，衣冠文物，阒无所睹。

刘禹锡有诗：

《台 城》

台城六代竞豪华，
结绮临春事最奢。
万户千门成野草，
只缘一曲《后庭花》。

南京考古发掘直至今日，很少发现六朝地面建筑，连六朝皇宫的具体位置尚无确考。

但南京不是郢城。无论历经多少苦难，仍将浴火重生。这也是一座城市的宿命。

苟活在隋朝

一个在六朝时出生于建康的孩子，不需要活得太长，就能亲历整个隋朝兴亡，见证大唐盛世的开始。

从门缝向外张望，可见隋朝的骑兵驰过，留下马蹄敲打地面的声响，列队士兵步伐匆匆，人声嘈杂，都是听不懂的北方口音。他们军纪严明，无人侵扰百姓，胆大的居民，便出门端茶送水，以示欢迎。

队伍源源开来，没有交战。整个建康城，刀兵林立，车错马嘶。作为俘虏，陈朝的皇帝、百官在士兵押送护卫下，列队前往码头，登船渡过长江，然后去往遥远的关中。

建康城内城外的达官贵族也被举家押送至北方。当然也有背井离乡的哭号，但也有庆幸，隋军没有掳掠财产，欺凌妇女。

所有可用的物品，宫廷的财宝珍玩，官府的档案户籍图书，贵族之家的金银细软、日常用具，都一一装箱，送往北方。连朱雀门的铜雀木梁也被拆走。官道之上车来车往，长江之中樯桅林立，往返争渡。

一些抗争或者公然表示不满的陈朝官员被当街问斩示众，引发尚留建康的市民围观。

当建康城的可用之物搬运拆毁一空时，新政府告示建康百姓后撤远离，并做了必要的安置。随之，建康城燃起大火，秦淮河上几十座浮航也有隋军士兵点火焚烧，丹阳郡城也未幸免，火光冲天，数日不熄。

新皇帝的命令已诏告百姓，要将建康“平荡耕垦”。建康城四百年的繁华就这样，被一场大火烧得面目无存。

时值589年春天，万物复苏。大火多日后，几场春雨，建康四处残砖断瓦中纷纷冒出野草杂树的小芽。旧宅城垣的灰烬是上好的肥料，荒草灌木竞相疯长，生机勃发，很快便荆棘蔽路了。

都城没入无尽的荒草，只有石头城的军垒犹在，连地名也改了，建康唤作蒋州，政府办公机构，就在石头城下。当年数十万居民，逃的逃，死的死，迁的迁，如大潮退尽，整个建康以及城郊广阔地区，只剩下稀稀落落几千户人口，秣陵、江乘、同夏、丹阳等县合并为江宁。建康改称江宁，大概是新朝与百姓的一种企盼，和平安宁才是人类的福祉。

侥幸活下来的还得继续活着。对百姓来说，改朝换代不过是把挂在乡里坊间的旗帜换个颜色，皇帝变个名字而已。户口一样要登记，赋税一样要交，交多交少，全看皇帝如何折腾。

一个生活在建康的平头百姓还能感受到什么变化呢？乡里主管德化教育的三老，告之乡民，新皇帝有诏，无论老幼，都要背诵《五教》，五教就是要“父义，母慈，兄友，弟恭，子孝”。

再就是法律变了，新法称之为《开皇律》，乡里坊间有专人宣讲。听起来，新法对百姓不算太严苛，而且也较以前的法律简明。谋反、不孝、大不敬等十恶为重罪，十恶不赦。以前的肉刑酷法也被废除。刑罚手段主要是笞杖、流放等，死刑也不再有车裂、凌迟等恐怖方式，改为斩、绞。死刑要经过复议，称为“死罪三奏”。

民间不得私藏兵器，连铁叉、搭钩也被归为兵器一类。

邻里之间的交谈有新的限制，593年，隋文帝下诏，“民间有撰集国史，臧否人物，皆令禁绝”。一切只能由当权者说了算，不得妄议。以言治罪。

商人不再如六朝时风光，596年，隋文帝下诏，“制工商不得入仕”。

打击较大的是三吴的士族与门阀。新皇帝不再讨好他们，赋税的特权被取消，士族及其奴仆必须与平民百姓一样纳税。选官也不再局限于士族的圈子，改为了科举。

科举不问出身贵贱，通过重重考试，选用官吏。这个制度提供了一条出人头地的路径，改变了中国人的活法。如果不想一辈子种田交税，自隋始，有一条新的出路，读书，应试。交税的就有望成为收税的，光宗耀祖。备考、赶考成了每个中国人知晓的话题、琢磨的心事。书中自有黄金屋，书中自有颜如玉，隋朝之后，这是科举废除之前年年重复的故事。

当然有让人高兴的日子，隋文帝有过几次减免赋税的诏令。但生不如死的日子更多。

605年四月，隋炀帝征发民工二百余万修洛阳沟通黄河、淮水的运河通济渠。

其后，征发百万民工修筑皇帝巡游的千里驰道，百余万民工修筑长城。

608年二月，征发百余万民工修运河至涿郡的永济渠。

611年一月，征发百万民工修京口至余杭运河。

蒋州百姓没有例外，年满十五岁，都被强制劳役，隋炀帝诏令，“如有隐匿者，斩三族”。青壮年离家了，剩下的老人孩子妇女，还要五家抽一，到工地为民工送饭。工地有强壮士兵为监工，手持刑杖，稍有怠慢，即暴打。加之天寒地冻，伤病交加，以致死尸满野。后人韩偓《开河记》载，死者达二百余万。

大运河贯通，沟通海河、黄河、淮河、长江、钱塘江五大水系，皮日休著《汴河铭》评价中肯：“在隋之民，不胜其害。在唐之民，不胜其利。”岂止唐之民，唐后亦然。

隋炀帝在位十四年，在外巡游达十一年之久，为此造龙舟及各类船只万艘。龙舟高达四层，金碧辉煌，宛如皇宫。每次巡游，宫妃、王公贵族随从分乘彩船数千艘，卫士及后勤物资船只数千艘，绵延达二百余里，光拉纤的民工就有八万之多。

611年至614年，隋炀帝三征高句丽，每次发兵百余万，后勤及间接参战人员达数百万之多。为急造战船，令民工昼夜在水中，不得休息，很多人腰上溃烂之处，长满蛆虫，民工死亡近半。

劳师远征，军需消耗巨大，以致内地至东北数千里道路上，民工长期有数十万奔走，昼夜不息。死者相枕，臭秽盈路。

而战场也屡战不力，死者数十万。俘虏于高句丽而沦为奴隶者甚众。多年之后，有中原人到高句丽，“隋人望之哭者，遍于郊野”。

《隋书·食货志》说，隋朝数年间，百姓因劳役死亡达三分之二。家家有子弟去边陲参战，分离哭泣之声，响于乡县。老者耕田，不足以解除饥饿，妇女织布，不足以供衣御寒。庭院长满野草，乡村炊烟断绝，人相啖，十之四五。

隋炀帝走的是秦始皇的老路，权力傲慢而霸道，视民若草芥，臣畜天下。是故，隋朝仅历二世而亡。

贞观之治

君视民为草芥，民视君为寇仇。616 年七月，隋炀帝再次巡游至江都，民变蜂起，回京无望。史载，隋炀帝拟迁都丹阳（南京）：“上起宫丹阳，将逊于江左。”618 年二月，隋禁军将领宇文化及杀隋炀帝，迁都遂成泡影。

隋末群雄逐鹿，丹阳先为乐伯通割据，后为杜伏威占领。李唐统一北方后，杜伏威归顺唐朝，并自为人质，居住长安。江淮军随后为辅公祏控制。

623 年七月，辅公祏兵变称帝，国号宋。定都丹阳，在陈宫旧址重修宫室，用作皇宫。

624 年三月，辅公祏皇位尚未坐热，李孝恭、李靖率唐军直指丹阳。辅公祏兵败被擒，随之被处死。隋末动乱遂平，唐一统天下。

中国历史很长，长达几千年之久。中国历史很短，短到只要了解一个朝代，就了解到中国的全部历史。通读中国历史的人都会感慨，一个朝代的变乱兴治，基本就是各个朝代变乱兴治的重复。而百姓的生活，几千年也没有太多的改变。但每个朝代依然各有故事。

前有载舟覆舟之鉴，开国统治者的私欲都会大为收敛。太宗李世民对宫室力求俭朴，说“昔汉文帝将起露台，而惜十家之产。朕德不逮于汉帝，而所费过之，岂为人父母之道也”。上行下效，唐初年，高官大多“宅弊陋”或“宅卑湿，无帷帐之饰”。

百姓则迎来难得的宽松。赖以活命的土地重新分配，一夫一妇可分得一百亩，二十亩为永久私产，八十亩到死后由政府回收。老弱残疾，授田四十亩，寡妇三十亩，改嫁则增加二十亩为永业田。有的地方人多地少，有的地方人少地多，故分为宽乡、狭乡，土地分配略有区别，政府鼓励狭乡居民向宽乡迁移。

北周时，田租每丁五石，隋减至三石，唐代则是罕见的轻徭薄赋，每丁仅交“租二石，绢二丈，棉三两”，劳役每年二十天，较之隋朝三十天也轻了许多，五十岁免征。若不愿服劳役，交纳三尺绢，即减免劳役一天。

唐依隋制，设义仓，每亩收税二升。义仓设于本县本乡，取之于民用之于民，以备荒年。

凡遇天灾，即减租；歉收十分之四，免租；歉收十分之六，免租调；歉收十分之七，租调庸全免。

南方少数民族地区，上户一石二斗，下户仅六斗。而蕃胡入籍者，上户税钱十文，下户免之。上户输羊二口，下户三户一口。

经商不再受到歧视，商人也可通过科举入仕，宽乡还可分配一定的土地。盐、茶、酒也不另征赋税。

由此可推算，唐初百姓生活是较为宽裕的。在无大灾的情况下，百亩之田不计复耕，可产米一百五石，而交租仅二石，若为五口之家，余粮是相当丰足的。

如果是帮工，工钱收入是多少呢？《唐律疏议》透露了一些消息。其中提及政府招募民工“一人一日绢三尺”。绢一尺时价约五钱，即一日工资为十五钱，综合同时物价，也足以维持五口之家的生活。

这是贞观之治时期全国的大致情况，北方、南方也会有地区差别，丹阳（南京）地区属江南富庶之地，居民生活水准应略好于其他地区。

《唐书·食货志》载：

> 至四年（即贞观四年），米斗四五钱，外户不闭者数月，马牛被野，人行数千里不赍（携带）粮。

《贞观政要》则说“由是二十年间，风俗简朴，衣无锦绣，财帛富饶，无饥寒之弊”。

唐人元结诗曰：

> 《贼退示官吏》
>
> 昔岁逢太平，
> 山林二十年。
> 泉源在庭户，
> 洞壑当门前。
> 井税有常期，
> 日晏犹得眠。

表达的是酒足饭饱，优哉游哉的心境。这不是官吏溢美的记录，而是一名纳税人不经意间的心绪流露。

闲坐说玄宗

唐朝是中国历代封建王朝中最强盛的朝代，那又怎么样呢？只要是家天下的独裁体制，就无法逃出变乱兴治的循环。

太宗之后，弱主治国，以致外戚专权。武则天在位前前后后，都是皇室间杀来杀去，眼花缭乱。其间，徐敬业扬州起兵，讨伐武后，并拟以金陵为据点，与武氏隔江相抗。

徐敬业之叛，三个月即遭平定，但骆宾王写的《为徐敬业讨武曌檄》却是千古美文，成为中华民族的精神遗产。相比之下，那些帝王将相，男人女人的成王败寇则是过眼云烟。

皇室间数年的倾轧，直至唐玄宗发动“唐隆”“先天”两场政变，又是多人人头落地，才得消停。随之迎来“开元之治”。唐朝达到极盛之期。

当时的长安人口达二百多万，面积七十多平方公里，大于今天的北京，为世界超级大都市，一派万国来朝的景象。

罗马、印度、阿拉伯、日本、朝鲜甚至非洲的胡贾番客纷至沓来，开店、定居、谋生。各种肤色的面孔，不仅出现在长安，还出现在扬州、广州、金陵多地。许多酒店，都有胡姬的身影，李白“笑入胡姬酒肆中”“挥鞭直就胡姬饮”“胡姬招素手”“双歌二胡姬”，元稹“胡人献女能胡旋”，岑参“胡姬垆头劝君酒”“美人舞如莲花旋，世人有眼应未见”“此曲胡人传入汉，诸客见之惊且叹”。全然一幅天下一家的盛景。

据杜佑《通典》所记：

至（开元）十三年封泰山，米斗至十三文，青齐谷斗至五文。自后天下无贵物，两京米斗不至二十文，面三十二文，绢一匹二百一十文。东至宋（河南商丘）汴（开封），西至岐州（陕西凤翔），夹路列店肆待客，酒馔丰溢。每店皆有驴赁客乘，倏忽数十里，谓之驿驴。南诣荆襄（荆州、襄樊），北至太原、范阳（今北京），西至蜀川（四川）、凉府（甘肃武威），皆有店肆，以供商旅，远适数千里，不持寸刃。

杜甫诗：

《忆昔二首》

忆昔开元全盛日，
小邑犹藏万家室。
稻米流脂粟米白，
公私仓廪俱丰实。
九州道路无豺虎，
远行不劳吉日出。

所谓盛极而衰。玄宗带来开元盛世，也造就了安史之祸。

开元后期，唐玄宗把儿子的老婆据为己有，是为杨贵妃。这在帝王之中算不得什么恶行，何况玄宗是动了真情的。但因此荒废朝政，任凭奸佞横行，后果就严重了。

755 年十二月，唐北方三镇节度使安禄山、史思明以讨伐奸臣杨贵妃哥哥杨国忠为名起兵，把唐朝拖入八年之久的战乱。

丹阳郡也因此结束了数十年的太平。玄宗第十六子李璘拟割据江东称王，756年十二月，由江陵引舟师东巡，顺江而下，江淮大震。吴郡太守李希言遣部将拒之，皆为李璘所败。李璘克丹阳，欲立都于此。757年正月，淮南节度使高适联络各路兵马征讨，李璘弃丹阳南逃，二月兵败而亡。

李璘之乱不足三月，历时甚短。却因李白的参与，史书因而多了分量。

李白当时隐居庐山，被李璘召入幕府。一个文人，忽作经纬天下之想，自比谢安东山再起。他为之作《永王东巡歌十一首》，劝李璘据金陵以图天下，遣舟师泛海直捣安禄山老巢幽燕。

李璘败，李白以“附逆作乱”罪被捕，押解至浔阳。御史中丞宋若思将其释放，并上书肃宗，力荐李白之才。李白为之作《为宋中丞请都金陵表》，盛赞金陵虎踞龙盘之势，永图霸业之地。建议朝廷迁都金陵，未果。

757年，江宁县升置金陵郡。旋改江宁郡，郡治设在冶城东。758年，改江宁郡为昇州，领江宁、句容、溧水、溧阳四县。759年，颜真卿为昇州刺史，充浙西道节度使。

760年十一月，江淮都统刘展作乱，陷昇州。之后，刘展军队纵横江淮，生灵涂炭。朝廷命平卢兵马使田神功联合各路政府军平乱。

761年春，刘展残部皆被剿灭。田神功军队退出江淮地区之前，大掠十余日。《资治通鉴》言：“安史之乱，乱兵不及江淮。至是，其民始罹荼毒矣。”

北方安史之乱也接近尾声，安禄山的儿子安庆绪把安禄山杀了，当了皇帝。史思明把安庆绪杀了，当了皇帝。史思明的义子史朝义又把史思明杀了，当了皇帝。朝廷最后把史朝义灭了。人类一旦进入丛林社会总是比禽兽更为凶残。

763年二月十七日，安史之乱宣告平息，至此，大唐一蹶不振。

“白头宫女在，闲坐说玄宗。”这应该是多少年后的情景，那天一定阳光很好，风也十分轻柔。

吴姬压酒唤客尝

现在，我能断定那是深秋。菊花开了，枫叶红了。如果早起，清晨的瓦楞会看见一层白白的薄霜。但清晨，李白应当还在酣睡。

开元十四年（726 年）秋，李白经扬州第一次抵达金陵。是秋天。史书未载，他的诗歌却透露了消息。“金陵夜寂凉风发，独上高楼望吴越。”这首叫《金陵城西楼月下吟》的诗，是初到金陵，怀念乌衣巷山水诗人谢朓的，一反狂傲不驯的天性，笔意深沉。

那一年，李白才二十五岁，不错，这正是偶作深沉的年龄。深沉只是偶作，呼朋引类、呼啸过市才是二十五岁本来的模样。《旧唐书》载：

> 时侍御史崔宗之谪官金陵，与白诗酒唱和。尝月夜乘舟，自采石达金陵。白衣宫锦袍，于舟中顾瞻笑傲，旁若无人。

关于金陵城西酒楼，《景定建康志》有考证。城西酒楼又名孙楚酒楼，位于覆舟山顶，山高目远，为金陵观景胜地。孙楚，曹魏仕宦子弟，“才澡卓绝，爽而不群”，尝喜登楼于此。故名。

又载，李白玩月城西酒楼达晓，歌吹日晚。乘醉着紫绮裘，乌纱巾，与酒客数人棹歌秦淮，往石头城访崔四侍御，并有诗：

昨玩西城月，青天垂玉钩。
朝沽金陵酒，歌吹孙楚楼。
忽忆绣衣人，乘船往石头。
草裹乌纱巾，倒被紫绮裘。
两岸拍手笑，疑是王子猷。
酒客十数公，崩腾醉中流。
谑浪棹海客，喧呼傲阳侯。
半道逢吴姬，卷帘出揶揄。
我忆君到此，不知狂与羞。
一月一见君，三杯便回桡。
舍舟共连袂，行上南渡桥。
兴发歌绿水，秦客为之摇。
鸡鸣复相招，清宴逸云霄。
赠我数百字，字字凌风飙。
系之衣裘上，相忆每长谣。

够疯了，够闹了，喝得够多了，这一群文艺青年，本身就是金陵的一道风景，引得路人围观拍手。二十五岁，清晨不过是酒醺人乏，一倒酣睡的时光。

初来乍到，李白对金陵充满了新鲜之感，他去台城六朝旧宫凭吊，面对废墟荒草，写下“台倾鳷鹊观，宫没凤凰楼。别殿悲清暑，芳园罢乐游”。又“朝别朱雀门，暮栖白鹭洲”，几乎游遍玄武湖、落星岗、新亭、白下亭的每一处金陵名胜，先后在金陵写有诗歌七十多首。金陵吴歌清新自然，毫无矫饰的风格，给他很大的触动，他吸收吴歌营养，写下《长干行》《杨叛儿》《越女词》《子夜吴歌四首》，诗歌面貌为之一新。

天宝六年（747 年）至天宝九年（750 年），李白再居金陵，此时已是知天命的年龄了。这个在皇宫翘脚让高力士脱靴子的放肆之徒，永远不会老去。只要月亮与酒如影随形，岁月对他便再也无可奈何。

“风吹柳花满店香，吴姬压酒唤客尝。金陵子弟来相送，欲行不行各尽觞。”在《醉后赠从甥高镇》诗中，“匣中盘剑装鲒鱼，闲在腰间未用渠。且将换酒与君醉，醉归托宿吴专诸”，他不只把宝剑换了酒，还把紫衣裘换了酒。醉了，还要找刺客专诸，内心依然豪气干云。

狂歌纵酒只是表象，李白内心始终藏有安邦治国的冲动。这期间，最能窥见他心迹的是《金陵三首》。

晋家南渡日，此地旧长安。
地即帝王宅，山为龙虎盘。
金陵空壮观，天堑净波澜。
醉客回桡去，吴歌且自欢。

地拥金陵势，城回江水流。
当时百万户，夹道起朱楼。
亡国生春草，王宫没古丘。
空余后湖月，波上对瀛州。

六代兴亡国，三杯为尔歌。
苑方秦地少，山似洛阳多。
古殿吴花草，深宫晋绮罗。
并随人事灭，东逝与沧波。

这三首诗不是简单地摹写金陵，或是感叹兴亡，凭吊怀古，而是把金陵作新王都之想。几年之后，他给肃宗写下《请都金陵表》，主张把唐朝的首都迁至金陵。

756年，李白自比谢安东山再起，加入李璘幕府。李璘兵败，李白被朝廷以“附逆”罪流放贵州，中途获赦，写下“朝辞白帝彩云间，千里江陵一日还。两岸猿声啼不住，轻舟已过万重山”这流传千古的诗句，表达脱离囚笼的畅快之情，看不到丝毫悲怆。

761年，李白已年过花甲。在金陵依靠当涂县令族叔李阳冰，以及朋友的赊济度日。

他在《献从叔当涂宰阳冰》一诗中说：

赠微所费广，
斗水浇长鲸。
弹剑歌苦寒，
严风起前楹。
月衔天门晓，
霜落牛渚清。
长叹即归路，
临川空屏营。

他人的馈赠对我来说，只是一杯水浇在巨大的鲸鱼身上。寒风把堂前的柱子吹得呼呼作响，我弹起宝剑诉说心中的痛苦。天快亮了，天气是如此清冷，回家去吧，面对滚滚而逝的长江，我如此彷徨不决。

彷徨只是短暂的一瞬，李白从来不曾老去。这一年，六十一岁的他，选择披甲从军。《闻李太尉大举秦兵百万出征东南，懦夫请缨，冀申一割之用，半道病还，留别金陵崔侍御十九韵》中说："愿雪会稽耻，将期报恩荣。""半道谢病还，无因东南征。""天夺壮士心，长吁别吴京。"

762 年十一月，李白病逝，写有《临终歌》。

"大鹏飞兮振八裔，中天摧兮力不济。余风激兮万世，游扶桑兮挂左袂。后人得之传此，仲尼亡兮谁为出涕。"依然是二十五岁，初来金陵那样豪气。

金陵百姓传说，李白见秦淮河中圆月如璧，遂从淮清桥跳下，捉月而死。

这更像一个诗人的死法。有时候，传说比史书记载显得还要真实。

金陵诗事录

显然，这是一座蕴藏有太多诗意的城市。听见细雨中鱼儿跃出水面的声响，头上有燕子在微风中斜飞而过，沾衣欲湿杏花雨，吹面不寒杨柳风。对于长期活跃在北方舞台的先民，这是多么不同而又奇特的感受。

北方不是这样的。长安、洛阳、邺城背景是大漠孤烟的苍凉。

问题是，金陵不止于江南的山水韵致。一切并未完结。乌衣巷早已破败，天空翻飞的燕子年年来去，在这里筑巢。它们是否记得，这里曾是王谢两大家族居住了几百年的旧宅？细雨飘落于台城杏花之上，凝成水珠，滴落而下，穿过荒草，最后砸在一块六朝宫城的残破的瓦片上飞溅散开，这不能没有诗的纠结。

杜　甫

开元十九年（731 年），杜甫二十岁，曾于吴越居留两年，并在金陵结交了几位终生好友，后因赶考，返回长安。奇怪的是，游历期间，他没有诗作，到晚年，对吴越旧事竟久不释怀。

大历元年（766年），杜甫已年届五十五岁，卧病于四川夔州。大概预感于人世不会太久，他作《壮游》诗，回忆一生难忘片段，对金陵乌衣巷所居的王谢家族，还有吴越姑娘白皙的皮肤记忆深刻。

当时，有一名准备去扬州一带做生意的胡商前来辞别。尚在病中的杜甫详细询问了当地的生活情况，连米价都打听了，打算重去江东。他在《解闷十二首》记录了此事。

商胡离别下扬州，
忆上西陵故驿楼。
为问淮南米贵贱，
老夫乘兴欲东流。

杜甫二十岁居金陵的旧事，都是五十岁后才回忆提及的。诗《送许八拾遗归江宁觐省。甫昔时尝客游此县，于许生处乞瓦棺寺维摩图样志诸篇末》，从题记看，杜甫称许登为许八，可见是相处十分随便的朋友，当年曾一起同游金陵瓦官寺。友谊持续终生。

瓦官寺内壁画《维摩诘图》，是东晋画家顾恺之的开光之作。为建瓦官寺，僧侣募捐。顾认捐一百万钱，于寺院的白墙做维摩诘像，留下眼睛不画。寺院落成日，顾恺之当众点睛。凡来观画，第一日开见者，布施十万，第二日五万，二日后随例。杜甫当年在许登那里求到的，就是这幅图的临摹品。

杜甫还请许八带诗给金陵的另一位好友。

《因许八奉寄江宁旻上人》

不见旻公三十年，
封书寄与泪潺湲。
旧来好事今能否，
老去新诗谁与传。
棋局动随寻涧竹，
袈裟忆上泛湖船。
闻君话我为官在，
头白昏昏只醉眠。

杜甫与旻上人下棋作诗的地方，有竹林，还有溪水流过，应当依山，这是金陵的哪一座山峰呢？他们还曾湖上泛舟，该会是玄武湖吧？湖水总是那样平缓，那样安静，有如杜甫沉稳拘谨的性格。哪里像李白，从采石矶下船，在长江的风浪中，顺流至秦淮，连衣服也倒着穿，头巾也胡乱裹。一路疯闹，岸边的人观之拍手，邻舟的吴女忍不住撩起窗帘与他们隔船调笑。在金陵，李白把紫绮裘、宝剑都换酒喝了。杜甫不是这样，即便醉倒在地，也是文醉，昏昏睡了，连鼾声都不会很大。想想，杜甫去个地方，还要先问米价，可以肯定，李白这一辈子，从来不知米价多少。看来，性格的差异，不影响“诗仙”“诗圣”的产生。

刘禹锡

金陵诗中，刘禹锡几首堪称上乘之作。

《石头城》

山围故国周遭在，
潮打空城寂寞回。
淮水东边旧时月，
夜深还过女墙来。

《乌衣巷》

朱雀桥边野草花，
乌衣巷口夕阳斜。
旧时王谢堂前燕，
飞入寻常百姓家。

《台　城》

台城六代竞豪华，
结绮临春事最奢。
万户千门成野草，
只缘一曲《后庭花》。

《西塞山怀古》

王濬楼船下益州，
金陵王气黯然收。
千寻铁锁沉江底，
一片降幡出石头。
人世几回伤往事，
山形依旧枕寒流。
今逢四海为家日，
故垒萧萧芦荻秋。

《旧唐书》载：“梦得（刘禹锡字）尝为《西塞山怀古》《金陵怀古》等诗，江南文士称为佳作。”当时同作此题的，有白居易、元稹、韦楚客等。刘禹锡先成，白居易叹赏良久，说：“四人探骊，子先获珠，所余鳞爪何用焉？”他人皆作罢。

有意思的是，作上述诗时，刘禹锡还没有到过金陵。他在《金陵五题》序言中说：“余少为江南客，而未游秣陵，尝有遗恨。后为历阳守，跂而望之。适有客以《金陵五题》相示，逌尔生思，欻然有得。他日友人白乐天掉头苦吟，叹赏良久，且曰《石头》诗云‘潮打空城寂寞回’，吾知后之诗人，不复措词矣。余四咏虽不及此，亦不孤乐天之言耳。”

宝历二年（826年），刘禹锡罢和州刺史。罢归途中，得游金陵。后再作《金陵怀古》诸诗，竟不及未到金陵，跂而望之那几首佳妙。

杜　牧

刘禹锡未到金陵，得好诗。杜牧三到金陵，笔下金陵亦为上乘之作。可见，诗之佳，在心到，不在身到。有跂足而望之情才是要处。

《清　明》

清明时节雨纷纷，
路上行人欲断魂。
借问酒家何处有，
牧童遥指杏花村。

该诗脍炙人口，所作地点未成定案，近据学者考证，且有多处文献载，唐朝金陵城西南，凤凰台附近，有杏花村。村中多植杏树，故名。宋《太平寰宇记》称，江宁杏花村，“相传杜牧沽酒处”。清人《秣陵集》也指金陵杏花村为杜牧沽酒之地。

下面两首名诗，写金陵盛景，地点自然没有疑义。

《江南春》

千里莺啼绿映红，
水村山郭酒旗风。
南朝四百八十寺，
多少楼台烟雨中。

《泊秦淮》

烟笼寒水月笼沙，
夜泊秦淮近酒家。
商女不知亡国恨，
隔江犹唱《后庭花》。

杜牧写了很多有关金陵的诗，其中《杜秋娘诗》，长达一百余行，取材金陵女子杜秋娘一生坎坷命运，是他生平最长的一首。

颜真卿

唐朝著名诗人，如韦庄、王勃、王昌龄、张九龄、白居易、李商隐等，多达数十位，都曾前来金陵吟咏，皆从略。然而，大书法家颜真卿却无从绕过。

肃宗至德元年（756 年），颜真卿为丹阳县令，两年后升任昇州刺史。《景定建康志》列颜真卿为金陵人杰，称其“封于此”“墓于此”“祠于此”。颜真卿任上，曾于秦淮太平桥乌龙潭建放生池，并亲写《天下放生池碑铭》。今南京乌龙潭公园放生庵内，放生池尤在。《天下放生池碑铭》南宋拓本则存浙江省博物馆。

颜真卿在金陵还书有《邹游帖》《与蔡明远书》《送刘太冲序》。这些书帖，笔意纵横，无半点尘俗气，为后世学书人代代摹写。

六朝梁武帝时，金陵曾建有高僧宝志墓塔，宝志为济公的原型，画家张僧繇为宝志绘全身像。到唐朝，画圣吴道子重绘宝志像，李白为之写四十字画赞。颜真卿见过，将李白赞词正楷重誊，时人将吴画、李赞、颜字刻于一碑，史称“三绝”碑。

三绝碑至元代，又加刻赵子昂所写《志公十二时歌》，明初建孝陵，将碑移至灵谷寺内。后损毁。至清乾隆，按原碑刻拓本，重刻一碑，乾隆帝在碑顶题有“净土指南”四字。

现存三绝碑是20世纪30年代，汪精卫政权伪南京市长蔡培依宋拓本再刻的，深得原碑笔意。

“文化大革命”期间大破“四旧”，该碑被红卫兵推倒。因见正面平整而有刻纹，遂抬至自来水龙头边，作搓衣板用。数年下，搓衣无数，除边缘字迹尚存，碑中之字已难以辨认。

改革开放后，一美籍华人见之，拟以重金相购，此碑才复嵌至宝志墓前。

若至南京，此碑尚可得见。因其驳蚀，故有沧桑。

长干里街景与建康七妙

隋唐五代的南京，随着建制的更更改改，有过许多名字，如江宁、丹阳、昇州、白下等，但叫得更多的，还是金陵。而建康之名，却因隋文帝那纸平荡耕垦的诏令，没入荒草农田，渐渐让人忘却了。

到唐朝开元前后，尽管台城旧宫依然荆榛没路，但乌衣巷王谢旧宅的残砖断瓦之上，陆续搬来众多平常百姓之家。

瓦官寺、栖霞寺、灵山寺、宝志塔等诸多寺庙建筑又得以重建，香火日盛。

唐代陆续前来金陵的文人墨客见证了当时的繁华。

秦淮河船来船往，住着好多以船为家的商户。那些停泊在江边码头的船只，船上人还隔船聊天。“君家住何处？”“妾住在横塘。”“停船暂借问，或恐是同乡。”“同是长干人，生小不相识。”

张籍的《贾客乐》写得更详细。“金陵向西贾客多，船中生长乐风波。”说这些商人停船后在船头洒酒祭神，邀一些同行或关系户到船上饮酒，聊各自的见闻与惊险的经历。到晚上，还要数钱算账到深夜。诗中还讲到，很多船上人家，是因为逃避户口管理带来繁重的赋税，才选择漂泊不定的水上生活。

一些船主，年仅十五六岁，就开始远去巴蜀、潇湘的商旅生涯。李白的《长干行》以一个妇人的口吻，记述了他们的快乐与哀愁。

秦淮河岸，商铺住房林立，挨邻接壁，绵延数十里。这里便是金陵最繁华的街市，货物集散之地——长干里。

《越女词五首（其二）》

长干吴儿女，
眉目艳新月。
屐上足如霜，
不著鸦头袜。

李白在人头涌动的长干里看到并定格了当时的街头景象。当年女人的裙子是那样飘逸，而上身的衣衫也十分开放，袒胸露臂，粉嫩的皮肤令人怦然心动。连中规中矩的杜甫，到晚年还想起吴越女孩白皙的肤色。而长干街上的女孩子，更是连袜子也懒得穿，把如霜的白足也露出来，在人群中飘然而过。

对本地居民来说，各种肤色的胡人在街上来去早已司空见惯。有专门的胡店，经营珠宝首饰、香料牙雕之类。也有胡姬开的酒店，善舞的胡姬会为酒客旋舞助兴。杜甫就有胡贾朋友在扬州金陵一带经商。安史之乱后期，朝廷派田神功平定占据金陵的刘展之叛。田神功打败刘展后，放纵士兵在江东大掠十数日。抢劫的目标，主要是富户与商铺。正史记录，他们在抢劫中，光杀害扬州金陵一带的胡人就达数千人之多。

胡人不只在唐朝经商，还有做官的。874 年，溧水县县尉崔致远便来自新罗。崔致远在溧水任职期间，写有长诗《双女坟》，讲述人鬼相恋的故事。《景定建康志》载，这个故事，当时金陵妇孺皆知，并载入韩国古籍。

当年长干里街头，女孩子着装开放，男人则多身着长袍，头戴乌纱。平民百姓粗麻布衣，奴仆婢女着装多为青色。仕人豪族则是紫裘绫罗，望之华美。

街边的店面，穿的、用的、吃的几乎无所不卖，从来自世界各地的首饰香料，到柴米油盐，连扫帚、扇子都有专卖的店铺。

《清异录》记录“建康七妙”，其中有馄饨，小贩沿街叫卖，现包现做，佐以干菜酱料，可作正餐，亦可作美味小吃。还有寒具，就是我们今天吃的馓子。面拉成细条，绕成环状，油炸，酥脆香甜，“一嚼惊动十里人”。

至于正式一点的饮食，就需进餐馆了。饭酒不分家，饭店又称酒家。长干里应是金陵酒家最为集中的地方。

“水村山郭酒旗风”“夜泊秦淮近酒家”“风吹柳花满店香，吴姬压酒唤客尝”“朝沽金陵酒，歌吹孙楚楼”。

当时很多酒家，不仅吃饭喝酒，还是娱乐场所。吴姬陪酒，胡姬起舞，甚至不乏丝竹管弦。有的还兼为妓院，李白金陵诗中有不少是写与妓女游山玩水的。那时候，狎妓是一种平常不过的事，无关道德。

金陵当年产名酒，称作金陵春。李白多次提及。

除了喝酒，主食有些什么呢？米有蒸饭，也是建康七妙中的一妙，其制作想必有特别之处。还有粥，粥在当年称之为馇。《食医心鉴》记有粥的多种做法，原料有白米、粟米、薏米、大麦、小麦等，辅料有蔬菜、肉类、水果、干果等，花样一点也不比现在少，可以盐、糖、酱提味。初唐时，糖称作饧，以麦芽制作。到玄奘取经回来，从天竺带回蔗糖制作工艺，蔗糖便逐步普及，食物也有了更多的味道。

建康七妙中还有饼。古人讲饼，是泛指面食，馒头、包子皆以饼称，连馓子也是饼。饼有蒸饼、煎饼、汤饼。最流行的是胡饼。胡饼是佐以芝麻的烤饼，煎饼与时下做法无异，汤饼指面片一类东西。

蔬菜有韭菜、葍头、茄子、秋葵等，这个秋葵，不是当今吃的秋葵，而是冬苋菜。菌类是人类最早的食物之一，唐代餐桌上自然也有。

至于调料，葱姜蒜、醋、豆豉、酱料、花椒、胡椒、陈皮、桂皮皆已用作烹饪，唯独没有辣椒。辣椒还要很多年才传入中国。

唐人的肉食，主要是羊，牛是禁止屠宰的。其次是猪、狗、鸡鸭鹅。民间有专业猎户，野味也时常可以买到。

《太平广记》讲了一则羊肉的做法，先杀鹅，煺毛开膛去内脏，塞入调好料的糯米和猪肉，缝合。再宰羊，煺毛开膛去内脏，将鹅塞入羊肚，缝合，炙烤至羊熟。鹅羊皆为美味。仅此一例，足见唐人烹饪的讲究。

唐人还有一种吃法，就是刺身。将鲜鱼肉切片，佐以调料生吃，称鱼脍。鲜羊肉切片则称羊脍。鱼脍以鲈鱼为上品。鲤鱼是做鱼脍的主要原料，因皇帝姓李，李鲤同音，鲤鱼在唐朝禁止捕捞。并且禁过几次，可见禁而不止，美味诱人。

刺身由唐代传入日本，在中国反而失传了。

诗人韦庄在金陵酒家一次夜宴后无比感叹："因知海上神仙窟，只似人间富贵家。"

公廨钱，政商之害

唐元和五年（810年），时居长安的左拾遗白居易听到公廨钱引发诸多弊端，便往临近长安的阌乡县监狱察访。狱中关押十多名还不起高利贷的囚犯，这些人的妻儿只能沿街乞讨，所得用来交纳囚粮。其中有人囚禁多年，妻子已经改嫁。还有人老死狱中，儿子顶罪，又被关了进来。

白居易十分伤感，立即写了《奏阌乡县禁囚状》上奏朝廷，还留下一首著名诗歌《伤阌乡县囚》。

秦中岁云暮，大雪满皇州。
雪中退朝者，朱紫尽公侯。
贵有风云兴，富无饥寒忧。
所营唯第宅，所务在追游。
朱轮车马客，红烛歌舞楼。
欢酣促密坐，醉暖脱重裘。
秋官为主人，廷尉居上头。
日中为一乐，夜半不能休。
岂知阌乡狱，中有冻死囚！

阌乡县的情况，其实是终唐一代，全国的普遍现象。丹阳（南京）地区亦是如此。

唐书载，自初唐始，

天下置公廨本钱，以典史主之，收赢十之七。以供佐史以下不赋粟者常食，余为百官俸料。

公廨钱始于隋代，盛于唐代，近似于政府的小金库。政府官员需要薪俸，需要祭祀，需要迎来送往诸多办公费用。隋代的办法，就是通过税收、国库等途径，拿一笔钱给政府各级部门做本，本钱通过经商产生利润，这些利润便可用于政府的各项开支。

这当然是一种简单省事又立竿见影的办法。但权力一旦和金钱联系在一起，诸多邪恶便伴随而至了。

公廨钱带来明显的弊端，多次有人上奏中止。但公廨钱有官商巨大的潜在利益，以致止而复用，终唐一代。

从中央到地方，各级政府部门都有专人对公廨钱管理操作，操作人称官典，又叫捉钱人。官典在民间物色捉钱户，捉钱户再把钱贷给普通百姓。这种利息惊人的高利贷，很少属于自愿，大多强行摊派。

“大率人捉五十贯已下，四十贯已上，任居市肆，恣其贩易，每月纳利四千，一年凡输五万。”就是说官府五万本钱，经捉钱户之手，一年内要翻一番。

公廨钱的数量有多大呢？唐书记载，京兆、河南府有三百八十万之多，而太原等四大都督府则各有二百七十五万。全国最小的州近百万，大县百余万，小县也在四十万上下。从中央到州县，加起来，数量惊人。公廨钱的管理成了官商勾结灰色的肥缺，以致中书省得到皇帝批准，置捉钱人三十人，门下省置二十五人。宦官、御史台也纷纷效仿。

据敦煌出土的唐代档案，政府高利贷之风传及仓廪。正仓、军仓、常平仓也将粮食于春播荒月贷出，秋天谷熟收回，获取暴利。连寺庙也放贷敛财。

与权力结合的生意，才叫大生意。那些捉钱户不仅把自己的私钱，也把官吏的私钱谎称公廨钱，摊派放贷，祸及百姓。

《太平广记》记有一个刘姓捉钱户的故事，当地人叫他刘钥匙。谁家略有家财，便被他盯上，放债与之，积年不问。忽一日，执债券算账，利息相滚，数倍于本钱。致人破产。如同他握有周围人家钱箱钥匙，随时可将箱中钱盗走。还不起钱的，则进了监狱。

开元六年（718年），秘书少监崔沔《议州县官日料钱状》称“顷以州县典史并捉官钱，收利数多，破产者众”。

唐玄宗开元十六年（728年）禁放重利诏，也承认“比来公私举放，取利颇深，有损贫下，事须严革”。但这是一扇以权力换取金钱的方便之门，牵连其中的官吏谁会愿意关上呢？圣旨也挡不住利益的诱惑。禁而不止。

那些捉钱户打着筹集公款的旗号，横行乡里，凭着背后的保护伞，罗织打手，欺凌百姓，逃避犯罪制裁，本钱生利多者还被授予官职。

如此巨大利益的最后承担者，最终只能落到贫苦百姓身上。官商为害如此之烈，白居易的诗才说，官吏们“红烛歌舞楼”“醉暖脱重裘”的背后是“中有冻死囚”。

阌乡一个小县监狱，因高利贷破产而关押者便有十数人之多，丹阳、江宁的百姓也逃不过相同的祸害。

公廨钱是隋唐两朝开创权力转换金钱的恶例，从而生出众多权钱之间的潜规则、潜手段。唐朝以后公廨钱逐渐取消，但权钱游戏的潜规则、潜手段却保留至今，成为中国文化中的一大糟粕。

从黄巢之乱到金陵重建

大唐自安史之乱，裂于藩镇。大批有功的将领被封为节度使，纷纷拥兵自重。《旧唐书》载："郡邑官吏，皆自署置。户板不稽于天府，赋税不入于朝廷。"《资治通鉴》则称："天下户口十亡八九，州县多为藩镇所据，贡赋不入，朝廷府库耗竭。"

国家的本质，就是赋税的占有。藩镇占有赋税，就是变相的国家，割据实际已经开始。

唐朝只剩下苟延残喘的空架子。这个空架子得以支撑近百年，完全依赖包括金陵在内的江南财赋输入。王夫之说："唐终不倾者，东南为之根本也。"

大历十四年（779 年），韩滉被任命为晋州刺史，之后升浙江东西观察使。金陵所在的昇州皆在其制下。韩滉在任期间，安抚百姓，发展生产，江淮经济得到迅速增长。

建中四年（783 年），藩镇作乱，唐德宗逃往梁州，到春天，身上还穿着厚棉袄，无衣可换。官吏士兵更是衣不蔽体。韩滉从运河送去四十四担绫罗及上百艘船粮食。《资治通鉴》载：

时关中兵荒，米斗值钱五百。
及滉米至，减五之四。

之后，韩滉以弓箭手押运，令儿子随船运粮往返长安。

贞元二年（786 年）三月，关中饥荒，韩滉运米三万斛于关中。唐德宗闻之，对太子说："米已至陕，吾父子得救矣。"（见《资治通鉴》）

787 年韩滉病逝，金陵及江东地区又历经李锜之乱，但仅历一月，即平息。总的来说，相对战乱频仍的北方，江南局势较为平稳。

但自唐末黄巢之乱开始，金陵虽避过黄巢流军劫掠，却沦为南方军阀的纷争之地。

中国历代农民战争所致祸乱，要么主要在北方，如陈胜、吴广、李自成，要么在南方，如洪秀全。唯有黄巢的流民队伍，从北方劫掠到南方，又从南方劫掠至北方，连福州、广州也未能幸免。所到之处，无不生灵涂炭。时间长达近十年。他们仅在广州一地，杀害胡商及犹太教、基督教、拜火教、伊斯兰教教徒达十二万人之多，而在包围陈州将近一年的时间里，创造了骇人的食人纪录。由于粮食耗尽，他们用上千巨碓，号称"舂磨寨"，同时开工，日夜不息，将乡民无论男女老幼推入碓中，磨成肉糜，充作军粮。吃人超过三十万，陈州附近十几个州无不祸及，以致数年无人耕种。

唐诗人韦庄，从北方逃难至南方，是极少存活者之一，他有许多诗记载途中惨景，其中一首为：

《汴堤行》

朝见西来为过客，
暮看东去作浮尸。
绿杨千里无飞鸟，
日落空投旧店基。

他时常躲避在空无一人的荒宅里。

黄巢之乱造成全国饥荒，据多种史料记录，粮尽以致人相食的地方有：882 年长安，883 年陈州，886 年江陵，887 年扬州，889 年宣州，894 年彭州，902 年凤翔，906 年沧州。

黄巢之乱前后，金陵先为淮南节度使高骈控制，之后，为张雄踞为大本营，并在台城旧址建府邸。张雄病逝后，冯弘铎继任昇州刺史。后冯弘铎依附杨行密。

杨行密为高骈部属，合肥人，自幼家贫，膂力过人，能举百斤，日行三百里。先后战胜江淮各路枭雄，为江淮节度使。

杨行密为政，提倡节俭，拒绝大兴土木。史载，他曾路过楚州（淮安），当地驻将台蒙宴请奢华。杨行密第二天离开时，特意将自己打补丁的衣服留于卧榻之内。台蒙亲自将衣送还，杨行密对台蒙说："吾兴细微，不敢忘本，君笑我邪？"台蒙大惭。（见《南京通史》）

《新唐书》则说杨行密"能约己省费，不三年，而军雄富"（见《南京通史》）。

杨行密轻徭薄赋，金陵及江淮经济得以迅速增长，而金陵城，也得以修整、扩建。《景定建康志》载，杨行密于天祐二年（905 年）在"大城昇州建大都督府，其子溥改为金陵府治"。为南唐立都金陵做出了重要铺垫。

三千里地山河

中国两千余年家天下的体制，权力交接或王朝易姓，都会经历一个标准程序——腥风血雨。大到生灵涂炭，小到骨肉相残。

杨行密死，旧将徐温杀了杨行密的儿子杨渥，成为吴杨政权实际君主。徐温的养子徐知诰杀徐温诸子，建立南唐。

南唐开国之君徐知诰，原名李昪。

李昪六岁时父亲死于战乱，不久，母死，流浪濠州。同年，杨行密破濠州，收为养子。李昪不为杨家人见容。杨行密交部将徐温代养，取名徐知诰。一次，李昪随徐温出行，徐温因心绪不佳，将其暴打，赶走。但徐温回家，李昪在门前相迎。徐温惊讶，问，你为何还在这里？李昪答，为人子，岂能舍弃父母。父怒则归母。徐温从此喜欢这个孩子。

李昪长大，好读书，善骑射。杨行密曾说，这么多将领后代，没一个比得上李昪的，将来必为人杰。

909 年，徐温为昇州刺史，二十岁的李昪被任命为楼船副使，打造战舰，训练水军。从此与金陵结下不解之缘。

仅三年之后，李昇因战功，升任昇州刺史。《南唐书》载，“时江淮初定，守令皆武夫”，只会打仗。而李昇“招延四方士大夫，倾身下之。虽以节俭自励，而轻财好施，无所爱吝”，“使一大批能人聚于麾下，课农桑，轻徭赋，金陵经济自此得到空前发展”。

有了良好的经济基础，金陵城也开始大规模重建。914年，“始城昇州，十四年（917年）五月，城成，（徐）温来观，喜其制度壮丽。徙治焉”。就是说，徐温把办公地点从扬州搬到金陵，遥控扬州及全国政事。

关于这次重建的规模，《景定建康志》载，徐知诰（李昇）“大城昇州，拓旧址二十里，跨秦淮南北之地尽于城中，北距钟山甚远，而南距雨花，长干诸山甚迫矣”。

918年，李昇平定内乱，控制朝政。宽用刑罚，广揽民心，建延宾亭，礼贤下士。派人深入民间，访贫问苦。凡遇婚丧缺钱的百姓，都予以周济。尽管徐温居金陵遥问朝政，但民心多向李昇。

927年徐温派次子往扬州接管李昇朝权，李昇退镇江西。不久徐温病死，李昇与徐温诸子历经一番权斗，李昇胜出。

南吴三千里地山河，由杨易徐，再易姓，终属李家。

931年，李昇拟扩建金陵为新都，却因金陵大火，作罢。

937年，李昇逼吴主禅位，建齐国，《景定建康志》有记：

立宗庙，社稷，置左右丞相已下，以金陵为西都，广陵（扬州）为东都。

升元三年（939年），李昪废徐知诰名，复名李昪，自称大唐皇室之后，并为唐高祖李渊、唐太宗李世民立庙。奉徐温为义祖，改齐为大唐。定都金陵。

942年，近邻吴越国遭遇天灾，民心大乱。群臣力举征伐，夺取吴越之地。李昪坚拒，说："吾少长军旅，见干戈之为民患甚矣。吾不忍复言兵革，使彼民安，则吾民亦安矣。"又说："徒得尺寸之地，而享天下恶名，吾不愿也。"并派使者前往吴越慰问，送去大量礼物，被大臣讥为"田舍翁"。

李昪对外弭兵，对内薄赋，爱文重教，他自己有诗作见于《全唐诗》《全唐文》，并广收书籍图典，收藏于他治昇州时修建的"建业书房"，又在秦淮河畔立国子监，兴办太学、小学。还在庐山五老峰下白鹿洞置学馆，之后的白鹿洞书院成为中国四大书院之一。李昪为金陵创造的文化氛围，成就了千古词宗李煜，滋养了古今多少文人墨客。

陆游评价说：

帝生长兵间，知民厌乱。在位七年，兵不妄动，境内赖以休息。性节俭，常蹑蒲履，用铁盆盎。暑月，寝殿施青葛帷，左右宫婢裁数人，服饰朴陋。建国始，即金陵怡所为宫，惟加鸱尾，设阑槛而已，终不改作。仁厚恭俭，务在养民，有古贤主之风焉。

身穿布衣，脚穿草鞋，住的宫殿简陋，用具是铁制的，没有金装银饰，蚊帐是麻布做的。讨厌打仗，喜欢收集图书，开办学校，这就是陆游眼中的开国皇帝李昪。

李昪的钦陵，位于南京江宁祖堂山西南麓。1950年，一放牛娃无意中发现。钦陵由曾国藩的后人曾昭燏主持发掘。曾昭燏，才女，顶级考古专家，精书法诗文，有今之李清照之誉，时任南京博物院院长一职。十多年后，曾昭燏在离李昪墓不远的灵谷塔顶纵身一跳，结束了自己的生命。陈寅恪于岭南闻之，有诗：“高才短命人谁惜，白璧青蝇事可嗟。灵谷烦冤应夜哭，天阴雨湿隔天涯。”唏嘘。

钦陵经历代盗掘，所剩文物无几。但墓室保存完好，墓壁雕绘尚在，依然是感知南唐的重要遗物。其墓中室，抬头为七十二星宿，低头则是山川大河，见之幻然。

四十年来家国

南唐立国之初，战乱频仍，百姓四处逃难，土地荒废。李昪即位，遣官检校民田，开仓赈济，下诏“有司计口给食，愿耕植者，授之土田”。又依唐律，修订《昇元删定条》，使法令简明易行。对死刑的认定，“用三覆五奏之法”，比历代律典都慎重。并禁止买卖奴婢，还“出府金以赎民子”。在这样宽松的环境下，“男不失秉耒，女无废机织”，数年间，民富国殷。这一时期，南唐在五代十国中，国力是最强的。

南唐诗人李中的诗描述当时农村景象，“水接海门铺远色，稻连京口发秋香”“极目青青垅麦齐，野塘波阔下凫鹭”。《资治通鉴》则说：“旷土尽辟，桑柘满野，国以富强。”

从李昪、李璟二墓出土的铜、玉、陶、瓷等残片工艺，结合文献记录，可知南唐手工制作的发达。当年纺织业有一种“水天碧”的染色技术，为“建康市中染肆之榜”。（见《五代史书汇编》）

南唐时，笔以诸葛笔最为有名，又名“散卓笔”。墨以李廷珪墨为贵。南唐大臣徐铉称："幼年尝得李墨一挺，长不过尺，细裁如筋，与爱弟共用之。日书不下五千字，凡十年乃尽，磨处边际有刃，可以裁纸。"砚有龙尾砚，取料歙州龙尾溪。纸则有澄心堂纸。其文具之精良，后代不复以见。

到南唐，金陵已恢复六朝时商业繁盛的局面，秦淮河舟船云集，岸边商铺林立。《太平广记》载南唐军吏徐彦成做木材生意，一次获利数十万。而一广陵商人，"以柏木造床，制作甚精，其费二十万。载之建康，卖以求利"。足见生意规模之大。南唐大臣周宗好贩易，每至淮上通商，以市牛马牲口。《五代史书汇编》中说，周宗"将谋渡淮，乃使军中人蒙一羊皮，人执一马，伪为商旅，以渡浮桥而守，继以兵甲，遂入临淮"。足见当年商旅之盛。

南唐不仅与南方、北方割据政权商业往来频繁，而且依然与大食、高句丽、波斯等国保持海外贸易。有欧亚运来的玻璃制品，蔷薇水、龙脑油等多种香料，还进口"猛火油"用于军事。从南唐输出的主要是丝绸、茶叶、瓷器之类。南海考古，先后发现古沉船中大量五代陶瓷。

南唐初期开创的大好局面，到李璟继位十多年间，便逐一断送了。其兴也勃，其衰也忽，这就是家天下无法改变的运行法则。

南唐三个皇帝，都是中国帝王谱系中的异数。李昪戎马一生，却厌用兵戈；身为帝王，却不作天下一统之想。他完全以自己的感受行事，被大臣讥为"田舍郎"。正是这个田舍郎，审时度势，给金陵及南唐百姓带来一段难得宽松的好日子。

李璟志在文学，有"小楼吹彻玉笙寒"等名句传世。李昪几次立他为太子，都被他婉拒。可见他对权力是没有什么欲望的。

一个不想当皇帝的人，还是当了皇帝。国策被身边冯延巳等一批佞臣左右。先是对闽国用兵，虽攻入福建，却损兵折将。破建州，“纵兵大掠，焚宫室庐舍俱尽。是夕寒雨，冻死者相枕，建人失望”（《资治通鉴》）。纵兵大掠是战争中最为恶劣的行为，深为民恨。得了土地，失了人心。李昇当年才说“吾不愿也”。

随后伐楚。败楚之后，又是大掠，“悉收湖南金帛、珍玩、仓粟乃至舟舰亭馆花果之美者，皆徙金陵”，“遣都官郎中杨继勋等收湖南租赋，以赡戍兵。继勋等务为苛刻，湖南人失望”。

李昇死时，国土“东暨衢、婺，南及五岭，西至湖湘，北据长淮，凡三十余州”，“近代僭窃之地，最为强盛”。而国库充盈，仅宫中仓库“凡积兵器缗帛七百余万”。到李璟闽楚两战，疆土大了，国力却已空虚，根本无力应付北方崛起的后周入侵。

958年，李璟向后周称臣求和，自号江南国主，尽献江北之地，自此，后周与金陵仅一江之隔。961年，李璟迁都洪都（南昌），本年，忧病而逝。葬于南京江宁祖堂山，称顺陵。与李昇的钦陵相距仅数十米。

钦顺二陵，尽管规模形制大体相近，但从出土的文物看，材质相去甚远。同样的哀册，钦陵是玉哀册，顺陵则是石哀册。而墓室彩绘雕饰，顺陵已较为简陋，棺室也上无天象星宿，下无山川地理刻纹。足可感知，南唐至李璟时，已国力衰微，仓空财竭了。

李煜生于深宫，长于妇人之手。除了醉心文学更醉心声色，既无治国之志，又无治国之能。让这样一个兵戈不识的花花公子接手一个风雨飘摇的政权，其结果是注定的。

李煜当国十多年，最主要的政绩，是向北方霸道的赵宋讨好，乞怜，送钱。

961年七月二十九日，李煜二十五岁，即位于金陵。

962年三月、六月、十一月，三次遣使贡宋。数目巨大。

963年，宋平荆南，遣使犒师。

十一月，宋改元乾德，遣使贡宋，贺南郊礼。

964年二月，宋太祖母卒，遣使送安葬银一万两，绫绢各万匹。别贡银二万两，金器龙凤茶酒器数百事。

五月，宋文明殿成，贺银万两。

以上仅为李煜继位头三年的记录，赵匡胤的宋朝打了胜仗，死了人，建个房子，过节，都要送钱，动辄上万，这还不包括李璟当年签订的岁贡。此时，江北之地被赵宋占去，海边产盐之地也被赵宋占去，对国弱兵疲的南唐来说，这是多么巨大的负担。南唐是当时中国主要产绫绢之地，李煜竟然窘迫到要找商人买绢纳贡。

他也试图摆脱这种可耻的屈辱，一个手不能缚鸡的书生，与一个满是胸毛的壮汉格斗，除了再次鼻青脸肿，结果还能有什么呢？他只有一个去处，醉生梦死。腐朽。

金陵之城

南唐之都金陵是什么模样呢?

589年,隋文帝灭南陈,把建康夷为平地,种菜。整个建康地区,只剩下几千户农家。

726年,时隔一百多年后,李白第一次到金陵,从他的诗作看,这座城市虽宫殿无存,秦淮两岸却是商铺酒楼林立,寺庙香火日盛,又恢复了昔日繁华。

至五代十国,金陵依然是南方重要的商贸集散之地,南唐建都,更有胡商使节往来于此。

914年,李昪(徐知诰)封检校司徒,即修筑金陵城(当时称昇州城)。三年竣工,徐温喜其壮丽,立大都督府于城中。

932年,李昪拟迁都金陵,拓展城池,城周达二十里。这大致是南唐都城的基本规模。

南唐的金陵城,东、北两面依然与六朝建康城基址略略相近,而西、南方向却有较大拓展。

宋《江淮异人录》说，天祐末年（904 年），有方士钱亮，能卜未来之事，时居金陵杨家。见城西有荒废之地，劝杨家买之。至 932 年扩金陵城，该地拓入城内，顿成繁华之处。杨家于此建酒肆。

陆游《老学庵笔记》称金陵城墙高三丈，墙外壕堑重复，极坚固。“至绍兴间，二百余年，所损不及十分之一”。城墙之上有女墙，可防箭矢，有龟伏楼等瞭望之所。

城外有壕沟相绕。《景定建康志》载，壕深一丈五尺，宽三十丈，北引潮沟，东引青溪，南引秦淮水于其中。

壕沟靠城一边修有矮墙，称羊马墙。羊马墙至城墙脚留有一条二丈宽的空地，和平时可放牧牛羊。临战，攻城之敌需先越壕沟之阻，又需破羊马墙之防线，过羊马墙，则困于城脚狭长之地，守城之兵可以弓矢、滚石倾城而下，有万夫莫开之势。

金陵城有陆门五座，水门三座。《景定建康志》载：

> 由尊贤坊东出曰东门（白下门）。由镇淮桥南出曰南门（中华门）。由武卫桥西出曰西门（汉西门）。由清化市而北曰北门（玄武门）。由武定桥溯秦淮而东曰上水门。由饮虹桥沿秦淮西出折柳亭前曰下水门。由斗门桥西出曰龙光门（水西门）。由崇道桥西出曰栅寨门。

金陵内城，宫城位于城中心之地，“周长四里，二百六十五步”。从东门至西门，有大街横城而过，将金陵分为城南、城北。

北城有北苑，紧邻宫城，为皇家园林。苑内有清辉殿，为李璟所建。李煜即位后又建澄心堂，为藏书、著述、议政之所。又建静德僧寺礼佛。

北苑之北为六朝台城故址，曾建德明宫，尝为李昪都统府治所，亦是李昪故宅。德明宫之北曾有南梁同寿寺，至南唐，略加修建，改为千福院。

北城还有各级府衙，军队驻所。

宫城至都城南门有御道，甚壮阔。御道两侧有御沟。不知是否如六朝御道，御沟边遍植槐柳？沿御道有官署分布，朱雀桥北，御道东侧置学宫，滨秦淮开国子监。南城还有居民住宅、手工作坊、市集、寺庙等。

城西有西苑、庙宇、民居。

城东大街北侧，有太子居所东宫，有尚书省，有高官私宅。

此外，都城内还有南园、城隍庙、昇元寺、太庙等寺院。

都城南门之外，则是以长干里为中心的市集、商埠、民居，为金陵最为繁华之地，也是每年科举放榜之处。

面积约为一平方公里的宫城之外，有护城河。东、西、北三面城壕称护龙河，引接秦淮之水。南面则是连接青溪、运渎的一条水道。河“宽约十二丈”。今人考古发掘后知，护城河两岸以条石砌就，石长近二米。

宫城有朝元门、顺天门、镇国门等诸门。朝元门为南面正门，朝臣出入之地。门外有镇国桥、天津桥、二曲尺桥，跨护城河而过。桥间以宽大的御道相接。

至于宫城之内的宫殿，李昪时尚为简陋。陆游所撰《南唐书》说：“建国始，即金陵怡所为宫，惟加鸱尾，设阑槛而已，终不改作。”蚊帐是麻布的，用具多以铁制，不装金饰银。而宫乐之器，尽满尘埃。

李璟即位，土木大兴。在延英殿后建千春阁，甚壮。又在宫中建百尺楼、绮霞阁。召群臣观之，光禄大夫萧俨说：“恨楼下无井。”李璟问其故，萧俨答：“恨不及（亡国之君陈后主修的）景阳楼。”璟大怒，贬萧俨于舒州。

李煜更是极尽奢华。

在宫中凿池，置神山，号“小蓬莱”。建柔仪殿，为小周后寝宫。《十国春秋》载：

> 后主尝于群花中作亭，幂以红罗押以玳牙……又柔仪殿设玉太古，容华鼎，金罍诸器，皆金玉为之，璀璨夺目，贮后于中。

作红罗亭，四面栽梅花，作艳曲歌之。到春天，令将宫中梁柱、窗壁、阶砌遍插杂花，曰锦洞天。至七夕，必命铺红白罗百匹，以为月宫天河之状。每一点光阴都是如此宝贵，一刻也不能消停。醒来不再有自己容身的世界，一切真实都是噩梦。

还是光禄大夫萧俨，李煜当政时，进宫奏事。李煜正与宫妃弈棋，听奏事时依然心在棋上。萧俨愤将棋盒摔到地上。李煜怒问：“你也想当魏徵？”萧俨答：“我做不了魏徵，今世已没有唐太宗。”

金陵过客李煜之我注

生于七夕　（937 年七月初七）

陆游《南唐书·后主本纪第三》：

后主名煜，字重光。元宗第六子，初名从嘉。……从嘉广颡丰颊骈齿，一目重瞳子。文献太子恶其有奇表。从嘉避祸，惟覃思经籍。

七夕注：

那两颗恒星比地球还古老。织女星的家庭是天琴星座，牛郎星属天鹰星座。牛郎星又叫河鼓二，它旁边的河鼓一与河鼓三，像是它挑着的两个孩子。在夜幕之上，它们明亮，明亮得夺目。之间隔着繁星碎屑铺就的银河。它们是一对夫妻，为什么隔河而居？天上的仙女与凡间的牛郎相好，违背了天帝安排的秩序。

这只是人类的看法。地球上物种多得无法数清，谁知道其他物种有怎样的见解？而地球，不过是茫茫宇宙中，可以忽略不计的一颗尘埃。

一万年前某个无云的夜晚，猿人走出山洞，一抬头，看见了它们。一万年后，无论有云无云，白天黑夜，它们依然在那里。而人类，已经历了数不尽的生生死死。

一切就发生在七夕那个日子。成千上万的喜鹊铺盖了天空，用身体砌成一条美丽的鹊桥，跨越银河。牛郎挑着河鼓一、河鼓三两个孩子，与织女鹊桥相会。

两颗与人类无关的恒星，要变成一个美丽的故事，需要用想象与诗情催化。最古老的《诗经》里有“跂彼织女，终日七襄”“睆彼牵牛，不以服箱”等诗句，到《古诗十九首》，“迢迢牵牛星，皎皎河汉女”，应该说，宇宙间的两颗恒星，渐渐成了地球上人类的牵挂。

李煜生于七夕，这是无可奈何的宿命。天空、宇宙、男人、女人、幻象、诗情，来自造物主的暗示就是这些，与齐家、治国、阳谋、阴谋、残杀无关。

“从嘉避祸，惟覃思经籍”注：

李煜的脸圆圆的，有点像贾宝玉。俊而有憨厚之态。一目有双瞳是异相，与项羽同。项羽怒目金刚，李煜的目光是躲避别人的。他怕。怎么会不怕呢？他的大哥杀了要继承皇位的叔叔，他的父亲又杀了他太想当皇帝的大哥。鲜血淋漓。

他要逃亡，逃到哪里去呢？一切实在都是可怕的，一切虚无又令肉体无所皈依。幸亏，世界还有一些似有似无、似实还虚、似醒似睡的角落。那些角落称之为酒，称之为诗，称之为情，称之为乐舞，称之为书画，称之为欢愉，称之为阅读，称之为冥想，称之为对造物主虔诚的膜拜。

渔　父（937年至961年）

一棹春风一叶舟，
一纶茧缕一轻钩。
花满渚，酒满瓯，
万顷波中得自由。

浪花有意千重雪，
桃李无言一队春。
一壶酒，一竿纶，
世上如侬有几人？

《渔父》注：

此诗题南唐画家卫贤《春江钓叟图》，有宋人见原作并记。诗一般。但明白如画。岸边开满不知名的野花，划一叶扁舟，持一根钓竿，带一壶美酒，春风如女人的纤手，抚过脸颊，任小舟随波摇荡。在微醺中，世间的烦恼与欢愉都不复有，化成最为单纯的等待。等待眼前的鱼竿在细雨微风中猛然一弯。无法预知那一刻何时到来。守望是一种心神不宁的美好。这种守望等待的整个过程，是一种美丽的纠结，纠结成佛的入定，道的意守丹田。

恶行在实在的生活中横冲直撞，善意被剐蹭得伤痕累累。谁不希望到这样的幻象里疗伤。

二十五岁之前的李煜，书画都自成一格，画竹由根至梢，以笔勾勒，时称“铁钩锁”。书法多用颤笔，如寒松霜竹，谓之“金错刀”。大字以卷帛为笔，创“撮襟书”。

登　基（961年，时二十五岁）

陆游《南唐书·李后主本纪第三》：

元宗殂，太
子嗣立于金
陵。更名煜。

登基注：

李煜根本不是什么太子。他的大哥不明不白死了，二哥死了，三哥死了，四哥死了，五哥死了。这真的是宿命。一个懦夫，一个花花公子，一个只知有笔、不知有刀的文弱书生，就这样被扔进了斗兽场，他的对手是狮子。

至　情（961 年至 965 年，一生）

陆游《南唐书·李后主本纪第三》：

居丧哀毁，
几不自胜。

注：

这个毁字不得了。就是说，李煜为父守丧期间，伤心过度，连相貌都变得不成样子。《南唐书》的另一个版本（马令撰）则说，李煜出席父亲葬礼时，形销骨立，要拄着拐杖才能站稳。其时，他才二十五岁。

三年后，大周后死，圆脸丰颊的李煜又瘦成这个样子，亲写祭文，拄着拐杖送别妻子。其时，二十八岁。

人皆有情，然情有深浅。李煜情深，如其词，千古一人。

心有大苍凉者可为诗，心有至情者可为诗。唯卑俗寡情之人不可为。

两面人生　（970 年前，一生）

陆游《南唐书·李后主本纪第三》：

初，金陵台殿
皆设鸱吻。遇
中朝使者至，
则去之，使还
复设。

注：

鸱吻，宫殿屋檐的装饰，避邪之用，帝王之相。赵宋有使者来，李煜赶紧把紫色龙袍脱下，当奴才，使者走，又穿上，当皇帝。屋檐的装饰也如此。

这就是李煜的人生。背后始终有一只巨兽，张开血盆大口追赶。他逃跑的距离是人类的极限，从卑微的乞丐一直跑到至尊的皇上，又从至尊的皇上沦为可怜的乞丐。面色苍白，气喘吁吁。

礼　佛（955 年至 965 年）

马令《南唐书·浮屠传》：

后主与周后『顶僧伽帽，披袈裟，课诵佛经。跪拜顿颡，至为瘤赘』。又为僧尼『亲削厕简，试之以颊。少有芒刺，则再加修治』。

注：

人生是无边的苦海。佛祖啊，超度我吧。这一定是他内心的声音。

瘤赘，老茧。有几个信徒把脑门磕出茧来呢？

厕筹，古人得纸不易，大便后，用作擦屁股的竹片或木片。居然试之以颊。

一切苦难，只与内心有关。无关的是，你在人世间那场大戏里扮演什么角色。不管你是乞丐还是帝王。

七夕豪醉　（965 年后）

《五代史书汇编·五国故事》：

每七夕延巧，必命红白罗百匹，以为月宫天河之状。

注：

何止是七夕，李煜抓住每一个可能的瞬间醉生梦死。每到春天，他令将宫殿的窗壁、阶砌、廊亭满植鲜花，装饰成花的世界，自题“锦洞天”。然后是疯狂地歌舞、疯狂地醉酒、疯狂地吟诗作赋。

《浣溪沙》

红日已高三丈透，
金炉次第添香兽。
红锦地衣随步皱，
佳人舞点金钗溜。
酒恶时拈花蕊嗅，
别殿遥闻箫鼓奏。

《玉楼春》

晚妆初了明肌雪，
春殿嫔娥鱼贯列。
笙箫吹断水云开，
重按霓裳歌遍彻。
临风谁更飘香屑，
醉拍阑干情味切。
归时休放烛花红，
待踏马蹄清夜月。

《一斛珠》

晓妆初过，
沉檀轻注些儿个。
向人微露丁香颗，
一曲清歌，暂引樱桃破。
罗袖裛残殷色可，
杯深旋被香醪涴。
绣床斜凭娇无那，
烂嚼红茸，笑向檀郎唾。

注：

鲜花著锦，烈火烹油。“酒恶嗅花”“醉拍阑干”“烂嚼红茸，笑向檀郎唾”，李煜随手写几个汉字，就摄下一组惊艳千古的老照片。这组照片事关金陵的宫城，事关南唐的国运，事关个人的宿命。事关繁华、奢靡、欢愉、幻象、豪醉、肉欲、暧昧、淫浪、发泄、挥霍。他摄下了宏大的场景，精致的细节。附有声音，听得见当年的浪笑、笙歌、烂醉拍打栏杆的声响。还有味道，闻得见浓烈的腐朽之气，令人迷醉。腐朽，何尝不可以精美绝伦。腐朽才是甜美的致幻剂，令刀剑逐渐锈蚀，美人日见迟暮，一切归为尘土。

李煜从来没有刻意写过诗词，他只是随口和人讲了些见闻和感想。但他随口而出的话，都是绝妙的诗词，明明是诗词，却不见任何雕琢的痕迹。信手几笔，即成佳画，见者挥之不去。又如佳山佳水，明明是天作，竟浑然成人的意匠。

金陵居客李煜的诗词，传诵千年，即使今天小学生读，也无须太多注释。这不能不说是语言运用的一个惊天奇迹。

《菩萨蛮》

花明月暗笼轻雾，
今宵好向郎边去。
刬袜步香阶，
手提金缕鞋。
画堂南畔见，
一向偎人颤。
奴为出来难，
教君恣意怜。

注：

与酒无关，与奢靡无关，与腐朽的气味无关。夜要尽了，却又未尽，月色如晦，朦胧的花朵才会飘浮于薄雾之中。隐隐约约，一个活泼的女孩子，生怕惊了天地的大静，把鞋子提在手上，着一双白袜，轻手轻脚，踏上梧桐疏影的石阶。金陵的这个夜晚，金陵月色中的那个女孩，在李煜的梦呓中，定格成永恒。挂在历史的画廊，走过一代又一代人的目光。无一字写女孩的漂亮，但这是千古第一可爱的女子。女人之大美，在态。“刬袜提鞋”，其态足可牵魂。

独上西楼　（971 年，秋）

陆游《南唐书·李后主本纪第三》：

甲戌岁秋，
国主上表求
从善归国，
不许。

注：

李从善为李煜之弟，前往赵宋朝贡，为宋所扣，李煜多次上表求宋放归。不许。后主尝登楼北望。

《相见欢》

无言独上西楼，月如钩。
寂寞梧桐深院锁清秋。
剪不断，理还乱，是离愁。
别是一般滋味在心头。

《清平乐》

别来春半，
触目柔肠断。
砌下落梅如雪乱，
拂了一身还满。
雁来音信无凭，
路遥归梦难成。
离恨恰如春草，
更行更远还生。

注：

人与人，如此博大的情感，几人曾经体验？如洪水屡积于胸，崩决而下。却又不见滔滔江水，只有波澜不惊的诉说。

梅花如乱雪纷落，你在千年古梅下站立太久，我要为你拂去，却是拂了一身还满。只为一点牵挂，你在那棵梅树之下，如此苦等。

肉袒出城　（975年十一月二十七日）

陆游《南唐书·李后主本纪第三》：

冬十一月，白虹贯天，昼晦。乙丑，城破。

勤政殿学士钟蒨朝服坐于家，乱兵至，举族就死，不去。

国主率司空、知左右内史事等，肉袒降于军门。

注：

他想到过决绝、大丈夫、慷慨赴死这些词汇，放言“他日王师见讨，孤当亲督士卒，背城一战，以存社稷，终不做他国之鬼”。待兵临城下，又令人在宫中堆积柴薪，准备在所藏书画珍籍之中自焚而死。但这样的死法从来就不属于一个懦夫，一个胆小鬼，一个酸书生，一个花花公子。

那些价值连城的文玩被付之一炬，他却依从天性选择了卑微、屈辱、苟活。曾经至尊的帝王，脱光衣服，拜伏于地，接受众目睽睽的肆意践踏。

有时，当一个无耻的懦夫才是气魄宏大的选择。造物主过于吝啬，一首诗动人的叹息，竟然要用一个人最后一点尊严换取。

《破阵子》

四十年来家国，
三千里地山河。
凤阁龙楼连霄汉，
玉树琼枝作烟萝，
几曾识干戈？
一旦归为臣虏，
沈腰潘鬓消磨。
最是仓皇辞庙日，
教坊犹奏别离歌，
垂泪对宫娥。

《相见欢》

林花谢了春红，太匆匆。
无奈朝来寒雨晚来风。
胭脂泪，相留醉，几时重。
自是人生长恨水长东。

《浪淘沙》

窗外雨潺潺，春意阑珊，罗衾不耐五更寒。
梦里不知身是客，一晌贪欢。
独自莫凭栏，无限江山，别时容易见时难。
流水落花春去也，天上人间。

注：

马令的《南唐书》说，在赵宋士兵的押送下，“煜举族冒雨登舟。煜渡中江，望石城，泣下”。

时值严冬，不雪而雨，其凄冷可知。他必定是从舟篷内探身遥望金陵城逐渐变远，变小，变为虚无。一别将成永诀。寒风斜雨，湿透重衣，凉透心底。谁知脸上流的，是雨是泪？

魂归七夕　（978年七月初七）

陆游《南唐书·李后主本纪第三》：

太平兴国三年，
七月辛卯殂。
年四十二。是
日，七夕也。

注：

大宋都城汴梁亦是繁华金粉之地，但那不再是李煜的故乡。一个罪囚，他乡越是奢靡，内心越是苍凉。《十国春秋》《默记》《万历野获编》诸多正史野史言及宋太宗强留小周后于宫中行幸。《默记》说小周后“每一入，辄数日出。必大泣，骂后主。声闻于外”。后主“多婉转避之”。并载，宋人画有《熙陵幸小周后图》传世。此事《南唐书》皆不见载。但载与未载又岂在要紧处？成王败寇，鱼肉刀俎，权力的淫威与傲慢，任何恶行都在情理之中。李煜是否死于宋太宗的牵机毒药也不重要。谁都可以在李煜的诗词里看见点点血痕。如果投毒，那倒可归于善行，岁月正在对他施使凌迟刀割，生不如死。

《虞美人》

春花秋月何时了？
往事知多少。
小楼昨夜又东风，
故国不堪回首月明中。
雕栏玉砌应犹在，
只是朱颜改。
问君能有几多愁？
恰似一江春水向东流。

注：

王国维的《人间词话》言“词至李后主而眼界始大，感慨遂深”，“尼采谓，一切文学，余爱以血书者。后主之词可谓血书者也”。

后主词诚如王国维先生言，如释迦、基督，担荷了人类的罪恶吗？果如此，丢了江山，失却美人，复何愧哉。

李煜留存于世的词，不过六十余首，可确认的，仅三十八首而已。就是这三十余首词，为汉语的运用，创造了一座凄美的高峰，令后人仰头帽落，无不动容。

斗兽场终为废墟，而语言永远不会死去。

他才是千古一帝，征服的，岂止是宋朝。

第七章

宋元

公元960年至1368年

嬗变

开国皇帝的个性与处事方式，往往影响一个朝代的世风。宋太祖在太庙立誓碑，书『不得杀士大夫及上书言事人。子孙有渝此誓者，天必殛之』。通观史书可知，宋朝也有黑暗时期，但相较之下，从大臣到百姓，活得稍稍轻松。宋词的繁荣，是政治宽松的成果。长短句给人的感觉是活泼，不局限于律诗的齐整与庄严。宋代诗词笔下的农民生活，快乐多于哀怨，恰恰在盛唐，诗中更多读到的是农民的辛苦。重农抑商从来都视作立国之本，唯有宋代，经商不受歧视，海外贸易受到鼓励。宋代的国家财政，工商收入一度接近，甚至超过农业税收。这在经济学中，是一个至关重要的指标。一个社会文明的标尺，往往取决于对弱势群体关注的细节。仅仅从南京的史料即可知之，宋朝的城市，已经常设慈幼、养老、病患等福利机构。

阅读地图

一个将军和一座城池

所有战争只有一个目的——杀人。所有冠冕堂皇的兵书、军事著作，都是大规模杀人的技术教程。杀一个人是罪犯，杀千万人是英雄。战争是以斩人首级多少论功行赏的。以厌兵之仁当用武之世，操生杀之权而有不忍之心。古今中外，这样的军事统帅屈指可数。

宋元南京建制沿革

没有一次好的战争，没有一次坏的和平。对一座城市来说，不可能有比这更好的箴言了。

两宋金陵政事录

一个官员为政的好坏，事关百姓的福祉。但旧官场这块土壤，盛产的是奴才、庸官、政客、酷吏，有作为的良臣永远都属意外。

古代福利述略

一个社会是野蛮还是文明，最简单的判别是，它对弱势群体处理的细节。人类为什么要依附于家族、国家这样的团体生存？因为强和弱，永远是一个动态的过程。最原始的愿景应当是，当个人处于弱势时，能够受到团体的关爱。

半山园主王安石

王安石不是常人，连味觉也与常人有异。他吃饭，永远只吃面前的那盘菜，如果把他面前那盘肉换成蔬菜，他以为依然在吃肉。

迁客骚人，多会于此

『迁客骚人，多会于此』是《岳阳楼记》的千古名句，这八个字，用于历朝历代的南京，应当更为贴切。

黄天荡战役前后

黄天荡一役之后，金兵再未大规模深入南宋腹地。但金兵重返建康，纵火焚烧，杀人越货，致使建康一派荒芜，多年未恢复生气。金兵北返后，建康知府叶梦得亲葬城中完整尸体四千多具，残缺尸首有七八万具之多。而青壮年，特别是年轻女子全被掳往金国。

江南贡院与古代选官制度

一次科考，举行三场，每次三天，三场联考，长达九天七夜，颇为恐怖。故号舍为考生答卷兼食宿之所。号舍有上下两层木板，上为书桌，下为座凳，至夜晚，将上面木板移下，用作床铺。因号舍长不过四尺，略相当于现在一米三左右，只能蜷睡，无法展身。九天七夜的考试显然是个不小的体力活。每排号舍末端有粪号，去粪号禁出声，只能举牌向考官示意。牌子两面有字，一面书『入静』，一面书『出恭』。由此，『出恭』即成了上厕所的雅指。

两宋金陵概貌

建康商业繁盛的程度，可从南宋政府茶、盐收入而见一斑。茶、盐一直为南宋政府专卖，其税收在政府总收入中占有很大比重。以乾道六年（1170年）计，临安、镇江、建康三地茶盐岁入总额为二千四百万贯，而建康一地即一千二百万贯，占全国总额的一半。

厓山之后无中国

活字印刷术的发明，堪称人类信息传播手段的一次划时代的革命。印刷技术的突破，所带来的人类认知与生存方式的变化是无从估量的。仅就农业而言，总结实用技术与知识的《蚕书》《禾谱》《农书》等众多书籍得以大量印行，并广为流传。《农书》讲肥料使用，细如用药、搭配、分量、效力，无不言及。《禾谱》则是关于水稻品种的比较与选用了。

蒙古人杀来了

以致哪家孩子哭了，只要讲『鞑子来了』，哭声立即会止。

四等公民

蒙古人用铁骑与战刀赢得了话语权，这个世界将按他们对世界的认知安排新的秩序。元朝把人按种族与地域分为四等，蒙古人地位最高，色目人次之，北方汉人、高句丽人为第三等，南宋地区各族称南人，为最下等。

一个将军和一座城池

所有战争只有一个目的——杀人。所有冠冕堂皇的兵书、军事著作，都是大规模杀人的技术教程。杀一个人是罪犯，杀千万人是英雄。战争是以斩人首级多少论功行赏的。

以厌兵之仁当用武之世，操生杀之权而有不忍之心。古今中外，这样的军事统帅屈指可数。

开宝七年（974 年）十月，宋太祖赵匡胤任曹彬为统帅，联合吴越之军，夹击南唐。

十一月，曹彬率部一路击溃南唐军队，于采石矶搭浮桥，横跨长江。长江水急江宽，至 10 世纪，全球人类尚未有在如此大江上架桥的尝试，无疑，这是桥梁史上的一个奇迹。

随之，部队源源过江，迅速包围金陵。

十二月，南唐都城金陵全面戒严，闭城困守。李煜于宫中念佛诵经，竟不知兵临城下。

975 年三月，李煜令金陵科举放榜，有三十八人中进士。

975年五月，李煜偶上城楼，方知宋军早在城外安营扎寨。

南唐军队不堪一击，宋军久围不打，皆在曹彬尚有厌兵之仁。若南京评历代荣誉市民，曹彬当之无愧。

赵匡胤用曹彬为帅伐南唐，实为南唐百姓之幸，金陵城之幸。

曹彬为宋朝开国元勋，既是皇亲，又是名将。

握重器而怀恻隐之心。

朝廷曾赏赐曹彬一所旧宅，逢雨屋漏如筛，经批准，他的儿子找来工匠准备修治。他断然制止，说，时值冬日，百虫休眠于墙中，天下生灵，大小都是一条生命，此时动工，势必伤及无辜。以致工期拖至春后。

曹彬为官徐州，手下一名年轻小吏犯法，理当杖笞。向来不徇私情的曹彬竟不闻不问，事过一年，曹彬突然下令将小吏杖打几十板。旁人不解，曹彬说，他犯事时，刚结婚，我若重罚，他家新过门的媳妇会被父母视为克夫，遭受冷遇，或有不测。我现在罚他，是法不容情。迟一点处罚并不违律。

从春天至冬天，金陵被围近一年。《南唐书》载："城中斗米万钱，人病足弱，死者相枕藉。"

曹彬围而不打，屡屡劝李煜归降，以图兵不血刃。李煜劝而不降，才不得不动兵戈。

总攻前，曹彬忽然病倒，卧床不起。众将忧惊，前来探望。曹彬说，我的病，不是药能治好的，如果你们想我的病好，需要你们有一份诚心。众人应诺。曹彬说，我要的诚心是，你们在破城之日，不得枉杀一个无辜百姓。又令诸将下跪焚香为誓。誓毕，曹彬这才起床，说："我的病好了。"

"及克金陵，城中安堵如故，百姓如常。"（见《续资治通鉴长编》，朱熹《五朝名臣言行录》）

十一月二十七日，城破。曹彬令军队整装列阵，进入宫城。又以一千甲士，守于宫外，任何人不得擅入，严禁动用宫中之物。

李煜率大臣肉袒拜于宫门，奉表纳降。

受降仪式之后，曹彬对李煜说，你将押至汴京，性命可保，但俸禄不会很多。你现在回宫去，能拿多少财宝，就拿多少财宝，以补日后生活之需。待我令人登记造册，这便是公物，任何人都不能再动了。

李煜回宫，将财物赏赐给了身边官吏下人，国破家亡，自己哪里还有心情在意身外之物。

马令撰《南唐书》载：

煜举族冒雨乘舟，百司官属仅十艘。

煜渡中江，望石城，泣下。自赋诗云：

江南江北旧家乡，三十年来梦一场。

吴苑宫闱今冷落，广陵台殿已荒凉。

云笼远岫愁千片，雨打归舟泪千行。

兄弟四人三百口，不堪闲坐细思量。

城破之后，曹彬下令大搜军营，不得藏匿妇女财物。至胜利回京，曹彬随身所带，仅是图书几册、衣服几件而已。

攻灭南唐之战，是赵宋与吴越军队联合进行的。那些不受曹彬节制的宋军与吴越军队，所到之处，无不烧杀掳抢，远过禽兽。

金陵南城，与长干里相近有瓦官寺。该寺有顾恺之所绘维摩诘像等诸多文物，是金陵著名佛寺。马令撰《南唐书》载，金陵城破，

『升元寺阁崇构，因山为基，高可十丈，平旦阁影半江，梁时为瓦官阁。至南唐，民俗犹因其名。士大夫暨豪民富商之家，美女少妇，避难于其上，迨数百人。越兵举火焚之，哭声动天，一旦而烬』。

南唐战况传至汴京，赵匡胤作流泪状，说："宇县分割，民受其祸。思布声教以抚养之。攻城之际，必有横罹锋刀者，此实可哀也。"遂下诏放免战俘，"出米十万，赈济金陵百姓"，免除赋税两年。

宋元南京建制沿革

对百姓来说，从来没有一次好的战争，也没有一次坏的和平。

改朝换代，亡的是政府，从来没有亡过国家。

李姓的南唐换作赵姓的大宋，除了多经历一场战争的苦难外，南京百姓的日子，不会坏到哪里去，也不会好到哪里去。没有一个帝王会仁慈到不收百姓的赋税。与百姓相关的，仅仅是帝王与官吏品性的好坏，苛刻荒淫的程度。

没有一次好的战争，没有一次坏的和平。对一座城市来说，不可能有比这更好的箴言了。

从全部历史来看，战争带给南京城的劫难，最惨烈的，往往是没有纪律制约的内乱与民变，如苏峻之乱、侯景之乱等。而改朝换代的大规模战争，如西晋灭孙吴，隋灭南陈，宋灭南唐，包括屠杀成性的元朝铁骑，都没有给南京带来毁灭性破坏。隋文帝因迷信风水将南京平荡耕垦，则是战后的特例，毁的是地面建筑，并未伤及居民。

人贱如野草，只要土地稍有湿润，便又从焦土荒原中疯长起来。

两宋期间，南京虽不再是割据政权的国都，但依然是中国南方较为繁华的重镇，曾是宋仁宗的龙兴之地。靖康之变后，又成为南宋建都前，第一任皇帝宋高宗行都之所。

976年，宋军占领江宁府，改江宁府为昇州，辖江宁、句容、上元、溧水、溧阳五县。

北宋依然是中央、州府、县三级政体。但州府之上设“路”，负责供办军需，掌管财赋。昇州为江南路治所，辖苏南、皖南、江西、湖北部分地区，计一府七州数十余县。

1018年，宋真宗赵恒复改昇州为江宁府，并置建康军，为江南东路治所。真宗六皇子赵祯时年九岁，任江宁府尹，并称建康军节度使。随之进封昇王。故江宁府又称昇国。同年九月，赵祯被册封为皇太子。有趣的是，中国最著名的宫斗故事“狸猫换太子”中的太子，就是赵祯。

戏曲故事大致是，真宗的刘妃与李妃双双怀孕，谁生男孩，谁可封后。刘妃串通太监，让接生婆用剥了皮的狸猫换走李妃的孩子。在一连串惊心的阴谋与感人的节义交错中，太子最终继承皇位，并母子相认。

但传说终归是传说。按史书的说法，李妃初入宫，为刘皇后侍儿，陪寝真宗而有娠，大中祥符三年（1010年）四月十四日产男婴，取名受益，后称赵祯。刘皇后无子，遂以己出。

1022年，真宗崩。赵祯登基，年仅十三岁，史称宋仁宗。刘皇后尊为皇太后，李妃仍列先皇嫔妃。1033年，赵祯亲政，李妃与刘皇后先后辞世。赵祯始知实情，为之号恸，亲写诏自责，追尊李妃为皇太后。

仁宗是两宋在位时间较长的皇帝，长达四十余年。其行政宽厚，畏天爱民，为百姓带来近百年安居乐业的日子。仁宗去世，“京师罢市巷哭，数日不绝，虽乞丐与小儿，皆焚纸钱哭于大内之前”。讣告送到辽国，“燕境之人，无远近皆哭”。

江宁为仁宗“龙兴之地”，故与宋之西京、北京并称京府。在江宁任职，地位远高于其他州府。1059年，仁宗以昇国为大国，不再赐封他人。

江宁府治设南唐宫苑，惜乎1048年遭遇大火，烧毁殆尽。后经重建，已不再有昔日规模。

1129年，宋高宗南渡居江宁，诏改江宁府为建康府，建康知府任江南东路行政及军事最高长官，兼行宫留守、兵马都督等职。其府治位于建康行宫东南，南唐御街之西。

1130年，金兵两陷建康，城内居民遭屠杀掳掠殆尽，宫殿民居付之一炬。1132年，南宋政府又开始建康行宫、官衙的重建，居民渐多。

1138年，南宋定都杭州，称临安府，建康府为留都。

北宋南京地区人口，在二十万左右。南宋岳飞收复建康时，南京居民被屠掳殆尽，几乎是一座空城。此后逐渐回升，至景定年间（1260—1264年），人口将近二十五万。

乾道年间（1165—1173年），建康城设置四厢（略近今天市下设区）、二十坊（街道）。四厢分别为右南（西南）厢、右北（西北）厢、左南（东南）厢、左北（东北）厢。每厢设厢管，处理民讼治安。到景定年间，建康府城内四厢所管坊里，增至三十四坊。（见《景定建康志》）宋代的坊里，不再坊市分开，允许民居开店。也不筑围墙，故无夜行管制，出入相对自由。

1275年，蒙古铁骑的马蹄踏响建康城的大街小巷。南宋一百多年偷安的日子到达尽头。

元朝的行政架构，是行省之下设道、路、府、州、县。县下城镇设隅坊，隅即区，相当于宋时的厢，而坊制不变。农村则是乡下设都，都下设社，每社约五十户。

1277年，建康府改名建康路，下辖上元、江宁、句容、溧水四县，以及溧阳州。后溧水升格为州。1329年建康路更名为集庆路，依然辖三县二州。但南京至此又多了一个名字——集庆。

宋元易帜，不止政府名称不同了，大量少数民族也随之迁移过来。蒙古人、色目人分得了乡村的土地，把持了各级政府的权力。

1290年建康路抄籍户口。按南人、北人、种姓、职业分别登记。一经籍定，世代传承，不得擅改。这就是元朝的诸色户计制。

统计结果，建康路四县一州的人口为226464户，1274994人。蒙古人入主汉地，不同于晋及两宋汉人的衣冠南渡，而是北方少数民族的南迁。南京由此成为众多民族融合聚居之地，仅建康内城的色目居民，即有数千之多。

两宋金陵政事录

两宋期间，前后在建康府（前称昇州、江宁府）任知府一职的官员达一百四十余名，至县一级官吏不可胜数。

一个官员为政的好坏，事关百姓的福祉。但旧官场这块土壤，盛产的是奴才、庸官、政客、酷吏，有作为的良臣永远都属意外。

两宋的名臣大多曾在金陵任职。

包　拯（999—1062年）——清官陷阱

包拯是名垂青史的一大清官。《梦溪笔谈》作者沈括与包拯为同一时代人，他记录了一件逸事，耐人寻味。

包拯知开封府时，有人犯罪被告，依律要判杖刑，就是痛打屁股。此人向衙役行贿，衙役收了银子，说："要是别的官员坐堂，你塞点钱，他必定减免你的刑责。但包公审案，你送钱，他必定对你严加重罚。但有一个办法，你过堂时，大呼冤枉，我在旁对你大声呵斥，事情就有转机了。"

待过堂，被告装出一副哀怜之相，衙役凶神恶煞。包公大怒，将衙役一顿饱打，被告无罪开释。

这就是官场里的微妙之处，无论贪官清官，都有陷阱等着他。一个刚正不阿的清官，就这样刚愎自用地错办了一件案子。

包拯的清廉刚直，是见于史书的。他遗言，子弟中发现有贪赃枉法的，立即逐出家门，死了，也要从家族墓地清除。他的儿子到他的孙子，除了几册图书，一生都未留下什么遗产。

中国的百姓，备受官吏盘剥，冤屈太深。于是，他们从史书中把包公的名字借出来，打着包公的旗帜，除暴安良，痛杀贪官，大出了一口恶气。戏剧、评书、话本中的包公高大庄严，脸黑如铁，额有新月，如同恶煞。堂前摆龙头、虎头、狗头三把明晃晃的铡刀，铡皇亲国戚，铡贪官污吏。不铡不足以平心头之恨。

事实上，铡刀这种工具，宋朝还没有出现，元朝之后才见于史书。铡刀大致是游牧民族为切马草而发明的。

正史里的包公不是黑脸，而是白面书生。他的个子很矮，矮到什么程度呢？每次上朝，夹杂在官员中，他只看见墙一样的背脊。皇帝问话，只听见他的声音，看不见他的人影。为此，皇帝下令加长包拯的帽翅，众官怕碰落他的帽子，上朝时都离他远远的。

1056 年，包拯任江宁知府，时间仅几个月而已。他在江宁府为官的状况，可从《梦溪笔谈》那则记录感知一二。

张　咏（946—1015 年）——纸币之父

1009 年，金陵（昇州）大火。火势之猛，史所仅见。城中百姓发现，晴空顿时阴暗，成群飞鸟腾空而起，遮蔽了太阳。随之，一些飞鸟雨点般掉下。“烈焰忽飞，狂风并作，人不及走，目不暇旋。”一顿饭之间，千室俱烬。灾情报至朝廷，皇帝说，有张咏在昇州主事，我放心了。

张咏放款，赈济灾民，安葬死者，斩杀纵火者，迅速恢复城中秩序，开始灾后重建，深受百姓称颂。

张咏又名张乖崖。乖，个性乖张；崖，没有回旋的余地。《玉壶清话》讲张咏一次低首吃馄饨，帽带垂到碗里，反复五回。张咏怒将帽子扔到碗里，说："你吃，你吃。"转身走了。

只能相信一个事实，人与人，是有很大基因差距的。张咏出身贫寒，却有惊人的自制力，规划自己的人生。少年志为豪侠，练就剑术武功，所在之地，无人能敌。十八岁后，弃武从文，买不起书就抄书，没有书案，就天天背靠大树苦读。于太平兴国五年（980年）考取进士，步入官场。

北宋的交子，是世界上最早出现的纸币，在货币史上具有划时代的意义。交子出现在四川的商圈时，四川为官的张咏敏锐地发现其价值，对其加以支持、整顿、调整，指定发行商，使其具有了银行似的经营模式。

交子比英镑的发行早出六百余年，张咏被称为"世界纸币之父"。伦敦英格兰银行的院子里，至今种有一棵英国罕见的中国桑树。因为，交子的用纸，是桑叶制成的。

杨邦乂（1085—1129年）——剖心碑

1129年，杨邦乂为建康通判，副职，文官，无主事之权。

十一月十八日，金将完颜宗弼率军攻建康，守城主帅杜充弃城北逃。户部尚书李棁、沿江都置使陈邦光献城出降，并率官属于城外十里亭迎拜完颜宗弼。

杨邦乂咬破手指，在衣襟血书"宁为赵氏鬼，不作他邦臣"，拒不跪拜，并以衣襟血书凛然示完颜宗弼。

次日，完颜宗弼差人劝降，并“许以旧官”。杨邦乂以头撞向石柱，血流披面。

又次日，完颜宗弼以盛宴待降官李棁、陈邦光，并命人将杨邦乂带上。杨邦乂横眉怒立，李棁、陈邦光愧不敢目视。邦乂斥：“敌至不能抗，更与共宴乐，有何面目见我！”

完颜宗弼亲劝其降，邦乂答：“若女真图中原，天宁久假汝？行磔汝万段，安得污我。”完颜宗弼令人将邦乂剖腹取心。时，邦乂年四十四。

今南京雨花区与江宁区交界处有铁心桥大道，其名即源于此。

邦乂就义，宋真宗下诏立碑建祠。历数百年后，民国政府于1932年重立“宋杨忠襄公剖心碑”。其碑位于雨花台东岗梅山，今尚在。仅几十年间，该碑屡遭破坏，碑文已漫漶不清。

其实，破坏残损何尝不是另一种文字，记录的是破坏残损背后的历史。那段历史，叫“文化大革命”。

赵明诚（1081—1129年）——官品很不如何

1128年，也就是北宋灭亡，南宋立国的第二年。九月，李清照的丈夫赵明诚被任命为江宁知府。很多学者把赵明诚知江宁的时间定为建炎元年，即1127年。但李清照的《金石录后序》写得十分清楚，为建炎戊申（1128年）秋九月。这应是最可采信的记录。

赵明诚是一个十足的仕宦子弟，文玩字画的痴迷者，书卷气四溢的金石大家。他宜于书斋，宜于考据，宜于声色犬马，最不宜的，就是做官。

《建炎以来系年要录》载，赵上任不久，驻扎江宁的禁卫军在统制王亦带领下，准备哗变。江东路转运副使李谟得知消息，报知赵明诚。赵明诚慌了手脚，不知如何应对。李谟在城中设置路障，埋伏士兵。叛军见事露，放火烧了中庆观，随之作鸟兽散。

李谟再报赵明诚，但官府已空，赵明诚竟带着副手，用绳子拴着爬下城墙，逃了。不仅扔下城中百姓，连李清照也扔到城里了。

为官有守土之责，弃城逃命，依律当斩。但此事仅以罢官了结，原因可能是，皇帝当年也是弃城逃命，而且后果恶劣。赵构时居扬州，闻金兵将渡泗水，大惊失色，改换衣服，带了几名随从，抢船渡运河。市民见状，大恐，惊呼“大家（老大）去矣”。宫女太监四散而出，扬州城马嘶人哭，河中船乱相塞。《建炎以来系年要录》载：“军民争门而出，死者不可胜数。”

赵明诚于建炎三年（1129 年）三月被罢官，此事《金石录后序》亦有明确记载。

秦　桧（1090—1155 年）——卖国符号

秦桧祖籍南京，长于南京，葬于南京，并被宋高宗封为建康郡王，算得上是地道的南京人了。他的墓，《景定建康志》说位于牛首山，参见宋人笔记，大致可确定在南京市江宁区牧龙镇一带。此地先后发现秦桧家族墓葬，2007 年，曾发掘出秦桧的继子秦熺及曹氏、郑氏合葬墓。

秦桧、岳飞是中国家喻户晓的人物。一奸一忠，到戏剧，已经脸谱化了。

秦桧早年在南京乡下做教书匠，一生最大的愿望，是有薄田二百亩，终此一生。1115 年中进士，之后为官的名声也不算太坏。

1127 年，秦桧随徽、钦二宗被金兵掳至金国。他在金太宗弟弟完颜昌手下任职，日子过得不差，曾获赏钱万贯、绢万匹。

1130 年随完颜昌攻打淮安，秦桧借机与老婆一道逃往临安。

他何以逃脱？而且，还带着自己的老婆？这段历史，从当朝到后世都备受质疑。

到临安后，秦桧很快得到高宗信任，一度为相。之后遭弹劾。

1138 年，其东山再起，再度为相，权倾朝野。他协同宋高宗杀害岳飞没有疑问，但以宋朝当时的国力，该战该和，后世学者有很大分歧。包括胡适在内的一些学者深入分析当时的国情，认为秦桧主和是十分务实的选择。这为南宋家国带来百余年休养生息的日子。

1155 年，秦桧死，备享哀荣，谥号忠献。

时过五十一年，以外戚主理朝政的韩侂胄主张北伐，把当年主和的秦桧改谥号为缪丑，痛加贬斥。

结果，开禧北伐大败。朝廷斩韩侂胄首级献与金国，再次议和。秦桧平反，谥号又为忠献。

元人修史，将秦桧列入《奸臣传》。

明朝因抵抗北元的需要，再度把秦桧鞭尸。杭州西湖的岳王庙铸造了秦桧夫妇下跪的铁像，遭世人唾弃。

秦桧书法不错，古物鉴赏也是行家，这只是小节，大概不会有太多争议。

古代福利述略

一个社会是野蛮还是文明，最简单的判别是，它对弱势群体处理的细节。

人类为什么要依附于家族、国家这样的团体生存？因为强和弱，永远是一个动态的过程。最原始的愿景应当是，当个人处于弱势时，能够受到团体的关爱。

中国是文明古国，毋庸置疑。因为三千多年前的《周礼》就有人类最早的福利保息设想的记载。

《周礼·地官司徒》说：

> 以保息六养万民：一曰慈幼，二曰养老，三曰振穷(鳏、寡、孤)，四曰恤贫，五曰宽疾，六曰安富。

这几乎囊括了对所有社会弱势群体的关爱。

《礼记》则说：

> 五十不从力政（征），
> 六十不与戎服……
> 八十者，一子不从政；
> 九十者，其家不从政。
>
> 五十异粻，六十宿肉，
> 七十贰膳，八十常珍，
> 九十饮食不离寝。

老人不只受到尊敬，还有丰富的物质照顾。

这些设想是怎么落实的呢？史书中找不到更多的记录。到春秋战国，管子也讲到类似的主张，同样没有留下太多具体执行的史料。

暴秦是要臣畜天下的，从来不把百姓当人看，自然没有什么人文关怀。但倡导孝廉，善待老者，从先秦到民国，终其整个中国历史，统治者都是挂在嘴上的，每逢登基、改元一类大事，都会大赦天下，强调给老人以福利。历朝赋税，也或多或少对弱势群体有一些倾斜。

到汉代，平仓制度应当是首创。所谓平仓，是粮食丰年时，政府收购一些储备起来，到歉年，政府再把仓里的粮食平价卖给百姓。再就是取之于民，用之于民。每个乡都设立仓库，强制百姓在赋税之外，多交一些粮食，就地储备，以应灾年之需。

魏晋南北朝，梁武帝信佛，在梁都建康（南京）建“孤独园”，用于收养孤儿寡老。这是最早见于史书的常设福利机构。

佛教于魏晋盛行之后，寺院比政府多一些仁慈，开始建“养病坊”“孤独园”一类常设机构，布善于民。即使到了唐朝这种盛世，社保、医保这类关乎黎民福祉的头等大事，都未真正进入当权者的视野。直到武帝禁佛后，政府才不得已代管寺院遗留的这些机构。

天宝初年，唐玄宗亲撰《广济方》，颁行天下，令“就《广济方》中逐要者，于大板上记录，当村坊要路榜示”。并令郡县医学生为贫民免费看病。这大概是最早的医疗福利，但这仅是某位皇帝一时的恩惠，行仁政的姿态，远未形成制度。

至宋朝，中国的福利救济措施，才有了一个大致的模样。元、明、清几代，基本沿袭这个框架，没有多大的发展。

只需到两宋建康府（今南京）看看，就能感知两宋的福利措施，知晓近千年来中国福利救济的基本情形。

慈　幼

慈幼是三千多年前《周礼》提出的主张，但现实是，宋以前杀婴、弃婴是民间一种极为普遍的行为。苏东坡《与朱鄂州书》提及，“岳鄂田野小人，例只养二男一女，过此辄杀之，尤讳养女”，“初生辄以冷水浸杀，其父母亦不忍，率常闭目背面，以手按之盆中，咿嘤（婴儿哭声）良久乃死”。信中还谈到几个实例，说“闻之心酸，为食不下”。

朱熹父亲讲过类似事，史书中也透露很多消息，由此产生了专名词，叫“生子不举”。《三国志·吴书·骆统传》载：

又闻民间，非居处小能自供，生产儿子，多不起养。屯田贫兵，亦多弃子。

这里讲的就是南京地区的情况。

面对民间普遍的杀婴弃子，统治者应对的办法是用法律禁止，但法难制众。导致杀婴的原因是繁重的赋税。孩子生下，三岁，或几岁，就要交口税，杀婴是贫户苟活下去最经济的选择。为人父母，却只能闭目背面，把自己的孩子按进冷水盆中，嘤嘤至死。

1217年，建康府上元县上乐乡皋桥创置慈幼庄，用于收养那些被遗弃的婴儿。《景定建康志》中记载，慈幼庄对弃婴收养的方式有两种，一是"所属官司招募有乳妇人寄养""顾人乳养"；二是"附籍给收养之家，每月支钱一贯，米六斗，至五岁止"。

1265年，建康知府马光祖创建慈幼局，用于收养街头弃儿。办法依然是雇奶妈、保姆看管，补贴领养家庭。如弃儿被领养，补贴金则转与领养家庭。《景定建康志》中记载，慈幼局还对弃儿提供衣服，且"所养小儿，如有病患"，"量给药费"。死者，"支理殡钱一贯文"。

养老，恤贫

养老是儒家倡导的孝道，因为与忠君有微妙的联系，所以历代统治者都要在这个问题上做点样子。在赋税政策上，或多或少，对老人、鳏、寡、残、孤都有一些照顾。所以，有史以来，凡遇不堪苛捐重赋，民间除了弃婴，还流行自残，即"福手""福足"，或刺瞎眼睛。

宝祐六年（1258年），建康城设立实济院。用于救助鳏、寡、残、老的弱势群体。

《景定建康志》载，实济院位于建康城御街之西的太平桥。

实济院有门廊房屋六十余间，窗户、厨房、浴室、床被蚊帐，一应俱全。

《景定建康志》说，被救助者每人"月支米六斗，盐菜钱一十五贯文，柴钱五贯文，按旬给散"，"皆分兵吏职之"。

代管单位是军队。

赈　灾

社会福利保障最重要的工作，一是关爱弱势群体，二是赈灾。

《中国救荒史》载，秦汉四百余年间，水、旱、地震等灾害达三百七十五次，几乎年年都有天灾。

而到两宋，12 世纪前后正处于气象史上的异常期，加上人为开垦使森林面积大幅减少，干旱明显偏多。而干旱之后往往伴随蝗虫肆虐。中国第一部关于灾荒的专著《救荒活民书》就是宋朝人董煟写的，意在感慨历朝“救荒无术，则民有流离饿殍转死沟壑之患”。

仅从《救荒活民书》记录隋、唐、北宋几十次天灾看，轻则灾民四野，重则人相食。而统治者有的不闻不问，任灾民自生自灭。开皇十四年（594 年）大旱，隋文帝藏粮丰足，竟拒不开官仓，让流民乞讨至山东，之后山东大水，死者达数万人，以致民变蜂起。

天宝十三年（754 年），水旱相继，关中大饥。杨国忠以嘉禾示唐明皇，称灾未伤稼，无人敢言灾情。

通常情况下，皇帝会把祭祀天地看得比具体的赈济措施更为重要。唐太宗曾抓到一只蝗虫，大骂它夺民之食，并当众一口把蝗虫吃了。

《救荒活民书》收罗了很多赈济灾民的方法，极具操作性。比如对灾民发放粮食，需每日午后，仅发一餐之食，够活命就可。很多灾民多日不食，一旦食多，即胀死。这样，也可杜绝刁滑之徒多领灾粮。

归纳董煟的观点，他认为救荒是不得已而为之，治本的办法，当藏富于民。他借唐高宗与一位山野老者的对话，说，不夺农时，国人皆有余食。人君养人，在省征赋而已。希望为政者量公家所需外，给百姓的负担，“余悉免之”。

嘉定五年（1212年），建康创置养济院，养济院就是安置寒无居所，遍于城邑，濒临绝境的乞丐、灾民的。这种具体的救荒措施，始见于两宋。

医 保

1256年，建康知府马光祖于北门高阳楼创建安乐庐。这应当是中国最早的慈善医院之一。

创建的原因，是建康位于商旅往来要冲，军民杂处，常有病于道途者，无医无药，殒于非命。更严重的是，病人可能引发瘟疫。

安乐庐的管理也十分人道，病人入庐，“即时差当月医官诊视”，开药之后，“责村医人并看守僧如法煎煮服饵”。每名病人“日支米一升，柴炭钱三百”。“病愈之人，无力可归者，计其远近，量给钱米，津送出庐。”（见《景定建康志》）

义冢，义阡

中国的百姓，活着很难，死也不易。很多建康百姓，人死了，却买不起墓地，不知尸存何处，往往“弃之沟壑”。

嘉定八年（1215年），转运副使真德秀有感于此，在建康城南北两门外的高岗荒地建义阡，令贫寒之家的死者得以安葬。

1259年，建康知府马光祖又在建康城东西南北四门外建四座义阡，为防牲畜践踏，还修筑了围墙。义阡由当地寺院代行管理。

义冢则是天灾人祸之后，埋葬弃于街头路边众多尸首的墓地。

1130年五月，金兵在建康烧杀掳掠之后，尸骨遍城，建康知府叶梦得在城外建义冢八座，所葬尸体完好者4687人，而残缺不全的尸首近八万具。一坑葬万人有余。思之甚惨。

简言之，中国早在3000年前，就有人类最早的社会福利设想，之后有过零星的社会保障措施。而常设的慈善福利机构，在佛教传入中国后才得以广泛地建立。到宋朝，这项工作总算纳入了政府的统筹。

中国历朝的社会福利保障，主要是统治者的即兴恩赐，有措施，而无制度。慈幼、教育、医疗、养老都是每个家庭的终生负担。这一切，浸润成一个民族的个性、习惯和文化。

华人大多非常节俭。

华人大多酷爱存钱。

华人大多把堕胎当成习以为常的事情。

谁能知道，这些习惯形成的背后是多么长久、惨痛的苦难。

半山园主
王安石

《古今笑史》有个小故事，说王安石与神宗皇帝讨论国家大事。神宗看见一只虱子从王安石衣领里爬出，随后，沿胡须攀缘而上。王安石全然不知。神宗见状，忍不住一笑。退朝后，一同言事的大学士王禹玉告诉了王安石。王安石慌忙令人捉虱子。禹玉曰：“未可轻去，愿烦一言。”介甫曰：“何如？”禹玉曰：“屡游相须，曾经御览。”众大笑。

王安石不修边幅，衣衫邋遢是上了史书的。一次在御苑向神宗皇帝汇报工作时，他随手把神宗钓鱼的鱼饵当点心吃了。苏东坡的父亲苏洵在《辨奸论》中骂他“衣臣虏之衣，食犬彘之食”“囚首丧面而谈诗书”。

王安石显然与常人有不同的基因。少年随父迁居金陵，曾闭门苦读五年。他的自制力几乎是天生的，有诗自况：

桃李石城坞，
饷田三月时。
柴荆常自闭，
花发少人知。

十二岁中进士，名列第一。欧阳修惊其文章独步当时，无人可出其右。因文中有“孺子其朋”之语，为皇家所忌，改列第四。

之后二十五年，王安石一直在地方任职，其间屡被提拔进京，都被他坚辞谢绝。庸常之辈岂知他的宏大志向，很多人攻击他沽名钓誉。

1047 年，王安石任鄞县知县。他在冬闲时节，踏霜履雪，走遍全县山川，行程一千余里，写下了名作《鄞县经游记》，也对鄞县治理完成了一次实地考察。

鄞县贫穷，他到任时又逢大灾，民不聊生。王安石清点粮仓，发米济贫。十多天中，他亲下五个乡，将粮食送到灾民家中。

鄞县东钱湖一面向海，每逢大雨连同潮汐引发水灾不断。王安石上书组织十万民工起堤堰，决坡塘，拦潮蓄水。令东钱湖周围七乡自此“卒不知水旱之忧”。

自唐朝官府以“公廨钱”筹款后，高利贷成了一个巨大的社会问题，以致财富向官僚豪绅集中，富者良田万顷，贫无立锥之地。还引发诸多治安麻烦，恶势力横行，民不聊生。

王安石即以公仓低息贷谷于民，缓解了土地兼并、贫富分化带来的弊端。贫民无可抵押，王安石就让以田里的青苗作抵。布告一出，百姓欢腾。这就是多年后王安石变法中著名的“青苗法”之兆始。之后“保甲法”的推行，也是源于王安石的鄞县实践。

梁启超对王安石评价极高，他认为王安石先知先觉，“青苗法”中有现代银行理念，“保甲法”中的“保、甲”则类似于现代保安、民警。

王安石拒不进京高就，在地方为官，政绩卓然。近五十岁，他才断然进京，担任丞相，以巨大的气魄，开始变法，以图救世。

戏剧性的是，他在地方苦心经营二十多年，又明明行之有效的措施，拿到全国推广，居然失败了，最终被指祸国殃民。

王安石变法为何失败，这是一个太复杂的题目，且留给后人争论。

但生而为人，王安石是一个大写的人。如果每一个人都是一个能量体，他的能量远超常人，休谈政治，仅是文学贡献就已说明一切。

他的政见，可以挑剔；他的私德，连政敌都要仰望。与他争斗一生的司马光也说，“介甫文章节义，多有过人之处”，不容“反复之徒诋毁百端”。

王安石不是常人，连味觉也与常人有异。他吃饭，永远只吃面前的那盘菜，如果把他面前那盘肉换成蔬菜，他以为依然在吃肉。

想必，每一个南京人都会因为历史上有一个如此特别的居民而骄傲。

王安石少年时即生活于金陵，父母皆葬于金陵牛首山。他曾三度为建康知府，1076 年罢相后即长居金陵，算得上一个老南京。

罢相后，王安石建康东城的父母旧宅，因年久失修，屋漏如筛，无法居住。于是，他在距钟山主峰七里，一个叫白塘的地方选了一块荒地，修建居宅，取名半山园。《续建康志》载：

> 所居之地，四无人家。其宅仅蔽风雨，又不设垣墙，望之若逆旅之舍。有劝筑垣，辄不答。

对物质生活没有概念的王安石来说，这已是极大的享受了。有诗为记，《示元度》：

《示元度》

今年钟山南，随分作园囿。
凿池构吾庐，碧水寒可漱。
沟西雇丁壮，担土为培塿。
扶疏三百株，莳楝最高茂。
不求鹓雏实，但取易成就。
中空一丈地，斩木令结构。
五楸东都来，斸以绕檐溜。
老来厌世语，深卧塞门窦。
赎鱼与之游，喂鸟见如旧。
独当邀之子，商略终宇宙。
更待春日长，黄鹂哢清昼。

王安石在金陵留下诗词数百首，传之于今的，仍有百余首之多。如“春风又绿江南岸，明月何时照我还”等，为千古名句。

王安石在半山园居住近十年。当时的人常见一名白须老者骑一头驴，悠悠地从半山园出来，不知道他要去哪里。若问他，他说，驴去哪里，我便去哪里。

多少回，南京荒郊的夕阳下，留下一头缓缓而行的驴，还有一个老者渐行渐远的背影。

千年来，半山园屡毁屡建，现存于南京中山门清溪路海军指挥学院内。得益于位处军事重地，未毁于“文革”之祸，算是一幸。

迁客骚人，多会于此

公元前195年，刘濞为吴王，身边即聚有枚乘等一批汉赋高手，至魏晋后，又有谢朓、谢灵运开中国山水诗之先河，与南京祖辈多有交集的陶渊明则是中国诗文史上一座高峰。唐朝的李白、杜甫、王维等众多诗人都曾往来于此，五代李煜词惊千古。两宋更是骚客云集。

苏东坡金陵丧子

1084年，苏东坡（1037—1101年）到达南京时，已不是那个苏轼，而是我们现在熟知的苏东坡了。

诗到穷时始为工。贬谪黄州给他的肉体带来巨大的苦难，却给他的精神带来巨大的升华。前、后《赤壁赋》，《赤壁怀古》那样的妙文佳作，苏轼无法作，要到东坡才作得出来。之后，他连《寒食帖》的书法，也可以把心境写进字里。

1084年，朝廷解除了他的流放。他由黄州经九江，抵达金陵。就在抵达金陵的船上，苏东坡才十个月的幼子苏遁病亡了。这给苏东坡的南京之行涂上了浓重悲戚的色彩。

《哭干儿诗》催人泪下，作于南京无疑。

苏遁为苏东坡与朝云生下的唯一的儿子。取名遁，源于《周易》第三十三卦，意为逃离困境。苏遁小名干儿。苏东坡为此有《洗儿诗》：

《洗儿诗》

人皆养子望聪明，
我被聪明误一生。
唯愿孩儿愚且鲁，
无灾无难到公卿。

然而，上天连“无灾无难”这点微薄的希望也不肯留给他。

《哭干儿诗》有题记：“去岁九月二十七日，在黄州，生子遯（遁），小名干儿，颀然颖异。至今年七月二十八日，病亡于金陵。”

《哭干儿诗》

吾年四十九，羁旅失幼子。
幼子真吾儿，眉角生已似。
……
吾老常鲜欢，赖此一笑喜。
忽然遭夺去，恶业我累尔。
衣薪那免俗，变灭须臾尔。
归来怀抱空，老泪如泻水。
我泪犹可拭，日远当日忘。
母哭不可闻，欲与汝俱亡。
故衣尚悬架，涨乳已流床。
感此欲忘生，一卧终日僵。
……
仍将恩爱刃，割此衰老肠。
知迷欲自反，一恸送余伤。

朝云已近呆滞，僵卧在床上，要与孩子一同去死。苏东坡则老泪如泻水。其诗如黄州《寒食帖》的字，凄然可感，直白如诉，语无修饰。因无修饰，故见真情。

当王安石穿一身粗布衣服，骑一头老驴寻访到泊舟边时，苏东坡尚未走出丧子的余痛。他来不及更衣，匆忙钻出船舱，连帽子也忘了戴。见到王安石，施礼，说：“轼敢以野服见大丞相。”王安石穿的也是粗麻布衣，形如老农，一笑，“礼岂为我辈设哉”。

曾豪言“人言不足恤，祖宗不足法，天变不足畏”的王安石，历经官场沉浮，此时已是垂暮老翁，而苏东坡，则尚在戴罪之中。两人曾经政见不同，也互有伤害，但于私德文才，则始终相敬相惜。乌台诗案，苏轼命在旦夕，与他政见相同的司马光党，竟无一人施以援手。只有他的政敌，早已辞相的王安石上书皇帝：“岂有盛世而杀才士乎。”

苏东坡居留金陵时，与王安石相见恨晚，有多篇诗词唱和，其中《次荆公韵四绝》藏有当年交往的诸多信息。

《次荆公韵四绝》

骑驴渺渺入荒陂，
想见先生未病时。
劝我试求三亩宅，
从公已觉十年迟。

随后，苏东坡给王安石的信中说：“某始欲买田金陵，庶几得陪杖屦，老于钟山之下。”他当时打算在南京置产，了此余生。但世事变迁，不遂人意。而已。

辛弃疾与赏心亭

辛弃疾（1140—1207年）二十一岁第一次到南京（建康）时，身份尚为“归正人”。归正人是南宋人对长江以北沦陷区逃难居民的蔑称。但这个归正人立刻受到朝廷的重视，皇帝当即接见。

《宋史》载，时耿京聚兵山东反金，声势浩大。辛弃疾为掌书记，决意南归。

“绍兴三十二年，京令弃疾奉表归宋，高宗劳师建康，召见，嘉纳之，授承务郎、天平节度掌书记，并以节使印告召京。”

辛弃疾返回山东，形势大变。叛将张安国杀耿京率部降金。

弃疾还至海州，与众谋曰：

我缘主帅来归朝，不期事变，何以复命？乃约统制王世隆及忠义人马全福等径趋金营，安国方与金将酣饮，即众中缚之以归，金将追之不及。献俘行在，斩安国于市。

这里所说的“行在”，当指南京无疑。辛弃疾以五十人之众，强闯金营，将叛将张安国绑赴金陵，在金陵街头当众斩首，豪侠之举轰动朝野。

孝宗乾道四年（1168 年），二十八岁的辛弃疾任建康通判，即南京副市长。此期间，作《美芹十论》《九议》《应问》等抗金之策，“献于朝，言逆顺之理，消长之势，技之长短，地之要害，甚备”。

孝宗曾召对延和殿，后因主和为既定国策，未采纳辛弃疾的主张。至此，弃疾壮志未酬、英雄失路之慨，累积于胸，蕴发于词，别开一路，自成风格，传诵千古。

任建康通判之后，辛弃疾恢复中原雄图无望，辗转于江浙、江西、福建、湖南等地为官。期间，遭弹劾竟达六次之多，罪名都是好色、贪财、杀人如草芥。

好色不足论。辛弃疾除夫人外，至少有六名侍妾，召妓也是常有的事。从他的诗词中也能找出诸多证据。纳妾拥妓，你情我愿，古人都不避讳，干卿何事。

对辛弃疾贪污的指责，辛弃疾没有自辩，史书中留有蛛丝马迹。辛弃疾“用钱如泥沙”（弹劾语），出手阔绰。他曾在江西上饶建一宏大庄园，洪迈在《稼轩记》中对该庄园的奢华有详细记载。庄园未建完时，朱熹曾过去一见，惊称平生未睹，并将此事转告陈亮。关于贪污的弹劾，香港大学罗忼烈教授在《漫谈稼轩经济状况》一文中有更多举证，指其财产来源存疑。

辛弃疾年轻时即开杀戒，为官好用重典，立威治民，滥杀多有发生。平息茶党之乱，不只杀已招安的头目，一天坑杀降卒八百余人。《宋会要·职官》指其“唯嗜杀戮”，每“刺一州，持一节，帅一路，必肆故态。为国家军民之害”。

这些本无关宏旨，但至少让我们知道，人是何其复杂的生物。而传说，往往与现实存有距离。

还是诗词的意境比人生这摊浑水来得清澈。

历代论辛弃疾的词，都不及清人陈廷焯讲得简切痛快：

> 词至稼轩，纵横博大，痛快淋漓。风雨纷飞，鱼龙百变。真词坛飞将军也。

只要读过初中的中国人，大多能随口背出稼轩词的佳句。如“醉里挑灯看剑”，如“七八个星天外，两三点雨山前”，如“众里寻他千百度，蓦然回首，那人却在，灯火阑珊处”，甚多。“西北望长安，可怜无数山”，“可怜”二字的运用，简直近于欺男霸女，令人拍案。

后期写《西江月》：“昨夜松边醉倒，问松我醉何如。只疑松动要来扶，以手推松曰，去。”技巧高超到无技巧，有如庙里默默无闻的扫地老僧。

查看稼轩年谱，可知辛弃疾在任建康通判之前，专心于收复中原的策对。任建康通判期间，才多与往来建康的文人名士酬唱，开始诗词的创作。《水龙吟·登建康赏心亭》是稼轩早期之作。“把吴钩看了，栏杆拍遍，无人会，登临意”，这样的句子，已可见他终其一生长短句的风格。

南京的赏心亭，为南朝梁武帝期间散骑常侍徐陵所建。至宋代，丁谓任南京知府时重修，并挂唐周昉所绘《袁安卧雪图》于其上。至此，赏心亭成为当时南京最具盛名的地标建筑。凡过金陵的文人骚客，无不到此吟诗作赋，辛弃疾在南京留下的诗作，也多与赏心亭有关。

《景定建康志》载：

> 赏心亭在南京城西，下水门（今水西门）之城上，下临秦淮，尽观览之胜。并记有一则轶事：『景定庚申（1260年）四月二十一日，龙王庙大火，风盛焰帜，其东正接大军广济诸仓，积贮之命也，而风焰向之。马公光祖（建康知府）至仓所，叩头祈天，风反往西，仓廪得全。旧赏心亭在龙王庙西，正当风反之处，不免煨烬。』公曰，仓毁则食难足，亭毁易建也。亟命工度材，重建斯亭。不日而成，视旧观雄伟过之，为金陵第一胜概。

赏心亭于元末毁于战祸，明清两朝，复建复毁。至民国，片瓦无存。2006年，南京市依古制再复建。亭可再建，而斯人已去，流水无痕。

陆游——欲请迁都泪已流

陆游（1125—1210年）与辛弃疾，一生怀抱恢复中原之志，但都被偏安苟且的南宋政权闲置雪藏，只能在纸上一展纵马操戈之雄。

直到1203年前后，主战派韩侂胄当权，陆游、辛弃疾才得起用。此时，英雄垂暮，陆游年近八十，辛弃疾也早过花甲。

辛弃疾任绍兴知府，与神交已久的陆游相见恨晚。辛弃疾依然是用钱如泥沙的做派，见陆游山阴住宅为茅草屋，不敌春寒，执意要为陆游建房子，被陆游坚拒。此事，在陆游《草堂》诗题记中有言及，“辛幼安每欲为予筑舍，予辞之，遂止”。这个“每”透露：辛弃疾官绍兴时，他们过从甚密。

稼轩专攻长短句，陆游则视词为小技，多以诗言志。陆词不多，却出手不凡。他在沈园写的那首《钗头凤》凄婉动人，为词坛名作。陆游学识广博，于史学亦有重要贡献。他著的《南唐史》是今人研究南唐必读之书，《老学庵笔记》则在文人笔记中有很高的地位。

陆游有多首金陵诗。与其他诗人不同，他认定，只有金陵才配作北定中原的首都。他在《老学庵笔记》中说："建康城，李璟所作。其高三丈，因江山为险固。其受敌惟东北两面，而壕堑重复，皆可坚守。至绍兴间已二百余年，所损不及十分之一。"他多次到金陵实地考察，力图上表朝廷立都建康。但一个偷安的政权是不会理会这些建议的，他们选择临安为都，是方便从海上逃命。陆游《登赏心亭》之二中，表达了他的深深失望。

《登赏心亭》

……

黯黯江云瓜步雨，
萧萧木叶石城秋。
孤臣老抱忧时意，
欲请迁都泪已流。

李清照—— 独坐怎生得黑

要领会李清照（1084—1155年）的词，当细读《金石录后序》。这本书，不只文字炉火纯青，让人击节，重要的是，这是有关她一生的自述。那些金石的聚散，何尝不是对个人家国命运的投射？这篇后序，是解读所有疑问最可靠的文字。

却把青梅嗅

《金石录后序》说：

余建中辛巳（1101年），始归赵氏。

这个归字，道明了古代家庭包括李清照与赵明诚夫妻的关系基调，男人是一家之主，女人是附属于男人的一件物品。一些学者指出，赵明诚与李清照并非一夫一妻，赵还另纳侍妾。《金石录后序》讲赵明诚死时“并无分香卖履之意”，也可作旁证。

但这丝毫不影响“李归赵”那一瞬间的动人与美丽。

应当是1101年春天的一个早晨，花开了，露水还在花蕊间滚动。大概是晨雾尚未散尽，那花才会看上去娇瘦得让人怜惜。李清照荡罢秋千，汗已将衣衫湿透了，贴在身上，把青春女子的体态尽善之处，勾勒无余。有客人来访，她慌乱得只穿着袜子，头上的金钗也滑落下来。想逃回闺房，逃到半道，又忍不住好奇，斜倚园门回望。为了掩饰，顺手摘下一枝梅花，举至鼻前，闻花之清香。这一年，李清照十八岁。

那位二十一岁，叫赵明诚的男性客人，见此情景，会作何等感想？纵是铁石心肠，顷刻已融之为水。

《点绛唇》

蹴罢秋千，
起来慵整纤纤手。
露浓花瘦，
薄汗轻衣透。
见客入来，
袜划金钗溜。
和羞走，
倚门回首，
却把青梅嗅。

李清照与赵明诚婚后，赵尚在汴梁太学做学生，

每朔望谒告（到月初月中，分文不剩），出，质（典当）衣。取半千钱，步入相国寺，市碑文果实。归，相对展玩咀嚼，自谓葛天氏之民也。

没钱，把衣服当了，换来金石碑帖，还不忘带点小吃，边吃边展玩古董，这真是神仙日子。

之后，两人屏居青州乡下十年，

每获一书，即同共勘校，整集签题。得书、画、彝、鼎，亦摩玩舒卷，指摘疵病，夜尽一烛为率。

余性偶强记，每饭罢，坐归来堂烹茶，指堆积书史，言某事在某书某卷第几页第几行，以中否角胜负，为饮茶先后。中，即举杯大笑，至茶倾覆怀中，反不得饮而起。甘心老是乡矣。

《丑奴儿》

晚来一阵风兼雨，洗尽炎光。理罢笙簧，却对菱花淡淡妆。绛绡缕薄冰肌莹，雪腻酥香。笑语檀郎：今夜纱厨枕簟凉。

连夫妻间羞于启齿的事，都写成了美丽的词句，岂止是李清照甘心老是乡。

至今思项羽

1127 年，李清照四十四岁，已过了女人最好的年华。金兵破汴梁，北宋亡。

建炎戊申秋九月，侯起复知建康府，己酉（1128 年）春三月罢。

赵明诚罢官的原因，李清照隐去了。这是她一生彻骨之痛，也是她命运的巨大转折。当时，身为知府的赵明诚，得知建康将有兵变，贪生怕死的他，竟然扔下一城百姓，也扔下妻子李清照，“缒城而逃”。面对如此耻辱，李清照作何感想？除了对赵明诚学识的钦佩，现在却多了对他人格的鄙视。让人羡慕的夫妻，好日子也有尽头。

《夏日绝句》

生当作人杰，
死亦为鬼雄。
至今思项羽，
不肯过江东。

《夏日绝句》写于何时，史书无定见。以此推论，当写于赵明诚罢官之后的那个夏天更合常情。

怎一个愁字了得？

夏五月，至池阳，被旨知湖州，过阙上殿。遂驻家池阳，独赴召。六月十三日，始负担舍舟，坐岸上，葛衣岸巾，精神如虎，目光灿灿射人，望舟中告别。余意甚恶，呼曰：『如传闻城中缓急，奈何？』戟手遥应曰：『从众。必不得已，先弃辎重，次衣被，次书册卷轴，次古器；独所谓宗器者，可自负抱，与身俱存亡，勿忘之！』遂驰马去。

赵明诚要求李清照带着重要的古董，并令其与身俱存亡，扔下李清照独自走了。建康缒城之后，他们之间已不再和谐。李清照是文字高手，只要看“余意甚恶”，赵“戟手遥应”几个字便知背后消息。“戟手”是手如刀剑啊。

后，赵明诚大病于建康。

余悲泣，仓皇不忍问后事。八月十八日，遂不起，取笔作诗，绝笔而终，殊无分香卖履之意。葬毕，余无所之。

一个弱女子，哪里才是她的归宿？丈夫居然没给她任何财产，也没做任何安排。

《声声慢》

寻寻觅觅，冷冷清清，凄凄惨惨戚戚。
乍暖还寒时候，最难将息。
三杯两盏淡酒，怎敌他、晚来风急？
雁过也，正伤心，却是旧时相识。
满地黄花堆积。憔悴损，如今有谁堪摘？
守着窗儿，独自怎生得黑？梧桐更兼细雨，
到黄昏、点点滴滴。
这次第，怎一个愁字了得！

这种心如死灰的心情，当在国破、家亡、夫死之后。是否写于葬夫建康之时，似无须待考。

黄天荡战役前后

北宋灭亡后第三年，即建炎三年（1129年）冬，金兵南下攻宋。完颜宗弼率部从采石矶渡过长江，一路杀向建康。除与岳飞的军队有小规模交战外，建康守军统帅杜充北逃，户部尚书李棁及沿江都置史陈邦光献城出降。建康通判杨邦乂誓死不降被剖心，为今天的南京留下剖心碑、铁心桥等历史遗迹。

拿下建康后，金兵一路追杀，占领都城临安（杭州），血洗达一周之久，仅清波门竹园山一带，伏尸逾万。并对临安大掠。曾随徽、钦二帝被掳至金国，写有《北狩见闻录》的曹勋，在他的《松隐文集》中记叙临安，“建炎及绍兴间，三经兵烬，城内之所向墟落，不复井邑”。

宋高宗逃往明州（宁波），金兵追杀至，屠城，并祸及乡村。《宝庆四明志》载，“由是，遍州之境……皆为虏人搜剔杀掠，不可胜数”。

高宗乘船入海，窜至温州，金兵这才一路烧杀掠抢，北返。

1130年，金兵沿运河撤退，放火烧苏州。《建炎以来系年要录》载，“死者近五十万人，得脱者十之一二而已”。

这批虎狼之师并非如入无人之境，抗金名将韩世忠依托长江阻隔，力图截断金兵退路。

1130年上元节，韩世忠亲往秀州（嘉兴）观灯，以迷惑对手，暗中率兵八千、战船百余艘急趋镇江。

镇江运河出口银山龙王庙，为战略要地，韩世忠料金将必至此观察情势，遂设伏兵二百于庙内，伏兵二百于银山之脚。

三月十五日，宗弼引军抵镇江，果亲率四骑登银山之顶。所惜庙内伏兵出击略早，山下伏兵未及断后，仅俘随从二人，宗弼得以脱逃。

之后，宋金舟师激战镇江金山之下。韩世忠立于艨艟之上，其妻梁红玉亲擂战鼓。宋军士气大振，歼敌二百余人。宗弼遂遣人向韩世忠表示，愿尽还所掠人畜财物，以借道过江。韩世忠坚拒。宗弼率军沿长江南岸西上，韩世忠率水军沿北岸且行且战。金兵不谙长江水道，困于建康东北死水巷黄天荡。江北金将完颜昌率军至扬州及仪征一带以图接应宗弼，但为宋水师困阻，无法渡江。

韩世忠命水军以大型海船封锁黄天荡唯一出口，每遇金兵轻舟即迎头痛击，或抛掷铁绳铁钩，将金兵轻舟拖翻。

按《宋史》载，韩世忠以八千之众困宗弼十万金兵于黄天荡四十八天之久。但《金史》却称，被困金兵只有四千，时间仅三十天。以常识推论，金兵南下，从建康打至宁波而北返，仅有四千兵马，显然于情理不合。但女真族总人口满算不过几十万，仅一路人马达十万之众也当存疑。史书所说金兵，通常包括汉人组成的伪军。

胜利者书写的历史，从来不会是历史本身。

金兵最终得以脱逃，《宋史》与《金史》皆无异议。四月十二日夜，宗弼得当地乡民指点，利用老鹳河故道，一天一夜，开渠三十里，连通江口，冲出黄天荡。宗弼又依汉民之策，连夜赶制火箭，令擅射士兵驾轻舟逼近宋军海船，以火箭射船篷，终致宋军兵败。宗弼建康屠城后，由建康渡六合，北返。

黄天荡一役之后，金兵再未大规模深入南宋腹地。但金兵重返建康，纵火焚烧，杀人越货，致使建康一派荒芜，多年未恢复生气。金兵北返后，建康知府叶梦得亲葬城中完整尸体四千多具，残缺尸首有七八万具之多。而青壮年，特别是年轻女子全被掳往金国。

1129年金兵南下，还有一支五六千人的小部队袭击扬州。当时，宋高宗正在扬州行宫作乐，闻讯仓皇逃命，身边仅带几个侍臣。消息传开，引起全城恐慌。二万士兵无一抵抗，十余万居民争相出城，以致河中舟船相塞，踩踏溺毙者无数。金兵烧杀掠抢后扬长而去。

四十多年后，扬州依然一派凄凉。南宋词人姜夔于1176年到达扬州，作《扬州慢·淮左名都》记录当年所见情景。题记写道：“淳熙丙申至日，予过维扬。夜雪初霁，荠麦弥望。入其城，则四顾萧条，寒水自碧，暮色渐起，戍角悲吟。予怀怆然，感慨今昔，因自度此曲。千岩老人以为有‘黍离’之悲也。”

词曰：

《扬州慢》

淮左名都，竹西佳处，解鞍少驻初程。
过春风十里，尽荠麦青青。自胡马窥
江去后，废池乔木，犹厌言兵。
渐黄昏，清角吹寒，都在空城。
杜郎俊赏，算而今、重到须惊。纵豆
蔻词工，青楼梦好，难赋深情。
二十四桥仍在，波心荡、冷月无声。
念桥边红药，年年知为谁生。

“废池乔木，犹厌言兵”，连没有生命的野草、树木都厌恶战争带来的苦难，这何尝不是两遭金兵洗劫的建康城的写照。

江南贡院与古代选官制度

江南贡院为中国古代最大的科举考场，位于南京夫子庙学宫东侧。现存建筑尚有明远楼，以及贡院碑刻等文物，并复建学生考试所用号舍四十余间。大致可感知千年科举盛况。

江南贡院始建于宋乾道四年（1168 年），主要用作县府之试，规模不算太大，考生多时，还需借用附近庙宇另辟号舍。

明朝朱棣迁都北京后，南京成为江南科考中心，江南贡院得以大规模发展。朱棣将夫子庙一带罪臣府邸籍没扩建江南贡院。

嘉靖十三年（1534 年），始建明远楼，楼高三层，四面开窗。明远楼是贡院最核心的建筑，登楼四顾，整个贡院一目了然，主要用作发号施令，指挥全场，兼作监考之用。

清朝太平天国之乱，贡院无存，曾国藩果断重建。至同治十二年（1873 年），江南贡院经多次扩建，占地三十万平方米，考生号舍多达两万余间，规模宏大。贡院有围墙两层，爬满荆棘，又称荆墙。贡院则称“荆闱”。

一次科考，举行三场，每次三天，三场联考，长达九天七夜，颇为恐怖。故号舍为考生答卷兼食宿之所。

号舍有上下两层木板，上为书桌，下为座凳，至夜晚，将上面木板移下，用作床铺。因号舍长不过四尺，略相当于现在一米三左右，只能蜷睡，无法展身。九天七夜的考试显然是个不小的体力活。每排号舍末端有粪号，去粪号禁出声，只能举牌向考官示意。牌子两面有字，一面书“入静”，一面书“出恭”。由此，“出恭”即成了上厕所的雅指。

九天七夜的食物需自备。考生入场，都带一个考篮，内装文具、食品，以及衣物、油灯之类。贡院内外，布满兵丁，对考生逐一检查。为防作弊，糕饼等食物都须一一切开。一旦查有违禁之物，考生将被捆绑至贡院门前示众，并将革除终生功名，永不录用。

科举不分年龄、贵贱，人人平等，历代科举考生，年龄最小的才十三岁，最大的达一百零三岁。唐朝还有过七十余岁的状元。

中国魏晋之前的选官制度，基本是父死子继，贵族世袭，称之世卿世禄制。

春秋战国列国争雄、优胜劣汰的现实给一切陈规陋习带来冲击，选官方式也会决定国祚的长久。因而，产生了客卿制、考核制、选举制多种方式。军功制导致秦国在争霸中最终胜出。

汉代出现察举制。汉武帝下令每郡或每封国每年推举孝廉各一名。但察举制随之出现弊端。西汉末年，一批世代为官，把持一定财产与权力的家族形成。西汉灭亡，参加绿林军的刘秀依靠这些豪强地主，击败各路义军，建立东汉，不得不与他们分享夺权的成果。为了笼络他们，与他们联姻，最终导致外戚势力坐大。察举做官基本为门阀垄断。推举者与被推举者形成盘根错节的门阀势力，左右国家政治。

魏晋时期产生的“九品中正制”，本质上不过是门阀豪强分享未来权力的一份协议。

依然是群雄逐鹿、优胜劣汰的残酷现实使这份协议不再有效。南朝的“田舍郎”出身的皇帝刘裕不买豪强大族的账，做过科考、面试这一类尝试。梁武帝也主张“设官分职，唯才是举”。西魏宇文泰《六条诏书》载：“今之选举者，当不限资荫，唯在得人。”

隋文帝于开皇十八年(598年)七月，“诏京官五品以上及总管，刺史，以志行修谨，清平幹济二科举人”，要求“诸州岁贡三人”，参加考试，合格授官。隋炀帝“置明经、进士二科”，以“试策”取士。科举制由此产生。

到唐朝，科举制度得到极大的完善。

唐代科考，分常科、制科两类。常科为每年举行的例考，制科则为皇帝下诏的临时考试。

常科主考明经、进士两门。此外还有秀才、俊士、明法、明字、明算、一史、三史、道举、童子等五十余门。

明经重墨义与帖经。

墨义是对经文的字句进行简单的笔试。

帖经则是揭开经文任何一页，将左右两边蒙上，只留中间一行，再用纸帖盖三字，令试者填空。只要熟读经传注释，便可中试。

进士重诗赋，需有文学才能，而策论作好也绝非易事，故明经考过的多，进士考过的少。

考生来源主要是乡贡，即州县考试合格的举人。此外有生徒，为京师与州县学馆推荐的考生。

金榜题名，考中进士，要参加各种喜庆活动。第一名为状元，常会被前呼后拥，骑马游街，备受殊荣。第二名称探花使，要到杏园喝酒聚会，名探花宴。达官贵人也于此时参与择婿。

登第后还要到吏部接受考试方可安排官职。吏部考试不过，只能到节度府当幕僚。

武则天载初元年（690年）二月，“亲问贡人于洛成殿，数日方了”（《通典》），此为殿试之初始。

唐代还设武举，亦自武氏始。由兵部主试，生员来自乡贡，科目有马射、步射、负重、摔跤等。《通典》载：“高第者授以官，其次以类升。”但武举并未受到历朝重视。

宋代科考至王安石有重大改革：罢帖经、墨义、诗赋。

至元朝，选官制度复古，主要采用世袭、恩荫、推举方式。直到1313年，元仁宗倡导汉化，才恢复科举。1314年，在全国设考点十七处，举行乡试，南京也在其列。1315年，在元大都举行会试与殿试，史称“延祐复科”。

终元一朝，重归世卿世禄之制，开科举是后期才有。共举行科考十六次，取进士一千余人。汉人考题难于蒙古人、色目人，且名额顶多只占一半。

明王朝始建，官员缺额甚大，洪武三年（1370年）即行科考。朱元璋发现，所选之人文章虽好，实际工作能力未尽如人意。于洪武六年（1373年）二月再行察举制，“别令有司察举贤才，而罢科举不用”。但察举所得人才，未能比科举入仕者更有行政才能。洪武十五年（1382年），下诏复行科举。

明代科举，分乡试、会试、殿试三级进行。乡试第一称解元，会试第一称会元，殿试第一称状元。殿试第二称榜眼，第三称探花。明代主考进士一科。

武举在明代恢复，科目有武艺、营阵、火药、战车、兵法、地理等，用以选拔武将。

清承明制，科考程序大致相近，但开过特制，如博学鸿词，用以笼络汉族知识分子；翻译、经济特制则反映了西学对中国的重大影响。

由隋至清一千三百年来，科举考试选出八百多名状元、十万多名进士、百万余名举人。

“朝为田舍郎，暮登天子堂”，读书、考试、做官，不问年龄贵贱，人人平等，这是一条多么诱人，并且可以操作的人生之路，以至一代一代中国人趋之若鹜。

但人性中的险恶可以把一切制度化为酱缸。行贿、作弊、异化、扭曲，登科及第的热闹背后是丑陋不堪的世相，而人也在这个酱缸里演化为一个个怪胎。吴敬梓的《儒林外史》已把科举对人的异化描述得十分精彩。

科举之好，是平等竞争，平民有了改变命运的一线生机，社会的底层与上层有了连通接续的桥梁。

科举之坏，如利玛窦的观感，只以经书取士，令中国人对经书之外的学科缺乏兴趣。科技与工业革命很难在这样的制度中发生。

两宋金陵概貌

两宋三百余年，金陵城所遭受的最大的祸害，是金兵南侵，两度占领建康。1130 年金兵撤军北返，将建康城搜刮殆尽，疯狂屠城后，驱赶所掳百姓数万人北上。随之纵火焚烧，官舍、庙宇、民居化为灰烬。扫荡之后，整个建康城，仅剩一圈城墙，遍地废墟了。城中满街死者，仅被收葬于义冢的尸体即近十万。

同年五月，金兵掳吏部尚书李棁，及陈邦光欲自静安（今南京下关）渡宣化（今浦口），岳飞率军自牛首山出击，斩杀金兵三千人。宗弼领残部逃至淮西。建康城遂为岳家军收复。

建康收复后，即被立为南宋留都，得以迅速重建。但建康与金国边界仅有一江之隔，这注定它只能是军事重镇，很难成为百姓安居首选之地。在经历几十年和平日子之后，建康城的人口才渐渐恢复到北宋时的水平，商业也慢慢繁盛起来。

绍兴二年（1132 年），在南唐旧宫基址上再修行宫，六月，又于行宫后盖后殿，并修盖三省、枢密院、百司及营房。

1135年正月，高宗命缮治建康行宫，增筑墙壁，限时完工。

绍兴七年（1137年）正月，建康府新置御前兵器局，位于府城东门内清溪附近，岁造装甲五千领，矢百万支。其东建有兵器库。之后，兵器局逐年发展，成为南宋重要的军械制造中心。至南宋末年，蒙古军南侵，建康兵器局一年制造、修理各种兵器多达数十万件，包括大规模的火攻器，如火弩箭、突火筒、火药枪头、霹雳火炮壳。

乾道四年（1168年）二月，沿江水军制置司在建康古漕河入江口古龙湾（今秦淮区中保村）设都船场，即船舶修造厂，前后修造船只上万。1264年，马光祖任沿江制置大使时，创建存放船只的船寨，多达二百五十间。次年又扩建二百五十间，并设鹊门六座，以闸启闭。至元代，该船厂犹存。明朝郑和下西洋，所用船只多造于此，时称龙江宝船厂。（上见《南京历史风华》）

从史料与出土文物看，宋代造船技术领先世界数百年，在世界造船史上占有极重要的地位。

目前出土的宋船最大载重超过八百吨，且具有良好的密封舱技术，并率先将指南针技术用于航海。宋人朱彧于1119年所著《萍州可谈》之中有世界最早使用指南针的记载，“舟师识地理，夜者观星，昼者观日，阴晦者观指南针”。

景定二年（1261年），都作院建屋达一百三十三间，中为听事所，左为锻、砺、刮、磨之工十二种，右为熔、冶、麻、缕之工十六种，规模宏大。

若从天空俯瞰，建康城的城垣依然如南唐的模样，周长二十五里四十四步，四周有城壕，整个城垣如一南北稍长、算不上规整的长方形。城内行宫建于南唐宫城旧址。行宫东西北三面为军营里坊，南面为官署、学馆。府城南门外（今中华门），即秦淮河上最为繁华的镇淮桥（六朝称朱雀航）。镇淮桥及饮虹桥为城南最为重要的通道，是商旅必经之地。1169 年得以重修，两桥宽约三十六尺，长十余丈。桥头有亭。两桥所接秦淮河岸，即六朝、隋、唐之长干里一带，两宋时再现昔日繁华，沿街商铺林立，挨檐接毗，“行商分屯之旅，假道之宾客，杂沓旁午，肩摩毂击，穷日夜不息”。

这期间，也产生了经营国际贸易的巨商。洪迈《夷坚志》载，建康有个叫杨二郎的：

本以牙侩（中间商，经纪人）起家，数贩南海，往来十有余年，累资千万。

建康商业繁盛的程度，可从南宋政府茶、盐收入而见一斑。

茶、盐一直为南宋政府专卖，其税收在政府总收入中占有很大比重。以乾道六年（1170 年）计，临安、镇江、建康三地茶盐岁入总额为二千四百万贯，而建康一地即一千二百万贯，占全国总额的一半。

居民逐增，商贾云集，使得建康不断新修公用设施，扩展城市建设。景定元年（1260 年），知府马光祖对镇淮、饮虹两桥再行修治，又修整城壕四千七百丈，及城壕与城墙间羊马墙，并筑栅寨门及瓮城，疏浚青溪，增堂馆亭榭三十余处，府城诸桥面貌一新。赏心亭、白鹭亭都在火灾之后得以重建。

之后的知府姚希得又修社坛，建府学，立明道书院。南宋后期，财税充裕，几乎年年都新增庙宇、亭榭。

百余年的偷安，使建康城呈现一派祥和。谁会想到，数千里之外蒙古草原的马蹄声，会与这里有什么干系呢？

崖山之后无中国

人类文明前进的动力是科技发明。

每一次科学技术的重大突破，都真正改变了人类生存的方式，给人类文明带来断崖式的飞升。

火的运用，金属工具的出现，蒸汽机的发明，以及我们正在经历的互联网时代，都是证明。

大唐强盛的基础，是铁制工具以及农耕技术的成熟。两宋疆域不及大唐，其经济总量，却占世界总量的一半以上。国家财政收入，宋真宗天禧五年（1021 年）高达一亿五千万贯，远远高于盛唐。陈寅恪先生言："华夏民族文化，历数千年之演进，造极于赵宋之世。"连西方史家也认同一个事实："11 世纪至 12 世纪，中国无疑是世界最先进的地区。"（贡德·弗兰克）

这一切都是科技进步带来的。

宋代农业工具的研制与使用，已到登峰造极的地步，之后元、明、清三朝，再无大的超越。

发端于宋代的钢刃农具无疑大大延缓了农具的使用寿命，并大大提高了耕种效力。读范仲淹的诗文，可知宋代已有轴承水车，苏东坡则用他的诗作歌颂了一种叫秧马的农具。一千多年前，宋代农民就拥有了现代插秧机。而之后元、明、清三代农民依然脸朝黄土背朝天，手工栽种。几乎农作物的每一个生产环节，宋代都有相应的工具发明，如耘荡、踏犁等，可列出一串长长的清单。

战争引发衣冠南渡，加速南北耕种技术交流。北方的小麦、粟米等旱季作物开始在南方种植，水旱轮作使土地出产大幅增长。

在宋代，还因一种水稻的推广，改变了农耕文明的进程。这就是占城稻。

占城位于越南，那里出产一种优良稻子，称之为占城稻。早在五代，占城稻即传入中国，在福建一带种植。但因信息传播处于原始状态，占城稻无法广为人知。

南京曾为南唐国都，藏书之丰，闻名于世。至两宋，雕版印刷已达鼎盛。《景定建康志》载，光建康宫即藏雕版二万多块。而活字印刷术的发明，堪称人类信息传播手段的一次划时代的革命。印刷技术的突破，所带来的人类认知与生存方式的变化是无从估量的。仅就农业而言，总结实用技术与知识的《蚕书》《禾谱》《农书》等众多书籍得以大量印行，并广为流传。《农书》讲肥料使用，细如用药、搭配、分量、效力，无不言及。《禾谱》则是关于水稻品种的比较与选用了。

《湘山野录》载：

真宗深念稼穑，闻占城稻耐旱，西天绿豆子多而粒大，各遣使以珍货求其种，占城得种二十石。至今在处播之……。秋成日，宣近臣尝之。

大中祥符四年（1011年），江淮两浙大旱，南京地区当然也在其中。水稻无法种植，大灾在即。

遣使就福建，取占城稻三万斛，分给三路为种，择民田高仰者莳之。盖旱稻也，内出种法，命转运使揭榜示民。

（《宋书·食货志》）

占城稻穗长，粒小，不择地而生，水旱可种，生命力极强。关键是，它生长期短。之前，中国水稻生长期长达一百五十余天。而占城稻，仅需一百天即可收割。宋代几经改良后，只要六十天左右即可成熟。随便算个账，就能知道，这对国民收入有多么惊人的提高。更重要的是减灾。粮尽时，稻子早熟一天都事关众多灾民性命。在农耕史上，双季稻的种植，也因之产生。

一些现代农业的重要技术都在宋朝出现，如果树嫁接、果实套袋技术、人工孵化等。

指南针早有发明，但运用于航海，却始于宋朝。这在宋代文献《萍洲可谈》及《诸蕃志》中有明确记载。在人类航海史上，指南针的使用堪称划时代的技术突破。因为这项技术的出现，才使海洋格局为之一新。宋代庞大的贸易船队，穿行于太平洋、印度洋沿岸诸国，到达非洲东岸、埃及开罗，乃至罗马，通商国家多达五十多个。据《梦粱录》载，当时商船可乘五六百人之多。

中国的丝绸在欧洲与黄金等价，瓷器也极为昂贵。海外运往中国的香料及奇珍异宝，则是中国权贵珍爱的奢侈品。不只商人获得巨额利润，政府也由此得到大笔税收。

中国税收从来依赖农业，到宋朝后期，工商收入远远超过了农业收入。这显然在人类经济史上具有特别的意义，直观地反映出一个国家的经济格局。宋代在广州、福州、泉州、宁波、杭州、山东板桥镇设市舶司，招商收税，获利巨大。宋高宗说："市舶之利，颇助国用，宜循用旧法，以招徕远人，埠通货徭。"（《宋书·食货志》）随后的政策是，对招商引资，能使政府税收增加五万贯的人，授以官职。

中国传统的抑商思想，在宋朝已被颠覆，资本主义似乎就在大门之外。但是……在厓山这个小小的地方，历史停住了脚步。

宋代经济高速发展，以农民为主的百姓却未分享到更多的红利。政府及官吏依仗权力加紧了对平民的抢劫。

一是"折变"。这在《包拯集》《赵清献公文集》《长编》等文献中有翔实记录。农民交税时，不收实物，折变成钱。一斗小麦，市价每斗三十文，而官吏却按每斗百文收取。农民至少要卖粮三斗才交得上一斗的税钱。除此之外，还要附加运费、仓耗费、鼠雀耗费，名目繁多。这还没完，官员还可"扭折"，即将钱又折成实物，或将一种实物折成另一种实物。折来折去，农民负担由此增加十余倍。

二是"杂变之赋"，即大增苛捐杂税。仅景德至庆历余年，商税及盐酒税三项，政府年入由一千二百余万贯猛增至四千四百万贯（张方平《论国计事》）。买卖田宅交税（田契钱），修房盖屋交税（木税钱），牛活着有税，牛死了要交税（牛皮钱）。一家人多要担重差，分家则要交罚钱。连朱熹也叹："古者刻剥之法，本朝皆备。"（参见《宋代经济史》）

老百姓只有当冷眼看客。天下姓什么，与他们有什么关系呢？他们存在的理由，不过是承担繁重的赋税。

这样看，厓山之劫是无法避免的了。

蒙古人杀来了

自六朝始，南京一直是中国重要的商埠。云集于秦淮河的商船，带来的，不只是来自中国各地，乃至海外的货物，还有来自这些地方的种种新闻。那时候去茶楼酒馆，除了饮茶喝酒，更重要的是社交，听些街谈巷议、新闻时事。当年获取信息，靠的就是这样的途径。

至北宋南渡，这些社交场所的话题，除了世俗见闻外，主要是被掳往北方的徽、钦二帝，岳飞、秦桧，以及建康为金兵掳掠的惨痛往事。

但到嘉定之后，一些新鲜的名词为居民渐渐熟悉，那就是蒙古铁骑、成吉思汗。当时，这些名词通称为“鞑子”。鞑子比妖魔更为可怕，所到之处，血流成河，尸骨成山。男人杀绝，只留下女人为他们生儿育女。他们撤离一个地方的原因只有一个，尸体腐烂的气味无法忍受。传闻十分恐怖，鞑子斗勇好狠，喜欢把婴儿挑上长竿，比箭法，射不中嘴巴要被罚酒。（见《余烬录》）以致哪家孩子哭了，只要讲“鞑子来了”，哭声立即会止。

到绍定年间，从北方逃过长江的难民逐渐增多，鞑子已快逼近汴梁，人们有些不安了。

这样的消息令人又喜又怕，喜的是鞑子痛打金国，总算帮屈辱的两宋出了一口恶气。怕什么自不待言说。政府也是同样的心情，他们派兵帮鞑子痛下杀手，灭了金国。《元史秘录》载：

> 鞑靼残破河东、河北、山东、山西，覆十七府，九十余州，镇县二千余处。数千里间，杀戮皆尽。城郭丘墟，金帛子女，牛羊马畜，皆席卷而去，屋宇悉烧毁。

1233年蒙军围汴京（开封），难民老幼数十万人为逃避屠杀，由陈州（淮阳）逃往蔡州（汝南），蒙骑追及，屠杀殆尽。蔡州老幼万人逃往息州（息县），蒙骑追杀二十里，仅余十几人到达息州。

有元统治者主张“汉人无补于国，可悉空其人，以为牧场”，他们的方针是杀光汉人，把所有土地变为牧场。蒙古灭金第二年，金国人口从最盛时的730万户3000余万人，锐减至873781户4754975人。这在战争史上都是极为罕见的。

鞑子杀入巴蜀。巴蜀与建康一水相连，那边的情况已不再是似是而非的传说，建康人民陷入巨大的恐惧与不安。

之后的《元史》《成都录》等书载，1231年，蒙古铁骑在托雷率领下攻蜀，破成都，“城中骸骨一百四十万，城外不计其数”。“蜀民就死，率五十人一聚，以刀悉刺之。乃积其尸，其暮，疑不死，复刺之。”后人记录未必全然准确，但元军入蜀前后蜀地的人口统计是可靠的旁证。中国历朝都有户籍记录，事关赋税，登记较为严格。蜀地人口从一千余万锐减至八十余万，这样的屠杀纪录上了1985年版的吉尼斯世界纪录。当然，丧失的人口包括众多逃亡的难民。

1274年，元军铁骑跨过长江。鞑子真的来了，这不再是吓唬小孩的话。

当时，没有人知道元统治集团内部发生了一个重大变化。元朝大臣耶律楚材坚决反对大规模屠杀汉人，认为留下汉人为朝廷生产交税，对元朝有利，并将在燕京等十路收取的廪籍金帛摆于廷中。忽必烈大喜，即拜耶律楚材为中书令，“事无巨细，皆先白之”。

忽必烈任命伯颜为南征大军统帅，临行前，嘱咐：“古之善取江南者，惟曹彬一人，汝能不杀，是吾曹彬也”，“无辜之民，初无预焉，将士毋得妄加杀掠”。（见《元史》）

1274年十一月，完颜进抵长江北岸，第二年二月，招降芜湖、当涂守将。建康知府赵溍携行宫公款金帛弃城逃跑，都统徐王荣、翁福等献城降元。二月二十七日，伯颜率军入建康，兵不血刃。他奉诏于建康设立行省，在原府治玉麟堂办公。时城内难民众多，疫疾流行，饿殍遍地，完颜开仓赈济灾民，并遣医生救治病人。明初，南京立有完颜祠。

之后，元军在杭州、常州与南宋军队激战，有大规模屠杀。但元灭南宋，降多战少，破坏未超过同等规模战争。这与忽必烈接受耶律楚材“止杀”的主张关系极大。回到人口统计，嘉定十六年（1223年），南宋人口五千六百万，至元朝至元二十七年（1290年），人口也为五千六百余万，尽管大批难民无法计算在列，相对元灭金、伐蜀，以及其他战争，人口损失已非常小了。

四等公民

任何一场血腥的厮杀之后，都会带来财产与权力的再分配。宋元易帜，南京人，包括原南宋辖区的所有居民沦为底层的贱民。

蒙古人用铁骑与战刀赢得了话语权，这个世界将按他们对世界的认知安排新的秩序。元朝把人按种族与地域分为四等，蒙古人地位最高，色目人次之，北方汉人、高句丽人为第三等，南宋地区各族称南人，为最下等。

除了种族的贵贱，所从事的职业也被归纳为十等，即一官，二吏，三僧，四道，五医，六工，七猎，八民，九儒，十丐。僧侣不需劳动，还被大量赐田，地位仅次于官吏。读书人没有任何出路，既不能入仕也不能糊口，沦落成了乞丐。元朝的官，基本是蒙古人世袭，一些理财及技术工作，多由色目人打理。汉人、南人很难参政。《元史·百官志序》载："其长者，则蒙古人为之。"叶子奇在《草木子》中说，元朝中后期开科举，也无平等可言。汉人的考题远难于其他种族，名额也作了限定。

蒙古人把征服的土地视为私产，非常任性。灭南宋后，将江南民户分赐诸王、贵族、功臣、寺院、僧侣，多者赐民户十数万。这些民户中，原本拥有土地的自由民，转瞬之间沦为奴隶。赵翼在《廿二史札记》中说："元初起兵朔漠，端以畜牧为业，故诸将多掠人户为奴。……及取中原，亦以掠人为事。"阿尔哈雅行省荆湖，一次降三千八百户为家奴。元人把游牧地区的奴隶制也带了过来，奴隶可作为私产任意买卖，称作"驱口"，意为任加驱使。

农村的乡里也改为了村社，二十户为一社，五户才允许使用一把菜刀，可能用作武器的农具皆被禁用，包括禾叉。连打猎，汉人也不得参与。

税收也是分等的，蒙古人、色目人轻，汉人、南人偏重。北方赋税轻于南方，元初，南人仅征秋税，后复用夏秋两次征税。伐安南时，色目人的马三匹征二匹，汉人全征。

当时南京地区农民，除了人身权利受到管制与歧视之外，真实的生活状况，可从元人方回《续古今考》感知一二：

> 予往秀之魏塘王文政家。望吴侬之野，茅屋炊烟，无穷无极，皆佃户也。

这里隐含两条消息，农民大多数没有土地，只能给豪强充当佃户，住的是茅草屋。

> 一农可耕田三十亩，假如亩收三石或二石……且曰纳主三十石，佃户自得三十石。五口之家，年食十八石，有十二石之余。多常见佃户携米……至其肆，易香烛纸马油盐……药饵之类不一。

这就是说，在平常的情况下，农民生活尚能过下去并略有盈余。要补充的是，佃农分有牛、无牛两种，养不起牛的佃农，交租一般多于收成的百分之五十。但逢灾年，佃农往往沦为乞丐。袁安《踏灾行》诗中题记言及，他与一个叫李福五的乞丐交谈，李“种官田三十亩，延祐七年（1320 年）三月，卖衣得犁与租……谁知六月至七月，雨水绝……县官不见高田旱……逼我嫁卖赔官粮”。

成吉思汗时期，蒙古人犯法，杀死人只需赔偿一头驴。到元朝，这些种族观念被写进了法律。《元史·刑法志》中，“诸蒙古人因争及乘醉殴死汉人者，断罚出征，并征烧埋银”，打人致死，只需出烧埋费用。而汉人仅伤及蒙古人则犯杀身之罪。汉人不得学习蒙古、色目文字，还曾被禁止骑马(《大元马政记·马政杂例》)。

废除残酷的肉刑，是人道与隐忍之心，元代却又将肉刑写进法律，如，“盗牛马者，劓”。凌迟这样的酷刑，展示、放大了人性的恶，汉文帝时即已废除。《元史·刑法志》却重以复用。但许多学者指出，元代法苛，但执行流于宽泛，更无以言治罪，远不及明清严酷。

作为四等公民，元代的南京人想必活得十分压抑。除了上述种种限制外，他们不能三五成群，连几个人合伙做买卖都不行。像李白当年在南京呼朋引类、招摇过市的景象不会再有，那已触犯聚众之罪。

元朝实行“路引制”，限制人口流动。想离开南京走亲访友，需得层层审批，发给路条。《大元圣政国朝典章·刑部·路人验引放行》规定：

凡行路之人，先于见住处，司县官司具状召保，给公凭，方许他处勾当。

经过关津渡口，验此放行，经司县呈押。如无司县，于尉司或巡检呈押。无公引者，并不得安下。遇宿止，店户亦验引，明附店历。……违者，止理见发之家，答二十七下。

秦暴政时期的“夜行”之罪又恢复了。里坊居民不再有宋时的自在，夜间实行宵禁。“禁钟响起，即不准居民出行、饮宴、点灯。看守之人，巡行街市，视察禁时以后，是否还有灯火。如某家灯火未灭，则留符记于门。翌日传屋主至法官处讯之。若无辞可藉，则处罚。若夜间禁时以后，有人行街中，则加以拘捕，翌晨送交法庭。”这简直是全民双规，国家成了变相的监狱。

宋元易帜，王夫之与黄羲之都感觉到，这是一个历史的节点。王朝交替，历代都不过是易姓，唯宋亡，亡的不只是政府，同时亡了天下，中断了文明的接续。

黄宗羲说：“夫古今之变，至秦而一尽，至元而又一尽，经此二尽之后，古圣王之所恻隐爱人而经营者荡然无具。”

王夫之说：“二汉、唐之亡，皆自亡也。宋亡，则举黄帝、尧、舜以来道法相传之天下而亡之也。”

第八章

明朝

公元 1368 年至 1644 年

奢华

明朝不过是中国皇权体制的一次翻版与接续。问题是，一个重要的历史坐标变了，那就是时间。秦汉与古罗马帝国并存，之后，欧洲进入千年的沉寂与黑暗，唐宋称雄于世界。而明朝却处在世界正发生逆转的节点。当明朝实行海禁，强令寸板不得下海时，欧洲的水手已经开始环球航行。也许，任意将大臣廷杖致死，不过是皇权制度最正常的任性与霸道，但此时，欧洲的文艺复兴已经高扬起『人』与人权的旗帜。显然，明朝锦衣卫的设立，完全是对法治精神的一次粗暴的反动。一切人类的新知，都是人类的共同财富。明朝背负着几千年积累的沉重包袱，循着巨大的历史惯性，与世界擦肩而过。

这一切，饱经沧桑的南京城，都是默默的见证者。

◎阅读地图

一户南京农民的命运

南京句容县通德乡（石狮镇）朱家巷（今属句容经济开发区），居住着一户朱姓人家。这户人家何时定居于此，已不可考。但至少可追溯到南宋，朱家即有几代人在此务农。

应天府

朱元璋巡视金陵城垣后，对跟随的诸将说：『金陵险固，古所谓长江天堑，真形胜地也。仓廪实，人民足。吾今有之，诸公又能同心协力以相左右，何功不成！』

九字三策

朱元璋亲问安邦之计。朱升对以『高筑墙，广积粮，缓称王』九字三策。

扶贫抑富，官不聊生

那民工慌忙跪下，说『臣便是』。罗复仁的妻子搬来椅子，但椅子破了，钉补了两块旧木头，罗复仁只好请朱元璋在矮凳上坐下。

大迁徙

倘若有幸从明初的天空俯瞰，从塞外阴山之北，玉门关外沙漠，到广东江浙沿海之地，纵横华夏的驿道之上，时常可见上万或数万之众，有如蝼蚁，在官兵的护卫押送下，离乡远徙，呜咽之声回荡长空。这样的景象，持续达五十年之久。

天下第一城垣

只有走近那残留的老城墙，面对风雨剥蚀的城砖、岁月磨洗得不再清晰的砖文、砖缝中的衰草苔痕，你才能看到流逝的时光居然也有分量，且是如厚重。

《惨睹》

建文帝是死于南京宫城的大火，还是流落民间，也许这些都不再重要。重要的是，几百年后回望历史的那一声叹息。

教坊司考

繁殖的需求是短暂的，繁殖的准备是漫长的。调情是一个无比美妙，无比含蓄，欲说还休，可意会而不可言传的过程。这是另一种形式的争斗与较量。激发出雄性与雌性最为美好的冲动，乐音、舞姿、书法、绘画、诗情，一切关于艺术的情绪在荷尔蒙充斥的热血里发挥到极致。

或者，这是教坊青楼留下的一个意外？

锦衣卫

锦衣卫制度连刑法的约束都没有了，这不能不说是法制精神与文明进程的一次重大倒退。

廷杖在《大明律》中找不到任何根据。侦查、抓捕、刑讯到刑部监狱，大理寺、都察院都无权过问，最基本的执法程序荡然无存。

见下页→

远航，从南京出发

郑和下西洋，出发地为南京无疑。明茅元仪的《武备志》，收有《郑和航海图》，全称为《自宝船厂开船从龙江关出水直抵外国诸番图》，标明船队从龙江宝船厂出发，经刘家河，驶出长江出海口。

迁都

洪武之时，驻军满城，先后诛杀官吏达十余万，建文之政则战事不断，朱棣当朝，又是一轮诛杀。在这样的背景下，南京市民时常生活在惶恐之中。《客座赘语》中说：『人家畏祸，衣饰、房屋、婚嫁、宴会务从俭约，恐一或暴露，必招扳累。』即使有钱，也都装穷，谨小慎微过日子，并且成为风尚。

迁都之后，南京人口结构发生了重大变化。庞大的中央衙门搬了，锦衣卫也走了，驻军骤减，顿时天高皇帝远，士风民俗因之大变。

利玛窦

一切似乎顺理成章，南海的一场大雨湿透了一艘海船的货物，货物只能卸载上岸，在一个叫濠境（澳门）的渔村晾晒。这艘船来自一个叫葡萄牙的番夷。谁也不会在意，这样不足挂齿的小事，竟然是一个重大暗示，人类对世界与自身的认识已悄然变化。史学上西学东渐的概念，便是从这一船晾晒的货物开始。

《南都繁会图》

所有文字对实相的表述，都需要个人经验译读，被文字过滤的实相，远远不及图片直观。还有什么能比《清明上河图》更能感知宋时汴梁街头盛景呢？

很幸运，明代南京的风貌，前人竟然留下两幅写实的图卷。

金陵众生录

天下的土地都是皇帝一家的。用什么证明呢？就靠刀、枪、监狱、刑法这些东西。这些东西皇帝一家无法管，要雇人，雇来管这些凶器的叫武将。

土地太多，要一个庞大的机构收税，处理诸多事宜。雇用到这个机构的，叫文官。

去一趟晚明的南京

去一趟晚明的南京不难，只需要把仇英的《南都繁会图》展开，你就可以走进几百年前的街道，融入当年街头的人流。

如果还想看看上元的灯会，那还有无名氏的《上元灯彩图》。

丧钟为谁而鸣

十九日拂晓，明思宗以白绫上吊于景山一棵树上。没戴帽子，长发盖脸。右脚穿红鞋，左脚连鞋也没有。身穿的袍子上，写有亲笔遗诏。

一户南京农民的命运

南京句容县通德乡（石狮镇）朱家巷（今属句容经济开发区），居住着一户朱姓人家。这户人家何时定居于此，已不可考。但至少可追溯到南宋，朱家即有几代人在此务农。

元灭南宋，山河易色。财产权利的再分配，改变了朱家的命运。通德乡一带土地，封赏给了色目人玉里伯牙吾氏。朱家是典型的南人，按元朝种姓的划分，地位落入了最底层。没有了土地，失去了生活最基本的来源，想生存下去，要么充当佃户，要么流落他乡。

当时朱家的户主，叫朱初一。“元制，庶人无职者不许取名，止以行第及父母年龄合计为名。”（俞樾《春在堂随笔》）在元代，看名字就可知人的贵贱。能有个正式名字的，绝非寻常之辈。

1289 年，朱初一带着两个未成年的儿子朱五一（十二岁）与朱五四（八岁），离开祖居之地，渡江北上，到安徽盱眙垦荒谋生。

盱眙垦荒没有给朱初一带来什么好日子，朱初一死后，家中依然一贫如洗。朱五一与朱五四兄弟只好各自流浪谋生。

直到朱五四年近半百，才在濠州钟离（今安徽凤阳）东乡定居下来。

1328 年秋忙时节，朱五四与有孕在身的妻子陈氏，午饭之后赶往麦田。途中陈氏腹痛难忍，来不及返回家中，在村边二郎庙产下一子。是个男孩，取名朱重八。

朱重八的出生，没有给这个家庭带来多少喜悦。多了一张要吃饭的嘴巴，就是多了一份生存的压力。其时，朱五一有四个儿子，重一、重二、重三、重五。朱五四有三个儿子，重四、重六、重七。这便是朱重八名字的由来。此外，朱重八还有两个姐姐。

朱重八自幼体弱多病，生下三四天仍不会吸奶。对一个如此贫困的家庭来说，唯一的办法是去寺庙，求助于神灵庇佑。

1337 年，朱重八已十岁，由于租主改佃，一家人被迫迁往钟离（凤阳）西乡。新租的农田土地贫瘠，收成很低，难以糊口。三年后，改迁太平乡孤庄村，给一个叫刘德的地主当佃户。这段时间，朱重八上过几个月私塾，最终失学，给刘德放牛，并结识童年伙伴汤和、徐达、周德兴等。

1343 年，濠州发生旱灾，随之蝗灾接踵而至，瘟疫流行。正值青黄不接，村民大批饿病而死，朱家也没能躲过这场灾难。

四月初六，朱重八眼见六十四岁的父亲病死。初九，大哥病死。十二日，大哥长子病死。二十二日，母亲陈氏病死。亲人相继逝去，连埋葬尸首的地方都没有。悲号之声惊动村邻刘继祖（从姓名看，应属殷实之家），他给了一块地，朱重八才得以破布裹尸，归葬家人。

三十五年后，朱元璋忆及此景，仍难抑悲伤。他在《御制皇陵碑》写下“殡无棺椁，被体恶裳，浮掩三尺，奠何肴浆”。

一个家庭，就这样散了。朱重八走投无路，只好去当地皇觉寺剃度当了小行童。扫地做饭，上香打钟。不久，寺庙也因灾荒施舍日稀，住持无奈，断粥散僧。朱重八托钵流浪，走遍淮西名都大邑。三年乞讨生活中，他感知社会民情，见识大长。当时民变四起，元朝政权已风雨飘摇。

云游化缘三年后，1347 年，朱重八回到皇觉寺。这时，他已是一个二十岁，有些阅历的青年了。

1351 年，白莲教首领韩山童、刘福通在安徽阜阳起义，义军头裹红巾，故称红巾军，推举韩山童为明王。1352 年，郭子兴起义于濠州。同年，朱重八与儿时玩伴汤和相约，投奔郭子兴，时年二十五岁。

朱重八作战勇敢、精明强干，更难得的是识字断句、粗通文墨。郭子兴深为赏识，调任其为亲兵九夫长。很快，朱重八成为郭子兴的左膀右臂。

郭子兴有至交，名马公，马公临终，将小女儿托其收养。马氏贤淑心善，时年二十一岁。郭子兴遂将马氏许配给朱重八，并为他取名朱元璋。

至此，这个改名朱元璋的朱重八，开始改写南京城乃至中国的历史。造化弄人，这一切，连他自己都没有预知。

应天府

南京这座城市是朱元璋的宿命，也是一个王朝的宿命。

朱元璋一生历战无数，决定其命运的一战，是攻克南京（集庆路）。

1354年春，时局是，元朝尚控制大部分政权，义军形成割据之势。长江上游陈友谅坐大，下游为张士诚占据。而红巾军内部也纷争不止，各自为政。朱元璋掌控的军队不过几万之众，何去何从，迫在眉睫。

是时，朱元璋兵屯濠州定远（今安徽定远），儒生冯国用兄弟在当地结寨自保，遂前来投奔。朱元璋问定天下之计，冯国用答：

金陵龙盘虎踞，帝王之都。先拔之以为根本，然后四处征伐。倡仁义，收人心。勿贪子女玉帛，天下不足定也。

同年三月，郭子兴病故。红巾军以朱元璋为左副元帅，元帅府设在安徽和州。

时值和州粮荒，朱元璋率兵渡江，攻克采石，掠得大量粮食等战利品。诸将拟将所获装船回和州。朱元璋拔剑斩断缆绳，任船漂走。怒曰："成大事者，不觊小利。此去太平（当涂）甚近，舍此不取，将奚为。"（《明太祖实录》）果决，目光远大，意志坚定。他要的是金陵，而后志在天下。

攻克太平（当涂），元太平路总管靳义拒降，赴水而死。朱元璋命具棺，以礼葬之，深得人心。明道书院山长陶安率当涂父老迎谒。朱元璋召陶安入语。陶安说，当前"豪杰并举，皆意在子女玉帛，而非救民"。指出当今所谓豪杰，都不过目光短浅，无非掳掠妇女，草菅人命，抢点财宝，成不了大事。进一步指出，要夺取天下，重在获取民心。"神武不杀，人心悦服，应天顺人，以行吊伐，天下不足平也！"

朱元璋问："吾欲取金陵如何？"陶安说："金陵古帝王都，取而有之，抚形胜以临四方，何向不克？"

1355 年六月，朱元璋分南北两路，夹攻集庆，遭元军守将南台御史大夫福寿奋力反击，北路军兵败退回当涂。

九月，围城再攻，叛将陈埜先与福寿里应外合，诱杀朱元璋手下郭天叙、张天佑两员大将，红巾军大败，退守溧阳。

1356 年三月，朱元璋养精蓄锐，亲率大军水陆并进，三攻集庆，扫清外围守军，架云梯攻入城垣。福寿兵败被杀，元朝江南统治中心集庆终归朱元璋之手。

大军入城，朱元璋张榜重申军纪，不得扰民，一卒违命，立斩之。史书说，"城中肃然安谧"，好像没打过仗一样。

对战死的元军统帅福寿，举行葬礼，以旌其忠。

又召集官吏，告之各安其位，原来做什么，依然做什么。

并告城中父老：“元失其政，所在纷扰。兵戈并起，生灵涂炭。汝等处危城之中，朝夕惴惴，不能自保。吾率众至此，为民除乱尔。汝宜各安职业，毋怀疑惧。贤人君子有能相从立功业者，吾礼用之。居官者，慎毋暴横，以殃吾民。旧政有不便者，吾为汝除之。”

城中聚集军民达五十万之众，无不诚服。

朱元璋巡视金陵城垣后，对跟随的诸将说：“金陵险固，古所谓长江天堑，真形胜地也。仓廪实，人民足。吾今有之，诸公又能同心协力以相左右，何功不成！”遂改集庆路为应天府，意为顺应天命。这个名字的改动，也包含朱元璋争取民心的考量。

应天府辖溧水、溧阳二州，上元、江宁、句容三县。应天府首长复称知府。其治所设西锦绣坊元御史大夫宅（今府西街市一中学一带）。

朱元璋占据金陵，先居城南富户王彩帛宅，后迁至东锦绣坊元御史台衙署。先称吴国公府，后称吴王府。在此居住办公，长达十二年之久，至1368年登基后才移居新建皇宫。王府内设白虎殿、东宫、西宫，中书六部亦在府内办公。故址在今中华路东，内桥至王府园一带。

九字三策

朱元璋攻取集庆前后，遍访贤儒，礼遇有加。得李善长、冯国用兄弟、陶安、李习、夏煜等，一时麾下人才济济。1357年，邓愈克徽州，引荐隐居于此的贤士朱升。朱元璋亲问安邦之计。朱升对以“高筑墙，广积粮，缓称王”九字三策，深得朱元璋认同，遂以此为问鼎天下之根本方略。

“高筑墙”与冯国用、陶安等人的建议是一致的，即建立以应天府为中心的坚固根据地。在天下大乱时，求得局部的安定与治理，开创稳固的政治局面，稳扎稳打，南击江浙，北攻皖南，伺机扩大地盘与影响，由弱转强。

对确立金陵为根据地的战略设想，朱元璋事后感慨：“若舍而归，必难再举，江东非吾有也。”（《明太祖实录》）

江左素为经济富庶之地，经营得法，取其资财，足以支持长期战争。

历代养兵之法，特别是民变而起的队伍，其给养多取自“寨粮”，每驻一地，即向富户百姓征粮。这种方式，很容易转为“检刮”，即掠夺，民苦不堪，部队也沦为流寇与祸害。朱元璋执政后，十分忌讳提及红巾军那段历史，并因此而引发文字狱。他内心已视之为贼寇。

得应天府为根据地后，朱元璋以宽政深得民心，废除“寨粮”，改以“军屯”广积粮食。

一是军人闲时屯垦。史书载，朱元璋任命康茂才为秦淮冀水军元帅兼营田使。康茂才领军在龙江及金川河中下游开垦农田约七千亩，五年时间，获粮一万五千石，扣除军饷，库存七千余石。吴祯驻军江阴，完全靠屯田自给。

二是农民闲时练兵。朱元璋把这种民兵制度讲得十分清楚：

> 古之寓兵于民，有事则战，无事则耕。暇则讲武。今兵争之际，当因时制宜。所定郡县，民间武勇之才，编辑为户，立民兵万户府领之。俾农时则耕，闲时练习，有事则用之。事平，有功者升擢，无功者还为民。如此，则民无坐食之弊，国无不练之兵。以战则胜，以守则固。庶几寓兵于农之意也。

军屯古已有之，但朱元璋推行的军屯制度最为完备，也获得了最好的实效，为平定天下做好了扎实的物资准备。

“缓称王”则是对天下大势做出精准判断之后的韬晦之策。当时各路义军割据，互不相容，但共同的对手依然是元朝的政府军队。陈友谅居长江上游，韩林儿、刘福通的红巾军在中原，张士诚则踞长江下游，朱元璋以金陵为根据地，完全避免了与元军主力对峙、争锋。朱元璋对此看得十分清楚，“今豪杰非一，我守江左，任贤抚民以观天下之变，若徒与角力，则猝难定也”（《明太祖实录》）。

朱元璋以投红巾军起家，但对红巾军信奉的白莲教并不认同。他称帝之后，发诏书将白莲教定为邪教，也忌讳再提红巾军那段历史。占据金陵，为了韬晦，依然使用红巾军大宋政权的年号，接受大宋政权的官职，长达十二年之久。不仅如此，他还派兵攻克宁国、徽州，与大宋政权成呼应之势，分割了陈友谅与张士诚的合围，为以后各个击破奠定基础。这不能不说是具有长远战略眼光的高明之举。

对于割据长江上游与下游的两个强大对手陈友谅与张士诚，朱元璋曾问刘基应对之策。刘基答："张士诚胸怀大志，必然守土观变。陈友谅野心勃勃，地居上游，必冒险进攻。若我们率先打击陈友谅部，张士诚可能坐视不救。可若先攻张士诚，陈友谅必然倾巢进犯我军，我军腹背受敌，形势就危急了。"

至正二十年（1360 年），陈友谅果然约张士诚合击朱元璋。如刘基所料，张士诚按兵不动。陈友谅恃兵多将广，顺江而下，直指应天。其势"投戈断江，舳舻千里"。

应天城内人心惶惶。刘基、朱元璋重申军令，主降弃城者，斩。并制定"诱敌深入，而伏兵邀取之"的应敌之策，让陈友谅旧友康茂才致书陈友谅，诈为内应，将陈友谅主力诱至江东。

陈友谅中计，在江东桥被朱元璋早已布下的伏兵大败。朱元璋乘机收复太平、安庆、信州、袁州，俘获降兵二万余人。

至正二十三年（1363 年），朱元璋与陈友谅决战鄱阳湖，陈友谅中箭而死。至此，朱元璋解决了群雄纷争最强大的对手。

朱元璋称臣的红巾军大宋政权，地处中原，长期与元军主力对峙，实力消耗殆尽。汴梁兵败后，退守安丰（安徽寿州）。1363 年二月，张士诚部将吕珍围困安丰，致城中人相食，有尸埋于地而腐者，亦掘而食之。或以井底泥为丸，用人油炸而食之。（《国初群雄事略》）刘福通战死。朱元璋派兵勤王，大败吕珍。将大宋皇帝小明王韩林儿，迎至滁州，礼遇有加。“挟天子以令诸侯”。

至正二十四年（1364 年），朱元璋平定南方割据势力，节节胜利。十二月十二日，朱元璋命廖永忠往滁州迎小明王韩林儿至应天。至瓜州，船翻，韩林儿落水而死。大宋亡。（见《明史》）

次年，朱元璋改年号为吴元年。

1367 年九月，朱元璋攻克平江城（苏州），押张士诚至应天，张士诚自缢而死。最后一个对手，据地两千里的大周灭亡。

1352 年，朱元璋离开寺庙，投奔郭子兴，从士兵做到亲兵九夫长（班长），至 1356 年，仅用三年多时间，即占据金陵。用“九字三策”，静观天下之变，苦心经营近十年，最终扫荡所有割据对手。此时，元朝政权也气数将尽。

1368 年，朱元璋称帝，明王朝建立，改元洪武。

扶贫抑富，官不聊生

夏开熙元年（1367 年）十一月，应天府祭天的圜丘告竣，朱元璋带着长子朱标前往参加仪式。之后，到郊外去了几户农家，实地观看农民吃住生活状况。回宫，朱元璋对朱标说：

> 汝知农之劳乎？夫农，勤四体，务五谷，身不离田亩，手不释耒耜，终岁勤动，不得休息。其所居不过茅茨草榻，所服不过练裳布衣，所饮食不过菜羹粝饭，而国家经费皆由其出。（《明太祖实录》）

朱元璋与家人早年流离失所，是真正一无所有，生活于社会最底层的佃农。这种经历，决定了他对底层百姓有不同于历代帝王的情感，对富人与官吏则超乎寻常的苛严。

他能力过人，铁腕执政。洪武之治长达三十一年，扶贫抑富，官不聊生。

1362年正月，对渡江开创之地太平（当涂）免税六年，应天、宣城免税一年。五月，又下令徐、宿、濠、泗、寿、邳、襄阳、安陆免徭赋三年。

洪武元年（1368年）七月，诏免吴江、广德、太平、宁国和滁等地水旱灾租。

1369年诏免山东、河南、山西田租。

洪武十三年（1380年）五月，应天皇宫谨身殿遇雷击，诏令免天下田租。

《明太祖实录》这类记录很多，不胜抄录。局部免租，尚有随意性，但全面减租，却是惠及全民的长期政策。洪武七年与洪武十三年，两次减租下来，使田税从每亩七斗五升，减至每亩三斗五升，减免一半还多。还规定灾年必减征租税。对此，《明太祖实录》也有众多记录。

洪武时期"宽赋养民"的低税政策，必然导致国家财政收入降低，按黄仁宇先生的统计，直到明代中后期，政府每年财政收入才三千多万两白银。而宋真宗时最高财政收入，达到一亿六千万两。这个数字当然有争议，但明朝政府财政收入很低则是不争的事实。

道理很简单，政府钱少了，百姓钱就多了。政府钱多，每分每文都取之于民，只供皇族官吏挥霍，天下黎民福祉又在哪里？

1366年四月，朱元璋问刘基等人："兵戈未靖，四方凋瘵。军旅之需，一出于民"，有无办法减轻百姓负担？刘基认为"出民所供，未可纾也"，答案是没有办法。朱元璋说"当定赋以节用，则民力可不困"，决定政府节约开支。

这使得明朝官员的薪水历朝最低。一个正七品，即县"一把手"

的年俸，才米九十石。五六品的州府高官，也不过一两百石。要命的是，这些米，连一半也拿不到，其他折换成布帛及库存物品。海瑞任淳安县令时，工资七扣八扣下来，每年才领到米十二石。

顾炎武曾感叹："自古百官俸禄，未有如此者。"

文人笔记载，朱元璋有个幕僚罗复仁，曾代表他出使安南等国，与刘基等同为弘文馆学士。一日，朱元璋兴之所至，在应天城外找到罗复仁家，看见有人在用石灰刷破房子，便问罗复仁在何处，那民工慌忙跪下，说"臣便是"。罗复仁的妻子搬来椅子，但椅子破了，钉补了两块旧木头，罗复仁只好请朱元璋在矮凳上坐下。像罗复仁这样级别的官员，靠薪俸，生活不比普通百姓富裕多少。之后的海瑞、于谦，日子也很清贫。

但大多数官员并不像他们一样古板，地方官往往在税收上打主意，俗称"火耗"，即多报库存损耗。京官则接受地方官的馈赠。馈赠的来源当然不可能是他们微薄的薪水。

这就引发了明初第一大案——空印案。各州府县每年都须赴京师户部核对赋税钱粮军需物资数目，数目相符方可了结。大多数州府到京师数百上千里，往返不易，为省事，都携带盖了公章的空白文册。但这也为虚报提供了方便。洪武九年（1376年），朱元璋侦知，处死主印官员数百人，廷杖戍边达数千人。

洪武十八年（1385年）三月，有人举报户部侍郎郭桓与地方官员串通，贪污官粮。朱元璋下令司法查办。酷刑之下，招出礼部尚书赵瑁、刑部尚书王惠迪、兵部尚书王志、工部尚书麦志德，连同户部侍郎胡益、王道亨，六部高官几乎全都涉案，还包括大批地方官员及江浙富户。最初公布涉赃粮七百万石，株连死徙者达数万人，以致江浙一带巨富之家"数年之中，或死或徙，无一存者"（《匏翁家藏集》），《明史》也说，"明中人之家，大抵皆破”。

这仅是明初涉贪大案，洪武年间所杀六部高官还有户部尚书赵勉、户部尚书开济一家二十口等，连朱元璋的女儿安庆公主的丈夫欧阳伦，也因私贩茶叶被杀。

《大明律》对贪官污吏的处罚十分严苛，凡贪赃银达六十两，即处死，连公款吃喝也可能性命不保。洪武十九年（1386年），朱元璋派国子监一批年轻的监生、进士往各地了解灾情，不少人接受地方宴请，结果，一次杀了一百四十一人。

一些早被废止的肉刑，明代都有恢复，重则凌迟，轻则刖足。朱元璋还下令在各府、州、县、卫设“皮场庙”，将处死的贪官剥皮，填以稻草石灰，放置于公堂，警诫后任。

加上胡惟庸案、蓝玉党案，洪武一朝，被杀官员总计达十余万之多，可谓骇人听闻。

大迁徙

明初的全国大移民，恐怕是当时最为壮观的景象，即使在人类移民史上也极为罕见。

十多年的元末农民战争，作为主战场的中原地区，河南、河北、安徽、山东等地，已是赤地千里，荒无人烟。战争迫使大量难民逃往偏远、相对安全的地区，使得山西、江浙人口较为密集。仅据1380年的户口统计，虽经洪武初年几次迁徙，山西人口仍多达四百多万，是河南、河北这些省份的三倍之多。

自洪武三年（1370年）始，朱元璋即诏江浙“苏、松、嘉、湖、杭五郡，民无田产者，往临濠州（凤阳）耕种。以种田为世业，官给牛、种，舟粮资遣，三年不征税”。首迁四千户，约二万人。

1370年，从山西迁无地农民至濠州屯田，1382年迁广东番禺、东莞、增城二万四千四百人到泗州（江苏盱眙）垦荒，1389年徙两浙无田者往耕南滁州（安徽滁县），徙山西贫民于大名（河北大名）、广平（河北肥乡）、东昌（山东聊城）。类似这样数万人规模的迁徙，直至洪武末年，几乎没有间断。

东昌府管辖的地域，有山东聊城、武城等九县，河北丘县、馆陶，河南范县，合计十二县，如此巨大的面积，战后荒无一人。人口自洪武四年（1371 年）后才陆续迁入。

洪武二十八年（1395 年），户部令官员从湖广、江西购买耕牛，派给东昌府屯田贫民达万头之多（见《明太祖实录》）。当年，东昌、广平、大名三府已有屯田户达五万八千一百二十四户，人口四十余万，官府收租粮食三百余万石、棉花二百四十八万斤。

综观而论，洪武数年的大规模移民，政府待遇优厚，不少是无地农民，需要另寻活路。无奈的是，朱元璋过世之后，靖难之役爆发，长达四年的战争中，无辜平民惨遭屠杀，中原很多地区再次人口锐减。

朱棣夺得政权之后，又开始长达十八年的大迁徙。朱棣崇尚武力，没有朱元璋沦落底层的经历，当然不会有朱元璋那种贫民情怀。大多数移民是强制胁迫的。朱棣抽调押送移民的军队即多达十万。

从洪武到永乐，开始长达五十年的人类大迁徙。仅山西一地，徙民多达百余万，迁至十八个省，五百多个县中，最远离家数千里。

一棵大槐树成了这次大迁徙形象的记忆，定格于历史之中。

洪洞县广济寺有棵巨大的槐树，树荫遮盖数亩之地。官府在树下设立办公场地，洪洞及周边数县居民都到此办理迁移手续，领取“凭照川资”，在官兵押送下，从这里出发，迁往全国各地。

开始是自愿移民，但远不足数，继而规定，“四口之家留一，六口之家留二，八口之家留三”，仍不足数。官府则哄骗捆绑，将不愿迁移的农民一串一串牵起来，由官兵强行迁往各地，以致“牵衣顿足，哭喊之声不忍于闻”。

《洪洞县志》载，迁移多在秋收之后。寒风瑟瑟，大槐树落叶飘零。成群老鹳盘旋于槐树之顶，叫声动人心魄。移民塞路，拖儿带女，泪眼回望家乡，唯有大槐树上的老鹳窝依然在目，随之模糊消逝，成为家乡最后的记忆。

多年之后，黄淮之地有民歌传唱："问我祖先何处来，山西洪洞大槐树；祖先古居叫什么，大槐树下老鹳窝。"

老槐树死了，它的根上又生出新芽，长成大树，又历数百年，至今已亭亭如盖，立于洪洞县广济寺旧地。

明初的大迁徙，并不只是上述拓荒移民，还有蒙古统治者强掳塞外的汉民大批回迁。洪武四年（1371 年）三月，徙山后（内蒙古阴山以北）一万七千户，约十万人屯北平。六月，徙山后三万五千八百户，近二十万人安置于内地诸府卫。又徙沙漠遗民三万二千八百户，十数万人屯田北平。众多从塞外逃回内地的人家也得以安置，朱元璋还下诏废除元代"驱口"的奴隶身份。

明初南京人口流动数量惊人。洪武立都应天，曾徙直隶（江苏、安徽、浙江等地）民二万户，约十万人于京师，又徙江南富民一万四千三百户于京师。所谓富民，一般包括妻妾、奴婢用人，大多一户人口数十，南京人口陡增二十万以上。

永乐十八年（1420 年），朱棣迁都北京，不仅大批政府官员及亲眷搬离南京，随迁的还有大量富户，以致迁都之后，南京人口锐减，很多街坊合并。

南京居民较大规模迁出，还因为南征云南的战争。洪武十四年（1381 年），傅友德、蓝玉、沐英率三十万大军远征云南，这批军人，不少从驻守于南京的卫所开拔。两年后，云南平定，沐英留守，以致这批将士戍边不归，客居他乡。沐英在云南屯边垦地，大兴土木，又从南京招募大批工匠，这些人也在当地定居。

近年的民俗调查发现，云南坝区大量汉人祖籍南京。家谱、族谱、墓志多有“南京应天府杨柳湾”记载。杨柳湾位于今南京蓝旗街、御道街一带，当年可能为屯兵之地。

倘若有幸从明初的天空俯瞰，从塞外阴山之北，玉门关外沙漠，到广东江浙沿海之地，纵横华夏的驿道之上，时常可见上万或数万之众，有如蝼蚁，在官兵的护卫押送下，离乡远徙，呜咽之声回荡长空。这样的景象，持续达五十年之久。

逝者如斯，何人不是迁客？

天下第一城垣

人类再次证明，他们才是这个星球食物链最顶端的生物。疯狂的城市建设使得遍地高楼林立，千城一面。南方北方，山地平原，水泥森林遮盖了每个城市的个性与特征。若干年后，故乡这个词语还会存留于世吗？但，一条长达二十五公里的古老城垣依然能让世人一眼辨认出，这就是南京。

只有走近那残留的老城墙，面对风雨剥蚀的城砖、岁月磨洗得不再清晰的砖文、砖缝中的衰草苔痕，你才能看到流逝的时光居然也有分量，且是如此厚重。

历史一下拉回到六百多年前，那是1366年，按王朝年号的算法，称之为至正二十二年。《明太祖实录》载，“丙午八月庚戌朔，拓建康城”。

拓建南京的原因呢，“初建康旧城外距钟山，既阔远”，“旧内在城中……宫稍庳隘”，城太小，旧宫殿也太狭窄。这当然是书面语言，实际原因是朱元璋决定称帝，南京将成为新王朝的都城。

对南京这座城市而言，这是一个太重要的年份。它迎来了再次辉煌。

最初的构想，“定作新宫于钟山之阳，在旧城东白下门之外二里许增筑新城，东北尽钟山之趾，延亘周围凡五十余里。规制雄壮，尽据山川之胜焉”。

但随后的营建，历经不断修改、增建，远远超出这个规模。南京新城，城墙多达四重，为史所罕见。

宫城，又称大内、紫禁城。1366 年，刘基占卜择地，填燕雀湖而建。位于京城东隅，钟山南麓。呈长方形，南北各长零点七五公里，东西各长零点九五公里，周长三点四公里，御河环绕。城墙高度十一米，顶宽七米。有门六座，南三门，中为午门，左为左掖门，右为右掖门。东面东华门，西面西华门，北面玄武门。1367 年一月十七日，朱元璋参加开工典礼，亲祭山川之神。1368 年，朱元璋入住称帝。

宫城之外为皇城，俗称内城，内设中央行政机构，为治理全国之中枢。并设祭坛，为国家重大祭祀之地。1373 年六月二十一日，朱元璋下令守城军队筑皇城，环宫城等距离而建，呈长方形，城墙周长八点二公里。南有洪武门，北有北安门，东为东安门，西为西安门。永乐初年，朱棣令改建，形状也因之变动，俯瞰成倒凸形。墙垣周长十公里。开设城门七座，均建城楼。

历经六百多年兵灾战乱，皇城与宫城只留下偶尔出土的残砖断瓦。但凭借史籍残留的记载，现在仍然可感知当年的宏伟。

今南京城南的光华门，时称正阳门，与皇城洪武门位于同一中轴线，称之为京师之国门。

从光华门沿宽敞笔直的御道街，即到皇城洪武门。门上有城楼，华丽威严。过洪武门，经千步廊，两侧廊屋相接。千步廊后为六部九卿官署，布列左右。再沿中轴北行，经御道端门，端门左为社稷坛，右为太庙。之后即是宫城午门。午门是明朝廷杖官员之地，有明一朝，众多官员杖毙于此。开国元勋，封永嘉侯的朱亮祖被朱元璋在此廷杖致死。明世宗曾廷杖大臣一百三十四人于午门，一时血肉横飞，惨叫之声不绝于耳，十六人当场毙命。

进午门即入大内，皇帝居住办公之所。过金水桥（今称内五龙桥），为奉天门，左为武英殿，右为文华殿。

正北则是奉天殿，就是民间传说的金銮殿。朱元璋戴通天冠，御白袍，坐在金椅之上，背后有巨大的金漆屏风，常在此接见文武大臣。

奉天殿之后是华盖殿与谨身殿，这三大殿构成皇宫主体。谨身殿之后便是皇帝与嫔妃起居的地方了，称之为后宫。

皇城是百姓的禁区。皇城之外才是百姓熟悉的京城。

京城又称城隍。城者，墙也；隍者，城壕也。所谓城隍，就是今天南京幸存的那座宏伟的城墙。第三道城垣是京城的范围，“东连钟山，西据石头，南阻长干，北带后湖”。从现存城墙遗址，大致可感知当年的规模。城墙周长说法不一，但最少在三十四公里之上。城内面积则为四十余平方公里。京城城墙于 1366 年九月五日开始修筑，至 1373 年一月五日，才基本竣工。但对城墙的扩建，增高增厚，直至洪武后期，从未间断。不同地段的城墙，高宽略有差别，低不下十四米，高可达二十一米，顶部多在七至九米之宽。

明代南京第四重城墙称之为外郭，又称郭垣。1390 年四月，朱元璋下令补建外郭。《南京都察院志》载：“都城既建，环以外郭。西北据山带江，东南阻山控野。”将钟山、幕府山、雨花台、玄武湖等河道悉收郭内。外郭周长达六十公里，重要地段的墙体以石为基，砖砌墙体，其他地段则夯土筑之。

《儒林外史》载“里城门十三，外城门十八，穿城四十里，沿城一转，足有一百二十里”，是实写当时南京，非小说家言。

如此巨大的京城建设，先后历经三十余年时间，涉五省数百个县，长年参与的民工、军人人数达数十万之多。除民工、军人外，还有罪囚、僧侣。

光城砖一项，每块重达四十斤，耗用多达三亿五千万块。从砖文可知，不只官窑、军队及周边地区开工烧制，有些城砖竟烧造于湖北荆州、湖南与广西接界的永州。

明代南京都城的建设，从1366年前后开始，至永乐十二年（1414年），朝廷才下令“停运营造城砖，罢遣军士，悉归休息”（《明太祖实录》）。其间给当朝百姓带来沉重的负担，连朱元璋都感叹：“人人上不得奉养父母，下不得欢妻抚子，如此者，二十六七年。”大批民工、军人死于这座城市的修筑，连僧人也“死者甚多”。

然而，明代南京城建设，是世界城垣建造史上的一个奇迹。每块城砖不仅嵌刻窑工的姓名，连各级监管的官员，下至里甲，上至州府都要署名，其质量要求可想而知。城墙的黏合材料，使用石灰、糯米汁、蓼草汁、桐油等，坚韧无比，关键部位还铸以生铁，以至其主体屹立六百余年而不摧，为当代后人赞叹。顾炎武说：“南都城坚甲于海内”，“吾行天下，未见于坚厚若此者”。（《肇域志》）

两个欧洲人，一个是葡萄牙的曾德昭，他在明朝后期到达中国，游历长达二十二年后，断言：南京“是中国最大最好的城市”（见《大中国志》）。

意大利传教士利玛窦于明中期三次在南京生活，他的结论是，“这座城市超过世上所有其他城市”，“到处都是殿、庙、塔、桥，欧洲简直没有超过它们的建筑”。

《中国杂记》中载，它“为三重城墙所环绕。其中第一重和最里面的一重，也是最华丽的，包括皇宫。宫殿依次又由三层拱门墙所围绕，四周是壕堑，其中灌满流水。这座宫墙长约四五意大利里。至于整个建筑，且不说它的个别特征，或许世上还没有一个国王能有超过它的宫殿”，“总之，一切应有尽有”。

“第二重墙包围着包括皇宫在内的内墙，囊括了该城的大部分重要区域。它有十二座门，门包以铁皮，门内有大炮守卫。这重高墙四围差不多有十八意大利里。”这一道围墙，“周围也有二十多里长,全由大石块筑成,坚实宽大,上面足可并驰三驾马车”。

至于京城与外郭，他说：“当地人讲了一个故事，两个人骑马从相反的方向行走，花了一整天时间才遇到一起。”

《惨睹》

以暴力起家的帝王，都会催生一种共同的性格：多疑好杀。

洪武之治，“其残忍千古未有”。朱元璋以贪污谋反等诸多罪名，将开国功臣十一公、五十七侯诛杀殆尽，受牵连而被杀的官员达十余万之众。

功臣傅友德之死最为惨烈。傅友德伐北元，平四川，征云贵，战功卓著，浑身伤痕累累，封颍国公。但他很快进入朱元璋的清洗名单。张岱《石匮书》载，傅友德参加朱元璋举行的宴会，分食的一盘蔬菜没有吃尽，朱元璋视其为大不敬，怒斥，并曰：“召二子来。”友德出，不久，浑身血迹，手提两个儿子的人头，见朱元璋。朱元璋说：“你如何忍心下手？”傅友德答：“你不是想要我们父子的人头吗？都给你。”遂拔匕首自刎。朱元璋以谋反罪将傅家子女亲属发配辽东、云南。

查继佐《罪惟录》则记录，名将蓝玉临刑前大呼：“朱公谓天下已定，何不留一二防不测乎？”

朱元璋以为杀尽功臣能人，江山就能稳固。谁知撒手才一年，天下大乱，蓝玉的呼喊终于应验。朱元璋传位的建文帝已无良将可用，眼睁睁让朱棣弄得民不聊生，失了皇位。

当然，建文帝的失败，还源于一条无奈的法则，君子斗不过流氓，有底线的，必定输给没有底线的。一切善念都不属于丛林。

靖难之乱，建文帝派兵征讨。《明史纪事本末》载，出师前，建文帝给将士画了一条红线，

> 一门之内，自极兵威，不祥之甚。今尔将士与燕王对垒，务体此意，毋使朕有杀叔父名。

战争没有中间选项，要么你死，要么我亡。这样的仗怎么打？朱棣每逢战事不力，即冲锋陷阵，将士无可奈何，谁也不愿背一个使皇上“有杀叔父”的罪名。靖难之乱的结局就此注定。

虽为皇家内斗，但战事胶着，大小战役数十次，持续达四年之久。

1399年八月十三日朝廷出兵三十万，与燕军交战于真定（河北正定）、莫州、雄州，被斩杀三万余人，溺死者无数，最终只剩十万残兵。

同年，建文帝任命李景隆为帅，领兵五十万，围困燕王首府北平，损兵无数，最终败走德州。

1400年四月一日，李景隆于德州集结援兵百万，再度北伐。双方大战于白河沟，朱棣先败后胜，朝廷军大溃，被斩杀溺死者十余万。继之德州失守，百万余石贮粮尽归燕军。李景隆在济南

城外再败，单骑逃回南京。

负责督运粮草的山东参政铁铉收拾溃散残兵，坚守济南，屡败燕军，继而收复德州。朱棣数历险境，都因“毋使朕有杀叔父名”的圣旨化险为夷。

1401 年，河北夹河、藁城之战，朝廷军再遭败绩。1402 年，安徽齐眉山（凤阳灵璧西南）之战，朝廷军主力损失殆尽。

1402 年六月，燕军渡过长江，兵临京师。六月十三日，谷王朱穗与李景隆打开南京金川门，迎朱棣入城。

“时宫中火起，帝不知所终。”自此，建文帝的下落一直是朱棣的心病，也成为史家争论不休的千古疑团。

四年人祸，苦的是天下苍生。

元末战乱之灾，河南、河北、安徽、山东几省，已是千里无鸡鸣。洪武三十余年大规模移民，这些地方才渐渐恢复生气。靖难之后，“长淮以北，则鞠为草莽”，一片荒芜。

燕王起兵，老百姓并不欢迎。《南宫县志》载，“燕兵所过，各州县义民目为叛逆，争抗拒之”，不愿交纳粮饷，“燕王愤甚，燕东以南，所过为墟，屠戮无遗”。类似记录还见于邢台等县志。“燕王每攻一地，屠其城，赤其地。”历史是胜利者书写的，朱棣握有正史的话语权。但沧州、盐山之役也言及赤地屠城。不管真相如何，这些地方人口凋敝是不争的事实。永乐年间，朱棣多次动用军队，强徙山西等地之民，应可视为旁证。

二百年后，明末戏剧家李玉，以靖难之乱为题材，写昆曲《千忠戮》。《惨睹》为《千忠戮》中一折，讲南京城陷，建文帝剃度为僧，一路逃亡。见群臣被杀，传首示众，牵连官宦家族押解充边。山河易色，惨不忍睹，悲愤不能自抑。

唱词道：

收拾起大地山河一担装，
四大皆空相。
历尽了渺渺程途，漠漠平林，叠叠高山，滚滚长江。
但见那寒云惨雾和愁织，
受不尽苦雨凄风带怨长。
雄城壮，看江山无恙，谁识我一瓢一笠到襄阳……

时逢清兵入关，《惨睹》之山河易色之悲，人生无常之慨，深为世人认同，一时广为传唱，以致“人人收拾起，家家不提防”。

五百年后，1915年12月12日，袁世凯称帝，国号洪宪，拟为君主立宪。

“皇二子”袁克文曾见《惨睹》之词，大受震动，遂改名寒云，成为他命运的暗示。

1916年3月22日，仅三个余月，改制失败。袁世凯随之病逝。

袁寒云串演《千忠戮》，舞台依旧，此时已物是人非。张伯驹回忆：“项城逝世后，寒云与红豆馆主溥侗时演昆曲，寒云演《惨睹》一剧，饰建文帝维肖……寒云演此剧，悲歌苍凉，似作先皇哭。”观者多潸然泪下。

五百年前，建文帝由庙堂落入江湖，着一身僧衣，不知云游何处。

五百年后，最后一代末世王孙则把舞台人生唱得时空倒错，戏我两忘。走下舞台，那又该面对何种实在的世相？

建文帝是死于南京宫城的大火，还是流落民间，也许这些都不再重要。重要的是，几百年后回望历史的那一声叹息。

教坊司考

明代永乐一朝，汉语多了两个热门词汇：瓜蔓抄、教坊司。

朱棣进入南京，对建文遗臣的诛杀十分血腥，砍手、断足、剥皮、凌迟，无所不用其极。铁铉被当廷割掉耳鼻，投入油锅炸成焦炭。朱棣命卫士将方孝孺的嘴割开直至双耳，抓捕方孝孺的十族，从沾亲带故到朋友门生，无一幸免，共计八百七十三人，依次碎剐于方孝孺面前。

大臣景清被朱棣手下用开水浇泼后以铁刷将其肉层层刷下，骨头砸成碎末。又“令赤其族，籍其乡”，由家族至乡里邻居“转相攀染”，男女老幼，一个不留，谓之“瓜蔓抄”，以致景清祖籍“村里为墟”，全都杀光了。

至于这些遗臣的一些女眷，则另有生不如死的处置方法。一些被送至军营“转营奸宿”，大多数则被刺字发往教坊司，名为乐工，实为官妓，任人践踏。多年后，有的还生了孩子。（参见《明史》《明史纪事本末》《奉天刑赏录》《骨董琐记》等）

教坊司在明代，是隶属于礼部的一个政府机构，设主管一人，称奉銮，级别很低，正九品，管左、右韶舞各一人，左、右司乐各一人。这个只有五个正式编制的小机构，收花税，不差钱。更重要的，是权。它一个行业的政府主管，故而，衙署、人役（临时工）、刑杖，一应齐全。

这里要特别说到的，是“人役”这个词。古人讲的“人役”，就是现在协警一类的临时工，一朝权在手，便把令来行那种。其模样做派，颇有喜感，当下中国人一点也不陌生。

教坊司还有档案库，存祭祀礼乐资料，以及各种乐器乐谱。《万历野获编》说，教坊司所存光南曲杂剧就有上千种之多。下设乐院，为乐工培训、专处之所。设勾栏，为乐工演出场地，现代汉语称作剧院。设酒楼，给客人提供陪酒、卖唱、伴宿等服务。实际上，是乐院、勾栏、青楼三位一体的色情营业机构。

但好像又不全是如此。教坊司还负有一项国家最高雅的使命，每逢祭祀大典，最庄严的音乐由她们负责演奏。

这让“教坊司”三个字变得有些暧昧，但正因为暧昧，才特别符合国情。它可以高雅到有如万景台歌舞团，高水准演出令观者动容，成为国家象征；又可以低俗成直接的皮肉生意，尺度很大，中间全是潜规则的空间。

明朝立国之初，朱元璋下令在南京秦淮设青楼妓院，以增税收。

办妓院抓收入，不是朱元璋首创。最早见于史书的，是春秋时期的管仲“设女闾七百”，妓女多达万余人。成效斐然，搞活了齐国经济，吸引了各国人才。

先是，“太祖立富乐院于干道桥”，后毁于火，重建于武定桥畔，“尽取妓女赴京入院”。（《国初事迹》）

《五杂俎》说：

今时娼妓满布天下，其大都会之地，动以千百计，其他偏州僻邑，往往有之。

京城教坊官收其税钱，谓之脂粉钱。

可见，教坊司还有一项最重要的日常工作，收花税。

“洪武二十七年，上以海内太平，思与民偕乐，命工部作十酒楼于江东门外……后又增作五楼，自是皆成。”（《万历野获编》）实际是造了十六座酒楼，周晖《金陵琐事》记载甚详，“有十六楼者，在城内者曰南市、北市；在聚宝门外之西者曰来宾；在聚宝门外东者曰重译；在瓦屑坝者曰集贤，曰乐民；在西关中街北者曰鸣鹤；在西关中街南者曰醉仙；在西关南街者曰轻烟，曰淡粉；在西关北街者曰柳翠，曰梅妍；在石城门外者曰石城，曰讴歌；在清凉门外者曰清江，曰鼓腹”。

其中，来宾楼、重译楼专门接待海外商贾使节。教坊司的乐工则在这些酒楼三陪助兴。

今南京中华门外西街，来宾桥遗址尚存。《金陵琐事》载，来宾楼在“聚宝门外之西”，其旧址，大概就在这附近了。

勾栏为教坊司乐工演出场所，主要有两处：一在武定桥东，一在会同桥南。每有精彩歌舞戏剧，连皇族也有人前来观看。勾栏到明中后期，也出租给民间艺人演出，如柳敬亭，时称柳麻子，南京街头巷尾无人不知的说书艺人，也常在勾栏献艺。

历经百年沧桑，明后期，南京佳丽之地有了较大变化。余怀《板桥杂记》说，十六楼已寝烟无存，烟花色情业集中于南市、珠市、旧院三地。南市者，卑屑者所居。珠市在内桥旁，曲巷逶迤，不乏佳丽。而旧院，多是出自教坊司才色俱佳的南曲名姬、顶级歌妓，为达官贵人、文人才子流连忘返之所。

旧院前门对武定桥，后门为宝钞街。妓家鳞次，比屋而居。庭院花木萧疏，如入仙境。客人轻叩大门铜环，门启进屋，名犬欢吠，鹦鹉唤茶。侍女列队相迎，丫鬟领娘而出。

妓家，仆婢称之为“娘”，客人称之“小娘子”。娘子称客人为“姐夫”。坐定则罗绮芬芳，兴至则丝竹轻弹。酒阑棋罢，坠珥遗簪。余怀感叹，真欲界之仙都，升平之乐国也。宗室王孙，乌衣子弟，无不趋之若骛，英雄气尽。

教坊司，现在能对应的机构，大概只有文工团了。纳入政府编制，始于隋炀帝设教坊乐舞，“增益乐人三万余人”。唐承隋制，至玄宗，又在教坊之外增设“梨园”。有唐一朝，宿妓之风盛行，不仅有官妓、民妓，胡姬也加入了酒楼三陪。宿妓的题材，在唐诗中比比皆是。李白、杜甫、王维，无一不是这些场所的常客。在唐朝，不去青楼别馆的文人骚客，倒成了天大的例外。

以后各朝，教坊成为常制。宋朝理学兴起，人欲的面前多了一道义理的障碍。

明宣德年间因官员沉迷声色，荒废政务，曾一度革除官妓。《客座赘语》载，官员“宿娼一夜，罚银七分”，还要戴枷示众。但这些禁令很快成为一纸空文，连当朝宰相都没当一回事，《尧山堂外纪》收有三杨（杨荣、杨士奇、杨传）狎妓轶事：

> 三杨当国时，有一妓名齐雅秀，性极巧慧。一日，令侑酒，众谓曰：『汝能使三阁老笑乎？』对曰：『我一入便令笑也。』及进见，问来何迟？对曰：『看书。』问何书？曰：『《列女传》。』三阁老大笑，曰：『母狗无礼。』即答曰：『我是母狗，各位是公猴（侯）。』一时京中大传其妙。

到明后期，欢场依旧，官员了无禁忌。南京秦淮成了烟花极盛之地，出了柳如是、陈圆圆、董小宛等一批奇女子。这是后话。

按卷而想，所谓教坊官妓、青楼别馆，不过是人类最原始天性嬗变的产物。

一切物种，维持生命最根本的理由，仅仅是物种的繁衍接续。除此之外，还能有什么呢？

人类所有争斗，从街巷相殴，到部落、国家间的征伐，无不源自这一原始动因。

争斗的结果，无非是臣服雄性，征服雌性，最终获得占有支配的权力。

我们的先人，想法更接近真实。最古老的甲骨文，奴隶的“奴”字写作“”，左为女性，右为以手抓捕。意思很清楚，抢女人。

“妥”字的今义，是事情办得很惬意，甲骨文“妥”字写法为“”，上为手，下为女人，表示强迫，意思是抓到了女人，所以妥帖。

“奚”的甲骨文写作“”，上为手，即强制，下为绳索捆绑的女人，强制女奴之意。

“妾”的甲骨文写作“”，上为刑具，下为女人，实际指老婆之外的性奴。

甲骨文中这类字还有很多，表达的是造字的先人最直接的想法。后人把一切文化了，最简单的事实盖上了层层锦缎，反而变得扑朔迷离。

说白了，一夫一妻制是后天的义理，不是先天的人欲。人类群居，需要相处的原则与秩序，以义理规范人欲，世界才不致乱套。妓的存在，正是义理与人欲间的调节与中和。

繁殖的需求是短暂的，繁殖的准备是漫长的。调情是一个无比美妙，无比含蓄，欲说还休，可意会而不可言传的过程。这是另一种形式的争斗与较量，激发出雄性与雌性最为美好的冲动，乐音、舞姿、书法、绘画、诗情，一切关于艺术的情绪在荷尔蒙充斥的热血里发挥到极致。

或者，这是教坊青楼留下的一个意外？

锦衣卫

有明一朝，极权统治的最大特色，是军政特务机构的创立。

《明史·刑法志》说：

> 刑法有创之自明，不衷古制者，廷杖，东西厂，锦衣卫，镇抚司狱是已。是数者，杀人至惨，而不丽于法。踵而行之，至末造而极。举朝野命，一听之武夫、宦竖之手。良可叹也。

上面列举不同古制的几件事，实际是一件东西。镇抚司狱是锦衣卫的下设部门，廷杖由锦衣卫执行，而东西厂，与锦衣卫是同一性质，不过是特务机构的重复设置而已。

卫所为明朝军事单位的名称，一所千人，五所一卫。锦衣卫，最初不过是皇帝的侍卫与仪仗队。士兵选自民间，多相貌雄健，体格威硕者。

皇帝临朝，锦衣卫高官侍立御座之西，负责传旨。中下级军官一百余名则肃立午门至奉天门御道两侧。五百校尉排列于午门内外，执掌仪仗。

如有廷杖，锦衣卫当场扒掉受杖官员的官衣，以草绳捆绑，按倒在午门之外。廷杖工具有空心、实心、铅心三种。行刑校尉十六人分列两旁，每五杖一换。下杖轻重全凭太监暗示，若太监两脚分开成“八”字形，受杖官员尚可留下一命；若脚尖靠拢，则性命难保。武宗时，一次廷杖官员达百余人，毙命十一人。整个明朝，被廷杖致死的，有五十余人之多。

散朝，皇宫午门由锦衣卫日夜值守。

遇祭祀、出巡及大型朝会，锦衣卫高级官员着蟒服、飞鱼服、斗牛服，配绣春刀列于仪仗队伍，人数达一千五百之多，场面宏阔。

洪武十五年（1382年），朱元璋将亲军都尉府改置锦衣卫，下设镇抚司，从事侦查、逮捕、审问、情报等活动，并特令其掌管刑狱，刑部、大理寺、都察院都无权过问，完全听命于皇帝一人。这样，锦衣卫就成了凌驾于司法及所有政府机构之上，不受任何制约的特权恐怖机构。

朱元璋开此恶例，利用锦衣卫侦办胡惟庸、蓝玉等案，诛杀大臣官吏达数万之多。

锦衣卫曾于1387年被朱元璋裁撤，但朱棣执掌皇权后，因得位不正，于是变本加厉，不仅恢复锦衣卫，又加设东厂，成为太监当权，监督锦衣卫的双重特务机构。

之后，明宪宗于成化年间在东厂、锦衣卫之上再设西厂，明武宗在正德年间设内行厂，但不过横行五六年时间，很快就被撤销了。而锦衣卫与东厂始终存在，直至明朝灭亡。

鼎盛时，光锦衣卫即下辖十七所，人数超过六万，设经历司，主管文案，设南镇抚司掌管刑法、内务。北镇抚司则为核心机构，负责侦查、缉捕的锦衣卫官称“缇骑”，耳目遍天下。东厂侦缉办案的官员称“番子”，头目称“档头”，戴尖帽，着白靴，穿褐衣。这些人，街头巷尾，四处收买市井流氓充当线人，以致远州僻县亦常有“鲜衣怒马，作京语者”。明末的文人笔记《幸存录》记述，几个人在京城酒店喝酒，其中一人对权倾朝野且掌握东厂的魏忠贤出语不逊，被东厂番子侦知，剥了人皮。

东厂、锦衣卫侦查的目标，主要是官员。史书载，朱元璋连宋濂等大臣在家请谁喝过酒，哪个大臣情绪不好摔过茶杯都知道。朱棣“尝夜遣小中官（太监）潜入殷第（王公大臣私宅）察之”。

没有任何约束的权力，必然恶欲膨胀。《明史·佞幸传》载，锦衣卫头目纪纲“广布校尉，日摘臣民阴事”，“被惨杀者不可胜数”。纪纲捕人后，时常诱其家属送一笔钱财，再“急刑于市”。他与靖难功臣，时任都督的薛禄为一个女道士争风吃醋。薛禄上朝，在皇宫与纪纲相遇。纪纲以铁锤击薛禄头部，薛禄血流满面，险些一命呜呼，之后几年休养在家，不敢出门。

终明一代，十六位皇帝，秉性能耐各不相同。东厂、锦衣卫带给不同时期政治生活的影响，也有所差别。但锦衣卫的设置，对中国历史的进程具有非同寻常的影响。

中国历朝律典，基本就是刑法，没有民法契约概念。这与罗马法典的精神存在本质的不同。

锦衣卫制度连刑法的约束都没有了，这不能不说是法制精神与文明进程的一次重大倒退。

廷杖在《大明律》中找不到任何根据。侦查、抓捕、刑讯到刑部监狱，大理寺、都察院都无权过问，最基本的执法程序荡然无存。

明朝正处于15世纪之后世界格局大变动的时代，欧洲在这一时期由弱变强，而中华帝国却开始走向衰落。

何以至此？这是一个巨大而复杂的题目。

明朝抑商、禁海、闭关锁国，以至财政举措细微的失误都已进入亚当·斯密等中外学者的视野。

马克斯·韦伯的解读是儒学传统的局限，再就是，毫无法律保障的社会结构。

远航，从南京出发

马　府

南京秦淮区太平路与白下路之间，有条不宽的小巷，长不过百米，称马府街。

街名尚在，马府不存。过一座小学，几栋居民旧楼，有亭翼然。亭呈六角，朱栏黑瓦，斗拱飞檐。亭中有石碑，高八尺许，正面有“郑和府邸遗址”六字，背面碑文简介郑和生平事迹。

由亭北行，忽然天地开阔，池塘假山，古树楼亭，居民闹市之地，转瞬江南庭园。

庭园三十亩许，回首五百年，此即马府后花园。太平天国战乱，府邸尽毁，其后花园于1953年复建，称太平公园，1985年更名郑和公园，内设郑和纪念馆、郑和研究会。池塘假山石取自太湖，达二百吨，应是马府旧物。园内紫藤松柏，不知植于何时。

郑和远祖生活于西域，色目人，后归附元朝。六世祖于赛典赤·赡思丁于元初封“云南行省平章政事”（省长），举族迁云南。其祖父、父亲皆授滇阳侯，居云南昆阳（今普宁）。改汉姓马，曾远涉麦加朝圣，故称马哈只。哈只指到过麦加的“巡礼人”、朝圣者，在穆斯林中，这是一种极高的荣誉。

郑和父亲育有二子四女，郑和原名马和，哥哥马文铭。洪武十四年（1381 年）九月，朱元璋以傅友德为主帅，征伐元朝残余势力。洪武十五年（1382 年）七月，郑和父亲与明军交战身死，时年三十九岁。十一岁的郑和沦为俘虏，被阉割。

据《明太祖实录》，洪武十五年十月二十一日至十一月，两次“增内史（太监）”四百三十七人。郑和应是此次增选太监之一，其后被送往燕王朱棣府邸。

郑和为人聪敏，被姚广孝收为弟子，深得朱棣欢心。

靖难之役，郑和有护驾之功。至朱棣即位，封其为内宫监太监，官四品，并赐姓郑。

永乐二十二年（1424 年），郑和六下西洋回归，朱棣去世。郑和改任南京守备，遂以其兄儿子马恩来为子嗣，兴建马家府邸。

南京屡经战乱，居民流徙不定。据近年调查，马府家族，历六百余年沧桑，至今仍有数百人散居于此，几近于奇迹。

宝船厂遗址

郑和下西洋，出发地为南京无疑。

明茅元仪的《武备志》，收有《郑和航海图》，全称为《自宝船厂开船从龙江关出水直抵外国诸番图》，标明船队从龙江宝船厂出发，经刘家河，驶出长江出海口。

宝船厂遗址在南京市鼓楼区，东临漓江路，西靠长江滨江大道。今辟有大型遗址公园，内设宝船博物馆，有古船坞及宝船复制品可供参观。

郑和一下西洋，时间在永乐三年（1405 年）六月十五日。他率兵二万余人，从南京出发，于太仓刘家港集结，至福州闽江五虎门休整，伺风开洋。先抵占城（越南），一路远航，拜访西太平洋、印度洋沿岸爪哇、古里、天方（麦加）等三十多个国家。

在爪哇停泊时，西爪哇兵误杀郑和部下一百七十人，后由西爪哇国王赔罪了结。经马来半岛三佛齐旧港，与海盗陈祖义大战，斩杀盗匪五千余人，生擒陈祖义等三头目。于 1407 年九月初二归国，朱棣犒赏将士，令斩陈祖义。

郑和回国停留仅十几日，1407 年九月十三日率部二下西洋，访问泰国、古里（今印度）、锡兰等国家，对锡兰佛寺布施，并立碑以记。碑今存锡兰博物馆。碑中汉文今犹可辨：

谨以金银织金、纺丝宝幡、香炉花瓶、表里灯烛等物，布施佛寺以充供养，惟世尊鉴之。

1409 年夏，郑和回国仅两个月，又于 1409 年十月三下西洋。在马六甲海峡边的满剌加国，采得直径八九尺、长达八九丈沉香标本六株。船队抵锡兰山国，遭锡兰山国军队围攻，并伐木阻其归路。郑和率两千官兵奇袭王城，生擒国王亚烈苦奈儿及家属。

四下西洋始于 1413 年十一月，有西安清真寺掌管哈三（朝圣者）前往。这次航行，首次绕行阿拉伯半岛，远抵东非（肯尼亚）。

一些学者确信，船队到达天方（麦加），郑和完成了有如先辈那样的朝圣之旅。1415年七月初八，回国。同年十一月，榜葛剌（孟加拉）特使进献麒麟（长颈鹿）。

五下西洋带回了各国进贡的狮子、麒麟、骆驼、驼鸡、金钱豹、长角马等珍稀动物，并有随行的多国使臣。1417年五月十六日出发，1419年七月十七日回国。

两年后，永乐十九年（1421年）正月三十日，朱棣命郑和送十六国使臣回国。这次航行，再次到达东非肯尼亚。1422年八月十八日回国，同行来访的有暹罗、苏门答腊、阿丹等国使节。

朱棣逝世后，远航罢停。直至宣德六年（1431年），郑和受命七下西洋，时年已六十二岁，随行有太监洪保。这次航行远达非洲南部，接近莫桑比克海峡。

返航至古里时，郑和因病去世。他将生命与辉煌交付给了海洋。

宣德八年（1433年）七月初六，船队在太监王景弘、洪保指挥下回到南京。

郑和七下西洋，从1405年于南京始，1433年于南京终，历时二十八年。

郑和墓

梁启超曾盛赞郑和为“海上之巨人”，并为之作传，称“及观郑君，则全世界历史所有航海伟人，能与比肩者，何其寡也”，痛惜“郑君之烈，竟随郑君之没而逝”。

郑和航海日志，在郑和去世不久即被悉数销毁，连当朝皇帝也没看到。明朝万表的《灼艾余集》、严从简的《殊域周咨录》、顾起元的《客座赘语》都提到，成化年时，宪宗想调阅《郑和出使水程》，竟找不到只言片语。兵部郎中刘大夏自称已销毁，理由是“三保下西洋，费钱粮数十万，军民死且万计，纵得宝而回，于国家何益？此一弊政，大臣所当谏也。旧案虽存，亦当毁之”。

由于航海日志不存，现在史书谈到郑和七下西洋的情况，大多源自明万历时期的一部神魔小说《三保太监西洋记》。连《明史·郑和传》用的也是这部小说中的一些数据，这引起众多学者的质疑与争论。比如郑和六十三艘宝船“长四十四丈宽十八丈”的说法，以此推之，船超万吨。在木船时代，无法想象。且宝船厂遗址船坞深不过六米多，远不能满足万吨船吃水深度。

2010年，南京出土太监洪保《大明都知监洪保寿藏铭》，使宝船大小有了确证。

洪保与郑和同为云南人，回族，并充任郑和下西洋副使。也曾在出使西洋时到天方（麦加）朝圣，并带回一幅克尔白圣寺《天堂图》。铭文说：

永乐纪元，授内承运库副使，蒙赐前名。充副使，统领军士，乘大福等号五千料巨舶，赍捧诏敕使西洋各番国，抚谕远人……

五千料巨舶约近于现代三千吨左右巨轮，这在六百年前的海上，已是无可匹敌的巨无霸了。

郑和墓位于今南京市江宁区牛首山南麓。今已按伊斯兰风格重新修建，供游人参观。墓园附近有守坟田，不远处即郑家村，为世居守墓人。

郑和葬于何处，史学界多有分歧。大多数学者倾向于南京郑和墓为衣冠冢。

迁都

靖难之乱，迁都便是必然。

暴力可使天下臣服，但并非没有代价。朱棣诛杀方孝孺十族，需要对等付出的是内心的不安。何况建文帝下落成谜，建文朝归顺的旧臣寥寥无几。更为重要的是，一千余年皇权家天下，已经形成一整套正常接续的道德说辞。

这使得他注定要成为一个出格的皇帝，郑和下西洋，编纂《永乐大典》，领军亲征北元。他不断制造恢宏的表象遮盖内心的阴影，如同黑夜通过一片坟地，他只有高声唱歌，才能平息莫名的惶恐。

所有冠冕堂皇的理由其实并不重要。北京是他经营多年的地方，只有回到那里，一切才如此熟悉而安全。

尽管朱棣在位前十八年，都城依然是南京，但作为皇帝，朱棣经常回北京巡幸、居留，并带走朝廷大量官员，在北京府邸处理政务。《明太宗实录》载："凡有重事并四夷来朝，俱达行在所。"永乐五年（1407 年），徐皇后死，朱棣迟迟不肯让其下葬南京，直至六年后，才将其葬于北京昌平的长陵。

早在即位之始，朱棣改北京为顺天府，地位仅低于南京。永乐元年（1403 年），又将“直隶、苏州等十郡，浙江等九省富民”迁往北京。随之，从山西等地移民一万户。永乐九年（1411 年），“发山东及徐州、应天、镇江民三十万”疏浚运河，至永乐十三年（1415 年），漕粮可从江浙直达通州，解决了北京定都巨大的物资需求。

北京紫禁城及皇城的建设，历时近十五年，动用全国工匠、军队、民工远过百万。城砖烧制于千里之外的山东等地，宫殿铺地金砖远造于苏州。所用百年巨木，则出自湖广、云贵荒野深山。采之不易，运之尤难。民苦不堪，以致民乱。《明史》载，兵部侍郎师逵于湖南采木，“以十万之众入山避道路颇严刻，民不堪，多从李法良为乱”。

北京宫城，大致依南京规制而建。今南京宫城没于烟海，依然可从北京故宫遥想旧时模样。

永乐十八年（1420 年）年底，北京宫城竣工。朱棣宣布，永乐十九年（1421 年）元旦，迁都北京。

朱棣死，继位的朱高炽曾拟将首都回迁南京，然其在位仅一年，作罢。自此，终明一朝，皆为两京制格局，北京为首都，南京为留都。

一朝两京，始于西周，东汉、宋、元，皆有成例。唯明时的南京，保留有整套中央机构。

政治中心已远移北京，南京的中央机构不过是有职无权的空架子。“南吏部不与铨选，礼部不知贡举，户部无敛散之实，兵部无遣调之行。”（《客座赘语》）养的是一批退而不休的闲人。

但作为留都，南京的地位仅次于北京而远远高于其他州府。应天府与顺天府同为中央直属机构，府尹为正三品。应天府下辖上元、江宁、句容、溧阳、溧水、高淳、江浦、六合八县。上元和江宁地处南京城郭，称为京县，知县为正六品，高出其他县令两级。南京又为南直隶治所，南直隶辖应天、凤阳、庐州、淮安、扬州、苏州、松江、常州、镇江、安庆、徽州、宁国、池州、太平十四府，广德州、和州、滁州、徐州四直隶州，八十八县。

实际上，明朝的迁都，使南京这座城市的命运发生了重大的转变。一时人口锐减，“明成祖北迁，取民匠户二万七千以行”，加之京城护卫军队大批撤离，致“户口减半，而差役日稀”。应天府尹按一坊十甲、一甲十户的标准合并厢坊。合并后，上元县厢坊仅余四十四，江宁县余三十五。

洪武之时，驻军满城，先后诛杀官吏达十余万，建文之政则战事不断，朱棣当朝，又是一轮诛杀。在这样的背景下，南京市民时常生活在惶恐之中。《客座赘语》中说：

人家畏祸，
衣饰、房屋、
婚嫁、宴会
务从俭约，
恐一或暴露，
必招扳累。

即使有钱，也都装穷，谨小慎微过日子，并且成为风尚。

迁都之后，南京人口结构发生了重大变化。庞大的中央衙门搬了，锦衣卫也走了，驻军骤减，顿时天高皇帝远，士风民俗因之大变。

那些有文化，拿着工资，又无所事事的官员当然要有排遣精力的渠道。他们吟诗作赋，宴集纵酒，吸引了大批文人雅士会聚南京。奢靡之风渐起。“今则服舍违式，婚宴无节，白屋之家，侈僭无忌。是以用度日益华靡，物力日益耗蠹。”（《客座赘语》）中央衙门很闲，需求所致，唯有教坊司很忙。一大批能歌善曲、抚琴赋诗、品棋绘画的江南名妓就随之出现在留都南京。

从明朝中晚期直至清末太平天国之乱，华贵而奢靡，雅致且世俗，这大概是南京独有的风尚。

利玛窦

明朝的中后期，也就是 15 世纪至 17 世纪，这是中国人难得的长达二百余年的太平日子。虽然北方偶有边患，沿海时遭倭寇袭扰，但无关宏旨。南京乡下的村民年复一年，春种秋收，城里秦淮河上画舫商船往来如织，夫子庙的贡院按期开科取士。尽管郑和庞大的船队从南京出发，远使西洋，但那是政府的宏威。海禁依然严格，民间“寸板不得下海”。

闭关锁国无法阻止外国商船的到来。

一切似乎顺理成章，南海的一场大雨湿透了一艘海船的货物，货物只能卸载上岸，在一个叫濠境（澳门）的渔村晾晒。这艘船来自一个叫葡萄牙的番夷。谁也不会在意，这样不足挂齿的小事，竟然是一个重大暗示，人类对世界与自身的认识已悄然变化。史学上西学东渐的概念，便是从这一船晾晒的货物开始。

1582 年，一位叫利玛窦来自意大利的传教士，在澳门学习一年汉语后，进入广东肇庆。在肇庆，他剃了光头，穿上僧服，修了一座教堂，号称“仙花寺”，开始天主教的传播。

仙花寺独特的建筑风格被当时的两广总督看上，立即没收为已有，将利玛窦赶去韶关。

利玛窦在韶关的传教并不顺利，多次遇袭，有一次跳窗逃命时，摔断了腿，未能及时医治，成了跛子。

在南昌有过一段停留后，利玛窦到达南京。他惊呼，这是一座世界最为秀丽雄壮的城市。而南京的达官贵人也注意到这个与众不同的远洋来客，他不仅长相有异，而且携带的东西精巧新奇，言谈所及，大多闻所未闻。常熟籍的世家子弟瞿太素教给他融入华人的技巧：蓄发留须，穿戴儒士衣冠，操中国话，写中国字。这一招果然奏效，他被当作“西儒”，成为南京名门望族的座上宾。随之他用中文写就一本《交友论》，深得文人士子赞赏。连恃才自傲的狂人李贽与他对谈后也大为景仰。

利玛窦几次险遭驱逐，但都因与很多官僚的交谊得以留居中国。他最终见到了明神宗，进献了从欧洲带来的礼物。其中有代表西方科技水准的自鸣钟、望远镜、小钢琴及一幅有意把中国放在中心的世界地图，令明神宗龙颜大悦。

利玛窦在中国三十年中，曾三次居留南京，并在南京购有住宅。住宅至今还在，即新街口石鼓路 112 号，现为石鼓天主堂。

自鸣钟、望远镜、小钢琴、世界地图等实物，曾在此地展出，一时观者如潮，教堂不得已关门停展，结果大门被挤破。

利玛窦是一名虔诚的传教士，但给中国带来的是宇宙、世界以及人类相处的全新理念与视角。

大地不是方形的，地球是圆的，居然在转动。而时钟、望远镜则是工业革命正在发生的消息。更重要的，还有无法看见的科学与民主的理念。

他的《中国札记》至今仍对我们自身反思具有借鉴意义。

他说："自古以来，君主政体是中国人赞许的唯一政体。贵族政体、民主政体他们连名字都未听过，因而形成了忠君，文人治国的传统。"

"中国人习惯于帝王之法，凡是取得王位的人，都按自己的想法制定法律。帝王立法的传统，加上吏制的败坏，使徇私枉法的丑恶现象十分普遍。""这个国家刑法执行似乎不严格，被大臣非法处死的与合法处死的同样多。只要送一笔巨款，犯死罪也可买得活命。"

"官吏们作威作福到这种地步，以致简直没有一个人可以说自己的财产是安全的，人们整天都提心吊胆，唯恐受到诬告而被剥夺自己所有的一切。"

"他们最为熟悉的是道德哲学，因为人才的选拔考试只从经书中出题，而有关科技的学科却很少钻研。"

"世界上没有一个人，无论是俗人还是神的信徒，愿意生活在那样的繁文缛礼之中。孩子在长辈面前的坐姿、椅子的位置都有要求，并被教导要如何恭敬。"

尤其令他不解的是，中国人最广为信仰的不是严格的宗教，而是"某天，某个时辰是好的，哪天又不宜做什么事情"，"出生在什么日子决定了一生的命运、幸福或是苦难"，"出门，做事都要看时辰"。

利玛窦是将中国经典《四书》译介给西方的第一人，又是将《几何原本》译介给中国的第一人。《几何原本》的印行，很快取代了《九章算术》在中国的经典地位。

2000年到来之际，美国《生活》周刊评选影响世界一百人中，就有利玛窦。

《南都繁会图》

所有文字对实相的表述，都需要个人经验译读，被文字过滤的实相，远远不及图片直观。还有什么能比《清明上河图》更能感知宋时汴梁街头盛景呢？

很幸运，明代南京的风貌，前人竟然留下两幅写实的图卷。

《上元灯彩图》绘于明朝中叶，长达两米。无印款，作者佚名，令人惋惜，但更重要的是一个珍贵的历史场景被定格下来。

没错，时令正是元宵，又称上元节。上元为正月十五，每年第一个月圆之日。祈祝上元，始自汉代。唐宋元明清以来，成为一年中最为盛大的观灯赏灯之节。明末文人张岱说，每到上元，家家以不能制灯为耻，大街小巷，皆灯笼满挂。“从巷口回视巷内，复叠堆垛，鲜妍飘洒，亦足动人”，“‘灯上’画《四书》，画《千家诗》，或写灯谜，人环立猜射之”，“乡村夫妇，多在白日进城，乔乔画画，东穿西走，曰钻灯棚，曰走灯桥”。中国南方最盛大的灯会，当在南京，最热闹的街区，为城南夫子庙外三山街至内桥一带。《上元灯彩图》正是形容此地盛况。千门万户，街巷通衢，游人如织。画中老幼男女，计以千外。或点烟花，或提彩灯。灯的形制，花鸟虫鱼无所不有。小的儿童提举，大的高达层楼之上，称之“鳌山”，其上仙人飘逸。街头有杂耍评书，古玩字画。所卖大件者，家具床桌；小件者，花草清供。观者、卖者、演者、各具神态，古人衣饰、居家、习俗一目了然。

若《上元灯彩图》只是灯会的局部特写，《南都繁会图》则为全景式的宏大叙事。从旷野到闹市，从农舍到宫城。画卷长达三点五米，宽四十四厘米。卷尾署“实父仇英制”。仇英，字实父，明中期大画家，擅长人物仕女，有诸多名画传世。但仇英画风，似与《南都繁会图》有异。

画卷自左始，为农舍乡村，可见农民担水劳作，官道上则是四人抬大轿，形成反差。按规制，轿中坐的是四品以上官吏，应是南京地区的高官了。有骑马者，身份当为贵胄。

城乡接合部，多为猪行羊行牛行鸡鸭行，之后有米店、染坊、客舍、匠作之铺。

南市街至北市街，为繁荣鼎盛之地。店铺、寺庙、官衙、民居、酒楼、戏台，挨檐接壁，车马行人，摩肩接踵。秦淮河中，商船渔船戏船，往来穿梭。农夫纤夫，衙役官吏，贩夫走卒，邮差戏子，商贾市民聚集于此，卷中人物，多以上千，各色店面，则以百计。

出北市街，便为皇城禁地。殿台楼阁，仙云缭绕，别有宏丽。

画中酒店、茶楼、戏台、教坊、浴室，可见时人之闲逸。

珠宝、古玩、花卉、清供、西洋奇货，可见时人之侈靡。

银号交易，钱庄票兑，可见金融之活跃。

店铺之细分，货源之广远，可见商业之繁盛。

人群中有鼻架眼镜之老者，不知眼镜出自西洋，还是明朝的南京已有了眼镜作坊。

不知这拥挤于街市的人流中，有没有一个叫顾起元的南京市民。他的《客座赘语》记录了万历年间许多风俗民情。他说，当年住在南京城南、城北、城东、城西、城中的居民，性格、地位、气质，各不相同。大体也是东贵西富，南侈北贫。

他所指的东部，大致为大中桥、正阳门、朝阳门、太平门那一带，多是大内百司等官衙，往来的则为达官健吏，气氛自然贵傲森严。

他把夫子庙外三山街至内桥一带归为中部，这一带地处商贾闹市，居民会做生意会赚钱，难免精明而计较。

南部西达武定桥，转而饮虹、上浮二桥，东折江宁，至三坊巷贡院。“游士豪客，兢千金裘马之风。六院之油檀裙屐，浸淫染于闾阎，膏唇耀首。”故人员驳杂，嬉靡淫侈。南城的繁华，也引来赌徒盗贼淫棍，所获不法之财，多经北城收荒人销赃。

出鼓楼，达三牌楼，金川、仪凤、定淮三门，至石城，地广人稀，“民什三而军什七”，多是吃粗粮的士兵贫民，老实而拘谨，多为南城人耻笑。

秦淮河边的教坊旧院，《南都繁会图》只能一点而过，但当年许多文人留下许多深入的记叙。

张岱的《陶庵梦忆》说：“秦淮河房，便寓，便交际，便淫冶”，“河房之外，家有露台，朱栏倚疏，竹帘纱幔”，“画船箫鼓，来来去去”。《板桥杂记》则说，“秦淮灯船之盛，天下所无”，船中时有“主称既醉，客曰未晞。指目曰，某名姬在某河房，以得魁首者为胜”。

每逢贡院开考，“四方应试者毕集”，纷纷以结识秦淮名妓佳丽为乐。“或邀旬日之欢，或定终身之好”，“蒲桃架下，戏掷金钱，芍药栏边，闲抛玉马”。演绎许多故事。

金陵众生录

皇 帝

世界中签率最低的博彩，是生于帝王之家。

皇帝依赖生殖产生合格的传位者，同样是概率极低的事情。

所以，每个王朝的皇权，迟早会落入外戚、宦官、权臣之手，最后王朝易姓。周而复始。

朱厚照

明朝第十任皇帝朱厚照十六岁即位，这在皇帝谱系中已属大龄青年，因为，历史上还有大把几岁的天子。

但他是一个天生的叛逆者，一个拥有至高无上的权力的顽劣青年。紫禁城的森严令他厌倦，他把生活、玩乐、办公的地点搬到了“豹房”。

豹房始建于明武宗正德二年（1507 年），耗银二十四万两，有密室、迷宫、梵宇、校场，房屋计二百余间，“畜文豹一只”（《万历野获编》），位于西苑太液池西南（今北海公园西）。

这位明武宗崇尚武功，向往到塞外大漠一显身手，常令太监近侍扮成鞑子，在豹房骑马追逐。没有紫禁城的高墙，他经常投宿民家，彻夜不归。“每夜行，见高屋大房即驰入，或索饮，或搜其妇人，民间苦之。”其侍从搜掠民女入豹房充幸御，有时达十车之多。（《明武宗实录》）

后来又到北方边镇宣府（今河北宣化）建镇国府，以此为家，豹房亲随可以任意出入，而朝廷官员一个都不许靠近。明武宗终于在边关领军与蒙古王子大战于应州，史称应州大捷。《明史》说“杀敌十六人”，但实情并非如此不堪，之后边关毕竟有数十年安定。

武宗是朱棣迁都之后，唯一一位驻跸南京的明代皇帝。他多次想南巡，但朝中官员上书劝阻，为此他曾罚一百零七位大臣跪于午门，长达五日，又予廷杖，当场打死十一人。

明正德十四年（1519 年），封地于南昌的宁王叛乱，为王守仁领军平定。明武宗御驾亲征，南巡终于有了正当的理由。

到南京，少不了亲临秦淮狎妓游乐。《板桥杂记》载：“教坊梨园，单传法部，乃威武（明武宗）南巡所遗也。”时江淮名妓，有一位叫顿仁的，尤擅琵琶。明武宗回銮，将她带往北京。晚年顿仁重返秦淮，已物是人非。钱谦益有诗：“顿老琵琶旧典型，檀槽生涩响丁零。南巡法曲谁人问，头白周郎掩泪听。”

明武宗十五年（1520 年）六月，武宗游牛首山，随从数千之众，宿弘觉寺。僧人只得睡寺外台阶，有僧梦中坠阶下，大叫。一时护卫骚乱，惊动御驾，僧人险遭屠戮。

武宗在南京居留九个月，随从数万，民不堪苦。直至王守仁抓获宁王一年之后，才于明正德十五年八月，在南京郊外设广场，举行受俘仪式。武宗身穿戎装，令随军环列，将宁王去掉枷锁，佯作逃跑之状。金鼓齐鸣，武宗亲手将宁王一举擒获，然后凯旋。

八月十二日，武宗回銮。途经淮安清江浦，见水中鱼多，御驾亲捕，落水受惊。回京不久，病重而死。

官 僚

天下的土地都是皇帝一家的。用什么证明呢？就靠刀、枪、监狱、刑法这些东西。这些东西皇帝一家无法管，要雇人，雇来管这些凶器的叫武将。

土地太多，要一个庞大的机构收税，处理诸多事宜。雇用到这个机构的，叫文官。

海 瑞

权，是衡量；利，是利益。利益来自百姓的劳动，官员大权在握。利益如何倾斜具有太大的操作空间，而趋利是人的本性。所以，有权力就会有贪官。

朱元璋的办法是将贪官剥皮，填石灰稻草悬挂在下任官员的办公室。但恐怖依然挡不住利益的诱惑，之后的明朝，贪腐益盛，“无官不赂遗”“无守不盗窃”。明何良俊在《四友斋丛说》记录一则在南京亲历的事，“余尝以除夕前一月，偶出访客。至内桥，见城中兵马司前食盒塞道，至不得行。余问之，曰，此城中各大家至兵马司之节物也”。兵马司约相当于今天公安局加城管一类机构，六七品衙门而已，行贿情形尚且如此，其他官吏可想而知。严嵩当权时，升官和现在的一些暗地交易一样，每级官职都明码标价。

这样，刚直清廉的海瑞，已近于外星来客。

隆庆三年（1569 年）夏，朝廷任命海瑞为右佥都御史，巡抚应天十府。《明史·海瑞传》载：“属吏惮其威，墨者多自免去。

有势家朱丹其门，闻瑞至，黝之。中人监织造者，为减舆从。”听海瑞来，做官的有的逃了，有的连家里朱漆大门都涂黑装俭朴。

海瑞到任那天，南京城门外一大早就挤满迎接百姓，以致不得不动用军队维持秩序。

到任后，贫民告富户案件堆积如山，以海瑞一人之力，自然无从应付。何况民有刁善之别，“奸民多乘机告讦”，以致富家中时负屈者。海瑞曾上书，要求恢复太祖旧制，将贪污八十两银子的官吏剥皮，悬挂办公室，未被皇帝采纳。任职不到一年海瑞即被罢归。离任时，小民“号泣载道，家绘像以祀之”（《明史·海瑞传》）。

万历十三年（1585年），海瑞被明神宗起用，任南京吏部右侍郎。时年七十二岁。这次上任，他的行李仅是两个旧竹箱，悄悄而来，“舟泊上河，人犹不知”。

两年后，海瑞于万历十五年（1587年）死于南京任上。户部苏怀民“检点其宦囊，竹笼中俸金仅八两，葛布一端，旧衣数件而已”。

南京百姓，“小民罢市。丧出江上，白衣冠送者夹岸。酹而哭者，百里不绝”（《明史·海瑞传》）。

徐光启

很多人知道上海徐家汇，那是徐光启的墓地及他子孙繁衍的地方。很少人知道南京石鼓路，那是徐光启受洗成为天主教徒的地方。

大明王朝似乎与以往的王朝没有太多的不同。帝王伟业，宣威四夷，两百多年的日子，找几件津津乐道的事也不算太难。但，正是这两百多年的日子，世界发生了逆转。中国与西方擦肩而过，西方由弱变强，自大明始，中国走向衰落。

利玛窦等一批西方传教士，就在这一历史节点到达中国。他们带来的不只是西方教义，更重要的是，他们带来了西方科技成果、对宇宙全新的认知。这都是人类本该共享的财富。

徐光启与中国大多文人走过的道路没有太多不同，家境贫寒，苦读考上秀才，之后屡试不中，从上海流落到韶关等地教书养家。偶然接触到传教士，让他深切感知到西方的变化、东方的差距。

1603年，徐光启已年过四十，在南京受洗，加入天主教，并取名保罗（Paul）。这在当年的中国文人中，算得上惊世骇俗之举。之后一年，徐光启考取翰林院庶吉士，算是走上仕途。

数学是一切科学的基础，徐光启对此大感兴趣。1606年，与利玛窦合作翻译《几何原本》。合作的方式非常特别，由利玛窦阅读原文并口述，徐光启领会并写成中文。第二年，前六章（平面几何部分）完稿并印行。《几何原本》的出版，立刻取代《九章算术》的经典地位。直到四百余年后的今天，点、线、面、钝角、锐角、平行线等几何概念与名词，我们仍在运用，而子孙后代还将运用下去。

徐光启一发不可收，又与利玛窦合译《测量法义》，写《测量异同》《勾股义》，将抽象的数学展示为实际的运用。

宏大的宇宙不是肉眼能及的错觉，也不是圣人的凭空猜想，天体运行是有精细规律的。依靠传统知识，连日食的推算都累累出错。这样，明思宗不得不令徐光启与传教士重修历法。

《崇祯历书》首次引入地球为圆形与经度纬度等概念，提供了全天候星图。西方的几何知识也在这本历法中得到充分的运用。平面、球面、三角学的公式，修正了视觉、时区的误差。可惜的是，这些与西方同步的天文认识，没有动摇“中国是世界中心”的观念。

农桑从来被视作立国的根本，历朝都有农书指导生产。但徐光启的《农政全书》则细化到种子的挑选，土壤的分析，肥料在不同情况下的运用。而且，他还在天津开设农场，提供实验数据与实例。

值得一提的是，1606年，徐光启回家乡为父守制期间，三次从福建引种番薯，并获成功。

中国重农，但农业很难养活日益增长的人口，全靠天灾人祸调节，“岁灾则人相食”。汉代人口高峰时达六千万，历经一千余年，至明初，也不过是这个水平，而明末人口近两亿，清末则猛增至四亿。很大的原因，是玉米、番薯的引种。

番薯适用性极广，亩产高于稻麦十倍之巨。由美洲传入南亚，再从越南与菲律宾传入中国。番薯在全国，特别是北方种植的推广，徐光启起了很大的作用，他写的《番薯疏》是一部实用的科普著作，甚至流传到了朝鲜、日本。

作为真正有卓见的文人（知识分子），徐光启敏锐地发现了世界格局的变动，并用毕生的努力来缩短中国与西方的差距。但他周围最不缺的是迂腐自大且自私的文人与官僚。他们认定，西方的地理知识《山海经》中没写，所以是假的。西方天文科学也不合尧舜之祖制。即使面对先进的工具，甚至武器，也讥之为淫巧奇技。最终发生南京教案，抓捕了大量传教士与信徒。而独尊儒术，八股取士的制度无异于焚书。谁关心经书之外的什么学术呢？

徐光启在《几何原本》序言中发问：“续成大业，未知何日？未知何人？”

又是几百年过去，到清末，《几何原本》才成为学堂的课本。

文　人

皇帝雇用官僚，管理一个庞大的、沉默的、以农民为主体的底层社会，以获取财富。官僚与底层之间的接续，则是文人（知识分子）。

文人要么通过科举走上仕途，成为官僚的一分子，要么成为乡贤、腐儒、先生，大多是游离于体制内外的社会精英。

一个社会的品位、风尚乃至文明的走向，取决于这个社会文人见识、素养的高低。

徐　渭

嘉靖四十四年（1565年）夏天。绍兴。一个四十四岁的男人自杀。场面之惨烈，闻之者骇然。先“持斧击破其头，血流被面，头骨皆折，揉之有声”，不死。又用铁锤“槌其囊（睾丸）”，又不死。再以“利锥锥两耳，深入寸余”，仍不死。他便是徐渭。

徐渭家多不幸，曾考科举八次，皆落榜，终生与做官无缘。他却豪荡不羁，“疏纵不为儒缚”。

时胡宗宪抗倭，总督东南，不怒而威。介胄之士见他，“皆膝语蛇行，不敢举头”。

徐渭入幕，“葛衣乌巾”，“纵谈天下事，旁若无人”，“自负才略，有奇计，谈兵多中”，为胡宗宪制定荡平倭患的战略方针。最终诱杀倭寇首领徐海、汪直。

后受严嵩案牵连，胡宗宪下狱，徐渭自然不得志于有司，英雄失路，托足无门。

他恃才自傲，眼空千古。达官贵人、文人骚客皆叱而奴之，耻与之交。故苍然独立，不见容于俗世。苟活不能，寻死不得。只有将胸中不可磨灭之气，付之诗文书画，用悲怆的一生，为世人留下一笔精神遗产。

徐渭的剧本，有《四声猿》传世。写戏为生的汤显祖看了，惊呼好，好到恨不得立即提刀去割徐渭的舌头。今天戏迷熟知的《击鼓骂曹》《木兰从军》，母本皆源自《四声猿》。

徐渭的诗，袁宏道有千古绝评：“如水鸣峡，如种出土。如寡妇之夜哭，羁人之寒起。”

徐渭的画，郑板桥看了，刻了一枚章，自称“青藤门下走狗”。声称要给徐渭磨墨当走狗的，还有齐白石。他们的画，只需稍看原作，高下立判。

至于书法，徐渭说：“高书不入俗眼，入俗眼者必非高书。然此言只与知之者道，难与俗人言也。”除少数帖书，诗题尚有烟火之气，徐渭大多数草书，如瞽目丐人，烂手折足，足可吓退学颜碑柳帖者三十里。观其布局，则如败絮，以血丝织就。徐渭的字，无技法可论，其浓淡缓急，连连断断，有如团团咯血。又如朔漠万马，飞沙扑面，已入书我如一之境。“不论书法，而在书神”。

数度自杀未死的徐渭，因癫狂致幻，误杀妻子入狱。七年后重获自由。有诗：“弓藏夜夜思弯日，剑出时时忆掘年。老泪高梧双欲堕，孤心缺月两难圆。”遂泛游四海，时为万历三年（1575年），秋末。

先至天目山，途中遇一郑姓老人，亦“肮脏之士”，不知来历。老人乘醉击鼓，激越有不平之慨。徐渭情不自禁，与之长啸山野，不知今日何日。

冬。由杭州至南京。会南京刑部尚书赵锦、兵部郎中郑青龙。

与画梅名家盛行之相饮于朝天宫道院，观刘雪湖作画，探讨画技，皆有诗酬答。

游报恩寺诸金陵名胜，夜宿栖霞山。

去紫金山明孝陵的路上，他用诗记叙了自己狼狈的形象，“二百年来一老生，白头落魄到西京。疲驴狭路愁官长，破帽青衫拜孝陵”。

到燕子矶，他与随行的两个朋友曾在观音阁盘桓。午饭是在街边一个小酒馆吃的。当时，天空飘起小雨，时值严冬，朔风扎面，深有寒意。回来的路上，他曾下驴避雨，但衣裳还是湿透。至客舍，几杯酒下肚，倒头大睡。

他做了一个梦，梦见自己依然置身于燕子矶观音阁中，举头遥望，一条又一条巨大的鱼在蓝天之上自由飞翔。

金陵人，客此

张岱名篇《湖心亭看雪》，二百余字，写尽明末南京文人的高逸、儒雅。录如下：

> 崇祯五年十二月，余住西湖。大雪三日，湖中人鸟声俱绝。是日更定矣，余拿一小舟，拥毳衣炉火，独往湖心亭看雪。雾凇沆砀，天与云与山与水，上下一白。湖上影子，惟长堤一痕，湖心亭一点，与余舟一芥，舟中人两三粒而已。到亭上，有两人铺毡对坐，一童子烧酒炉正沸。见余，大喜曰：『湖中焉得更有此人！』拉余同饮。余强饮三大白而别，问其姓氏，是金陵人，客此。及下船，舟子喃喃曰：『莫说相公痴，更有痴似相公者！』

艺　匠

> 如果社会是一个巨大的蜂群，艺匠近于工蜂。但艺匠又不同于工蜂，他们只负责这个社会的奢靡、精致、风雅与享乐。卫护及原料的提供则由另一个更为庞大的底层群体承担。
>
> 艺匠的水准，通常是一个国家文明程度的物质标尺。

闵文水

闵文水，安徽休宁人。开茶舍于南京桃叶渡，自制“闵茶”，从业五十余年，名动金陵。

张岱到访，闵文水导至一室，窗明几净，荆溪壶、成宣窑瓷瓯十余种，皆精绝。

灯下观茶色，与瓷瓯无异，而香气逼人。

问：此何茶？

答：阆苑茶。

张岱啜一口，说：制法相同，味道不似。

闵文水狡黠一笑：客人不妨说说是何茶。

张岱断语：罗岕茶，产自长兴。

闵老头子吐舌称奇。

又问：水是何水？

答：无锡惠泉。

张岱说：莫见笑，惠泉之水，远道运至南京，早变老了，不知此水何以如此新嫩。

闵老头子说：你是行家，不敢妄语。这确是惠泉之水。只是取惠泉，要淘尽泉井，至后半夜，待新泉涌出，方才汲水。然后以山石铺瓮底，顺风运回，水才鲜活如新汲。

两位茶道高人交手，有如禅师打机锋，令人惊叹。

与人类相关的两大液体，一为酒，二为茶。茶的需求，远比酒大。读明代文章，乃知，茶至明代，方可称品茗，方可称茶道。现代人，是喝茶，是牛饮。不言粗俗，至少不再斯文。水为茶之母，茶之无母，何以为茶？从自来水龙头下接水泡茶，那决不再是明代人饮的茶。不可思议，明代人的味觉是何等精细，水的老嫩鲜活，一啜便知，连水取自何山，取自何泉都能辨别，在近代人看来，这简直近于神话。如今遍地茶道大师，不知读《闵老子茶》有何感受。

明代书家董其昌在《容台集》中记叙，偶品佳茗，问来历，知为闵茶。遂往南京桃叶渡，拜访闵文水。直至晚清，俞樾因未得闵茶而深为抱憾。

王　月

明崇祯十二年（1639年）七夕，牛郎织女相会之日，南京的金粉佳丽、贵胄文人云集秦淮方密侨居之水阁，“品藻斗曲”。

现代汉语，称之为“选美”。

《板桥杂记》作者余怀亲历了这次活动。场面火爆，秦淮河舟船塞道，将水阁围得如堵墙。“四方贤豪，车骑盈闾巷”，梨园子弟，教坊乐女，轮番演出，通宵达旦。

阁中搭设层台，品藻花案，夺魁者为状元。品评者则摆酒赋诗。

这次选美结果，“考微波（王月）第一，登台奏乐，进金屈卮。南曲诸姬，皆色沮，渐逸去”。

王月，金陵名姬，会吴歌，擅楷书，善画兰竹水仙。其才情美艳，张岱言，曲中三十年前后，无佳人可比拟者。生于1622年许，1642年为张献忠杀，方二十年华。

王月面如剑兰初放，楚楚文弱，如孤梅冷月，不喜与俗子交。好茶，定期到闵老子家啜，虽大风雨、大应酬无阻。一日，闵老子邻居有巨商至，集曲中佳丽十数人，环坐纵饮，曲歌丝竹。王月缓步至露台，凭栏羞立。顿时四方失色，调笑诸姬远远见之，无不自惭，走避他室。

明思宗十三年（1640年），庐州兵备道蔡如蘅以三千金买王月为妾，而当时名妓寇白门的卖价为数百金，陈圆圆才两千金而已。

明思宗十五年（1642年）五月，张献忠破庐州。《板桥杂记》载，蔡如蘅被擒，“搜其家，得月。留营中，宠压一寨。偶以事忤（顶撞）献忠，断其头，蒸置一盘，以享群贼”。悲乎。

柳敬亭

柳敬亭，原姓曹，江苏泰州人。生于万历十五年（1587年），生性豪迈伶俐，十五岁，犯罪当死，改姓柳，亡命盱眙，靠街头说书糊口。

流落江南，偶遇贵人。有个叫莫后光的读书人，见他机智可造，便精心提点。告诉他，说书虽低微之业，也可刻画人物，讽喻世情，如春秋时的优孟，然后得志。

柳敬亭开始凝神定气，琢磨说书技巧，苦练一段后，拜见恩师。莫后光听过之后说，你功夫已到了可以使人欢愉大笑的程度。

又苦练后，再拜。莫生说，你的功夫，已可使人慷慨下泪了。

几个月后，柳敬亭见恩师，莫生喟然，说，你未开言，就可造就哀乐氛围，感染听众，功夫已经成熟。

柳敬亭，黝黑，满面疤瘰，人称柳麻子。他在南京说书，要十天前下订，常不得空，已是家喻户晓的人物。

柳敬亭每次说书，要擦干净桌子，剪好灯芯，将白瓷茶杯递上。柳麻子目光犀利，衣着雅静。随之慢慢开讲，或急或缓，或高或低，入筋入骨。说到关节处，声如巨钟，叱咤叫喊，汹汹崩屋。紧张处，屋内如阴风四起，听者后背生寒。他讲武松打虎，与本传大异。武松到店中沽酒，见四处无人，一声大吼，店中空缸空瓮，顿时嗡嗡有声。闲中着色，细微至此。

宁南王左良玉南下时，柳敬亭被荐入其幕府。左良玉一介武夫，最厌手下文人引古证今的文字。柳敬亭出自底层，见多识广，语言直白生动，深得左公欣喜，令其参与机要。

柳敬亭曾奉命到南京，南京官吏纷纷讨好，称其为柳将军，入席则坐面南之尊位。他在南京的同行都惊叹他飞黄腾达。

不久，明朝覆灭，左良玉死。柳敬亭资财一空，贫困如昔。此时，他阅世更深，卑微侠义，流离遇合，杀人亡命，家亡国破皆已见过，遂重操旧业，“每发一声，如刀剑铁骑，飒然浮空，或如风号雨泣，鸟悲兽骇。亡国之恨顿生，檀板之声无色”。这正是他少年恩师莫后光期待的境界吗?

柳敬亭高寿，活到八十四岁。死于康熙九年（1670年）。

董小宛

董小宛出身苏绣世家，十三岁丧父，随之家产被伙计掠夺，十五岁(明思宗十二年,1639),被荐往秦淮画舫卖艺,以供养病母。

她在秦淮声名鹊起，不仅因其惊人的才貌，还因她自怜自爱，得罪了不少她看不入眼的客人，反为文人雅士赏识。

明崇祯十五年（1642年），赎身，嫁冒辟疆为妾。

之后的事迹，冒辟疆在《影梅庵忆语》中有详尽的诉说。

最动人之处，是冒辟疆五年之中三患死疾，董小宛以命相护。先是疟疾，寒热交作，痢泄不止，人已气息奄奄。董小宛将一张破席摊在床边，寸步不离。当丈夫恶寒发颤，即将丈夫紧抱怀中，发热时揭被擦澡，腹痛则揉摩，下痢则解带。如此五个多月折磨，冒辟疆病情好转，董小宛已骨瘦如柴。第二次是胃病下血，水米不进。董小宛日夜守在床边熬汤喂药，长达六十天。第三次是其后背上长恶疮,剧痛不能仰卧。董小宛夜夜坐着,将丈夫抱在怀里,让其安睡，持续一百多天，无怨无悔。

冒辟疆病好了，董小宛身体已极度虚弱。终于一病不起，于顺治八年（1651年）去世，年仅二十八岁。冒辟疆活了很长，死时八十三岁。

董小宛卧病床中,友人送冒辟疆名菊“剪桃红”,花繁而厚,叶碧如染。董小宛强撑从病床爬起，细细梳妆，将菊花置床边，以白屏三面围之，花旁置一小凳，坐之于上，然后高烧绿烛。白屏之上，菊影人影秀美如画。

董小宛红颜早逝，明末众多秦淮佳丽中，她给后人留下财富是最多的。

仅是《影梅庵忆语》中,可录的食谱近于袁枚的《随园食单》。在烹饪界，董小宛列为名厨，她的菜谱称之为“董菜”。

现代很多人曾吃过的酥糖，是董小宛创制，称之为“董糖”。

董小宛的书法、绘画，至今珍藏于博物馆。

《影梅庵忆语》言及董小宛曾自制一书,名《奁艳》,瑰异精秘。内容有服食、器具、亭台、歌舞、针神、才藻,遍及天下关情之物。

今已不存，惜哉。

蒋康之

“蒋康之，金陵人，其音属宫，如玉磬之击明堂，温润可爱。癸未春，度南康，夜泊彭蠡之南。其夜将半，江风吞波，山月含岫，四无人语。康之扣船而歌‘江水澄澄江月明’之词，湖上之民，莫不拥衾而听。推窗出户，见听者杂逌于岸。少焉，满江有长叹之声。”（《客座赘语》）

濮仲谦

濮仲谦，南京人，金陵竹刻派开创者，生于万历十年（1582年），卒年不详。

濮仲谦的竹雕、牙雕作品，今藏故宫博物院及多家博物馆。酷好古器的乾隆帝，曾见过濮仲谦的刻梅花笔筒，即兴题诗，称其“雕不痕留锋刃藏，名下无虚留古语”。

即便是皇帝说好，那又如何呢？对濮仲谦这样的艺匠，谁讲什么都早已不放在心上。

有关濮仲谦的记录，仅见于《陶庵梦忆》。

“南京濮仲谦，古貌古心，粥粥若无能者。然其技艺之巧，夺天工焉。其竹器，一帚、一刷，竹寸耳，勾勒数刀，价以两计。然其所以自喜者，又必用竹之盘根错节，以不事刀斧为奇，则是经其手略刮磨之，而遂得重价，真不可解也。仲谦名噪甚，得其一款，物辄腾贵。三山街润泽于仲谦之手者数十人焉，而仲谦赤贫自如也。于友人座间见有佳竹、佳犀，辄自为之。意偶不属，虽势劫之、利啖之，终不可得。”

无己无欲，一切世俗的纷扰，贫穷、金钱、权势对他皆已失效。这已是稀见的大匠，不再苟活在俗世。

芸芸众生

众生，如同铺天而过的蜂群，满地爬行的蚂蚁。史书是皇帝的家谱，从来只记录强者。在任何朝代，他们只是一个庞大的数字，生生死死，几乎不留痕迹。但他们是社会财富的源头，官员对他们管理，是不漏掉每一个数字所分担的赋税。

祝长儿

祝长儿，南京武德卫余丁。（注：明朝实行卫所屯田兵制，到中后期，卫所与乡村无异，军官占有土地，兵丁沦为佃农，并要承担沉重赋税。）贫无所依，先替人赶驴，后依靠捡拾粪草卖钱为生。万历十七年（1589年）四月初六，帮邻居严五嫂挑水，严五嫂将家中一堆粪草给他，抵了工钱。

四月初八，祝长儿将这堆粪草作价三文，卖与邵荣。邵荣手头仅有一文，尚欠二文。

四月十一日，祝长儿在井边遇邵荣，讨要所欠二文。邵荣回答手头无钱，遂引起争执。祝长儿动手打了邵荣脸上两掌，邵荣叫骂，祝长儿又施以拳脚。不料，邵荣傍晚回家后死了。祝长儿以杀人绞罪送南京大理寺受审。

袁　成

袁成，南京脚夫。一日酒醉，顺手抓烧鸡欲吃。店主呵斥，因之争打。袁成有伤，第二日，因生计迫，忍痛抬轿，归来卧床不起。袁成之兄袁华与脚夫抬袁成找店主医治，至半路，袁成气绝身亡。

姚继贤

姚继贤娶妻后与父分居，用平生积蓄买小猪二头。仅养两个月余，患猪瘟。姚将一头宰杀，一头卖了，得钱三百六十文。姚妻想将钱归自己管理，姚则称要留作本钱。双方争执扭打，姚妻一头将姚撞倒，头磕地受伤。姚愤然持斧，为邻居劝开。至夜，姚持绳自缢身亡，姚妻亦随之自缢，为邻人所救。姚妻交南京大理寺审，家中尚有婴儿待哺。此事发生于万历二十年（1592年），除夕将近，平淡无奇，仅见于罪犯案卷。

李　疑

李疑，居南京通济门。家虽贫，为人善。

金华人范景淳，病重，举目无亲，人避之不及。拄杖至疑门，李疑铺床延医，熬汤煮药，侍候如家人。后病加重，不能起，屎尿于床，秽不能近。李疑为之刮摩浣洗。

景淳落泪，告之李疑，有黄白金四十两，存于原宿居客店，愿取之为报。李疑不受，景淳说，我死了，恐为他人所得。李疑取回，原数封存。后景淳死，葬城南聚宝山。李疑致书召景淳二子，将金如数奉还。

平阳耿子廉，因罪押解南京。其妻有孕，无人敢纳，哭号郊野。李疑得知，说，人命至重，宁敢犯株连之罪，不忍母子俱死。遂将耿子廉妻接入家中，耿妻平安产子。

李疑虽穷，读书为文皆佳，曾中举，拒不为官。（宋濂《李疑传》）

邓玉堂

邓玉堂，嘉靖时人，家居南京复成桥。广交权势者，手下养打手数十人。每有外地商船至，即假充杂役，服侍贾人身前身后，打探贾人乡里姓氏隐私。然后写债条称“某年某某祖父游金陵，欠钱若干”之类，恫吓诈取钱财。如诉讼，则有官相护，曾为金

陵一害。后侍御陈大宾严刑除之。（《客座赘语》）

刘兴祖

刘兴祖，贫民，居金陵表孝坊。剖腹取心以疗父疾，愈而复发，又割腹取肝，杂糜（粥）进之。

《金陵人物志》载，南京孝子割肝医父疗母先后有七人。

周　某

万历十六年（1588年），顾起元友人家被盗，贼从屋顶而来，揭瓦数尺，竟无半点土灰碎屑落至地下，来去无痕。数年间，南京居民为飞盗所苦，而官府缉捕无方。其后，有仆人告发案破。飞盗姓周，居南门大街。白天彬彬如良家大户，晚上则由其家登屋顶，行走瓦上如飞。其子遇墙高逾丈，亦可手持尺木点地，飞跃而上。周某死于狱中，其子不知所往。

陈　盛

陈盛，南京卖豆腐为生。闲来无事，常与杀猪的何应举等人玩耍饮酒。明万历二十年正月二十三日，在螺蛳湾附近与何应举等人相遇。何应举说，昨日我请你喝酒，今天该你请了。陈盛说，身上无钱。说完便跑，何应举等人便追。打闹间，何应举等人出手过重，致陈盛跌倒在地。后挣扎爬起，至酒店，陈盛出酒钱六文，何应举出四文，饮毕散去。

第二天，陈盛感觉不适，到肉案前与他人诉苦，说何应举出手过重，他是个穷鬼，我若死了，只好要他偿命。随之卧床不起，何应举还送了膏药。二十九日，陈盛死了。

生亦何幸，死亦何哀。

去一趟晚明的南京

那时候，只要识字，到南京，必去书肆。

不只南市街、北市街有书肆，夫子庙、国子监一带，更是书坊林立。

南京为留都，又是南方科考中心，文人雅士往来云集。明初年，国子监仍存有宋元刻版数万张，其中“南监二十一史”勘刻极精，历宋元明清四朝，印行七百余年。至晚清，因字迹模糊，才被迫停用。

自洪武始，“除书籍，田器”税，私人刻印兴盛。万历年间，南京的刻印出版，光著名的便有唐氏、陈氏等三十余家。戏剧家李渔，因其作品在南京广为盗印，才被迫从杭州迁居于此，建芥子园，自刻自印。刻于芥子园的《芥子园画谱》，畅销几百年，至今仍是国画临习教材，堪称奇迹。

印刷史上的套色技术，也率先出现在南京。

明朝与所有皇权社会没有区别，初期强君当国，随后弱主理政。强君当国，虽秩序井然，而社会少有生机。弱主理政，虽奸小营私，则社会多有活力。洪武时，大兴文字狱，讲一个皇帝忌讳的词都有杀头的危险。而弱主理政，行政效力低下，社会趋于宽松。不仅《金瓶梅》《肉蒲团》一类有违道学的书广为印行，连李贽非孔非圣的异端之说也很长时间未被禁止。《西游记》那样海阔天空的想象，也只可能产生在明朝中后期那样较为宽松的环境之中。

还是继续我们南京的街市之旅。

贩卖西洋产品的店铺，无论是本地居民，还是外来旅客，都会往返流连，那里陈设的全是稀罕之物。

顾起元等文人笔记载，自六朝始，南洋、西洋的香料早已在稍有家资的人家广为使用。牙雕、角雕等西洋珍宝成为行贿送礼的上品。而到晚明，各类钟表需求量巨大。街头老者所戴的老花镜，则应买自这类商店。

西洋产品的流行，说明了一个事实，明朝初期严厉的海禁，早已悄悄松动。1567 年的“隆庆开关”，则标志明朝已正式开放了民间海外贸易，商品经济由此空前繁荣。

南京的花店花市，六朝时即已有之。到晚明，此花市已非彼花市。本土花种，如桃李梨杏，蔷薇迎春，紫荆、菊花、桂花、茶花、梅花、荷花等，古已有之，但到明末，则今非昔比。仅是菊花，明之前，品种不过五六种，几经培育，至当朝，达百余种之多。其中不乏绿菊、剪桃红等名贵品种。而桃花，光是南京地区，则有绯桃、白桃、碧桃、油桃、盒儿桃、麝香桃数种。

海外稀有花种也是贸易的热门商品，南京镇海寺的西府海棠显然与本土海棠有异，由郑和带回种植。鸡鸣寺有金莲宝相花，色大类芭蕉花，数十年开花一次，今已不存。明文人顾起元友人曾赠他外国奇卉，即绣球花。

罂粟花自唐朝传入中国，宋以后，以花色奇艳，被用作观赏，广为家庭种植。

南京晚明的花市有盆景、奇石、插花出售。特别是插花，在当时，已发展成一门怡情养性的独立艺术。

晚明的社会，天下熙熙，朝官结党，商贾争利。一些文人雅士，身处尘世喧嚣，不甘目迷尘沙，心疲计算，便将志趣转入对大自然间细美的追究，形成独特的审美情致，并以此为精神寄托。金陵文学的三袁，与南京深有渊薮。袁宏道的《瓶史》即是寻究山水细美的杰作。

虽居名功利敌之市，而心存瓶花露滴之区。

不过是室内清供，他将如何选花，如何择水，如何配器，变成一种高妙的精神追求。即便是对瓶花的沐洗，也别有讲究，

> 浴之之法：用泉甘而清者细微浇注，如微雨解醒，清露润甲。不可以手触花，及指尖折剔，亦不可付之庸奴猥婢。浴梅宜隐士，浴海棠宜韵致客，浴牡丹、芍药宜靓妆妙女，浴榴宜艳婢，浴木樨宜清慧儿，浴莲花宜娇媚妾，浴菊宜好古而奇者，浴蜡梅宜清瘦僧。

倍加快意的事是，面对瓶花清供，屋子打扫得特别干净，摆放有古鼎宋砚之类的文物，挚友登门，品茗吟诗作画。

扫兴的事很多，主人频频拜客，家人催促算账，庸僧谈禅，窗外狗斗，翻《韵府》作诗，看市井赝画。

《瓶史》是晚明文人的一份精神记录，借助对天地细美的追寻，描述内心的向往与幻象。

插花艺术到清朝，即已衰落，在日本，却成为花道。《瓶史》传入日本，形成花道的一个重要流派，称之“宏道派”。

与文人的精神逃离相对应的是，社会加速世俗化。滋润的土

壤从来不只遍开鲜花，还会丛生杂草。南京街头涌动的人流也是鱼龙混杂，少不了西门庆一类的恶棍、混混、无赖。《金陵琐事》作者周晖的邻居，有块祖母绿，价值不下五百两银子。有“索姓回回求见，方持玩间，吞入腹中”，想告官，没有证据，无可奈何。

《南京都察院志》说，南京三山街一带常有不法之徒藏纳，北门桥多淫棍赌徒，白塔笪桥收荒人替出贼赃，茶府湾、水关则多外来娼妓强盗。

南京佛寺不乏高僧大德，但市俗化的佛教，则沉渣泛起。一些私立尼庵，几近妓家。《客座赘语》说：

> 尼之富者，衣服绮罗，且盛饰香缨麝带之属，淫秽之声，尤腥人耳。

利玛窦曾住承恩寺，也说：“最为城南嚣华之地，蜂屯蚁聚于其中。”利玛窦还见过两个被奉为高人的道士，一个自称三百岁，一个说能包治百病。

回到明末的街头，米市多了玉米还有番薯，菜市则出现了从未见过的辣椒和苦瓜。

南京当年还有众多特产，今不复存，引为憾事。

“果之美味者，姚芳门枣。长可二寸许，肤赤如血”，“瓤白逾珂雪，味甘如蜜。实脆而松，坠地即碎”。

“湖池藕，巨如壮夫之臂，而甘脆无渣。”

“大板红菱，入口如冰雪，不待咀嚼而化。”

“灵谷寺所产樱桃独大，味甘美，小核，其形如勾鼻桃。”

姑且打住。

丧钟为谁而鸣

1644年三月十八日，节令已过惊蛰，北京城依然春寒刺骨。明思宗亲御前殿，鸣钟召百官入朝。钟声在紫禁城内外回响，殿前竟悄无人迹。明思宗面对空寂孤冷的大殿，久久无语。这是大厦将倾之前可怕的沉默。

黄昏，他登上宫后的景山，同行的，只剩下贴身太监王承恩。登高四顾，只见城内城外，火光四起，烈焰映天。

复回宫，洒泪。宫妃相对而泣，周皇后、袁贵妃当众自缢。明思宗召十五岁女儿长平公主，叹曰："你何要生帝王之家？"遂以左袖掩面，挥剑砍之，不中，伤左臂，再砍之，又不中，伤右肩。之后，伤杀嫔妃数人。

十九日拂晓，明思宗以白绫上吊于景山一棵树上。没戴帽子，长发盖脸。右脚穿红鞋，左脚连鞋也没有。身穿的袍子上，写有亲笔遗诏：

朕凉德藐躬，上干天咎，致逆贼直逼京师，皆诸臣误朕。朕死，无面目见祖宗，自去冠冕，以发覆面，任贼分裂，勿伤百姓一人。

北京陷落了，明思宗的尸体在春日的寒风中悬挂在景山的树上。南京却是一派繁忙。

北方的变乱，致使官宦世绅、难民流寇，各色人等争相南渡，汇集南京。

当时最引人瞩目的是一群江南富家子弟，大多为东林党遗孤。他们结成复社，意气风发，高谈气节、道统、理想。曾几次在金陵等地集会，传单四出，“晋楚闽浙以舟车至者数千人”，“游人聚观，无不咤叹，三百年来未尝有”。聚会文人，互通名刺，“比别，阻道百里不绝”。（《复社纪略》）

一批阉党要人，如阮大铖，也避难南京。复社成员深为不齿，写了一篇《留都防乱公揭》散发，痛斥阉党恶行，一时南京巷间皆知。

满人铁蹄踏过城墙，北方生灵涂炭。秦淮河依然日日笙歌。

复社一批富家公子，忙于拥妓作诗，慷慨高谈时事。

1644年五月，南明弘光政权在南京建立。这个政权充满党争、倾轧、腐烂之气。落难南京而登基的福王朱由崧，原本是洛阳恶少，上台即忙于渔猎女色。《明季南略》《南明史》载，太监流氓四出扰民，不经官府告示，凡见女子，不问年龄，通通抬往宫中。南京居民不堪其苦，致有“少女自刎，母亦投井”。朱由崧仍不满意，称南京“多才女，无淑女”，又诏派内监往苏州、杭州大选。

弘光元年（1645年）二月，清军南下，陷扬州，史可法及守城将士战死，朱由崧还忙于选妃看戏。

皇帝沉迷酒色，朝政把持在马士英、阮大铖一伙奸臣手中，党争四起，营私成风。

南明的军队则成为割据的军阀，互图吞并。外战外行，内斗内行。

南明军分四镇，高杰镇徐州，刘良佐镇凤阳，刘泽清镇淮安，黄得功镇滁州。1644 年九月，高杰派精兵在土桥设伏，拟杀黄得功，黄得功脱险，随从三百斩杀殆尽。史称“土桥之衅”。

1645 年正月，高杰领军至河南睢州，商定与镇虏将军许定国同伐中原。许定国却将高杰及家人斩杀降清。高杰之死，成了其他将领扩大势力的机会，刘良佐“欲并其部”，黄得功则“欲向扬州泄愤”。而此时，清军已渡黄河，形势危在旦夕。史可法失声痛哭，“知中原不可复也”。

南明的军队涣散无军纪，多与土匪无异。镇守荆楚的左良玉部，所到之处，奸淫掳抢，民多怨之。而扬州、临淮、六安的百姓，累遭涂炭，多视明军为贼，形同水火。高杰率部进驻扬州，扬州居民“为之罢市，登陴死守”，高杰竟率军掠杀，城外居舍焚烧殆尽。

弘光元年（1645 年）五月初九，清军自瓜州南下，南明士卒卸甲奔逃。十日，南京城门紧闭，午后，朱由崧仍召教坊梨园子弟唱戏，与太监杂坐，饮酒作乐。至夜，领随从数十人，骑马从通济门仓皇逃出南京。

次日清晨，南京居民见宫门大开，宫女四散奔走，纷纷涌入宫内，争相抢夺。一时满地狼藉。

十五日，清军由洪武门列队入城。兵不血刃。

五月二十五日，南明皇帝朱由崧被押回南京。他坐在一辆连窗帘都没有的破车里，“首蒙包头，身衣青布衣，以油扇遮面”。

南京百姓争相围观，唾骂不已，有“投瓦砾者”。（《明季南略》）

他的了结，没有明思宗死得惨烈，勒死于弓弦。

大明政权始于南京，终于南京，苟延二百七十七年。

丧钟长鸣。南明的灭亡，不过是丧钟的最后一缕余音。

吴晗的《朱元璋传》考据，至明末，皇子皇孙分支繁衍，朱元璋家族，人口已达十余万之多。这些皇族，分封全国各地，且是世袭，他们对社会财富的占有，已达到百姓承担的极限。嘉靖四十一年（1562 年），御史陈润上疏称：“天下财富，岁供京师米四百万石，而各藩禄米八百五十三万石。山西、河南存留米二百三十六万三千石，而宗室禄米五百零四万石。即无灾伤蠲（免除）免，岁输亦不足供（皇族）禄米之半。年复一年，愈加繁衍，势穷弊极，将何以支。”（《明史·诸王传》）问题是，皇族之下，还有一个日益贪腐的官僚集团。而综观世界，人类对如何群居相处，有了全新的认知。这种认知，昭示人类走出丛林，别于禽兽。

不同于以往任何一次改姓易帜，明之亡，丧钟不只为一个朝代敲响，而是为已经没落的皇权体制而鸣。

历史是一只庞大到令人生畏的巨兽，哪怕稍稍转动一下身躯，人间已是千年百年。

对人生来说，随之而来的清朝很长；对历史来说，清朝很短，仅仅是丧钟敲响后的一缕余音。

第九章

清朝

公元 1644 年至 1911 年

挽歌

一座人类聚居的城市，如同草木生灵，有着它独有的生命形态，枯荣衰盛，各不相同。它的生命也许很长很长，伴随着这个叫人类的物种产生而产生，也注定要伴随人类这个物种消逝而消逝。

它只是一个无言且无力的看客，任凭人类在这个星球折腾。

如果它能聆听，此时，南京城会听到什么呢？不只是清军铁骑踏过街道的蹄声，还有丧钟的余音，经久不息。

直至两百余年之后，皇权终止。

如果它有感觉，此时，南京城会有阵痛，新的生命已在孕育。那是人类一种全新的群居方式与相处准则。

这一场阵痛会有多长呢？一切都难以预知，但注定不是顺产。

◎阅读地图

留头还是留发

『留发不留头，留头不留发』，对高举屠刀的清军铁骑来说，杀戮的辨别竟是如此简明。

每一个汉人男人都无法逃避抉择，在屠刀面前，是跪下活着，还是站着死去。

征服与被征服，往往不是征服者如何强大，而是被征服者如何懦弱。

八旗子弟

南京旗人的命运，其本是清政权的投影。其兴也忽，其衰也忽，亦如《桃花扇》的唱词，眼看他起朱楼，眼看他宴宾客，眼看他楼塌了。

郑成功

一天，他把辛苦赚来的三个钱，缝进衣领，竟然丢失。彷徨于路，悲从心来，哭了。恰逢一日本姑娘路过，问其故，便说：『看你的财力，三百万钱也如同草芥，三个钱何以至此？』

有关南京的清三案

民国学者评述，前代文人受祸之烈，殆未有若清代者。故雍乾以来，志节之士，荡然无存。

发生在南京的函可案，不只是清朝文字狱之肇始，还因之产生了史所未有的出版检查制度。

一任残阳照随园

随园是南京不可或缺的一部分，南京怎么能没有随园。也许，没有，才是随园，一切有，终归没有，这是随园无可奈何的暗示。随园曾是一个梦，一个关于大观园的梦。这个暗示如此浩大，岂止个人的宿命，家国的兴衰。历史之河缓缓流过，只留下白茫茫大地真干净那样的枯寂。

南京杂志

清时南京，人口超百万，城中大街数十，小巷逾百。小巷居家连毗，窄不可过车。而官街则极为宽广，地铺厚厚的条石，路旁还设有寮廊，供人歇息。

《南京条约》

罂粟花在宋朝，主要用作观赏，南京三山街一带常有盆栽出卖。再就是药用，御医还拿来为明神宗制作壮阳药。罂粟制成鸦片吸食，应当在烟草传入中国不久。

厕所简史

一个人，拉不出比吃不下麻烦大。

一座城市，排污的处理往往比地表建筑的繁华更为重要。

见下页→

《海国图志》

在日本被称为战神的海军大将东乡平八郎回忆，他年轻时排队抢购《海国图志》，遭遇大雨，浑身都淋得透湿。

太平天国

《南京条约》的签订，犹如南京江边那艘叫『皋华丽』号的英国战舰扇动了蝴蝶的翅膀，最后，在数千里外的广西引发了狂风。

湘　军

历史是一条滔滔而下、永不停歇的大河。总会有几个人蹚入水中站立，他们不曾被激流席卷而去，而是让河水稍稍偏离了流向。大清得以苟延，因为一支称作湘军的军队；湘军得以存在，因为一个叫作曾国藩的枭雄。

曾国藩与南京妓院

大概曾国藩觉得大张旗鼓游秦淮不足以表达他的意图，又去了妓院。《晚晴楼联话》记载：『某日，曾公邀钟山书院山长李小湖，微服同泛秦淮。青楼中有妓名春燕者，温柔儒雅，吐属尤佳，曾公奇之。后为人量珠聘去，不复得见，曾公书联赠之。』

其联云：

未免有情，对酒绿灯红，一别竟伤春去了。

似曾相识，怅梁空泥落，何时重见燕归来。

洋务运动

没错，他们面对的，是一个预言，世界要变了。

这是三千年来未有之大变局。那些来自西方的舰船俨如信使，用黑洞洞的炮口通告一个老态龙钟尚在昏睡的帝国，天地已经倾斜，门关得再紧也不再安宁，机器的噪声预示工业文明的时代已经到来。

恍如昨日

把街道遮蔽得密不透风的法国梧桐，曾是老南京挥之不去的记忆。深秋，脚踏满地落叶的沙沙声响，像是南京这个词最亲切的读音。法国梧桐始种于民国，但晚清，街头的空地多半会有槐树，树荫下也是街邻纳凉避暑、闲话娱乐的地方。槐树与梧桐，树上都有细丝垂下的虫子，南京人叫吊死鬼。

我从南京出发的一次旅行

我只愿寄居南京乡间坊里破旧的茅草房下，当一名苟活的居民，一个卑微纳税者。用沉默的大多数的视角，看看王朝变换，感知一代又一代芸芸众生的体温与呼吸。

留头还是留发

最了不起的智慧从来都朴实无华，操作简洁。

清军的铁蹄踏过长城。面对广阔无比的汉地，数百倍于己的汉人，他们把屠刀下的征服简化成“留头不留发，留发不留头”，一目了然。

顺治元年（1644 年）五月，清军攻占北京。摄政王多尔衮下达剃发令，凡“剃发归顺者，地方官员各升一级，军民免其迁徙”，“有虽归顺而不剃发者，显属抗拒，定行问罪，发兵征剿”。恩威并重，剃头则抚，不剃则杀。

明朝的汉人，都是束发的。习惯将头发向上一盘，再戴冠帽，或是用帻巾把头发包起来。这从《南都繁会图》及明代人物画能一眼感知。现在，满人强迫所有汉人的发式与他们保持一致，即将额角以上的头发剃掉，留下金钱或拳头大小的一块，编成辫子，耷在脑后。汉人宽衣大袖的服装也不准穿了，必须改易为箭衣小袖的满服。

“留发不留头，留头不留发”，对高举屠刀的清军铁骑来说，杀戮的辨别竟是如此简明。

每一个汉人男人都无法逃避抉择，在屠刀面前，是跪下活着，还是站着死去。

征服与被征服，往往不是征服者如何强大，而是被征服者如何懦弱。

那些曾经慷慨于南京街巷，高谈气节、高谈道统的东林、复社党人去了哪里？

钱谦益

钱谦益，明末清初大儒，东林党领袖，南明弘光政权礼部尚书。

顺治二年（1645年）五月，清军兵临南京城下，柳如是劝钱谦益投水殉国，钱谦益沉思无语。良久，走下池边，以手探水，说，水太凉。柳如是愤而赴死，被救起。几日后，钱谦益领南明百官，开南京城门降清。

（清）豫王（多铎）下江南，下令剃头，众皆汹汹。钱牧斋（钱谦益号牧斋）忽曰：『头皮痒甚。』遽起。人犹谓其篦头（梳头）也。须臾，刚髡（kūn，剃去头发）辫而入矣。（《恸余杂记》）

侯方域

侯方域，明末四公子之一，南京风云人物，复社领袖。面对清军明晃晃的屠刀，他剃了发，留了辫子，还参加了清朝举行的科举考试。被人讥讽：“两朝应举侯公子，忍对桃花说李香。”

顺治二年（1645 年），中原反清榆园军起义，声势浩大。侯方域向直隶、河南、山东三省总督献计，掘开荆隆口黄河大堤，淹杀义军平民百万计，致黄河下游渺无人烟。

冒辟疆

冒辟疆，复社领袖，明末四公子之一。《清史稿》载：

> 襄（冒辟疆）少年负盛气，才特高，尤能倾动人。尝置酒桃叶渡，会六君子诸孤，一时名士咸集。酒酣，辄发狂悲歌。

清军入关了。留头还是留发，这是一个无法回避的问题。冒辟疆剃发留辫，但不再与当局合作，拒绝出仕，直至穷困而死。

不合作，是众多明朝遗民的选择，他们隐居著书，教书行医，一些则遁入空门。

未成年人夏完淳

顺治四年（1647 年）九月十九日，南京西门市场行刑，斩杀拒不剃发反清义士三十余人。其中最年少者夏完淳，年仅十六岁，尚未成年。时围观市民如堵。

夏完淳立而不跪，神色安详如常。刽子手以杀人为业，竟不敢与之对视，迟疑不敢近前。

夏完淳十五岁即随父抗清，兵败，父亲夏允彝投水而死，老师陈子龙被捕拒降，赴死，叔父自缢。岳父钱彦林及其堂兄钱棅与他同日于南京西门被杀。姐夫之父侯岐曾与其一同就义。至此，江南人才辈出颇具盛名的夏、侯、钱三大世家分支，几近灭族。

仅《明遗民录》辑录，清军入关，明朝臣儒为尊严节义，慷慨赴死者有八百余人，并称：“其所遗漏者，尚汗漫而不可纪极也。”

人类的一切战争与暴力征服，都是一只可怕的筛子，筛选掉的，是最硬的骨头。漏下去的，多半是奴性。

黄宗羲，顾炎武

黄宗羲为东林党之后，其父因弹劾阉党魏忠贤被害致死，后平反。刑部会审阉党许显纯等，黄宗羲出庭做证。突拔藏于袖中利锥，猛刺痛殴受审阉党，并怒拔他们的胡须，置父亲坟前奠祭。其刚烈可知。

明亡前夕，黄宗羲到南京参加复社千人聚会，签署《留都防乱公揭》，成为活跃人物。后起兵抗清，兵败，拟东渡日本，未果，遂隐居著书。

顾炎武为复社成员，曾拟赴南京弘光政权任职。时清军南下，遂参加反清义军从戎。于昆山守城之战中，生母何氏右臂被清军砍断，两个弟弟被杀。死难者达四万之众。九天后，常熟陷落，其母王氏闻变，绝食殉国。并告之炎武，我虽妇人，与国俱亡，只为大义，虽死无憾。

反清屡遭败绩后，顾炎武改作商贾，曾侨居南京蒋山，更名蒋山佣。尝七谒孝陵，留下大量诗歌言志。

明清鼎革，山河易色。扬州十日，嘉定三屠，辽东屠杀，济南屠杀，大同屠杀，江阴屠杀，湘潭屠杀，广州屠杀……“寄语路人休掩鼻，活人哪有死人香。”明朝的腐败，清政府的残暴，这样惨烈的代价，不能不让人痛定思痛。

留头还是留发？这不只事关王朝易姓，最直接冲击是个人的人格遭受粗暴的践踏。如果个体生命得不到起码的尊重，恢复明朝又有什么意义？

顾炎武说：

有亡国，有亡天下。亡国与亡天下奚辨（如何区别）？曰：易姓改号谓之亡国，仁义充塞而至于率兽食人，人将相食，谓之亡天下，

保国者，其君其臣，肉食者谋之；保天下者，匹夫之贱，与有责焉耳矣。

意思很清楚，如果把国家视作君王的私产，这个国亡不亡，是你们自家的事，与百姓没有关系。如果老百姓连基本生存权利都不能保障，那叫亡天下，天下兴亡，匹夫有责。

黄宗羲对权力私有批评得更为直接，他视君主为寇仇，为独夫，“敲剥天下之骨髓”。

为天下之大害者，君而已矣。

主张用学校与法治监督君权。“有治法而后有治人。”

几千年来，“君权神授”“君为臣纲”大一统的价值体系受到质疑与挑战。这显然超越了改姓易号、反清复明的狭隘视野。

清朝取代了明朝，这不是开始，而是结束，几千年君主专制

的结束。丧钟早已敲响，坟墓正在挖掘。

《桃花扇》

所谓气节，从来都是谈的人多之又多，做的人少之又少。大明江山没有了，辫子十分屈辱地耷在脑后。苟活的遗民还得委婉地表达他们的存在。这多少有些为难。

明末清初两个特别的景象，一是考据学的兴旺；二是南京秦淮的一批妓女走到了台前，成为历史的主演。那些贪生、无能、虚矫的男人纷纷躲到了她们的身后，用她们的裙裾半遮半掩。余怀的《板桥杂记》，冒辟疆的《影梅庵忆语》，还有吴梅村、钱谦益、张岱等人的大批诗文，让世人注意到一群特别的女性。她们动人、高雅、低微，却高尚。几近飞天的仙女，却又真切到能感知体温。这是对传统道德叙事方式的一次重大颠覆。

《桃花扇》复述的是晚明的南京，明末公子与秦淮歌伎的情感纠葛，最终以血溅诗扇到达高潮。生命灿若桃花，而桃花由鲜血染就。虽“艳冶之是传”，却是写“一代之兴衰，千秋之慨叹”。传诵三百余年而不衰，正是里面蕴含有耐人琢磨的况味。

八旗子弟

顺治二年（1645年）五月十五日，南京的明朝官员献城出降。

顺治二年（1645年）五月十九日，清军开进南京。

清朝的社会管理，是八旗制度。八旗制源于满族狩猎组织，后历经完善，最终定型。每旗之下，以三百人为一牛录（略近今天军队的一个营），五牛录为一甲喇，约一千五百人，五甲喇为一固山，固山即旗。每旗约七千五百人。这既是战斗组织，也是生活组织，每旗都有家眷跟随，非常适合逐草而居、征战而居的游牧民族。正黄、镶黄、正白为上三旗，由皇帝统领。各亲王统领正红、镶红、正蓝、镶蓝、镶白五旗。

清军每攻占一地，八旗与当地居民分隔而居，不隶属地方政权，也不受当地法律管制，形成一个征服者的特权团体。

清军进入南京后，即以皇城为中心，将南京东北都强占为八旗驻地。“分通济门起，以大中桥北河为界，东为兵房，西为民舍。通济，洪武，朝阳，太平，神策，金川，凡六门，居清兵”，称满城。致东北城数十万居民，一时“提男抱女，哀号满路”。《明季南略》载：“百姓俱狼狈走，稍迟则刀棍交下，立葬。什物悉为兵有，百姓止走空身而已。”

即便剃发蓄辫以示归顺，生命财产也没有保障。南京东北城的居民顷刻之间，便流离失所。

秦淮两岸也风光不再，《板桥杂记》载，一些名妓被掳往军营，有的还随军流落到了河南。清初档案记载，南京驻军统帅多铎返京，一次献给多尔衮美女一百零三人。金粉繁华之地，一时残砖断瓦，野草丛生。《板桥杂记》说，昔日旧院一带，出产一种“瓢儿菜”。

明孝陵禁墙一带也沦为兵营马厩，旗兵放牧马匹，树木任加砍伐，日见荒凉。八旗是靠战马作战的军队，马匹众多，清兵任其践踏农田，啃食庄稼，以致“环城六十里内，稻田俱尽矣”（《明清档案》）。

八旗成为社会的特权集团，使得汉人中一批刁民恶棍争相投靠，不惜携带家财田地，委身旗下为奴。嘉庆《新修江宁府志》载，“南民投充，惟江宁（南京）为多。而江宁为溧阳最甚”，这些人“身一入旗，夺人之田，攘人之稼。被攘夺者愤不甘心，亦投旗下。争讼不已，刁风滋甚”。时称“旗盗”之害。

两江总督于成龙曾上奏说“旗主贪利财物，明知故纵”。奸民外出作案，旗主便称奴仆外逃。待奸民满载而归，则称逃犯自首。一些旗人还伙同地方无赖向百姓放高利贷，“违禁取利，盘算估折。稍不遂意，鞭挞横加”。“多有窝盗包娼，行窃扰民。甚之重利盘债，骂官闹衙，无所不为”。

旗兵农田牧马，本为一害。《刍牧勒碑》记载，康熙年间，有叫朱汉、吴二的两个无赖，串通旗兵至七里洲牧马，借此敲诈当地农户。“每百亩勒索规礼银一两”，有不从者，则纵马下田。农民情急驱赶马匹，兵丁便动手拷掠。需“献银五两始放”。若有旗兵牛马死于农户屋边，无不破家。

南京四门为乡民进城贩卖柴草必经之地，时为旗人把守，旗兵每担索钱数文不等。或将乡民帽子、烟袋留置，待柴卖完来赎。民怨久之。

驻防南京的八旗兵，约五千之众，连同家眷，约在三万。

作为征服者，八旗子弟享有清廷提供的俸禄，可以不劳而获。南京八旗骑兵每月饷银二两，饷米二石五斗，步兵的军饷则一半不到。但八旗军官，待遇是极高的。将军每月俸银一百八十两，米九十石。这不是主要收入，雍正之后，军官还有养廉费，一般在正常薪金的几倍、十几倍。顺治时，南京驻防的左翼四旗还分有土地，每个驻防旗员给园地十垧至三十垧不等。每垧约合三至五亩，即每人至少可分得三五十亩地，获取田租。

尽管如此，随着旗人的大量繁衍，底层兵丁逐渐入不敷出。八旗兵额是固定的，清廷将新增的闲兵分流到绿营，仅仅是杯水车薪，无法改变底层旗人生活的恶化。由于长期接受朝廷供养，旗人的生存能力及作战能力，到清朝中后期，已相对低下。南京旗人，即使口袋有钱买东西也多好赊欠，或寅吃卯粮。

太平天国攻入南京时，旗人依据坚固的满城拼死抵抗，连妇女儿童都坚守城头，最终被杀害的南京旗人达两万余人。是太平天国之乱期间，旗人死伤最为惨烈的一次。

至清亡，南京旗人多流离失所，以致发生三千余名旗人请愿，上书当局，请求解决生计问题。南京的国民政府，采取了比较人道的回应。拨出经费，修建住房安置，进行技能培训，设立福利机构，孤儿寡老基本找到相应的归宿。

南京旗人的命运，其本是清政权的投影。其兴也忽，其衰也忽，亦如《桃花扇》的唱词，眼看他起朱楼，眼看他宴宾客，眼看他楼塌了。

放眼望去，华丽的楼房终归都是废墟。

郑成功

郑成功第一次到达南京是二十岁。那一年，明思宗死了，南明弘光政权在南京吵吵闹闹中成立。郑成功是到国子监读书的，拜了钱谦益作老师，钱谦益还为他取了个名字叫大木。当然，他当时叫郑森，郑成功是后来的名字。这件事，主要见于黄宗羲的《赐姓始末》，有一个重要的旁证是郑成功的遗诗，《延平二王遗集》中有多首与南京，与钱谦益相关的诗作。

郑成功虽生于日本，但六岁即在福建生活，中了秀才，又两度参加会试，再到太学读书，所受的完全是中国士大夫教育。这注定他与父亲有不同的抱负与处世立场。

十五年后，郑成功再次来到南京。这一次，跟在他身后的是十万兵马，大小战舰三千余艘。

顺治十六年（1659 年），郑成功带着他庞大的舰队从浙江沿海北上，攻占舟山，全歼清军定海水师。五月十九日，舰队抵达长江吴淞口。六月十六日，攻入瓜州城，生擒巡抚朱衣助。六月二十二日，在镇江城外银山与清军激战。清军骑兵分五路冲击郑军，遭到郑军“铁人”反击。铁人是郑成功用来对付骑兵的重装步兵，全身披铁甲，只露眼耳口鼻，手执斩马大刀，专砍马腿。清军大败，从江宁赶来增援的四千人马也损失殆尽。镇江守军开城投降。

六月二十六日，郑军前锋进抵南京城下。一时朝野震动，战报传至北京，顺治一度要御驾亲征。

但之后发生的一切十分吊诡。郑成功没有乘势拿下南京，直至七月七日，他才出现在南京城北观音门外。随之的部署也不合兵家之道，郑成功立营八十三座，全部位于南京城北与城西，没有形成合围之势，也没有发动任何进攻，任凭清军从南京东南运送给养，集结援军。

又是十多天过去，七月二十三日，清军集结完毕，城门突开，反击郑军营寨，胜。七月二十四日，清军围困退守幕府山的郑军，大胜。

此役，郑成功步兵主力尽挫，水军损失大小战舰五百余艘，饮恨败亡。

郑成功大军压境，在南京城外观望长达二十余天，功败垂成。史学界有多种说法，但都不是定论。史学界也有多种假设，但历史没有如果，只有结果。

南京之役大败，却不是郑成功故事的完结。

郑芝龙

郑成功的父亲郑芝龙肯定是一个传奇。

郑芝龙出生在泉州石井渔村。十八岁投靠在澳门做海商的舅舅黄程。在澳门，他学会了葡萄牙语，并成为天主教徒，取名尼古拉。之后，帮黄程押送货物到南洋多地，落脚于日本九州平户。靠街头卖鞋，帮人缝纫糊口。

《广阳杂记》载，一天，他把辛苦赚来的三个钱，缝进衣领，竟然丢失。彷徨于路，悲从心来，哭了。恰逢一日本姑娘路过，问其故，便说，看你的财力，三百万钱也如同草芥，三个钱何以至此？两人因之有了交往。

这个日本姑娘，是平户藩田川氏之女，叫田川松，很快成为郑芝龙妻子。依靠岳父引荐，郑芝龙得以出入德川幕府，又与当时最大的海商李旦相识，并成为李旦的得力助手，两人情同父子。

郑芝龙精通外语，1624 年，李旦派他去与荷兰驻澎湖舰队司令雷约兹打交道，并代管台湾事务。

荷兰为当年海上强国，为独霸东南亚生意，常派一些中国船队充当海盗，抢劫马尼拉、西班牙等籍商船。郑芝龙便是这些海盗头目之一。雷约兹与东印度公司信函中有诸多记录。

当时南中国海最大的海盗是颜思齐。1624 年八月，颜思齐在台湾北港登陆，并安营扎寨。从福建泉州、漳州募兵三千多人，发给银两、耕牛、农具，开始台湾最早的拓垦。1624 年，李旦死了，郑芝龙继承了李旦在台湾一带的商船产业，1625 年，颜思齐也病故，郑芝龙被推举为十八寨盟主，拥有商船七百余艘，一跃成为东南沿海最大的海上武装集团。他先后击败包括荷兰、西班牙在内的许多海上势力，短短几年，远远超过东印度公司的亚洲贸易总量，继郑和之后，取得从日本海到东南亚的制海权。凡往来这一带的商船都必须向他交纳保护费，顿时富可敌国。

他是最大的海商、海盗、倭寇。归附明朝，便是明朝的命官，投降清朝，又成了清朝的人质。1661 年十月初三，被清廷斩杀于燕京柴市（今北京府学胡同西口）。

田川松

1624年七月十四日，田川松到海边拾贝，忽然胎动，在海边一块岩石上生下郑成功。这块岩石在日本平户市川内港，旁边立碑一座，上书“郑成功儿诞石”。年年有人前往祭奠。

日本禁止妇女入中国，田川松无法与丈夫团聚。直至1645年，德川幕府才同意放行，条件是其次子田川七左卫门必须留在日本。

> 呜呼，吾终舍儿矣！吾怜儿父及儿兄，亦怜儿，当岁以金若干托商船寄儿。
>
> 呜呼，吾终舍儿矣！虽然，儿勿忘儿父及儿兄，又勿忘今儿母所去之中国。

这样的文字很见性情，岂知一书成谶。

1646年，南明隆武政权亡，郑芝龙决意降清。“成功哭谏之，不听。夫人苦谏之，不听。”郑成功与父决裂，田川松亦留安平。

清军杀入安平，田川松不堪凌辱，自尽而死。

《赐姓始末》载，成功大恨，夺回母尸，“以夷法剖其母腹，出肠涤秽，重纳之以殓”。

田川七左卫门

田川七左卫门，郑成功胞弟，打理郑氏家族在日本的产业，身份显赫，为日本朝野敬重。闻母死，“七左卫门诣扛户，请赴明勠力成功，灭清以报仇”。未允。

至此，田川七左卫门经营的巨大产业，成为郑成功军费的重要来源。

南京兵败之后，郑成功陷入困境。田川七左卫门一举送来几百艘战舰，并为进攻台湾提供了充足的军资。

1661年二月，郑成功领众将士金门誓师，祭天、祭地、祭江。二月二十三日，率军二万余人，战舰百艘，由金门料罗湾出洋，四月，兵伐台湾。

1661年十二月十三日，荷兰守军被郑军围困九个月后，首领揆一签字投降，结束荷兰在台湾三十八年的统治。

第一个汉人政权在台湾建立。

1662年五月初八，郑成功病亡于台湾，年三十八岁。

有关南京的清三案

函可案

顺治四年（1647 年）九月，驻守南京城门的旗兵拦住了五个僧人，进行盘查。为首僧人法名函可，随行的是他的四个徒弟。

函可，明礼部尚书韩日缵之子。曾为江南名士，声名倾动一时，海内名人以不获交为耻。二十九岁感时伤世，断然出家。

函可带有准予出行的印牌，且印牌是清高官洪承畴签署的。但旗人并不买汉官的账，盘查更为仔细。最终搜得笔记一本，称《再变记》，内容涉及函可有关明清易代的闻见，还有关于南明福王的一些资料。《清世祖实录》指，“其中字迹，有干我朝忌讳”，遂严加刑讯。“夹木再折”，函可“无二语”。旗兵又用铁链重重捆绑，严刑拷打，致其两足重伤，多次昏死，鲜血把双脚都盖满了。函可平静如常，行刑旗兵及旁观者无不叹其有道。讯问无果，函可被押解至北京，下刑部大狱。

清朝自函可案开文字狱之恶例，贯穿清朝始终，危害甚烈。仅乾隆几十年，有史可查的文字狱竟达一百三十多起。

康熙时的《明史》案，关入大狱的达两千余人。

有的凌迟，有的株连九族，编书的、印装的、卖书的、作序的无一幸免。书商陆德儒，家中正在置办嫁女喜事，全家老小和迎新亲友无论男女均被逮捕。

为《明史》作序的李令皙被判凌迟处死，其四个儿子被斩。幼子刚满十六岁，本可减一岁免死。幼子却悲伤欲绝地说，父亲兄长都赴死，我怎能一个人活着？

知府陈允命已经被罢官，于返乡途中自缢于旅馆。结案时，其棺材被运回杭州，开棺磔尸，尸体被肢解成三十六块。其弟为江宁知县，也牵连被斩。

雍正时，江西考官查嗣庭以诗经“维民所止”为题科考，被雍正帝视为影射其无头，将查嗣庭戮尸，儿子处死，家属流放。

翰林院庶吉士徐骏诗稿中有“清风不识字，何必乱翻书”一句，斩立决。

汪景祺因写《西征随笔》被枭首，头骨在北京菜市口挂了十年之久。

清朝的读书人，无不心惊胆寒。为了绕开众多的避讳词、敏感词，都用同音白字代替，以致清朝皇帝自己也看不懂很多文章。

民国学者评述，前代文人受祸之烈，殆未有若清代者。故雍乾以来，志节之士，荡然无存。

发生在南京的函可案，不只是清朝文字狱之肇始，还因之产生了史所未有的出版检查制度。顺治五年，清廷规定：

> 自今闱中墨牍，必经词臣造订，礼臣校阅，方许刊行，其余房社杂稿概行禁止。

哭庙案

顺治十八年（1661 年）正月初七，皇帝驾崩。依例，殡葬期间，府衙应设灵堂，举哀痛哭三日。

当时，吴县县令任惟初不恤民情，逼缴田赋，刑杖打人致死，引发民愤。二月初四，吴县一百多名生员学子到达文庙，以哭先帝之名聚集，旋即往府衙鸣钟击鼓，跪进揭帖，指责任惟初私卖官米，典守自盗，要求驱逐县令，随行者达千人之众。

这类事件，明朝多有发生，一般都大事化小，不了了之。但清政府正需要整肃舆论，胁迫遗民士子归顺，以维护对其统治的认同。

江苏巡抚朱国治大怒，当场抓获倪用宾等秀才五人，驱散群众。之后，又扩大事态，凡击鼓敲钟，投递揭帖者悉数抓捕刑讯。金圣叹因主笔《哭庙文》，也被视为首犯。金圣叹高呼先帝，遭当场掌嘴二十下。

一场无任何过激行为的和平请愿，被夸张地演变为血腥的屠杀。

这场屠杀发生在南京。

《辛丑纪闻》载：

> 至辰刻，狱卒于狱中取出罪人，反接，背插招旌，口塞栗木，挟走如飞。亲人观者稍近，则披甲者（旗兵）枪柄刀背乱打。俄尔炮声一震，一百二十一人皆毙死。披甲者乱驰，群官皆散。法场之上，惟血腥触鼻，身首异处而已。

刑场设在南京最热闹的三山街。三山街位于夫子庙外，多有书坊、文房店铺。

行刑日为顺治十八年（1661年）七月十三日，立秋。

吴趼人的《哭庙纪略》说，临行前，金圣叹向监斩官要了一坛酒，边畅饮边高呼："割头，至痛也，饮酒，至快也。割头而先饮酒，痛快痛快。"

奏销案

清军入关，为了取得前朝士绅支持，给予减免租赋，礼遇有加。政权一旦趋于稳固，清算随之开始。

顺治十五年（1658年），朝廷颁发谕旨，要求地方督抚严查士绅历年积欠赋税，此举并未引起士绅注意。

顺治十八年，康熙帝登基。朝廷再发谕旨，口气严厉。对那些颇具经济实力的士绅阶层来说，清算开始了。

江苏巡抚朱国治深领朝廷旨意，下令对苏州、松江、常州、镇江、江宁溧阳的乡绅查账，并将钱粮积欠分门别类，奏销造册，严厉催逼，有杖毙致死者。

第一轮清查，逼迫一千九百二十四名绅户，一万余名生员上缴白银四万九千两。

第二轮清查，则是直接上门抓人。仅上述四府一县，逮捕乡绅多达一万三千五百一十七人，衙役二百五十四人。一个乡绅，背后是一个庞大的家庭，甚至一个家族，牵连人数之多，影响之烈，可想而知。

这些乡绅，不管欠税多少，职务高低，一律革除功名。己亥年科举探花叶方蔼，因欠一厘银税，相当今天的两角钱，不只削了功名，还被降职两级。

最糟糕的，也是朝廷最关心的，是他们的家产。人前脚抓走，官府的人后脚进门，以欠税之名将财产籍没一空。即使这些人从监狱出来，转瞬间已沦为贫民。

奏销案实际是波及全国的大事件，并不限于江南。但清廷销毁了相关档案，后人很难了解全貌。

关于奏销案前后江南士绅经济状况的变化，可以参见王时敏家族的相关史料。

王时敏，苏州太仓人。明末清初大画家，画史中“四王”之首。祖父为明朝首辅王锡爵，父亲为翰林编修。他的儿子，也先后在清朝为官。这样的家族，显然是首屈一指的江南豪族。

从王时敏《年谱》可以得知，他的田产，至少在五千亩以上，园林起码有三处。康熙帝南巡时，指名要去王家的太仓东园，可见东园的名声与奢华。王家的古董收藏之丰，《清史稿》中有多处提及。如王羲之书法真迹，仅一件，在当时也价值连城。

王时敏在《分田完赋志》说，

> 一切钱谷出入，悉付家信主之。吾衣租食税，了不知何有何无也。

财产多得连自己都分不清楚。

但到了奏销案期间，王家的情况就急转直下了。

王时敏《年谱》说，“调饷征兵，诛求无已，民不堪命”，当时米价掉至每石五六钱银，而朝廷的税金却按每石折银二两收取。

> 田主与佃农俱困，若再以白折，则死无日矣，奈何奈何。

王家不仅无租可收，还要卖田补税。但“田为祸媒，莫甚今日”，“贬价莫售”。《西庐家书》讲奏销案时所见情景，官衙“造九斤大板，打至十五，未有不死者，三日内连毙数人”，“凡被杖责者，血肉狼藉，接踵到门，我偶送客遇见，必被群拥呼号”。

康熙元年（1662 年），王时敏《年谱》载：

> 终岁之资，艰窘不给。迨至是秋，木棉尽扫，竟不得名一钱。

康熙三年（1664 年），王时敏说：

> 吾家贫罄极矣，百事艰难，朝不及夕。（《友恭训》）

汉人精神面貌与性格特点的形成，秦朝是一个重要的节点。春秋战国的汉人与秦制之后的汉人，几乎不是同一个人种。

清军入关，则又是一个节点。清之后汉人的人性，鲁迅先生用阿 Q 这样一个文学形象作了总结。

阿 Q 之所以成为阿 Q，清廷用强权制造的一个又一个案件，都是注脚与诠释。

一任残阳照随园

随园没有了。随园确实是没有了。

如果寻找随园，先要寻找金陵女子大学。那是中国第一所中国女子大学，传教士办的，建在随园遗址上。但金陵女子大学也没有了，只留下一块石碑。石碑静静立在南京师范大学的校园之内。石碑之旁，随园最后一点残留的遗迹还在，是一块巨大的石头，上书“随园”二字，色如血痕。

随园始于明清鼎革之际，毁于太平天国之乱。两百年间，历经四大家族兴衰。

随园是南京不可或缺的一部分，南京怎么能没有随园。也许，没有，才是随园，一切有，终归没有，这是随园无可奈何的暗示。

随园曾是一个梦，一个关于大观园的梦。这个暗示如此浩大，岂止个人的宿命，家国的兴衰。历史之河缓缓流过，只留下白茫茫大地真干净那样的枯寂。

焦　园

随园始于隋园，隋园始于大观园，大观园始于焦园。

焦园建于五台山麓小仓山一带。当时的焦园，规模不会很大。焦园闻名，不在园，而在园主。当时住在这里的，是复社领袖吴应箕。

吴氏“博极群书，通世务，善古文，独慷慨负大略”，《四库全书总目提要》云：“明末称复社五秀才，应箕为首。其克全晚节，尤不愧完人。”

吴应箕有较多诗文著述，但影响最大的，是他起草的《留都防乱公揭》，签署名人甚众，一时轰动南京，妇孺皆知。

应箕言行如一，抗清兵败，慷慨就死。他被砍头，其头被挂于街市示众，竟然三天鲜活如故。全家一百余口人因之殉义。焦园在屠刀与鲜血中易主。

大观园

大观园是一个梦，如真如幻，似实还虚。这个梦，事关鲜花萎地，落叶飘零。昏暗的灯光在寒风中摇曳，华美的大厦有了第一声即将倾颓的响动。毁灭之火熊熊燃烧，天空只剩下一群光彩照人的女人，飞翔的姿态美艳动人。明清鼎革之际，太多男人死去了，剩下的都在女人的裙裾之后藏身。

十三岁那年，曹雪芹离开南京。这才是四维将裂，山河陆沉。一个锦衣玉食的公子，顷刻成为罪囚之属，陋室空堂，一切皆成梦忆。面对枯灯缺砚，冰冷的泪滴淌过脸颊。

自康熙时起，曹雪芹的曾祖曹玺即职掌江宁织造。之后曹家三代四人包括曹寅、曹颙、曹頫先后任职达六十年之久。

康熙五十四年（1715 年）正月，曹颙在北京述职病逝，其堂弟曹頫接任江宁织造。1715年四月二十六日，曹颙的遗腹子曹雪芹出生。清档中存有曹頫的奏折："奴才之嫂马氏，因现怀妊孕已及七月。"曹雪芹的母亲便是马氏。

作为小说，《红楼梦》的大观园当然不会是南京曹家园林的复写描红，但却充满对这座园子的感伤与回忆。最早的记录是富察明义，他题《红楼梦诗》的序言中说，

> 曹子雪芹出所撰《红楼梦》一部，备记风月繁华之盛。盖其先人为江宁织府，其所谓大观园者，即今随园故址。惜其书未传，世鲜知者，余见其钞本焉。

明义为乾隆孝贤皇后之侄，与曹雪芹的朋友圈熟识，他讲，大观园的原型，便是南京曹家故址。

袁枚的《随园诗话》，还写了曹雪芹的父亲曹颙每次骑马外出的细节，曹颙以书遮脸，作马上读书状。旁人叹其好学，他说："我不是勤奋，是怕扰民，不想百姓见了我行礼，弄得心里不安。"袁枚也认为随园与大观园有关："雪芹撰《红楼梦》一部，备记风月繁华之盛，中有所谓大观园者，即余之随园也。"

隋　园

雍正帝当权，曹家失势。雍正帝派眷宠隋赫德接替江宁织造一职，并籍没曹家财产。隋赫德奏报查抄曹家情况：

> 细查其房屋并家人住房十三处，共计四百八十三间；地八处，共十九顷零六十七亩；家人大小男女，共一百四十口；余则桌椅、床几、旧衣零星等件及当票百余张外，并无别项，与总督所查册内仿佛。又家人供出外有欠曹頫银，连本利共计三万二千余两。奴才即将欠户询问明白，皆承应偿还。

雍正帝将曹家的家产赏给了隋赫德，于是，位于南京小仓山的曹园又被称隋园了。这一年为雍正六年（1728 年）。曹雪芹十三岁。

仅仅过了五年，隋赫德获罪充军，隋园日见荒废。

随　园

1748 年，袁枚以三百金购得隋园。当时隋园破败，

> 园倾且颓弛，其室为酒肆，舆台嚾呶，禽鸟厌之，不肯妪伏。百卉芜谢，春风不能花。

袁枚将隋园名为随园，一字之改，同音不同义。又精心规治，“造屋不嫌小，屋小不遮山。造池不嫌多，池多好种荷”。因势造景，随园为之焕然一新。

随园不设围墙，园门写有对联：“放鹤去寻山鸟客，任人来看四时花。”完全开放，任人出入。“因园中四时皆花，益以虫鸟之音，雨雪之景，因之游人不断，盛时年游人量达十余万人。”

随园成了南京人共有的园子，随园主人袁枚则是南京极具个性的居民。

袁枚好美食，他写的《随园食单》，是中国第一本言简意明，一读即可操作的食谱。书中录有三百二十六种菜肴糕点，山珍海味、家常菜蔬无不涉及。其中《须知单》十九条，对作料、洗刷、调剂、配搭、独用（特殊食材）、火候、洁净等，都有实用操作规程。

可以肯定，因为袁枚这个南京人，中国人的舌尖一下多出了许多快感。

袁枚是天生的叛逆者，他只能在强权设置的篱中左冲右突。他故作惊世骇俗，大谈女色。开馆讲学，招收女弟子，前呼后拥。被指淫秽浪荡，魔道妖言，以溃诗教之防。

中国有史以来第二大藏书家是袁枚，有书四十万册。他的过人之处，是散书。将书献给官府，送给朋友。因为书要散了，便要加紧阅读，把书藏进肚子里。这是何等洒脱且达观。

关于作诗，袁枚倡导性灵之说。何谓性灵？两首诗，足可领悟他的主张。

《所见》

牧童骑黄牛，
歌声振林樾。
意欲捕鸣蝉，
忽然闭口立。

《苔》

白日不到处，
青春恰自来。
苔花如米小，
也学牡丹开。

南京杂志

总督署

清代的江宁（南京），虽不再是留都，却为两江总督首府，下辖江苏、安徽、江西三省。

两江总督署旧址犹存。如果去南京，民国总统府依然醒目。现在称作中国近代史博物馆。总统府的前身，就是两江总督署了。这里曾是朱棣次子朱高煦的王府，总统府中，煦园犹在。之后几百年，竟是几经兴废。先是江宁织造署、江南总督署，后为康熙帝、乾隆帝行宫。太平天国杀进南京，这里又成了洪秀全的天王府。湘军克南京，此地复为两江总督署，林则徐、曾国藩、左宗棠、李鸿章、张之洞，一代名流在此为官主政。苦苦支撑行将轰然倒地的大厦，见证三千年大变局之来临。

街　市

明清易代，南京没有遭受较大的破坏。但明代的皇城，成了八旗的“满城”，如非旗人，居民无法从附近的城门出入。这样，南京城东成了官衙、军事重地，城西北也多有驻军。居民主要聚居于城南，尤其在大中桥至石城门的秦淮河沿岸。

从今中华门至水西门、珠江路一带，多为匠户居住之地，人口达十余万，从事铁作、铜作、银作、织锦、染料、木匠、皮作、鞍辔、扇骨等制作经营。

三山街有书坊书肆，文房古董。集市主要在内桥，北门桥，大中街。竹木柴薪，牛马驴羊，鱼米菜蔬，织品花卉无所不卖。

清时南京，人口超百万，城中大街数十，小巷逾百。小巷居家连毗，窄不可过车。而官街则极为宽广，地铺厚厚的条石，路旁还设有寮廊，供人歇息。《白下琐言》载，

> 街衢洞达，洵为壮观。由东而西，则火星庙至三山门，大中桥至石城门；由南而北，则镇淮桥至内桥，评事街至明瓦廊，高井至北门桥，官街极其宽敞，可容九轨，左右皆缭以官廊，以蔽风雨。

织　造

锦是丝织技术的顶级作品。而南京的织锦为中国四大织锦之首。其制作技术被列入联合国人类非物质文化遗产名录。早在一千七百多年前，建都南京的刘宋王朝就设立锦署，至元朝之后，南京的织锦一直被用作御用贡品。清朝设江宁织造署，加上市场的巨大需求，南京丝织业一度盛况空前。

南京城南偏西一隅，多丘陵岗地，少潮湿之气，丝线不易霉烂，众多丝织业主，纷纷寓居于此，全盛时期，织机多达五万多台，

从业人口超过二十万。

出 行

清时，南京大街行人如织，间有骑马拉车者。因城大街长，故需代步。《白下琐言》说，从鼓楼至下关，路程计十四五里。代步工具多用轿，除官宦人家的多人抬大轿外，城中有二人抬青布小轿可雇。更多的，是以驴代步。清末，陈独秀到南京赶考，他在自传中描述，“城厢内外唯一交通工具，只有小驴子。跑起路来，驴子头间一串铃铛的丁零当啷声，和四个小蹄子嘚嘚声相应和着，坐在驴背上的人，似乎有点诗意”。

街 景

清时江宁街头，女人多用一种黑色带皱纹的丝巾包头，引为时尚，以至满街都有出售黑绉的商店。《白下琐言》载，奇望街有汪天然清水包头，最为有名。其店庭中设大石盆贮水，凡买黑绉者，“可以盆水浸之，示其无欺。古道犹存，非若后人之作伪也”。

男人则喜戴剪绒帽，“色黑而细密，长阔宛如骚鼠，其价最精者，不过值银三四钱一顶，士林往往用之”（《阅世编》）。

无论大街僻巷，皆有茶社，门挂灯笼，满座顾客，品茶弈棋闲话。到夜晚，街头大小酒楼挂明角灯，沿街上千盏，照耀如白昼。

江南贡院、报恩寺一带多有街头杂耍，观者如堵。

秦淮灯船之盛，天下所无。“火龙蜿蜒，光耀天地，自聚宝门水关至通济门水关，喧阗达旦。”（《板桥杂记》）

美 食

《白下琐言》载，大书家何绍基、六安文人阎鉴波极好南京豆腐，每饭不忘。无论何等丰盛酒席，无豆腐便不下箸。

粤东官员冯蓁，酷爱食南京之鸭，他说："金陵所产鸭，甲于海内。如烧鸭、酱鸭、白拌鸭、盐水鸭、咸板鸭、水浸鸭之类，正四时各擅其胜，美不胜收。予所以侨居是邦者，正为此耳。"

甘熙宅邸

甘熙宅邸是罕见的保留较好的明清民居，它的传奇，不在建筑的特色，也不在主人多么显赫，而在历经二百多年兵灾战祸，居然得以基本保存。

占地超过三个足球场的甘熙私家院落，建于道光初年（1821年），仅仅三十余年后，历经两度劫掠烧杀。先是太平天国军攻占南京，随之湘军杀入，宅邸中藏书达十六万卷的津逮楼惨遭洗掠，藏书损失殆半。所幸居室尚存。

接踵而来的鸦片战争，义和团之乱，清廷倒台，军阀混战。更大的兵灾是日本南京大屠杀。传说南京占领军头目雅好戏曲，屋主甘律之与其妻严凤英为黄梅戏名角，这座庭院不仅未被侵占损毁，反而受到保护。

1949 年南京解放，部队将甘熙宅邸全部征用，使得这座民宅躲过历次运动的影响，特别是十年"文化大革命"之乱。如今，甘熙故居与明孝陵、明城墙成为南京明清三大景观。

甘熙是清代文人、藏书家，但他真正精通的是风水，曾奉旨为道光帝选择地宫。

水　患

南京紧临长江，史载，公元前二世纪至今，重大水灾达二百多次。多至"操舟行市"，屋毁人亡。

东晋元兴三年（404 年）二月，长江洪水倒灌，石头城顿成泽国，尸漂水面，近万大小船只卷走沉没。梁朝天监六年（507 年）八月，大水围困皇宫，御道水深没顶，梁武帝乘船逃往高地。

明弘治十五年（1502 年）七月，江水泛滥，入城深五尺，房屋倒塌上千家，连明孝陵墙垣也未能幸免。万历三十六年（1608 年）六月，大雨二十日不息，“水灾异常，百姓漂没”，连坚固的明城墙也多处损毁。

据清档载，1736—1911 年，南京共遭遇大小水患六十四次，其中乾隆朝二十一次，嘉庆朝两次，道光朝十五次，咸丰朝三次，同治朝四次，光绪朝十八次，宣统朝一次。道光十一年（1831 年）六月两江总督陶澍奏报：

> 六月十四、十九等日又复大雨如注，江潮涌灌，倒漾入城，贡院内水深自二尺七八寸至三四尺不等，大门外附近民房庐舍亦被淹漫。

洪水来袭，南京水闸关闭，污水无法排出：

> 道光十一年，堵塞之后，城内尽成死水，沿河居民不下万余家，日倾污秽之物，荡涤无从，壅遏愈甚。次年壬辰春夏之交，满河之水变成绿色，腥臭四闻，时疫大作，死者不可胜计。（《金陵水利论》）

文人笔记载，每逢大水，沿江高地多有无助灾民，悲泣之声不绝于耳。常有义民送饮食衣物赠助。浮尸树木随水急下，间有房屋漂过，偶见有犬于屋顶之上，见者大叹其忠。

厕所简史

一个人，拉不出比吃不下麻烦大。

一座城市，排污的处理往往比地表建筑的繁华更为重要。

圂字的识读

圂，最古老的汉字之一。是猪圈，也是最古老的厕所。在甲骨文出现之前，人类已经饲养牲畜，播种庄稼，而且，掌握了将人畜粪便用于作物生长的施肥技术。

到汉朝，大量陶制厕所出土。人畜排泄物集中于猪圈是家庭厕所最普遍的式样。一些厕所，还有男女之别。这种厕所，一直从远古延续到了现代。一些少数民族的干栏式建筑，依然是上居下畜，厕所设在牲畜喂养的地方。农业社会的稳定，决定了厕所形式的稳定，因此，圂字是少有的古义与今义没有变化的字。

井　匽

一些人口集中的地方，如军营宫殿，没有收集家肥的需要，最简

便的办法，是掘坑为厕。《周礼·天官》载，

宫人，掌王之六寝之修，为其井匽，除其不蠲（清洁），去其恶臭。

所谓井匽，便是厕坑。这种公厕式样，也传之久远，直至现代。清朝的《历代社会风俗事物考》中说：“今山西各处之厕，皆下掘坎深约六七尺，广如之，而横两板与坎上，履之以溲溺……下望黝然，深可没顶，疑晋时遗制。”这里讲“疑晋时遗制”，涉及古代一个淹死于粪坑的帝王。《左传》载，晋景公姬獳“将食，涨，如厕，陷而卒”。晋景公是公元前五百多年的人物，历经两千多年，到清朝，山西的公厕还是一个样子，没有变化。

厕　筹

厕筹，俗名搅屎棍，大便后用以拭秽的竹片、木片。

纸发明于东汉，因制作不易，加之中国人有敬字惜纸的习惯，故很少用于如厕。厕筹从远古传承到现代，直至20世纪，边远山区依然使用。厕筹多见于史书，最动人的记录是南京的君王李煜。

《南唐书·浮屠传》载，

后主与周后『顶僧伽帽，披袈裟，课诵佛经。跪拜顿颡，至为瘤赘』……『亲削厕简，试之以颊。少有芒刺，则再加修治。』

佛经不避讳肉身之事，同样有厕筹的记录。《毗尼母经》第六载：有一比丘，上厕时以筹草刮下道，刮不已便伤破之。破已颜色不悦。诸比丘问言，汝何颜色憔悴？为患何苦？即答道，我上厕时恶此不净，用筹重刮，即自伤体，是故不乐。佛说，用筹刮令净。若无筹，不得壁上拭令净，不得用石，不得用青草、土块、木皮、软叶。所应用者，竹木为筹。

《红楼梦》与南京居民如厕

《红楼梦》四十一回，写刘姥姥低首豪门，吃了一辈子不曾见过的糕点美食，弄得腹内一阵乱响，伸手向小丫鬟要了两张纸，准备就地解衣。众人喝道使不得，命一婆子引她至东北上，去厕所通泄。

尽管有厕所，但大观园依然随地方便。七十一回中说，贾母的丫鬟鸳鸯内急，便去了路边树丛。

十二回，王熙凤毒设相思局，将动了邪念的贾瑞骗进后花园，寒冬腊月，冻了一宿，好不容易挨到天亮，只听得头顶一声响，哗啦啦一净桶尿粪浇下来，把贾瑞从头到脚浇了个遍。

《红楼梦》的素材，取自曹雪芹十三岁前有关南京的记忆。这两段描写，可以感知，唐宋元明清时南京居民如厕的大致状况。像刘姥姥这样的平民，尚无公共卫生的意识，内急了，找个地方立马方便。而王公贵族之家，则有专门的厕所。凤姐的房中有粪尿倒出来，说明卧室之内，都是置有马桶的。《梦粱录》说，临安一带，街巷小民之家，多无坑厕，只用马桶，每日自有出粪人瀽（倾倒）去。这当然不只是临安的情况，南京及其他城市亦是如此。

马 桶

农村家庭厕所是圂，城市大小之家必备的用具是马桶。汉代有虎子见于史书，到唐代，因避讳，改称马子，又作马桶。从平民到皇帝，用的都是这个东西，区别只是奢华程度不同。清史专家孟森讲慈禧太后的马桶底储黄沙，上注水银，没入无迹。宫内无公厕，太监宫女除用室内马桶外，多在墙边屋后方便，连太和殿背避一点的墙角也是臭气逼人。

宫里状况如此，大观园的丫鬟鸳鸯也在路边树丛方便，城市里情形便更加糟糕。

《燕京杂记》载：“古人当街便溺，妇女亦当街倒便器。加之牛溲马溺，重污叠秽。”齐如山的《故都三百六十行》记述尤详。

> 各胡同口，尤为群居便溺之所。恒蹲两排，过往行人亦习不见怪。相遇熟人，彼此招呼。
>
> 前门大栅栏同仁堂门口，因其门西靠里，地面稍宽，故每日闭门之后，必有数百人出恭。次日现扫除之。

《桃花扇》讲的是南京故事，有段台词：“今日早起，又要刷马桶，倒溺壶，忙个不了。”每天早晨，家家都要刷马桶，倒溺壶，粪便的处理当然要有人沿街收运。收运粪便的人在江南城市，称之为“倾脚头”，《梦粱录》载：

倾脚头各有主顾，不敢侵夺，或有侵夺，粪主必与之争，甚者到官府诉讼。

粪便是上等农家肥料，尤其是城里大户人家的粪便，肉食较多，肥效也因之较高。这样的粪便，当然要争了。粪主将倾脚头收来的粪便，集中于郊外的大粪池，卖给农民，形成了一个有利可图的产业。

时常会有居民将便溺随意倾倒街头。但《万历野获录》等书载，南京城街道的洁净要好于北京。

公 厕

公厕大范围的建立，是清末学西方的结果。距今也不过百多年。

八国联军攻入北京，张贴告示，内容亘古未有，严禁随地大小便，违者重罚。并开始集资在一些区域建立公厕。

1863 年，上海租界工部局设立专管公共卫生的粪秽股，并设专职卫生稽查员，管理粪便垃圾。随之上海租界，主要城区具有现代意义的公厕纷纷建立。一些居民集中的路段也建起了简易厕所与便池，卫生状况面貌一新。

1897 年，德国人占领青岛，不堪满街屎溺，疾病流行，最终连总督叶世克也死于伤寒病。殖民当局因之整顿市容，规定每栋房屋必设公厕，市民须以桶装粪，由巡捕局雇人清运，摇铃为号。此举逐渐推广至中国大小城市。清晨一阵脆响的铃声过后，街头巷尾一派刷晒马桶的繁忙，这曾是 20 世纪中国南方、北方城市的共同风景与记忆。

《南京条约》

鸦　片

罂粟花在宋朝，主要用作观赏，南京三山街一带常有盆栽出卖。再就是药用，御医还拿来为明神宗制作壮阳药。罂粟制成鸦片吸食，应当在烟草传入中国不久。

吴晗考证，烟草于明朝晚期分三路传入中国，南路主要通过菲律宾传入福建、广东，北路从朝鲜传入东北。李朝《仁宗实录》丙戌（1646 年）五月条载：

> 九王（多尔衮）喜吸南烟，又欲得良鹰，南草良鹰，并可送入。

上行下效，摄政王好此，许多达官贵人也吞云吐雾。康熙帝说他出巡时，常见大臣在帐中吸烟。明清时虽屡有禁令，却禁而不止，进而与鸦片混吸。

1793年英国派出多达七百人的使团，前来为乾隆帝祝寿，想与清朝平等通商，被乾隆帝回绝。在这次访问中，英国人发现中国官富民穷，军队装备落后，吸食鸦片成风，“上流社会的人在家里沉溺于抽鸦片。广州道台在他最近颁布的一份公告中指出了吸食鸦片的种种害处……可是，这位广州道台每天都从容不迫地吸食他的一份鸦片”。

贸易平衡

明朝张居正的一条鞭法确定白银为官方货币。白银流通长达三百多年。在海外贸易中，中国的丝绸、瓷器、茶叶始终畅销欧亚。这些货物换回了大量的白银，导致了巨大的贸易顺差。

中国经济自给自足，清政府闭关锁国，仅开广州一口通商，对进口货物，征收高达百分之二十的关税。

工业化使英国成为世界强国，但他们的工业产品很难进入世界最大的中国市场，白银大量流出，形成巨大的贸易逆差。

开放通商的要求没有得到乾隆帝的恩准，英国人为了改变白银大量流出的状况，转而与清地方官员勾结，开始邪恶的鸦片贸易。

鸦片的倾销改变了白银的流向，两百多年来，中国一直是白银流入国。自此，白银每年外流数百万两。

银子逐年减少，换来的是害多益少的鸦片。

禁　烟

1839年3月，林则徐奉旨到达广州。他要求运到中国境内所有鸦片尽数缴官，并令所有外商写出保证，永不再销鸦片，一经查获，“货尽没官，人即正法”。

三天后，外商通过洋行代表伍秉鉴上缴鸦片一千余箱（每箱百斤），遭林则徐怒斥，要求将外商船上鸦片尽数交出。随后派兵封锁黄浦江面，包围外商居住的十三行。

英政府官员商务监督义律从澳门赶来，进入十三行后，也不准再行出入。十三行顿成临时监狱，三百五十多名外商困于里面，只能靠十三行剩留食物生存。义律被迫令商人交出船上全部鸦片，总计达二百三十七万斤。

这些鸦片的上缴，有程序上的微妙之处，鸦片不是商人直接交出，而是先交义律，再由义律统一交林则徐。这样，纠纷不再是政府与商人，而是政府与政府之间的事了。

船坚炮利

虎门销烟对一个民族来说，是一种不可或缺的仪式，在举国衰颓的氛围中大义凛然地表达出气节、期许与决心。

战争的到来却是对陈腐糜烂封闭自大的一次嘲讽。连睁大眼睛看世界的第一人林则徐都有误判，休说清廷那些庸臣朽吏了。他的奏书反复强调英国人无法从数万里之外派兵中国，甚至把英国士兵走正步误判成“腿足缠束紧密，屈伸皆所不便”，难以登岸作战。又认为英国人吃牛羊肉，只要控制大黄、茶叶，长期不卖给他们，便可置洋人于死地。

1840 年 6 月，英国远征军司令懿律（义律的兄弟）率大小舰船四十余艘，海陆军约七千人，陆续抵达广东珠江口，鸦片战争爆发。此后两年时间，英军驰骋东南沿海，一度抵达天津大沽口，威胁京师。清军望风披靡，失地丧师。

1842 年 6 月，英国舰队驶近长江口，直逼吴淞。拟沿长江攻入中国心脏地带，切断交通动脉大运河。吴淞历来为战略要地，失吴淞，即失中国沿江诸省。清当局不仅在吴淞口设东西两座炮台，还沿江堤筑有土塘。土塘“高约两丈，宽一丈七八尺”，“缺口处安设大小炮位，既可御敌，又可藏身”，长约十里，俨如长城。(《鸦片战争档案》)清军人多势众，满以为凭土塘之固，足以拒敌。

6月16日晨6时，英舰驶入吴淞口，炮轰清军阵地。8时，土塘全溃，清军老将陈化成战死，主帅牛鉴等人弃城而逃。

7月，英军沿江而上，兵临镇江。守将海龄生性残忍，认为吴淞失守是汉奸引路所致，紧闭城门，对汉人大开杀戒。每日约杀十余人，汉人街行，即以鸟枪击毙。城内百姓惶惶不可终日。7月21日，英军以三路攻城。

绿营军大多仓皇逃窜，旗兵则拼死力战。城门被大炮轰破之后，旗兵仍依托房屋，与英军展开拼杀，十分惨烈。直至夜近，抵抗才平息。海龄率家人自杀。

此战，英军死三十九人，伤一百三十人，失踪三人。是鸦片战争两年以来，英军伤亡最为惨烈的一场战役。

镇江陷落，南京（江宁）门户大开。

城下之盟

1842年8月5日，英军舰队抵达江宁城外江面。

江宁城内一片恐慌。城门关闭。

仅启聚宝、朝阳、通济三门，居民争先出城，践踏死者无算（《壬寅闻见纪略》）。

南京诗人金和记录当时惨景，“入城出城两不得，道旁颇有露宿儿。”“老翁腰间被劫财，脚下蹴死几幼孩。”“城中儿女齐悲啼，四乡一一谋枝栖。”“无钱能赁香笋篮，膝前有女年十三。中夜急嫁西家男，身携布被居茅庵。”

江宁守军虽多于英军，在坚船利炮面前，已毫无斗志。总督牛鉴多次派员与英军求和，但英方认为牛鉴非全权之臣，不愿商谈。8 月 11 日，钦差大臣耆英抵达江宁。

8 月 13 日，英军把大炮架大钟山之上，再次扬言攻城，耆英无奈，派人前往英舰，坐上了谈判桌。

8 月 20 日，耆英带随员出城，乘小舟至英旗舰“皋华丽”号拜访。亲见“船坚炮猛”，“益知非兵力所能制服”（见《南京通史·清代卷》）。

8 月 24 日，英方全权代表璞鼎查率队至南京静海寺回访。英军中尉穆瑞记录了当时情景：

当海军总司令与陆军总司令下轿后，我方仪仗队举枪致敬。乐队奏起英国国歌，中国人鸣礼炮三响。然后，我们随全权代表进入庙内。经过院内时，两旁站两排徒手满兵，另外，外配了一个乐队，乐器声音是很嘈杂的。

钦差们从庙内走出来迎接客人，并引导他们进入内屋。房子显然是临时收拾起来的，房子并不讲究，但很整洁。

伊里布坐在陆军总司令的右边，全权代表坐在中间，海军总司令坐在他的左边，耆英坐在海军总司令的左边，牛鉴又次之。中国钦差们的面貌并无任何特别，也看不出他们是大官，伊里布是一个性情温和、面貌慈祥的老人。他们都是穿的便服，没有穿礼袍，我相信他们从南京出来时一定相当匆促。

海军舰长利洛也有日记记叙：

当我们入座之后，音乐又作，似比我们第一次听到的较好，在我们吃饭时，一直未停。年轻的戴白顶子的官吏们端茶敬酒，捧上点心，几位钦差通过翻译和大使谈天……各种食品如细肉馅的点心、猪肉、竹笋、肉丝汤面、猪耳汤和许多别的奇怪的菜品，盛在小瓷碗中，置于银碟之上，一样一样的上来，我们吃得愈多就愈引起观众的赞叹……

8 月 29 日，耆英率员再次登上“皋华丽”舰，《南京条约》签订。利洛舰长的日记载，条约系洋纸书写，前为汉文，后为英文。“合定做一本，一样四本，各执二本。”

《南京条约》阅读

《南京条约》还有一个补充条约，这就是 1843 年 10 月，耆英南下广东与璞鼎查签订的《虎门条约》。除开割地赔款两条外，这两个条约最核心的内容是：一、和平相处，平等往来。二、废除公行。三、增开商埠，允许在商埠居住。四、协议关税。五、最惠国待遇。六、领事裁判权。

解读一：

平等往来，平等贸易，是今天国际社会最基本的相处原则，在当年，却是天翻地覆。从皇帝到士大夫从来认为，中国是君临万邦的天朝。而贸易，不过是夷族对天朝的朝贡。现在，天朝的统治者被告知，你不过是国际社会普通的一员，贸易，是对等的商业往来。在大炮的威逼下，一个古老的帝国被强行纳入西方主导的话语体系之中。

解读二：

所谓公行，是清政府闭关锁国，禁止外商与中国直接贸易而指定的中间商。公行显然是政府干预自由贸易的一大障碍。取消公行，门户开放，行商转变为买办，并且随着外商的不断增长，买办形成一个新兴阶层。这些买办，是亲身参与外国企业经营的首批中国人，熟悉国际经营的规则、契约的运用、市场的动向，横跨于旧中国与新世界之间。正是这一批人之间，产生了中国第一代民族企业经营者。

解读三：

开放广州、厦门、福州、宁波、上海五个商埠，允许外商带眷属在商埠居住，从而形成独特的租界。《南京条约》最显著的后果，是中国出现了一座世界级的繁华城市：上海。

解读四：

最惠国待遇是“二战”后关贸总协定的主要精神，即无歧视原则。

《南京条约》具有里程碑意义，三千年之大变局自此开始。

黑船事件

《南京条约》签订后十年，美国东印度舰队司令马修·培里率领四艘军舰，开进日本德川幕府咽喉要地江户湾相州浦贺海面，并不怀好意地把炮口对准岸上的炮台。舰体是黑色的铁甲，烟囱吐着浓浓的黑烟，日本居民惊呼来了“黑船”。寺庙钟声长鸣，妇女儿童哭声一片。

马修·培里下达国书，要求日本开放商埠，救助美国遇难船员，提供煤水补给。

第二年，1854年2月11日，马修带来了七艘战舰，要求日本答复。在大炮的威逼之下，德川幕府于3月31日与美国签订《日美神奈川条约》，内容与《南京条约》近似。闭关锁国三百多年的日本至此开放商埠，成为明治维新之肇始。

《海国图志》

1851年，深夜，日本长崎港。一艘来自中国的商船正接受严格检查。在海关查获的违禁品中，有三本《海国图志》。工作人员起初并不在意，只是依例将书充公上缴了事。

意外的是，这三本书迅速在官员、贵族中悄悄流传起来。继而手抄传往民间。文人、武士、平民，只要识字，无不一睹为快。有的人，甘冒风险，通过各种渠道，从中国将书偷运到日本。

长期奉行闭关锁国政策的德川幕府，一改常态，以官方的名义，翻译《海国图志》，正式出版。日文版上市，立即抢购一空。

在日本被称为战神的海军大将东乡平八郎回忆，他年轻时排队抢购《海国图志》，遭遇大雨，浑身都淋得透湿。

中国北洋舰队曾经留学日本的海军管带都记得，他们的日本同学几乎人手一本《海国图志》，连吃饭也捧着阅读。

对日本现代化影响巨大的思想家伊藤博文、佐久间象山等，无不视魏源为同道，佐久间象山有关《海国图志》的读书笔记多达二十余万字。

幕末志士横井小楠说：“日本近代对外开放的思想，首先来自《海国图志》的支撑。”

魏源（1794—1857 年），湖南邵阳人。官至高邮知州。1832 年定居南京。安家于城西乌龙潭龙蟠里。龙蟠里位于鼓楼清凉山公园东南侧，地名至今犹存。22 号便是魏源居所，自名为“小卷阿”。卷阿一词，出自《诗经·大雅》，高山起伏之象。故宅曾沦为民居杂院，今已修葺如旧，可供参观。魏源当年所植蜡梅犹在，高近屋脊。

1841 年 8 月，林则徐充军新疆途中，魏源闻讯赶往镇江，与之相晤。林则徐将所编《四洲志》与长年所集中外资料情报悉交与魏源，托其编纂成书。他们这次相遇，谈了很多很多，谈得很晚很晚。魏源记录于诗：“与君宵对塌，三度雨翻苹。”为了这一场相托，魏源苦心孤诣，于南京小卷阿历经两度寒暑，笔耕不辍。1842 年，《海国图志》五十卷完稿，初刻于扬州。

《海国图志》不只是给闭关锁国的臣民提供一本睁大眼睛看世界的地理杂志，而是在挨打之后，痛定思痛，以全新的视角，救亡图存的书，也是古老的农业文明面对商业文明、工业文明的冲击一次认真的反思。

全书分六个部分。第一部分是富国强兵的蓝图，提出“师夷长技以制夷”的主张，学习西方先进技术，制造现代战舰、火炮、枪支。用西方观念训练新型军队。而国计民生，则主张广开贸易，严禁鸦片，发展民族工业，允许私人开办工厂。

第二部分为世界地图及主要国家地图。

第三部分介绍各国概况，特别是西方主要国家的物产、制度、信仰、风俗、教育、文化、地理、历史，并附有国际法、历法对照表。应该特别注意的是，魏源刻意介绍了英美两国的联邦制、选举制、权力制衡的司法制度。“一变古今官家之局，而人心翕然，可不谓公乎？议事、听讼、选官、举贤，皆自下始……可谓不周乎？”（《〈海国图志〉后序》）

第四部分分析鸦片战争教训及相关史料。

第五部分则是西方现代武器装备，包括舰船枪炮的设计、工艺、制造，相关参数及使用说明。实用且可操作。

第六部分介绍天文、地理、气象等现代自然科学知识。

对当年封闭自大的国民，这是一本多么实用，了解世界的百科全书。

在五十卷的基础上，魏源又反复增补修订，1849年，完成六十卷本，1852年，完成一百卷本。次年，太平天国攻占南京，1857年，魏源在南京居所龙蟠里黯然去世，享年六十三岁。他没有等到百卷本的最后出版。

魏源一生淡泊枯寂。他用毕生精力著述的《海国图志》，当年出版后几乎没有什么反响。有人竟指责“张外夷之气焰，损本国之威灵”，险遭禁止，更谈不上赢得尊重，转化为变革动力了。

二十年后，左宗棠为该书作序，十分沉痛，说：

书成，魏子殁（去世）。廿年来，时局如故。

天朝上国的惰性竟是如此强大。

与之不同，当1851年，《海国图志》偶然传入日本，立即引起巨大反响，数年间，日文版印行二十余次，两年书价上涨四倍，依然供不应求。

《海国图志》在日本流行两年之后，美国海军将军培里的“黑船舰队”以大炮叩关。强悍的日本人没有诉诸武力，而是达成妥协。日本学者井上靖说，幕府晚期选择开国的姿态，其契机，得益于《海国图志》已为日本知识人士广为阅读。

一本书在中日两国不同的遭遇，喻示了两个长期闭关锁国的民族不同的道路与命运。

太平天国

人民对一个政权是否热爱，结论只能在它失势之后得之。

号称臣民数亿、军队百万的天朝上国，敌不过区区之数的洋兵，船坚炮利固然是原因之一，但最为根本的，还是民心尽失。以致洋兵打到哪里，百姓都去哪里看热闹，并为之指路报信，乐观变局。

祸起广西

《南京条约》的签订，犹如南京江边那艘叫“皋华丽”号的英国战舰扇动了蝴蝶的翅膀，最后，在数千里外的广西引发了狂风。

五口通商使得广州丧失了独家外贸的地位，而现代火轮得以进入河网，大大提高了运输效力。一大批与之相关的人员失业。而此时的广东，人口剧增。1787 年，广东人口一千六百万，而到 1850 年，几十年间，接近翻番，将近三千万了。尽管玉米、番薯等高产作物广为种植，但土地的负担，在当时已到达极限。很多农村为争水源、地界，械斗不止。以致大量广东人沿西江而上，到广西深山当佃户、矿工谋生，形成了庞大的客家群体。

最为要命的是，鸦片贸易造成的白银外流，以致银贵钱贱、银贵物贱，老百姓成了后果主要负担者。政府按银收税，等于成倍提高了税收。一些农户破产，沦为流民。民视君为寇仇，民视官为寇仇，抗税杀人的事时有发生。

广西山高林密，原本是官府统治薄弱的化外之地，大批流民的进入，导致的后果，是帮会匪盗丛生，更为麻烦的，则是本土汉人与客家汉人剧烈冲突。据史料载，1850 年广西贵县发生客家与本土居民的械斗，双方参与械斗的人员将近六万，冲突时间长达四十多天。死伤无数。

这样的社会状况，依靠个人的能力完全没有安全感，结伙成了生存的需要。如此看来洪秀全的拜上帝教在广西得以迅速发展就不难理解了。

拜上帝教

洪秀全与黄巢一样，是一名科考失意者。四次科考，名落孙山，遭受巨大打击。先是大病一场，出现精神癫狂，在床上胡言乱语。这成了后来拜上帝教宣教说辞中，一个极为关键的要点。洪秀全自称，这次精神癫狂，他做了一个梦。他梦见了上帝爷火华（耶和华），上帝告诉他，他是上帝的第二个儿子，耶稣是他的亲哥哥，还赐给他一把剑，到人间除妖斩魔。通过异梦的宣传，他一下成了降临世间的大救星，由人变成了神。

再就是他得到了一本宣传基督教教义的华文小册子《劝世良言》。后来，他根据这本册子，写了《原道觉世训》《原道醒世训》，用作宣传拜上帝教的教旨。

天下多男人，尽是兄弟之辈，天下多女人，尽是姐妹之群。

杀一人如杀我父，淫一女如淫我妻。

在一个冷漠无助的社会中，这多少是一点温暖的慰藉。在宣教册子里，清代皇帝被称为“阎罗妖”，“东海老蛇，即是红眼睛”，“名为龙，实为妖也”，暗合了民众对社会不满的情绪。

拜上帝教入教的仪式，大多在神台上置明灯二盏、清茶三杯，并有一忏悔状，上书求洗礼者的姓名。行礼时由各人朗诵，并在火上焚化，使达上帝神鉴。并且问：“愿不愿拜邪神否？愿不愿行恶事否？愿恪守天条否？”各人悔罪立愿毕，即下跪，主持人从一大盆清水中取水一杯，灌于受洗者头顶。同时口颂：“洗净从前罪恶，除旧生新。”（见《拜上帝会的邪教特色》）

拜上帝教借用了基督教的外壳与形式，其具体做法，更接近本土帮会秘教的礼仪行规。洪秀全的癫狂之梦，杨秀清的上帝传言，萧朝贵的耶稣附体，都是传统的降神巫术。与陈胜起义鱼腹藏书，东汉太平道，之后的白莲教一脉相承。1847 年 3 月，洪秀全到广州，参加美国牧师罗孝全的“圣经班”学习，这位牧师并不认为洪秀全理解了《圣经》真义，没有接受给洪秀全洗礼。

定都天京

南京再次被尊为都城，这没给南京带来福音，接连两次血腥杀戮，成为南京建城史上最大的灾难。号称世界七大奇迹的报恩寺琉璃塔，这个中国人最引为骄傲的建筑，在这场灾难中损毁殆尽，永远地消失了。

太平军于1851年1月11日在广西桂平县金田村起义，12月在永安封王。之后围困桂林，次年5月，拜上帝教实际组织者，南王冯云山死，全州屠城，进入湖南，克道州、郴州。8月攻长沙不克。9月，西王萧朝贵战死。困长沙三个月撤离攻岳州。1853年1月12日，占领武汉。出广西，太平军仅二万人左右，至此，军队连同参与裹挟难民约五十万之众（一说二十余万）。

3月，太平军号称五十万之众，水陆并进，沿江而下，直抵南京。3月9日，陆路之兵攻占雨花台、报恩寺，筑营二十四座。3月12日，水军蔽江而来，南京江段，兵船舟泊纵横如织。一时，城外“横广十余里，直望无际，皆红头人”。

城内百姓人心浮动，江苏巡抚杨文定见势逃往镇江，“民情加倍惶恐，迁移逃难者甚众”。曾为帝师的两江总督陆建瀛，“日夜绕行室中，无所得策”。

3月12日，太平军完成南京合围后，在仪凤门外静海寺一带开挖地道，将棺材装满炸药，运入地道之内。3月18日夜，一声巨响，城墙被炸开两丈多宽。太平军冲入缺口，在黄家塘路口杀死两江总督陆建瀛。城内旗兵一度顽强反击，太平军退回城外。但“督死城破”消息传开，其他城门守军纷纷扔掉兵器号衣，一哄而散。太平军蜂拥而入。八旗兵退往满城，旗人将领祥厚率旗兵连同眷属约四万人，据城拼死抵抗。太平军伤亡惨重，阵亡逾千人。杨秀清下令炮击，部队轮番上阵。旗兵眷属妇女儿童全部登城助战，城破后又展开巷战，十分惨烈。祥厚被太平军“砍折马腿倒地，身受数伤殒命”。至3月20日夜，满城旗人连同妇女儿童三万多人被斩杀或自尽，南京故宫亦被焚毁。是夜，太平军占领南京全城。

1853年3月29日，洪秀全由水西门进入南京，以两江总督府为王宫，定都南京，称之为天京。

天父诗

洪秀全的天王府周长十里，墙高二丈，宫殿广饰黄金，无论规模与奢华程度，都不输故宫。正门为朝天门，包括天父台、牌坊、东西朝房等建筑，称之外宫。内宫则以光大殿、基督殿、真神殿等“九重天堂”为核心。环绕以巨大的东西花园及上林苑，奇花异木，山林水泊。湘军杀入南京，一把火将天王府烧了，现在仅残留西花园及大殿、暖阁、穿堂等遗迹。

洪秀全四十一岁住进这座小天堂，到五十二岁自尽，十一年间，从未越城门一步，连尸体都是葬在里面。十一年中，仅仅发过二十五封诏书。

《江南春梦笔记》载，天王府不设太监，专用女官。众多嫔妃连同女官人数约在二千三百人。整个巨大的宫内，只有洪秀全一个男人。洪秀全的儿子洪天贵福被捕的供词说：“老天王是我父亲，我有八十八个母后。我九岁时，他给了我四个妻子。”

1857年太平天国发行官书《天父诗》，收诗五百首，内容大多是他宫内的生活。

选录如下。

《天父诗》

洗身穿袍梳理发，疏通扎好解主烦。
主发尊严高正贵，永远威风坐江山。

朝朝穿袍钟锣响，响开钟锣尽朝阳。
后殿此时齐呼拜，前殿门开来接光。

苑内游行真快活，百鸟作乐和车声。
捧茶不正难企高，拿涎不正难轻饶。
娇娥美女娇声贵，因何似狗吠城边。

跟主不上永不上，永远不得见太阳。
面突乌骚身腥臭，嘴饿臭化烧硫磺。

看主单准看到肩，最好道理看胸前。

一个大胆看眼上，怠慢尔王怠慢天。

一眼看见心花开，大福娘娘天上来。

一眼看见心火起，薄福娘娘该打死。

服事不虔诚一该打，硬颈不听教二该打，

起眼看夫主三该打，问王不虔诚四该打，

躁气不纯静五该打，说话极大声六该打，

有嘴不应声七该打，面情不欢喜八该打，

眼左望右望九该打，讲话不悠然十该打。

生杀由天子，诸官莫得违。

生　活

《天朝田亩制度》是一张新生活的蓝图。

这张蓝图描绘的社会是，每二十五家为一两，负责人称两司马。每家出兵丁一人，战时为兵，无战务农。土地为天主所有，使用平均分配，十五岁以上得一份，十五岁以下分半份。每家所产粮食除留口粮外，全数上缴圣库。其他财产，如豆、麦、帛、布、家畜银钱也交圣库。婚丧生育费用到圣库领取，老弱病残由圣库支钱供养。两上有卒、旅、师、军为编制。

妇女不缠足，与男人享有同等权利，参与开科取士。

教育与宗教结合，每二十五家设一个礼拜堂，兼作学校。

司法与行政合一，民刑诉讼，由两司马调理，如不能平息，逐一上报，每军设行典法官二人，由师帅、旅帅担任。

《天朝田亩制度》的精华，是土地与圣库的设想。看上去真的是“有田同耕，有饭同食，有衣同穿，有钱同使，无处不均，无人不饱”的理想社会。

但神圣的目标往往是危险的。一切神圣目标的推行，都无法避开罪恶的侵蚀。

谁能保证圣库的掌握者是公平的呢？苛捐杂税再重，尚有一个数字，当百姓把所有财产上缴之后，他们最大的可能是一无所有。洪秀全手握最大圣库的钥匙，圣主诗里就满是奴隶主的气味了。

太平军攻入南京，军纪甚严。杨秀清规定，官兵扰民入户，左脚先进门，砍左脚，右脚先进门，砍右脚。加上教规的约束，欺淫妇女之类事情极少发生。凡百姓贡献财物，立即发给贡条。只要将贡条贴在门上，便不被骚扰。许多南京居民，纷纷给太平军送粮送物。

但很快，新生活推行了。太平军在南京实行男女分营。夫妻不得同宿，财产尽归圣库。城内及外迁而来的居民，编入若干男馆、女馆。有手艺的，入诸匠营、百工衙，从事集体劳动。六十岁以上老人、十六岁以下儿童编入“牌尾馆”，从事较轻劳动，男性青壮年称为“牌面”，打仗，干重活。女营不分年龄，善编织者入绣锦营，其余男女平等，从事“负米，舂稻，伐竹，掘壕，担砖，获稻，担水之事”。清人记录：

> 男馆既立，贼又赶女子出，不得私住。一时扶老携幼，背行李，凄惶道路，得间投河者无算。
>
> 贼驱之东，复驱之西，不得哭，哭则为妖，非鞭即杀，不得以露宿檐下。

当男女别营制度颁布后：

父母、弟兄妻子立刻离散，家业顿抛。有请缓颊至来日遵行者，遂于夜间或合室焚毁，或全家自缢，或近河塘牵连投水，纷纷无数。有一家数十口者，有同居三四姓者，望衡对宇，烈焰日夜不绝。水面浮尸或仰或伏，拥挤莫辨。其闭户仰药悬梁者更不知纪极。（见《金陵省难记略》《患难一家言》《金陵被难记》等）

男女营制推行后，金陵居民自杀人数，有不同的记载，即使取最小的数据，也达上万之多。

内 讧

天京事变是注定的。早在一年前的 1855 年，曾国藩的主要幕僚张德坚在汇编情报时，就预言，太平天国将有内讧。

一个政教合一的政权，一开始，就留下结构的漏洞。降神在中国巫术中不算新鲜手法，洪秀全说自己是上帝之子，杨秀清干脆上帝附身，代天父传言。洪秀全是俗世的天王，杨秀清一旦天父附体，就可以刑杖天王的屁股。

结果，北王、燕王杀了东王，天王杀了北王、燕王。整个天京，株连被杀的将士达二万之多，尸浮塞江。随后翼王出走，太平天国走上末路。

湘军

历史是一条滔滔而下、永不停歇的大河。总会有几个人蹚入水中站立，他们不曾被激流席卷而去，而是让河水稍稍偏离了流向。

大清得以苟延，因为一支称作湘军的军队；湘军得以存在，因为一个叫作曾国藩的枭雄。

寓言

探寻他一生行为功业，需要太多的文字。探寻他一生行为功业的因由，也许只需要一个细节。

道光十六年（1836 年），二十五岁的曾国藩进京会试，再度落榜。回程湖南的路线，取道淮扬，绕行半个中国。沿途不是游山玩水，而是考察山川地理、风俗人情，并做了大量笔记。

途中盘缠散尽，只得去找父亲故交，江苏睢宁知县易作梅。寻访易家，遇大雨，浑身湿透。敲门入室，恰逢主人因事外出，便在易家堂屋坐等。约莫过了两个时辰，易作梅回归，打量屋中来客，大惊。曾国藩两脚之处，留下两圈水渍印痕。如此长的时间，他竟端坐未动。这是何等定力。易作梅大为感慨，至此不以常人视之。

军 歌

何谓知行合一之道？何谓经世致用之学？曾国藩为湘军所作的军歌，是明白如画的注解。一个饱读四书五经的学究，下得乡来，朴质如老农，讲话如同邻里拉家常，而且句句直指人心，令人信服。

咸丰八年（1858 年），湘军有军纪败坏之象，扰民事件时有发生。曾国藩在江西建昌营中作《爱民歌》如下。

《爱民歌》

三军个个仔细听，行军先要爱百姓，
贼匪害了百姓们，全靠官兵来救生。
第一扎营不贪懒，莫走人家取门板，
莫拆民家搬砖石，莫踹禾苗坏田产，
莫打民间鸭和鸡，莫借民间锅和碗。
第二行路要端详，夜夜总要支帐房，
莫进城市进铺店，莫向乡间借村庄，
无钱莫扯道边菜，无钱莫吃便宜茶，
更有一句紧要书，切莫掳人当长夫。
第三号令要声明，兵勇不许乱出营，
走出营来就学坏，总是百姓来受害。
或走大家讹钱文，或走小家调妇人，
爱民之军处处喜，扰民之军处处嫌，
军士与民如一家，千记不可欺负他。

看似唠叨，因其唠叨，才接地气。数十年后，蒋介石任黄埔军校校长，将这首歌印发学生。而毛泽东则将这首歌略作修改，叫作《三大纪律，八项注意》，最终解放全中国。

曾国藩依据不同情况，所作的军歌有七首之多。初期劝乡民办团练自保，写了《莫逃走》《要齐心》《操武艺》三首。即使在今天，三岁儿童也能听懂。

《莫逃走》

众人谣言虽满口，
我境切莫乱逃走。
我境僻处万山中，
四方大路皆不通。
我走天下一大半，
惟有此处可避乱。
若嫌此处不安静，
别处更难逃性命。

曾国藩仿照戚继光的选兵方法，以儒生为将，以农夫为兵。挑选乡野质朴老实之人，不用奸猾机巧的流民。对这些大字不识的士兵，曾国藩以通俗易懂之法，反复教谕。“每逢操演，反复开说至千百语”，“虽不敢云说点顽石之头，亦诚若苦口滴杜鹃之血”。他写的《水师得胜歌》《陆军得胜歌》，从行军、扎营、号令、战术、内务、装备，凡治军主要问题无不囊括。

《陆军得胜歌（选）》

第一扎营要端详，营盘选个好山岗。
不要低洼潮湿地，不要一坦大平洋。
后有退步前有进，一半见面一半藏。
看定地方插标记，插起竹竿牵绳墙。
绳子围出三道圈，内圈略窄外圈宽。
六尺墙角八尺壕，壕要筑紧墙要牢。
正墙高要七尺满，子墙只有一半高。
烂泥碎石不坚固，雨后倒塌一缸糟……
第二打仗要细思，出队要分三大支。
中间一支且扎住，左右两支先出去……

在即将平定太平天国最后阶段，曾国藩写了《解散歌》，宣传“不杀捆绑人”“不杀旧官兵”的八不杀俘虏政策，用以瓦解太平军斗志。《曾国藩年谱》载：

《解散歌》

流布贼陷之境，于难民之久困贼中者，曲达其苦衷。士民读之，莫不感泣，因此而自拔，归来者颇多。

曾剃头

天京是被炸开的。南京城墙太平门龙脖子墙段，至今犹能看见修补的痕迹。修补的东界与西界，内外都立有石碑，供人凭吊。曾国藩书有“缺口碑”，记其史实。其中释文为：“同治元年五月，浙江巡抚曾国荃率师进攻金陵，三年六月十六日于钟山之麓用地道克之。是岁十月修治缺口。工竣，镵石以识其处。铭曰：‘穷天下力，复此金汤，苦哉将士，来者勿忘。’曾国藩记并书。”

南京城坚墙厚，热兵器时代来临，云梯一类攻城器械已成往事。1853 年，太平军挖地道，用棺材装炸药轰开城墙，涌入南京。十年过去，湘军想靠同样手段爆破城墙，已非易事。当时已有方法应对，即以地道破地道。

湘军从城外挖地道，太平军则从城内对挖地道，灌水、灌毒气，提前引爆炸药，令湘军损失惨重。

挖地道技术要求很高，地道不宜太深，影响爆破威力。太平军在城墙观察草色，便可判定是否有地道挖近城墙。还请来全城盲人，抚墙细听，以断定地道确切位置。

湘军能将地道挖至太平门龙脖子墙段，是因为占领富贵山高地，以炮火掩护，城内太平军情况，尽在控制之中。最终将上千麻袋炸药运入地道。7 月 18 日深夜，李秀成派精兵千人，化装成湘军出城，拟破坏地道，为湘军识破，无功而返。

1864 年 7 月 19 日，轰然一声巨响，坚固无比的南京城墙炸塌二十余丈。湘军将领朱洪章率敢死队从缺口杀入城内。天京破。

曾国藩奏折称：

此次金陵城破，十万余贼（实际只有三万多）无一降者，至聚众自焚而不悔，实为古今罕见之巨寇。

太平军男女，大多不降自缢，也有为“弗留半片烂布与妖享用”，放火自焚者。残留太平军则据屋巷战，湘军亦满城放火。一时火光冲天。曾国藩奏折称“大火三日不息”。这是掩饰之词，实际大火烧了八天，至7月27日，一场大雨，才熄灭。目击者记述，“时烟起数十道，屯结空中不散，如火山，紫绛色”。

破城五天之后，曾国藩幕僚赵烈文进城，他在日记中记述城内惨景，“尸骸塞路，臭不可闻”，城墙上挂有无数自缢尸体，湘军押着太平军俘虏四处找地窖，搜寻财宝，并将抢劫财物搬运出城装船，然后是惨烈的屠杀。“计破城后，精壮长毛除抗拒时被斩杀外，其余死者寥寥。大半为兵勇扛抬什物出城，或引各勇挖窖，得后即行纵敌。城上四面缢不老广贼匪不知若干。其老弱本地人民不能挑担又无窖可挖者，尽情杀死。沿街死者十之九皆老者，其幼孩未满二三岁者亦斫戮以为戏，匍匐道上。妇女四十岁以下者一人俱无，老者无不伤，或十余刀，数十刀，哀号之声达于四远。其乱如此，可为发指。”

曾国藩记载，湘军“分段搜杀，三日之间，毙贼共十余万人。秦淮长河，尸首如麻”，“城内自伪宫逆府以及民房悉付一炷”，“万室焚烧，百物荡尽，而贡院幸存”，“自五代以来，生灵涂炭，殆无愈于今日”。

浩劫之后

擒贼擒王。城破之后，最重要的，是天王与幼天王的下落。经俘虏指引，在天王府金龙殿下挖出洪秀全的尸体，尸体以绣龙黄锦缎包裹，尚未全腐。运至雨花台交曾国藩核验。曾国藩日记载，洪秀全“胡须微白可数，头秃无发，左臂股左膀尚有肉，遍身用黄缎绣龙袍包裹”，据传，验尸完毕，天气由晴转阴，还下了阵雨。曾国藩下令，“戮尸，举烈火而焚之”。洪秀全尸体被剁成肉泥，拌以火药，装入大炮，射了出去，顿时灰飞烟灭。

洪秀全的儿子幼天王洪天福贵，借助李秀成让出的快马，从城墙缺口逃走，一路辗转，经湖州等地逃往江西，被俘获。送往南昌审理。洪天福贵写了多份口供，乞求保命。1864年11月18日，洪天福贵被押上牛车，送往南昌市曹凌迟。四根长钉将他手脚钉在牛车木桩上，沿街示众。至刑场，刽子手从头至脚，细割其肉，每割十刀，一声吆喝。随之将碎肉抛向围观市民，有野狗钻进刑台争食。行刑由清晨至傍晚，中午曾灌以稀饭，总计一千零三刀毙命。其间惨号之声不绝于耳。

浩劫之后的南京，已是满目疮痍。民居、衙舍、王府毁之者，十之八九。整个城中，连一棵完好的树都找不到。太平天国立都之前，南京人口约在九十万。但到太平天国后期，据曾到访城里的英国翻译富礼赐，还有美国商人赫德均估计，南京人口约在七万。湘军围城时，《李秀成自述》称，守军仅有三万。湘军屠杀之后，城内居民几近无存。

1865年，到此任两江总督的李鸿章给友人书信说：“金陵一座空城，四围荒田，善后无从着手……实则无屋，无人，无钱。”他悲观地估计南京要恢复当年盛况，约需百年。

1865年4月3日，英法官员抵南京进行通商开埠勘察，见战后南京“人民死亡，转徙者不可胜计，屋宇之存者十不及三四。疮痍残败之状，目不忍视”，遂搁置南京开埠。

大棋局

清廷、太平天国、湘军，是一场三方博弈的大棋局。清廷发给军饷的军队，只有八旗与绿营。湘军是团练起家，政府不发军饷的私人武装。在满人看来，一支汉人的军队坐大，“决非祖宗之福”。打压，制掣，猜忌是必然的。

湘军四处筹款，为清廷卖命，清廷却层层设防，以致湘军将领难以忍受的地步。（有大量史料述及）以湘军后来的实力，为何不取而代之？“东南半壁无主，我公岂有意乎？”曾国藩没有，用两句诗淡而化之。“倚天照海花无数，流水高山心自知。”

梁启超说：“文正深守知止知足之戒，常以急流勇退为心。”

天京总攻前十天，曾国藩1864年三月二十五日日记，似乎能感知他解散湘军的心迹。

日内因户部奏折似有意与此间为难，寸心抑郁不自得。用事太久，恐人疑我兵权太重、利权太大。意欲解去兵权，引退数年，以息疑谤，故本日具折请病，以明不敢久握重柄之义。

所谓“户部为难”，是指户部批准江西巡抚裁减本应筹给湘军的军饷，而此时，曾氏兄弟已欠发军饷甚多，以致士气低落，甚至发生精锐集体逃亡事件。故“寸心抑郁”。

日记已明确表达“引退”的意愿。兔死则狗烹，引退谈何容易，这是一局很难下的棋。

攻破天京之后，纵容湘军“大索”，兵拥资财而不思战，数万湘军得以顺利裁撤。

《湘军志》作者，晚清名士王湘绮问曾国藩为何纵兵掳掠，“如此行为，几近恶徒行凶”。

曾国藩平淡对之：“吾之兵士，非朝廷俸养，然为朝廷竭力，故唯有薄民生而厚朝廷也哉。”

南京克复之后，曾国藩以两江总督之威，成立善后总局，救济灾民。又重建庙宇，修复孝陵，整治道路，清理河道，收揽人心。战火刚熄，曾国藩便着手复修贡院。仅在几个月间，于当年12月2日，乡试举行，会集南京参加科举的苏皖考生达两万之众。棋局中最特别的一着，是建造旗兵营房，延请八旗驻防，真可谓苦心孤诣。

作为一座苦难的城池，南京无语，只是沉默。但南京知道，什么都知道，只是不说，谁懂得一座城市的哀伤与哭泣是什么样子呢？

曾国藩与南京妓院

天京一役，百废待兴。十余年战祸，江南富庶之地，惨遭涂炭，人口锐减，田园荒芜。南京城区更是百业凋零，原本艳名远扬的秦淮别院河房，已是荆棘塞路，瓦砾堆阶。

一日，江宁知府涂宗瀛拜访曾国藩，言及秦淮河上又现昔日画舫灯船，拟行禁止。

清朝政府，一直是禁娼的。《大清律例》有世界最严的禁娼条款，轻则刑杖，重则“斩决”。但实际生活中，清朝娼妓业的繁荣，不输历朝，明禁实驰。潜规则，官员把握尺度很大。

对江宁知府的意见，素来处事严谨、尊尚道学的曾国藩竟然一口否决，告诉他，灯船画舫不是多了，而是少了。

公笑谓曰：闻淮河灯船，尚落落如曙星，吾昔计偕过此，千艘梭织，笙歌彻宵，洵承平乐事也。（《郎潜纪文初笔》）

在曾国藩看来，灯船画舫的多少，几乎是太平兴盛的标志。

第二天，曾国藩带领幕僚登船前往秦淮河游览，并令上元、江宁二县令摆棋置酒，流连河上。

大概曾国藩觉得大张旗鼓游秦淮不足以表达他的意图，又去了妓院。《晚晴楼联话》记载："某日，曾公邀钟山书院山长李小湖，微服同泛秦淮。青楼中有妓名春燕者，温柔儒雅，吐属尤佳，曾公奇之。后为人量珠聘去，不复得见，曾公书联赠之。"

其联云：

未免有情，对酒绿灯红，一别竟伤春去了。

似曾相识，怅梁空泥落，何时重见燕归来。

此事，黄濬的《花随人圣庵摭忆》亦有记载，某日晚上，曾氏微服，邀钟山书院山长李小湖，一同泛小舟入秦淮河。暮色苍茫中，桨声灯影里，画舫蔽河，笙歌盈耳，顾而乐甚，乃游至达旦。

徐珂《清稗类钞·娼妓类四·江宁之妓》记载，江宁娼妓"自遭粤寇之乱，流落江湖"，曾国藩时任两江总督，"欲兴商业，效管仲之设女闾（妓）也，因令于青溪设妓院，限以六家，并为定制，许增妓，不许增院。六家者，陆、李、刘及韩小师、三和堂是也"。

官办六家妓院开业，扬州、上海妓女纷沓而至。扬州亦饱经战乱，加之盐商破产，以致妓女无以为生，南京开禁，顿时"风流薮泽，全属扬帮矣"。

明代青楼集中之地，文德桥旧院一带尚为废墟，私家妓院多集中于夫子庙不远的钓鱼巷。相传此地原为徐达的花园，明代武宗，清代乾隆帝曾垂钓于此，故名。

再就是秦淮河上的灯船画舫了。这些楼船，多为湘军战舰，兵戈已止，遂将战船转卖，改作了游船。“楼船初不装窗幕，称之为敞船”，后来则画栋珠帘，窗明几净，装饰得十分豪华。船首设有门舱，内有仆从伺候。往里，有餐室，有书房。再进，则为卧榻、浣濯、便旋之所，可谓一应俱全。船尾则是舵楼，可以登高远眺，尽览沿岸景色。楼船两旁各留便道，以供捧茗、进膳之用。

除楼船外，秦淮河里还有各种船只，满足不同需求。最具特色的，称之“摸黑船”，专供夜游，不悬灯，以避人耳目。（见《南京通史·清代卷》）

兵灾之后，百业凋零。曾国藩稍加提点，首开南京青楼之禁，“招四方游女，居以水榭，泛以楼船，灯火箫鼓，震炫一时，遂复承平之盛”。

桨声灯影，楼船画舫，秦淮河这一独有风景，一直持续到了民国。

洋务运动

对于1842年的南京人来说，当他们看到长江江面停泊的英国舰船时，也许和十多年后，日本人看到美国黑船驶入江户湾海面一样惊恐与不安。

没错，他们面对的，是一个预言，世界要变了。

这是三千年来未有之大变局。那些来自西方的舰船俨如信使，用黑洞洞的炮口通告一个老态龙钟尚在昏睡的帝国，天地已经倾斜，门关得再紧也不再安宁，机器的噪声预示工业文明的时代已经到来。

金陵机器制造局

也就是湘军攻占南京十来个月吧。太平天国的往事已成梦幻，令人生畏的湘勇也陆续撤离。回迁的居民渐渐多了起来，秦淮河又有了桨声灯影。

1865年5月，南京初夏，风轻云淡，是一年中最感舒适的时分。聚宝门外，原本是商埠繁华之地，如今依然瓦砾满地。血沃大地肥劲草，荆榛野草纷纷钻出残墙断壁，野花寂寞，倍觉妖冶。曾是人声鼎沸的报恩寺一片荒凉，那座称之为中国之大古董，永乐之大窑器的琉璃塔呢？没有了，永远没有了。没有琉璃塔的南京，还是南京，只是从此少了一分神气。

聚宝门的城楼一片喧哗，说是新任两江总督李鸿章登楼视察，身后还跟着金发碧眼的洋人。

仅过数日，民工兵勇陆续开来，驻扎于报恩寺，直至秦淮河大片荒地，动土施工。

几个月后，一座南京人见所未见的门楼拔地而起。这座门楼，不再是国人熟悉的榫木建筑，而是砖石洋灰、坚固无比的西式模样。门楼高达数丈，有拱门三座，门上嵌有五个大字，“金陵制造局”，大字之上，有巨型洋钟，数百步之外，时刻清晰可见，可谓气派非凡。居民时有来观者，称之为大洋楼。门楼设有枪兵，内为军事要地，闲人可远视而不得近观。

这就是金陵机器制造局，清政府一批洋务派大臣为自强自救，建立的中国第一批军械工厂之一。

机器全部从西方购入，没有管理技术人才，只能全套照搬。聘请洋人马格里担任监理与顾问，清政府赐予马格里三品顶戴，修有别墅，还配有警卫。金陵机器制造局初创时拥有四百余名员工，为清军，特别是为淮军提供了大量新式枪炮弹药，中国的第一挺马克沁重机枪，即出产于此。从晚清至民国之后多年，金陵机器制造局易手几个政权，一百多年来，一直是中国举足轻重的军工企业，员工最多时，多达两千余人。

直至今天，金陵机器制造局尚存机器大厂、炎铜厂、木厂大楼、机器正厂、机器左厂以及机器右厂数处遗迹。现称晨光集团 1865

科技创意产业园，可供游人参观。

金陵机器制造局给南京带来的，不只是门楼、厂房等一批新鲜的西式建筑。更重要的，是南京历史的一道刻痕、一块界碑、一个标志。农耕文明，以及由此产生的一切生活习俗开始悄然退却。工业文明，以及由此带来的所有生存方式正在步步逼近。

一个前所未有的群体在南京出现，这个群体叫作工人。他们的生活被冷冰冰的机器支配，每个清晨在汽笛催促下赶往工厂，直到夜幕降临，才从厂门蜂拥而出，每天工作长达十一个小时。只有朔（初一）望（十五）两日，这些人才休假，三三两两出现在城区的商铺街头。

不再一样的南京

魏源在南京写《海国图志》，被日本追捧，却唤不起国人。直到二十年后，清政府遭受两场鸦片战争痛打，《海国图志》得以重印，“师夷长技以制夷”的洋务运动兴起，力图自强自救。

按洋务派最初的打算，只是想复制点坚船利炮，日子依旧照老样子过。但事与愿违，红舞鞋一旦穿上，想停也停不下来。社会是一个十分复杂的系统，只办军工，独木难支。关乎民生的企业随之兴起，洋务运动由“自强”转向了“求富”。

十多年的太平天国之乱，南京与西洋诸国通商开埠，推迟几近半个世纪。近代化的速度，不算很快。但晚清几十年，陆续出现了众多官营私营企业。

曾鼎盛一时的江宁织造局得以恢复，全局有织机二百余台，成品送内务府，供皇室使用。

较大的机械厂已有胜昌、浦镇、多泰永、杨永兴多家。建筑用砖也开始了大规模的机器生产。火柴厂生产的火柴，已成家家必备的日用之物。

一些洋务派官员在西方社会的考察中，发现印刷品对加速文明传播，作用巨大。两江总督端方以其敏锐的眼光创办了南洋印刷官厂。现代机器印制的质量及速度与手工作坊有天壤之别。接下来的变化是，南京的书店多起来了，街上出现了报童。无论在家中还是坐在茶馆，都可以随手拿起一张报纸浏览，足不出户，而知天下之事。

南京几千年的照明方式在晚清发生了变化，金陵电灯官厂、亨耀电灯厂相继建立，电灯成为时尚。

金陵电灯官厂在《南洋官报》上刊登启事云："凡官绅军学士商各界，如需装灯者，即到电灯厂挂号。""每盏独光电灯安装费为大洋五元，　每盏电灯每月电费为大洋一元二角，供电时间，无论冬夏迟早，每晚八个小时。"电灯的使用，带来了新的商机，南京最早的"唐森森五金电料商店"在户部街开业。

金陵自来水厂的建立，使得一门古老行业自此消失。街头再也没有了挑卖河水的吆喝。

金陵机器制造局设立后，南京出现了一个亘古未有的群体，随着工厂的增多，这个群体日益壮大。随之，未来的世界将产生全新的格局，在当时，谁也无从预知。

新　学

科举给平民打开了一条改变命运的途径，而八股取士无异于最可怕的焚书。尽管四百多年前利玛窦就把《几何原理》带来中国，却并没有引起多少兴趣与需求。对中国读书人来说，除了应付科考的四书五经，其他学问又有什么用处呢？

天地翻覆了。工厂的建立，商埠的开通，需要太多的新知，需要太多具有新知的人才。新学也就应运而生了。时隔两百多年之后，《几何原理》在晚清忽受青睐。

清廷自救，首先着眼的还是坚船利炮。南京官办的新式学堂，有江南水师学堂与江南陆师学堂两所。水师学堂由时任两江总督的曾国荃奏办，地址设仪凤门内隙地之上（遗址在今南京中山北路 346 号）。所招学生，要求二十岁以下，学过英文三到四年，身体须经西医检查合格。考试科目有英文、翻译、地理、算学。学制五年，分驾驶、管轮两科，学堂聘有英籍教官及英文、汉文教习。驾驶班课程有英文、几何、代数、化学、机械、测绘、天文以及所有航海、兵器使用知识。管轮班除一些共同课程外，还要学力学、绘图、轮机原理等课程。实习需到军械工厂，熟悉各项工艺，下课之后则要求从事军体练习，健体强身。1898 年 4 月，鲁迅曾考入江南水师学堂轮机班就读。

陆师学堂则由时任两江总督张之洞奏办。地点亦设仪凤门内（遗址位于今南京中山北路 283 号），与水师学堂近邻。学制仿照德国，造就将才。聘请德国军官为教习，课程与水师学堂相近，但专业课程分马、步、炮、工各门。研习兵法、行阵、营垒、测绘各种学问。鲁迅离开江南水师学堂后，又考入江南陆师学堂附属矿路学堂。三年后以一等第三名毕业。

新学蓬勃兴起，导致师资奇缺。张之洞又奏办南京三江师范学堂，成为中国第一所设计最新、规模最大的师范学校。校址设南京北极阁之南（今东南大学校园内）。为体现“中学为体，西学为用”的方针，外籍教师全部从日本聘请，吸收日本改造过的西学。而精心选出的本土教师，则派出部分出国留学。不仅教学体制、所学课程模仿日本学校，连一切教学用具，都从日本购来。中国学校的三长制（教务长、训导长、总务长），即由此发端。

南京教会学校对新学推进，也贡献卓著。1875 年，法籍传教士在南京石鼓路创立教会小学，1884 年，美籍传教士在南京汉西门（今莫愁路）创办明德女子小学，后发展成完全中学。尤其是美籍传教士 1887 年创办的汇文书院，是南京近代第一所高等学府。后几经合并，定名为金陵大学。1911 年，在美国纽约教育局备案，被承认为完全大学，享受西方大学应享之一切权利。（见《南京通史·清代卷》）

江南图书馆

南京市鼓楼区龙蟠里，一条短短的街道中，藏着两处对中国近代史影响巨大的历史遗迹。一是龙蟠里 22 号魏源故居，《海国图志》的诞生地。再就是龙蟠里 9 号，江南图书馆遗址，后为南京图书馆特藏部。

几千年来，中国的图书，主要藏于皇宫，为帝王私有。历代私人藏书"以公诸于世为失策"，所谓唯老婆与藏书不外借。江南图书馆的建立，不只是为南京人提供了一个公共阅读的场所，从人类文明进程的视角，图书之私藏到为天下之公器的转变，不失为划时代的大事件。

1908 年，两江总督端方上奏朝廷，"窃维强国利民，莫先于教育，而图书实为教育之母"，又说，"近百年欧美大邦，兴学称盛。凡名都巨埠，皆有官建图书馆。宏博辉丽，观书者，日千百人。所以开益神智，增进文明，意至善也。臣奉使所至，览其藏书之盛，叹为巨观"。认为，开启民智，"建图书馆为善法之首"。

在端方筹划下，江南图书馆先期购得杭州八千卷楼嘉惠堂藏书，武昌范氏月槎木樨香馆藏书等，总计收购书籍达十二万九千卷。并将藏书编成书目，以便读者查阅。

端方又筹款建两栋两层江南民居风格的“跑马楼”建筑，用于藏书。连同旧有平房，馆舍计有一百四十余间。1910 年 8 月，江南图书馆正式对外开放。

为了给外地读书人提供方便，江南图书馆还创订《住馆读书章程》，每月交十八元，便可在图书馆吃饭、住宿、读书。这不仅对当时的读书人是巨大的便利，就是对今天的读书人，也是巨大诱惑。

据史料记载，胡适、蔡元培、黄宾虹、徐悲鸿等人都曾在此住馆阅读。

鲁迅在南京教育部工作，时常步行六七里，到此读书，还将一些重要典籍借回抄录。他后来出版的《唐宋传奇集》，一些珍本即得于此。现南京图书馆珍藏的《谢氏后汉书补逸》善本扉页上，还留有鲁迅当年亲笔题记，“壬子四月假江南图书馆藏本写出，初五日起，初九日讫，凡五日”。弥足珍贵。

不知南京人记忆中的江南图书馆今犹在否。黛瓦飞檐，青砖红柱，宽廊巨窗，那是一种挥之不去的温馨。

楼前那两棵银杏，到深秋，便是黄叶纷落。银杏若在，其树干怕需两人合围了。

恍如昨日

一切离我们如此之近，一切又离我们如此之远。

那时候，南京的厕所还是旱厕，需要淘粪工人淘粪，再用粪车运出南京。粪车大多是驴拉的，也有人拉的，要注意的是，车轮的外圈已从铁圈换成了橡胶圈，这个变化，使车载的重量大为增加。收家粪，每天清晨摇铃为号，大街小巷的居民纷纷出门倒马桶。然后是洗刷马桶的声音一片。

那时候南京的夏天与现在一样炎热，白天南京居民到城墙门洞里去乘凉、下棋、喝茶，端一根旱烟管，悠悠地抽烟，燥热的风穿过城墙的门洞，马上变得有些清凉。

把街道遮蔽得密不透风的法国梧桐，曾是老南京挥之不去的记忆。深秋，脚踏满地落叶的沙沙声响，像是南京这个词最亲切的读音。法国梧桐始种于民国，但晚清，街头的空地多半会有槐树，树荫下也是街邻纳凉避暑、闲话娱乐的地方。槐树与梧桐，树上都有细丝垂下的虫子，南京人叫吊死鬼。胆大的男孩常用吊死鬼把女孩吓得惊叫奔逃。

那时候没有电扇，街头的理发铺都有小学徒卖力地用绳子拉动厚布帘，为顾客扇风。

毒辣的太阳落下屋檐时，家家户户淘出清凉的井水在门前泼洒，土地发出吱吱的声响，有时会冒起青烟。然后，一张一张竹床抬出来，把街巷铺成一片，家家人都出门坐上竹床，摇动蒲扇，聊天纳凉。天上的繁星小孩子天天都数，偶尔飞过一只萤火虫，会招得满街孩子追逐。

各色人等

新式工厂一家接一家开业，街上的行人多了一些穿着工装的群体，报上的消息说，这些人偶尔也会闹事，一个新鲜的词汇叫罢工。

“妇人衣服，好时髦者，每追踪于上海式样，亦不问其式样大半出于妓女之新花色。”男子衣服，或模仿北京官僚，或骛趋时髦者。

最引人注目的，是那些新式学堂的洋派学生，无一非西装者，高谈阔论过市。（见《南京港史》《南京采风记》）

警察又是一个新鲜名词，身穿警服，挂警哨，持警棍，巡游街巷。一些管事的头目，曾留洋日本，见习警察事务。每闻警笛声响，市民即趋声围观，看警察追捕歹人。

开　埠

南京对外开埠通商，因太平天国战事，推迟近达半个世纪。而清政府则视南京为江南重镇，害怕洋人染指，严令在金陵设立码头。轮船只准停泊江心，乘客从大船改乘小船登岸，十分麻烦。1882年，二万余名考生科考，分水陆两路赶往南京考场。结果，从江心大轮改乘小船在下关登岸时，小划子翻沉，溺毙数人，引起震动。时任两江总督左宗棠作了变通，在岸边置趸船登岸，称之为“功德船”，等于突破禁令，建了码头而不称码头。

1899年5月1日，金陵关正式开关，外国洋行，纷纷设立专用码头。之后，划定下关惠民河以西，沿长江五华里，宽一华里地方给外国商人开设洋行、货栈，并设邮局、税务司办公室、金陵关办公室。因华人没有相应人才，这些部门的主要岗位全由洋人担任。他们管理中国的关税、港务、邮政、航政。这个情况不只是江宁，当年，中国沿江海各口岸关税都由洋人掌控，合计税金达两千万两，占清政府年财政总收入的四分之一。

下关成了南京的特区，自由贸易港。清政府也拨款进行基础设施建设，修筑桥梁、道路、石岸，并成立巡警局和近代市政管理机构。

交　通

几千年来，南京代步的肩舆（轿子）、驴子，到晚清，变了。一条从下关始发的铁路穿城而过，长达近十五华里。沿途停靠下关、惠民河、栅栏门、三牌楼、丁家桥、鼓楼、两江师范学堂、夫子庙等站。除通行货车外，有头等、二等、三等客车，每辆乘坐八九十人。南北对开，每小时一趟。另有装饰豪华的总督专列一辆。这条江宁铁路，直至20世纪50年代才撤除。

离开南京远行，往南，有沪宁铁路，可直达上海；往北，则有津浦铁路，直达天津、北京。看火车，坐火车，是乡下孩子一生的梦想。

南京城南，秦淮河在端方任内，得以大规模疏浚，传统水路畅通无阻。

下关往城区，还修通了宽大的马路，经两江总督署，折往城市东沿，沟通城南繁华的商业区。马路上往返的，是西式风格的马车，偶有洋人骑乘自行车悠然而过，这个稀罕之物总会引起路人围观指点。北京的末代皇帝也一度喜欢这个稀罕之物，据说，为了方便骑行，他差点让太监锯掉故宫里的门槛。

世博会

时任两江总督的端方，曾出洋参观美国圣路易斯万国博览会、比利时黎业斯博览会、意大利米兰博览会，留下深刻印象。他上奏曰："方今五洲交通，文明日进，东西各邦，通都大邑莫不有博物之院，劝业之会。"奏请在南京筹设公园，创办博览会。

博览会名为南洋劝业会，取"开风气而劝农工"之意，1910年6月5日，隆重开幕。主会场在今丁家桥、三牌楼、玄武门一带，占地达七百余亩。会场中心设塔楼一座，为办公接待中心。展区三十四个，有各省展馆、专业展馆、实业展馆，另设参考展馆专展外国产品。展品多达一百余万件，机械、农业、水产、畜产、医药、工艺，无所不包。最终评选出一等奖六十六名，二等奖二百一十四名，三等奖四百二十六名，金牌奖一千二百一十八名，银牌奖三千三百四十五名。

南洋劝业会内有商店餐馆、旅社剧院、邮局戏院、亭台楼阁、茶舍温室、游艺场、动物园、植物园、照相馆，一应俱全。为方便游客，场内交通有小火车与宁省铁路对接，马车、人力车可达各个场馆。最新奇的，是有专设电梯，可登高远望南京城景。

南洋劝业会夜晚灯相辉映，白天人头涌动，半年接待游客多达二十余万。

如此盛况，较之上海世博会，早了一百余年。

谘议局

江宁谘议局旧址，在南京湖南路十号，现为全国文物保护重点单位。从门外，依然能遥望这座漂亮的法式文艺复兴风格的建筑。

江宁谘议局是晚清历史一个极为重要的符号，它标志中体西用的洋务运动受到质疑，社会制度变革的尝试已经开始。

所谓谘议局，是西方议会的雏形。1909 年 4 月 1 日，江宁谘议局开始议员选举，在江宁、苏州选出议员一百二十一人。这当然是一次不成熟的选举，但其程序，却是最接近现代规范的民主尝试。选举资格优先考虑掌握新学知识人士，工商业者选举权被肯定，并且取消了现任官员选举与被选举权。这是中国历史上第一次民意代表的普选，在中国地方自治史上具有划时代的意义。（《南京通史·清代卷》）

目不暇接的第一回

晚清的南京，有了第一座工厂，第一批工人，第一盏电灯，第一根自来水管，第一座新式学校，第一所西式医院，第一栋西洋建筑，第一节火车车厢，第一个图书馆，第一所邮局，第一张报纸，第一个编译书局，第一台电话，第一条电报线路，第一艘蒸汽火轮，第一座西式监狱……工业文明带来的全新生活方式，在晚清的南京，都已经呈现出端倪。这一切，能给饱经几千年苦难的民族带来福祉吗？

附　大清国皇帝退位诏书

朕钦奉隆裕太后懿旨：前因民军起事，各省响应，九夏沸腾，生灵涂炭，特命袁世凯遣员与民军代表讨论大局，议开国会，公决政体。两月以来，尚无确当办法，南北睽隔，彼此相指，商辍于途，士露于野，徒以国体一日不决，故民生一日不安。今全国人民心理多倾向共和，南中各省既倡议于前，北方诸将亦主张于后。人心所向，天命可知，予亦何忍因一姓之尊荣，拂兆民之好恶。是用外观大势，内审舆情，特率皇帝将统治权公之全国，定为共和立宪国体。近慰海内厌乱望治之心，远协古圣天下为公之义。袁世凯前经资政院选举为总理大臣，当兹新旧代谢之际，宣有南北统一之方，即由袁世凯以全权组织共和政府，与民军协商统一办法。总期人民安措，海宇乂安，仍合满汉蒙回藏五族完全领土为一大中华民国，予与皇帝得以退处宽闲，优游岁月，长受国民之优礼，亲见郅治之告成，岂不懿欤？钦此。

这不只是清廷退位，而是几千年皇权政体的终结。新的体制会因之呱呱坠地吗？一个苦难的民族从来不存侥幸，她注定不是顺产。

我从南京出发的一次旅行

每个人都是两个人：一个肉身的，一个精神的；一个躯壳的，一个灵魂的。

如果出门旅行，肉身能走多远呢？走多远都逃不出一个无聊而枯燥的数字。肉身从来都是灵魂的累赘。

还是让灵魂乘想象之天马，作一次精神远游如何？或许你是坐着，斜靠于躺椅之上，把书桌的抽屉拉一半，将双脚舒服地搁上去。或许躺着，两个枕头显然不够，再把双掌相叠，枕于脑后。如果在拥挤的车上或者街道，眼前再多的面孔也会模糊虚化，溶解成飘然而逝的风。你只属于内心，为一件会心的往事，嘴角露出微笑。

无须整理行装，不再借助双脚，不必在意肉身安放在世界的哪一个角落。无欲无悲，无贵无贱，无拘无束，无疆无界。一切实在都归于无形，眼前的每一个具象渐渐液化，岩石清澈如溪，高楼流动如河，森林水平如镜。

没有重量，没有长短，没有美丑，没有你以为有过的一切，你不是你，你的每一个细胞都化作了风，从指尖轻轻滑过。这样，你可以出发了。

我从南京出发，走向没有尽头的远古。站在几十亿年前的宇宙，我看见地球像孩子一样长大。

如脱离母胎的婴儿会放声啼哭，那时候，火山频发，岩浆喷涌。这就是地球诞生那一刻的阵痛与啼哭吗？当海水漫过高山，一切归于平静。从太空远望，它蓝得过于可爱，以至是宇宙众多星体中倍遭造物主怜爱的小家伙。

我无所不能，只有我才能在那样古老的海洋游泳。我在枯寂的海底行走，灵魂永不呛水。不在意海水的重压，也不需要呼吸。我是无处不在的幽灵。在那里，我看见了海洋的原始生命，缓缓蠕动的三叶虫。如果现世的你有幸捡到一块化石，或许就能知道它的模样。要不，去地质博物馆看看？这样，我们就能对接观感。

离开婴儿时期的躁动，大陆相继隆起了，漂移、对撞，这可是几十亿年的时光。

苔藓爬上了陆地，古蕨长成了森林。当然，还有银杏、苏铁、松柏。达纲科的古老树种，在陆地沉降上升中变成了煤。

海洋里珊瑚出现了，海藻飘动。甲胄鱼、盾皮鱼、总鳍鱼穿梭游动。世界因各种生命纷纷诞生，不再空寂。

这都是我旅行的风景。之后是恐龙，天上飞着奇怪的始祖鸟，恐龙笨重得像移动的楼房。我是如风的灵魂，我看见了。人的肉身只能看见它们的骸骨。

我看见了这颗星球上第一片野花，随风摇曳。蜜蜂还来不及到花蕊里钻动，它们要到上新世才会出现。

然后，我经历了这颗星球惊天动地的大事，人出现了。

都说，人最初的模样是猿，谁知道呢？姑妄相信这个美丽的传说吧。

我上天入地，穿行几十亿年于一瞬，这才是脱离肉身的大自在。

南京这块土地从海底升起，在地壳的运动中漂移对撞，形成了褶皱隆起，这就是地形地貌，动人的山脉、河流、湖泊。它是所有生命的承载。我只是游走于这块土地的一个灵魂。

我回到了南京，在汤山的一处温泉旁与南京猿人相遇。

我打招呼，她掉头远去。这一去便是几十万年。

直到我捡到一块陶片，我才确定，人，这个与我们血脉相连的物种切实存在。

于是，我放慢了脚步。其实，灵魂无形没有脚步，我只是一代一代，细细聆听人的喘息。

时间才是真正可怕的杀手，它冷漠地，不紧不慢地走过，身后留下一望无际的尸骸与白骨。数不尽的肉身生生死死，归为尘土，有如江水奔腾不息。连大地也在一天天变老。

我弯下腰去，拾起一片甲骨，那些奇怪的符号隐隐可见。象形文字产生了。那个称之为人的物种已经爬上高峰，身后暗如长夜，天边已露熹微。

我在棠邑古城歇息，看见两个男人豪饮，一个女人端坐。专诸与伍子胥用不一样的行为诠释冲天的侠气。专诸的母亲就这样平静地注视两个男人用豪情与能量改变了世事变迁。

司马迁和我亲见了秦国的虎狼之师如何杀入楚地，他们一手提着人头，一手挟着俘虏，依然追杀逃敌。之后，南京人与所有人一样，必须从属一个新的集体，这个集体叫国家。并且用凶器说明，国家的一切属于皇帝。在南京做江宁国相的董仲舒还为皇帝与臣民签下一份和约，这份霸道契约说的是独尊儒术，三纲五常。

西方的佛陀来到魏晋，他要普度乱世中可怜的众生。还有一种宗教也在这个时代如期而至，那是山水田园的天地之美。诗、书、画、乐，一切艺术都是精神世界的参悟与修行。

魏晋人性的张扬是春秋时期的回光返照。民族融合使汉人的血液得到一次及时补养与拯救，暴力推行的秦制只会使奴性如同野草疯长。至少有三个人是这次大融合之后的典范，杨广、李世民与李白。

我在唐朝茅草农舍的月色与松明下阅读唐诗，我读到的只有农夫的汗水与泪水。到宋朝，长短句中的农夫才有一些欢愉。宋朝的阅读已是全然不同的体验，高型家具的出现，改变了人类的坐姿。从直立到高坐，都是文明进化的重大暗示。

它暗示了工业文明的到来吗？明朝的禁海令没有能阻止葡萄牙的坚船到澳门晾晒货物，清朝锁国也锁不住英国的铁甲开往南京城外的江面。

这时候，我在南京的街头乡野停下脚步，一切与今天近在咫尺。宽广的马路已有了路灯，报纸上看得到电话安装启事，铁路也穿城而过。一切是如此新奇。但，人类的福音会伴随而至吗？

一个笨重的帝国，要转动一下身躯是如此艰难。当我在山峰驻足回望，我听见帝制的丧钟敲响，回荡长空。但帝制的完结，不代表那份凶器逼迫下的古老契约会得以改动。

纳税人的赋税，是归统治者私有，还是为纳税人代管？这个最简单的问题，竟然是人类一切苦难的原罪。一切如此简明，又如此复杂。为了两个字的变更，人类经历了数千年生生死死。

我只愿寄居南京乡间坊里破旧的茅草房下，当一名苟活的居民，一个卑微纳税者。用沉默的大多数的视角，看看王朝变换，感知一代又一代芸芸众生的体温与呼吸。

这是一次纯属私人动念的精神旅行。这样看，这本《南京传》，只是一本从南京这块土地出发，沿着人类历史脉络而下的游记。

一本个人的梦呓。

附录

图解金陵

史前时期

一块安琪马化石，让我们的目光一下回望到1200万年前。那时候，南京地区这块土地动物出没，竟是如此充满生机。而直立人却尚无消息。

又历经上千万年的演化，安琪马不见了，取而代之的，是体形高大的三趾马在这块土地撒欢。但这时，直立人出现了。尽管南京地区尚未找到他们的痕迹，但我们已确知，旧石器时代的猿人与三趾马并存。

这些猿人为了把石器打磨光滑，竟然花费几百万年。之后，有关人类的消息一下多了起来。

到新石器时代，人类文明突然加快了脚步。南京地区活动的人类，穿着自纺的衣服，住进自建的房子，用陶器烹制食物。

1956年，南京方山洞玄观遗址发现“安琪马”头骨及牙齿化石。

始祖马复原图

在马科动物的谱系中，最早的马生活在6000万—5000万年前。比兔子略大，脚有四趾，称始祖马。之后，就是似驴似马的安琪马了。安琪马脚有三趾，生活在1200万年前。

再就是生活于100万年前的三趾马。样子是这样的，比安琪马高大许多。

三趾马复原图

这当然是三趾马的化石

2000 年，南京汤山驼子洞发现了大量黄河马及长鼻三趾马化石，同时发掘的化石还有野猪、鹿、熊等 28 种古动物。

无论什么马，它们的食物都是野草与树叶。这些动物存在不是孤立的，它们需要在一个完善的生态系统中生存。不难想象，那时候，南京地区必定水草丰茂，森林密布，兽鸣蛙唱，环境迷人。

一号头骨

1993 年南京汤山葫芦洞发掘两个直立人头骨。一号头骨经鉴定为女性，年龄在 21—35 岁之间，距今约 60 万年—35 万年。

之后，在距离一号头骨约五米的不同堆积层中，发现二号头骨。

二号头骨为 30 来岁的中年男子，距今约 20 万年，至少晚于一号头骨 10 万年以上。经脑容量测定，二号头骨为智人，与一号头骨有生殖隔离，没有传承关系。

全世界从没有一座城市在城区范围内发现直立人的遗迹，何况同时发现猿人与智人的存在。

二号头骨

旧石器时代可以追溯到 300 万年之前，猿人与三趾马曾经生活于同一时代。

1999 年 5 月，南京博物院考古所在茅山一带发现多处旧石器地点，采集石器 106 件。之后，又在南京浦口发现旧石器地点五处，采集有石核、石锤、尖刃器、砍砸器、刮削器等多种石器。

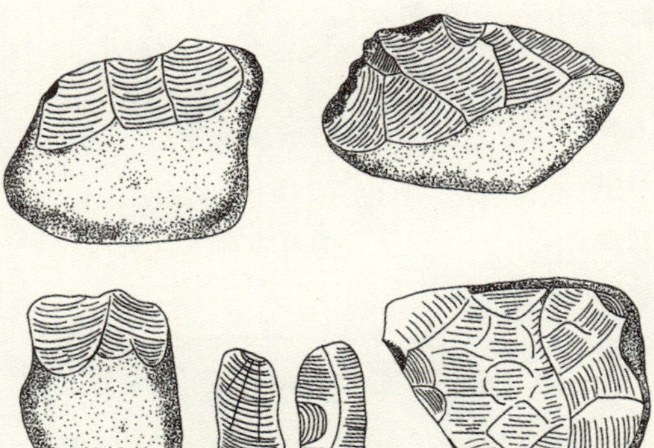

南京出土的旧石器

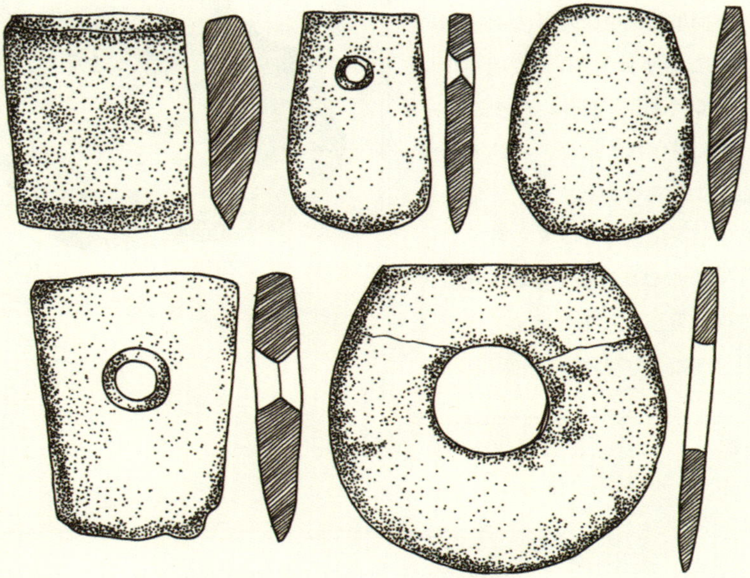

南京出土的新石器

看看这些石制工具的磨制，从粗糙到精美，人类付出的时间竟然长达几百万年。

南京有太多新石器时代人类的遗存。最典型的是南京市城中心的北阴阳营遗址、高淳薛城遗址、浦口营盘山遗址、高淳朝墩头遗址等。这些遗址，出土了大量陶器、玉器、石制工具。最典型的，当然是石器。

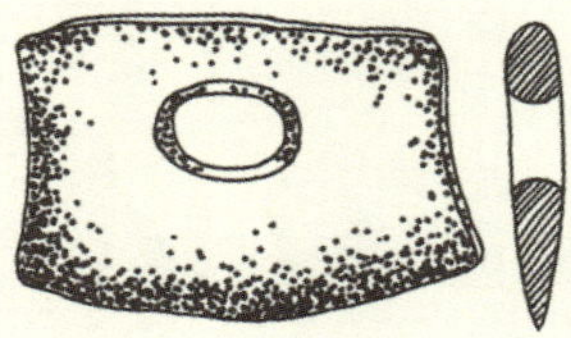

南京出土的新石器

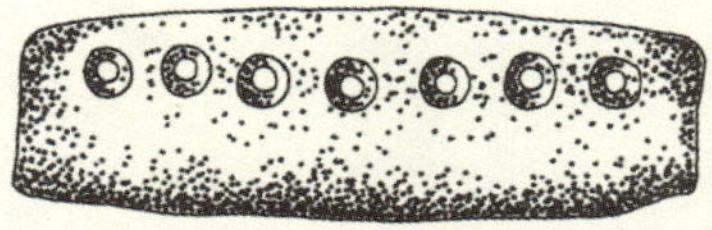

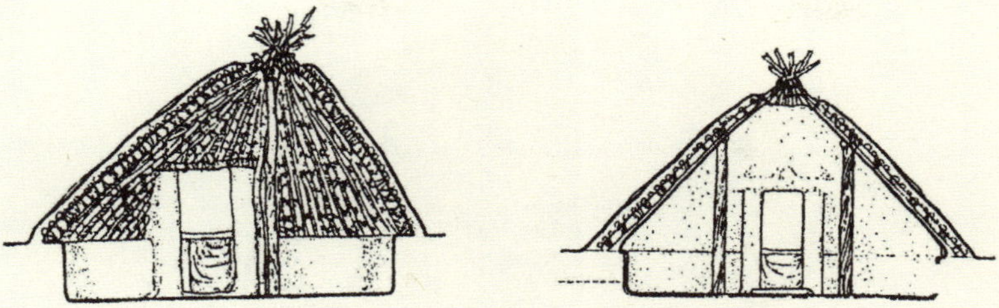

穴居建筑

高淳薛城遗址埋藏了太多新石器时期人类的信息。

薛城遗址发掘的房址是浅坑式，四周有柱洞。这显然近于半穴居建筑。

灶穴与灰坑让我们知道5000年前的人类基本食谱。灰坑出土大量动物遗骸、鱼骨、贝壳，这无疑与当时的肉类食物有关。

古　陶

陶器的出现，不只标志了人类熟食、烹饪方式已接近现代，还标志了劳动分工及工匠的存在。人类文明至此，突然加快了步伐。

陶纺轮

北阴阳营遗址出土陶制纺轮达45件之多。

衣服出现了，5000年前的南京人已告别披兽皮、树叶的时代。

人类每一次文明的进步，都表现为物质世界的无中生有。因为对火的纯熟运用，人类无中生有，将泥土制作成陶器。同样是对火的把控，人类无中生有，将矿石冶炼成青铜及铁器。衣服，住房，熟食，太多了，哪一样不是无中生有？

一切无中生有的创造，才是人类文明最清晰的脚印。

先秦时期

南京地区有太多先秦时期的贵族墓、土墩墓、古遗址。没有疑问，当时南京人对火的运用，已达到炉火纯青的高度。得益于对火的把控，人类无中生有，改变了泥土的性质，制成了陶器。当矿石熔炼为金属时，石器即成为往事，青铜时代到来了。

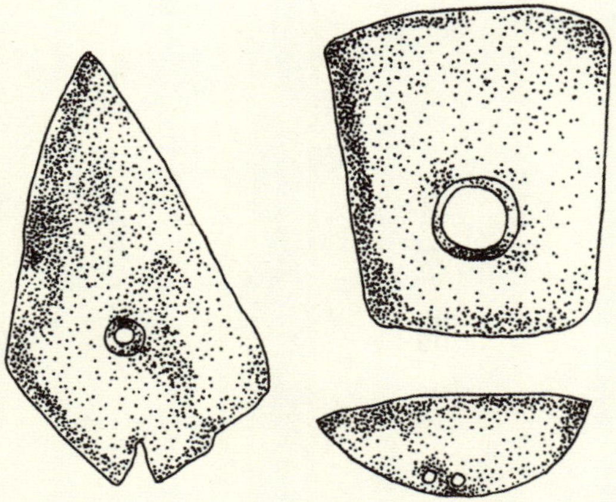

青铜器与石器的转换

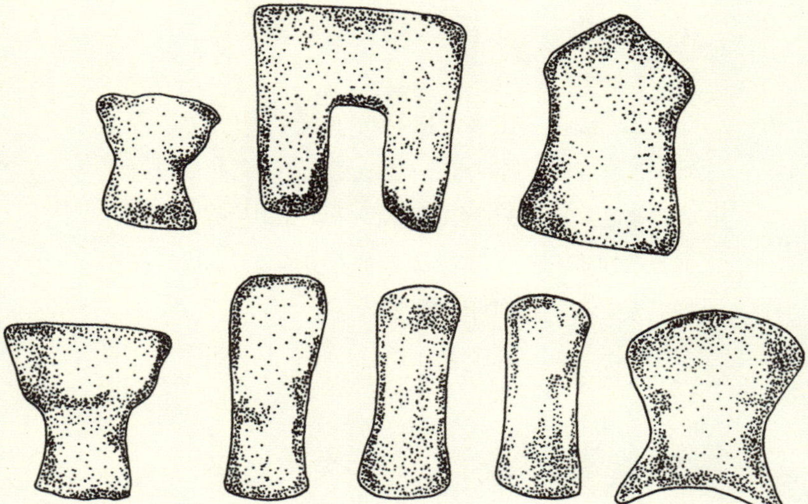

固城朝墩头出土的文物使我们能感知两大时代的过渡，青铜器开始取代石器。

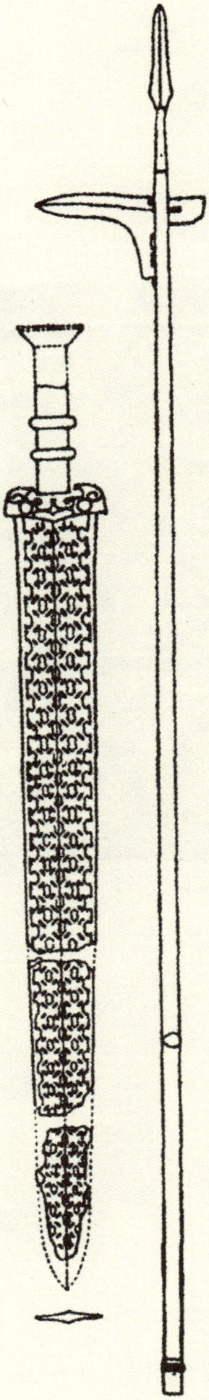

冷兵器时代到来了，杀人的效率大幅提升。左图为出土于六合程桥东周墓的青铜兵器手描图。

青铜兵器

编　钟

人类产生超越实用生活的礼仪制度。上图为程桥二号周墓出土的编钟。

带盖的陶器

生活趋于精致。

江宁土墩墓出土的带盖陶器，土墩墓多为平民葬地。

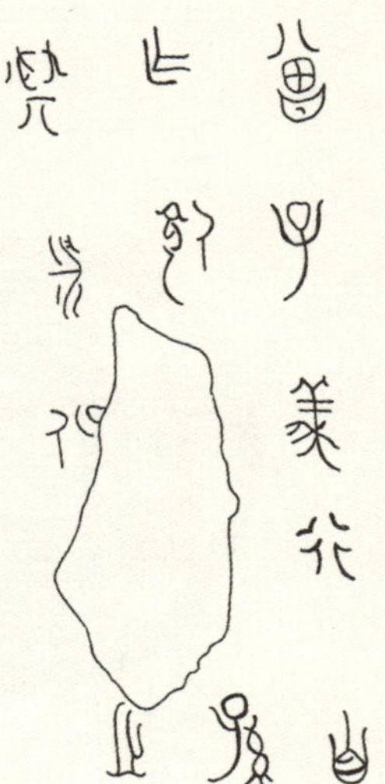

古文字

更为重要的，人类文明最核心的标志——文字诞生了。汉字是世界唯一运用四千余年，从未中断，至今仍然充满活力的文字。右图为六合程桥东周三号墓出土的青铜礼器铭文。

钱币这种交易媒介也出现了。丛林法则的胜出者有了全新的评判标准。体格的大小，智力的高低，让位于金钱拥有的多寡。人与动物的区别，又多了一个衡量的视角。

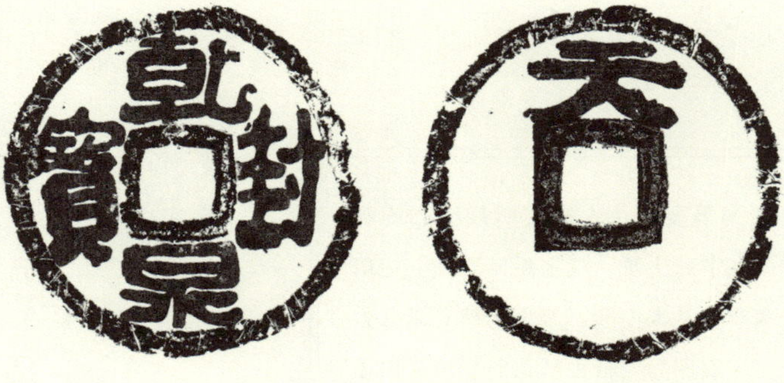

出土于高淳、江宁的楚国钱币。

衣

以下是楚墓出土的木俑手描图。其穿着可以让我们非常直观地感知先秦后期纺织水平。当然，这是贵族服饰，普通百姓是无福消受的。

先秦服饰

（Kaylyn Qin 描绘）

食

先秦称粮食为五谷，但细分还有很多种，主要还是稻、麦、粟。肉食多为猪、牛、羊、狗、鸡、鸭、鹅。其中狗肉从先秦到隋唐都是非常重要的肉食。蔬菜十分匮乏，尽管《诗经》中提到荇、荼、苕等二十多种。水果则有桃、李、杏、橘、柚、梨、栗、柿等。

铁器时代尚未到来，炊具还是陶制。烹饪方法主要是烩、炙、蒸、煮。

厨

舟

车

行

南京紧临长江，水网纵横，到先秦，舟船的使用已与日常生活密切相关。造车技术在商周即具较高水准。

干栏式茅草屋

住

建筑的发展在中国几千年中一直处于两个极端。一是帝王贵胄的皇宫豪邸日见奢华，而贫苦百姓的住宅直至清末民初，仍停留在原始半穴居及干栏式茅草屋状态，没有太大变化。

皇　宫

这一时期惊天动地的事件，是文字的产生。人类仿佛突然拥有了魔力。他们的想法，他们的声音，可以借助一种手写的符号传之久远。这些符号让他们听见智者的启示，记录眼前的发现、内心的感叹。有如黑暗中没有尽头的摸索，前面投射出一线亮光。文字的出现是人类文明至关重要的界碑，背后是漫漫长夜，前面则是晨曦微露。

帝国时期

中国几千年打打杀杀，王朝更迭。城头变换大王旗，都不过是改帜易姓。

秦帝国的出现，是历史的一个重要节点，改变了中国人的活法，塑造了几千年华夏民族的性格特征。

人类是群居动物。自秦始，华夏民族形成了一种新的群居方式。这种方式不再是部落或部落联盟，而是国家，是一种结构严密的大一统政权。

“什伍之制”这种人口管理的方法不是秦朝的发明，但在秦朝得到强化并确立。户籍登记是最为有效的统治手段。秦朝首创户口与法律配套的“连坐”“告密”制，以实现“臣畜天下”的政治模式，即少数统治者牢牢掌握权力、财富、话语权，而广大被统治者则被改造成懦弱愚昧听话的“壹”民。

秦朝户籍简

讨论秦朝是否焚书坑儒，焚了多少，坑了多少，毫无意义。商鞅已经把大一统的目标讲得非常清楚。就是用铁血手段，把平民百姓改造成“愚”“弱”的“壹”民，即牲口，最要铲除的是那些有“独立之思想，自由之精神”的人。

秦代书籍

把人标准化成“壹”民是极大的罪恶。将物质标准化成产品是生产力的重大进步。“车同轨”“书同文”“统一度量衡”都是大一统对社会发展的贡献。凡出土的秦国兵器，零件标准到几乎可以互换。

仅仅看这把精致的铜钳就会相信，秦并六国绝不是侥幸。

秦朝的铜钳

帝国时代的生活

其兴也勃，其衰也忽。秦王朝太短命，南京地区的考古很难确定这一时期的遗物。秦朝的痕迹基本淹没在先秦与两汉两大年代之中了。

秦兵俑

衣

秦王陵出土的兵马俑已让我们确知秦代军人的穿着、战车的式样。

日常生活中，冬天富人穿裘，即兽皮衣，上等为狐裘。平民穿袍，袍子内塞破布或柳絮、芦花一类御寒。即使夏天，富人也好穿宽大的衣服，“衣不曳地”是嘲讽人穷。平民才穿褐衣短襦。

食

自新石器时代，人类把部分野生动物驯养成家畜家禽之后，这些动物一直是肉食的主要来源。而农耕的五谷始终是人类的主食。作为副食，蔬菜是几千年来逐渐丰富的。到秦汉，蔬菜依然贫乏。当时食用的所谓“五蔬”，即藿、薤、葱、韭、葵。藿是豆叶，薤是藠头，韭至今依然在蔬菜食谱当中。当年最为主要的是葵菜，从一些出土的秦简汉简知道，葵的种植量高达所有蔬菜种植量的百分之七十左右。这种古老的蔬菜至今还有。葵菜即湖南依然种植食用的冬苋菜。但其他地方早已不知葵菜为何物。一些书籍则把古代“冬葵”误作今天食用的秋葵。

秦汉时期还有萝卜与芥蓝。萝卜古称“菲”，芥蓝称“葑”，用作主食。

古葵菜

住

《秦始皇本纪》说，秦除有旧宫外，灭六国皆按六国宫殿在咸阳复制一座。秦始皇依然嫌宫小，又征刑徒七十万人修阿房宫与陵墓。

藏于陕西考古研究院的秦宫瓦当，一片长达半米。

阿房宫仅只建了一个前殿，秦亡了。仅一前殿，即可“坐万人”。这与百姓居住的半原始状态的干栏或半穴居茅草屋形成巨大反差。

秦瓦当

铜车马

行

秦之铜车马。所谓“天子六骏”，帝王用车远比这个豪华。

中国人群居的方式，最初是以氏族为单位，之后形成部落。到商周，则可视作巨大的部落联盟。春秋战国列国并存，是众多部落融合吞并的结果。那时的“国”，尚只是部落向国家过渡状态。到秦一统天下，才确立国家的基本框架。之后两千余年，包括南京人在内的中国人，一代又一代，一出生，就注定要在国家这一群居方式中生存。

一切皆是历史的必然，个人只能任随洪流裹挟而下，无从选择。不知是该欢喜还是悲哀。

大一统带来了长城、驰道、郑国渠、都江堰这样浩大的人类奇迹，却为一切个性与思想的张扬设置了坚硬的壁垒，不再容忍诸子百家说三道四。

南京当然不再有专诸、伍子胥，他们的举止行为与“壹”民相去甚远。

两汉时期

汉朝是与罗马王朝并行于世界的超级帝国。但汉朝真正重要的事件是“独尊儒术”。这是在南京做了十年江都国相的董仲舒提出的。这套理论，在大一统的框架下，为家天下统治找到了合法存在的口实。三纲五常的社会秩序设想，成为华夏民族士大夫认同的核心价值观。或者说，这是由皇帝、大臣与平民共同签署的一份不成文的契约。正是由于这套价值观的维系，中国帝制得以存在两千余年。

吴王刘濞之后，刘非父子在南京为江都王三十余年，董仲舒则在刘非父子手下做江都国相，先后十年。

大云山刘非墓出土金缕玉衣

牛耕始自先秦，普及于汉代
（Sophia 描绘）

春种秋收

商有甲骨，周有钟鼎。汉有画像石，嵌刻于祠堂、庙宇、皇陵。如石上之史，如石上之诗。为艺术史上一大奇观。

男耕女织

渔

猎

有朋自远方来

街　市

杀猪宰鸡

宾朋满座

西风瘦马

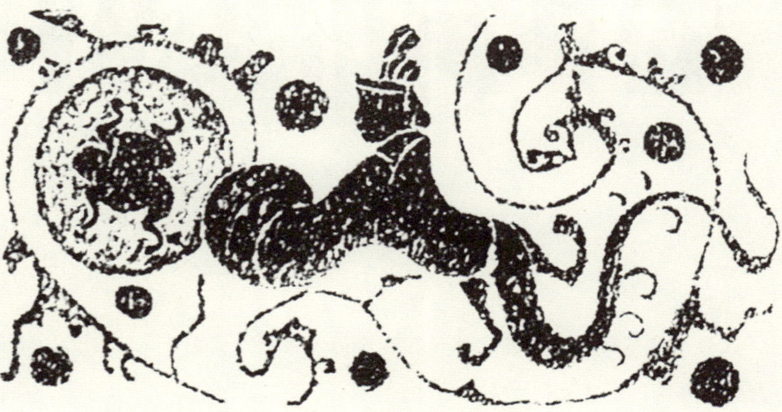

奔　月

童 话

汉代那些不知名的工匠就这样在冰冷的石头之上，刻下他们生活的场景，与内心的渴求，还有他们审美的趣味。

就这样，我们随着这些砖石，走进两千年前的汉人的生活与精神。

魏晋六朝时期

文字的定型，始于魏晋。楷书产生之后，汉字才真正能称之为书同文了。即便是今天的小学生，识读当年的汉字也不再有障碍。

楷书一经产生，汉字的书法艺术也随之到达顶峰。后人的书法，不过是对魏晋作品的摹习，谈不上超越。

在几百年的乱世与无常中，佛教得以广泛传播，甚至成为一些南北小朝廷的国教。自此，佛教对华夏民族精神面貌影响深远。

魏晋六朝文人在乱世的精神逃亡中，找到了另一种归宿，即对天地自然之美的寻求与参悟。这是一种广义的宗教，也是这个时代给后人留下的一笔巨大的精神财富。

山水诗、书法、园林艺术等一切艺术都是这一审美情趣的派生物。

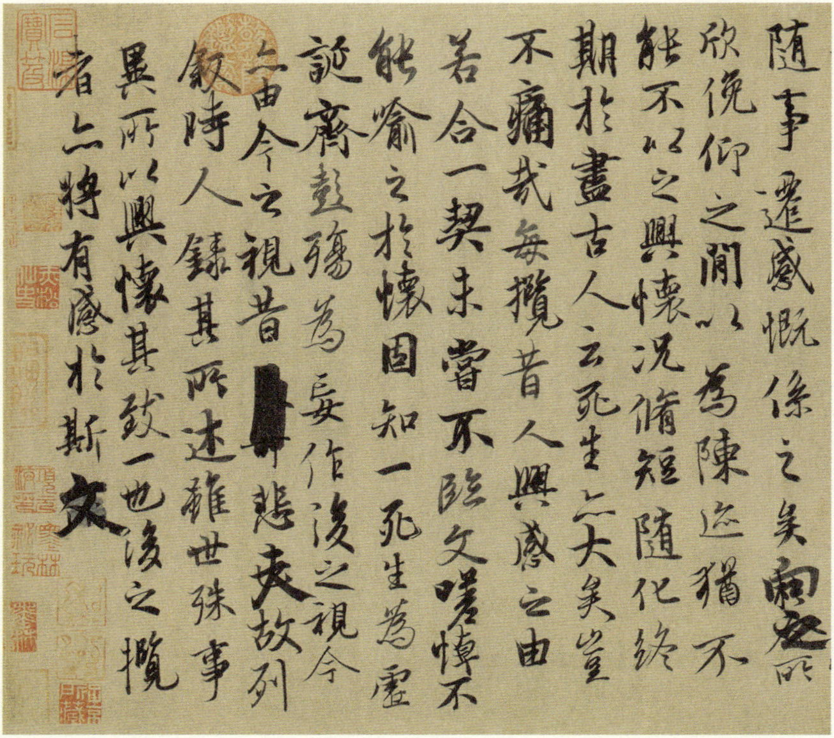

《兰亭序》

“横”如千里之阵云，“点”似高山之坠石，“撇”如陆断犀象之角，“竖”如万岁枯藤，“捺”如崩浪奔雷，“努”如百钧弩发，“钩”如劲弩筋节。

天地万物，无穷无尽。一个人的内心，被什么细节感动，这是一种何其玄妙的过程。藤，枯藤，枯萎上万年的藤，天地中蕴藏的大美与力量，转化为笔下的一竖。那一竖，不再是一道长长的墨迹，而被赋予了另外的意味与内涵。

“南朝四百八十寺，多少楼台烟雨中。”如今，我们只能从残留的鸡鸣寺遥想当年盛景了。

鸡鸣寺

六朝历经近五十位长命短命的帝王。文献记载，帝陵、宗室、王侯墓有百余座之多。南京现存石像即有三十四处。这些宝贵遗存，尚深藏于地下，有待确考。其扑朔或许正是一座城市的魅力之所在。

六朝石像

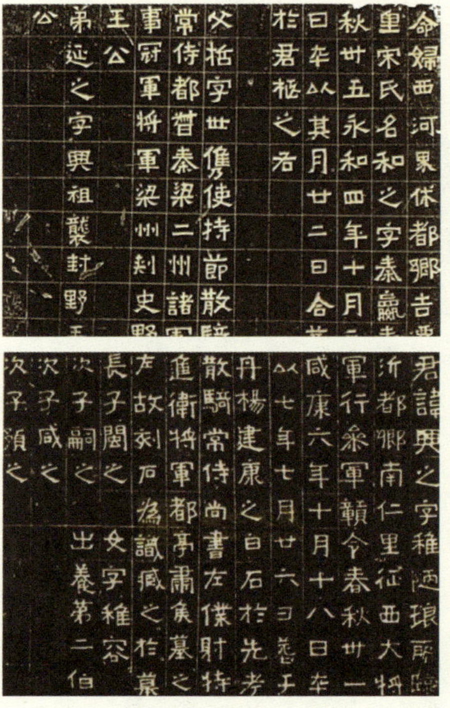

王兴之夫妇墓志

从东汉至六朝，众多大族豪强形成，这些家族在群雄争霸中起着决定性的作用。门阀政治是六朝最为特别的现象。南京曾发掘象山王氏、老虎山颜氏、司家山谢氏、郭家山温氏等众多世家墓。其中，王兴之夫妇墓志的出土，竟意外引发一场学术、政治公案。

1965 年 1 月 28 日，南京文物部门在燕子矶人台山发掘东晋王兴之墓，除大量文物外，还出土“王兴之夫妇墓志”。

王兴之属东晋豪门王氏家族成员，与王羲之为堂兄弟，并曾共事。

釉下彩

釉下彩是在瓷器素胎上绘以图纹，罩白色透明釉，入炉一次烧成。成品晶莹剔透，图纹永如新绘。这项工艺产生于何时？业界认为始于唐朝长沙窑。南京先后出土孙吴时期釉下彩实物，一下把釉下彩出现的时间提前了几百年之久，陶瓷史因之改写。

来自欧洲与西亚的玻璃制品

六朝禁厚葬，故大量出土陶瓷冥器。这些器物大多复制于生活，是六朝古人生存状态的形象旁证。实物为证，六朝的南京是国际大都市。

胡人是长干里一带熟悉的面孔

豪门大族院落

说唱俑，附带看看六朝穿着

陶砚，书写《兰亭序》的墨汁需在上面磨就

家　畜

家　禽

汉字“圂”是少见的古今意义未变的字。农耕社会几千年，家肥的收集事关全年收成。

猪圈加厕所

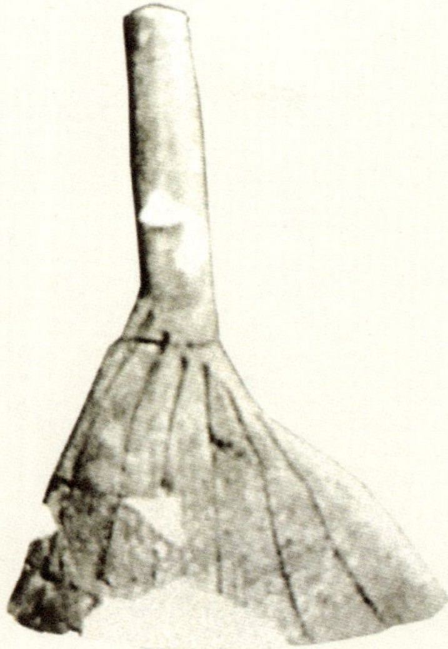

南京六朝墓葬出土的陶制扫帚看上去有点亲切

魏晋南北朝的重要特征是门阀政治。众多豪门大族参与治国，并具有相当的话语权。“九品中正制”的选官制度，不过是他们分享权力的一份契约。

五胡乱华带来巨大灾难，也带来民族大融合，胡人与汉人的基因都获得了必要的修正。魏晋六朝名士的行事风范为历代知识分子所仿效，也为后人开创了独特的审美情趣。

隋唐五代时期

隋唐鼎盛时期，开拓了巨大的疆土，也曾有万国来朝的荣耀。但整个唐朝中，盛世短而乱世长。安史之乱后，河套丢失、西域不通，幽云十六州也尽归夷狄。

言及学术，钱穆先生言，隋唐上不及两汉，下不及宋明，没有太多哲学建树，唯有诗歌为后人留下文学遗产。

科举在隋唐得以完善，这无疑是选官方式的重大进步。科举打破门第世袭，为生活在底层的平民开启了一扇改变命运的大门。科举的悖论是另一种形式的焚书。以经书取士，把中国读书人变成了狭隘的儒士，从而失去对其他知识的兴趣与渴求。

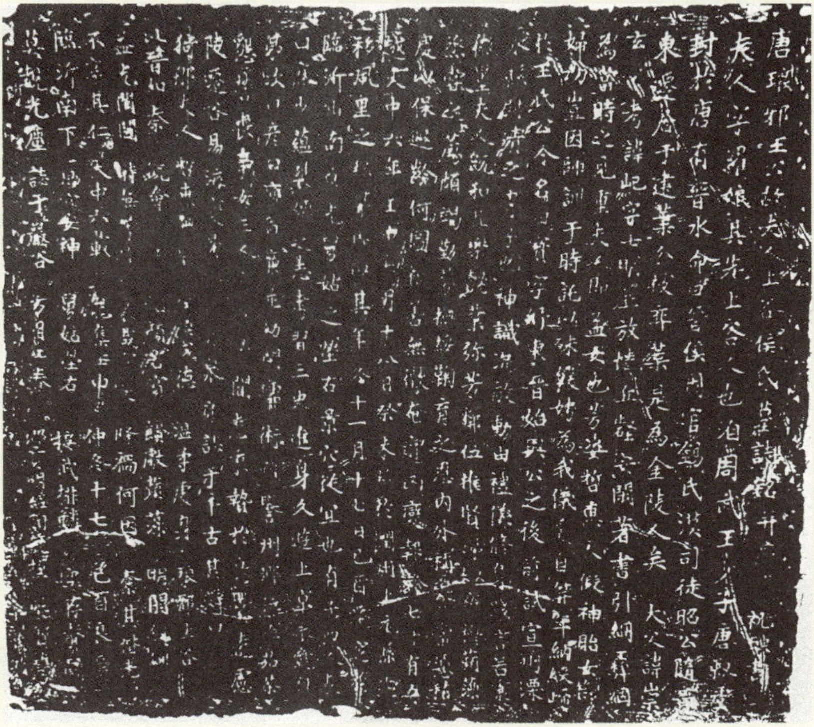

唐代琅邪王氏家族墓志

1990 年 12 月在南京炼油厂工地发现了一块墓志，不寻常的是，这块墓志主人为琅邪王氏之后。一个盛极一时，曾经影响中国政治格局的大家族，沉寂一千多年后，又有了消息。

墓志载，墓主姓侯，字罗娘，卒于唐宣宗六年（852 年）。其父王宝，为东晋大宰相王导之后。

琅邪王氏，是魏晋门阀政治时期最具代表性的一大家族。从志文看，王宝一生隐居乡野，与仕途无缘。相比家族往年的辉煌，形成巨大的落差。

这似乎是一个旁证，门阀世袭制终结，科举选官的时代到来。

南京祖堂山南唐帝陵

南唐历三朝，开国皇帝李昪治下国富民足。其墓屡遭盗掘，尚遗留有随葬文物。这些文物较为精致，哀册为玉质，且字以金填。

李璟即位，将国库折腾一空，还要向北方的赵宋交纳岁贡，已呈衰败之象。李璟墓建筑简陋，规制也小，连哀册也为石质，手触即碎。

至李煜，则国亡人去，尸骨远葬河南北邙山，只剩下大周后墓葬孤寂地留在南京，应了那句“其兴也勃，其衰也忽”的老话。

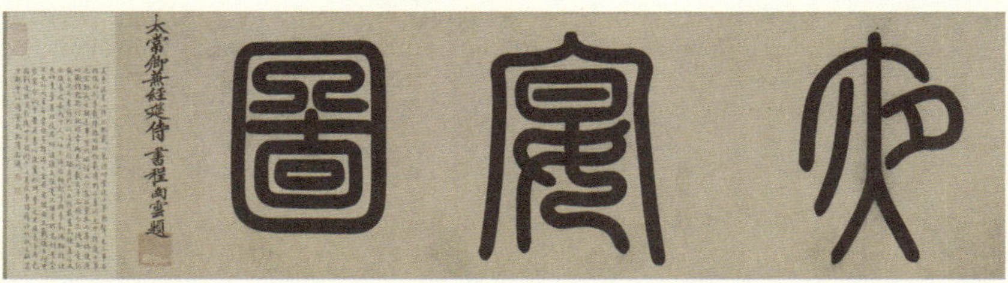

南唐顾闳中《韩熙载夜宴图》

这幅名画的来由，是南唐后主想起用韩熙载为相，挽救国家危局。韩熙载自知无力回天，便夜夜笙歌、奢靡无度，以躲避责任与猜忌。李煜令宫廷画师顾闳中前往察看，顾凭记忆画了夜宴实景，成为千古名画。

南唐已风雨飘摇，大臣却依然醉生梦死是对这幅画最直观的解读。但写实画的意义，往往会超出作画者最初的动机。

从大历史的视角来看，这张写实名画透露的信息远不止这些。至关重要的是椅子的出现。这是现存最早出现高背靠椅的古画之一。高型家具的使用已渐渐成为人类生活的主流。

唐宋时代是中国农耕文明发展最为鼎盛的时代。这一时期，对后人生活改变巨大的，一是科举的推行，再就是中国人由低坐转变为高坐。唐宋之前，中国人的坐姿是席地而坐、跪坐，而随着椅子以及高型家具的出现，则演变为垂脚而坐。随之而变的是书写姿势，这自然也影响文字阅读的效率与文字传播的速度。饮食习惯也因之发生了改变，低坐宜于分食，而高坐更宜于合食。合食则带来人际交往以及家族关系的微妙变化。

宋元时期

开国皇帝的个性与处事方式，往往影响一个朝代的世风。

宋太祖在太庙立誓碑，书“不得杀士大夫及上书言事人。子孙有渝此誓者，天必殛之”。通观史书可知，宋朝也有黑暗时期，相较之下，从大臣到百姓，活得稍稍轻松。

宋词的繁荣，是宽松的成果。长短句给人的感觉是活泼，不同于律诗的齐整与庄严。宋代诗词笔下的农民生活，快乐多于哀怨，恰恰在盛唐，诗中更多读到的是农民的辛苦。

重农抑商从来都被视作立国之本，唯有宋代，经商不受歧视，海外贸易受到鼓励。宋代的国家财政，工商收入一度接近甚至超过农业税收。这在经济学中是一个至关重要的指标。

一个社会文明的程度，往往取决于对弱势群体关注的细节。仅仅从南京的史料即可知，宋朝的城市已经常设慈幼、养老、病患等福利机构。

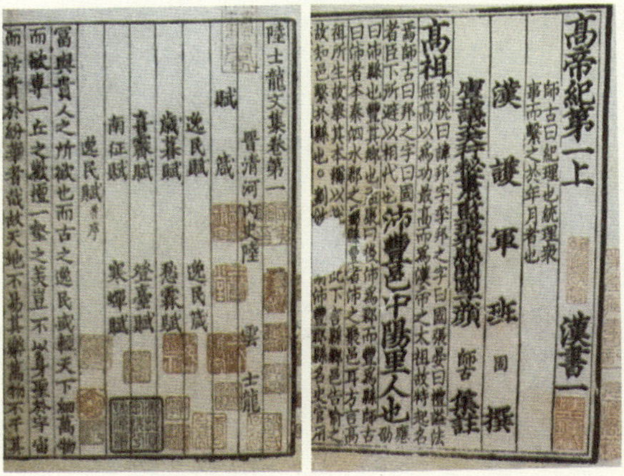

陸士龍文集卷第一

晉清河內史陸　雲　士龍

賦　箴

逸民賦　逸民箴

歲暮賦　愁霖賦

喜霽賦　登臺賦

南征賦　寒蟬賦

逸民賦 并序

富與貴人之所欲也而古之逸民或輕天下細萬物

而欲專一丘之歡擅一壑之美豈不以身重於宇宙

而恬貴於紛華者哉故天地不易其樂萬物不干其

高帝紀第一上　漢書一

師古曰紀理也統理衆事而繫之於年月者也

漢　護軍　班固　撰

唐正議大夫行秘書少監琅邪縣開國子顏師古注

高祖

沛豐邑中陽里人也

宋版书

雕版印刷的出现，加快了文明传播的速度。宋版书勘刻之精良，书体之考究，装帧之大方，为世所推崇。明朝时，宋版书即珍贵无比，按页论价。南京的藏书、印制，宋时颇具盛名。

王安石故居

罢相后的王安石，在南京建居所半山园。晚年常骑老驴出门，信驴而行，不知所往。

半山园今存南京清溪路中山门北白塘。因旧址在海军指挥学院内，故未毁于“文革”。

定窑白瓷碗

建窑黑釉兔毫盏

1986年，南京博物馆在江宁牧龙镇清理两座宋墓，墓遭盗掘，仍获得瓷器、银器、水晶、铜钱多件。其中，定窑白瓷碗尤为珍贵。瓷碗银边有铭文“秦待制位”，据此推断墓主应为曾获过“待制”衔的秦桧之孙秦埙、秦堪二人之一。

秦桧养子秦熺夫妇合葬墓

2006年10月，南京文物部门在江宁牧龙镇抢救发掘秦桧家族墓葬一座，墓历盗掘，文物多被洗劫，但发现书有“宋故燕国太夫人曹氏”字样的墓志铭一块，弥足珍贵。

曹氏为曹彬之后。曹彬为宋太祖亲任的征伐南唐主帅，久围建康而不打，与将士焚香立誓，不侵害平民。握利器而有不忍杀无辜之心，为千古仁帅。

秦桧墓尚不知确切位置，但从其家族墓相继发掘，可知范围在牧龙镇一带。《客座赘语》载，秦桧墓在明朝时曾遭盗贼“获金银器具万”，官府抓到盗贼后，“减其罪，恶桧也”，于是又放了。

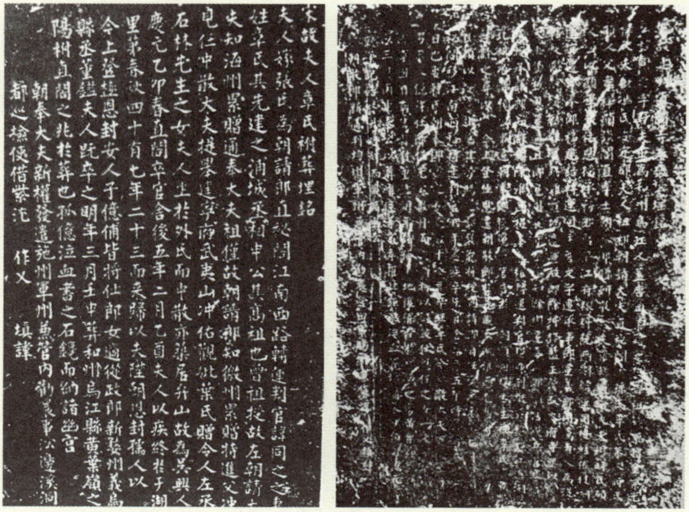

宋故夫人章氏祔葬埋銘
夫人姓張氏為朝請郎直秘閣江南西路轉運判官諱同之之
姓章氏其先建之浦城丞相申公其高祖也曾祖援故左朝請大
夫知酒州累贈通奉大夫祖僅故朝請郎知徽州累贈特進父沖
皂仁中散大夫提舉建寧府武夷山沖佑觀妣葉氏贈令人左丞
石林先生之女夫人生於外氏而中散亦葬居弁山故為吳興人
慶元乙卯春直閣卒官舍後五年二月乙酉夫人以疾終於湖
里第春秋四十有七年二十三而來歸以夫陞朝恩封孺人以
今上登極恩封安人子億脩皆將仕郎女適從政郎新婺州義烏
縣丞董鎡夫人既卒之明年三月壬申葬和州烏江縣黃葉嶺之
陽祔直閣之兆於葬也孫億泣血書之石鏤而納諸幽宮
朝奉大夫新權發遣施州軍州兼管內勸農事沿邊溪洞
都巡檢使借紫沈 作义 填諱

张同之夫妇墓志

位于江浦南宋张同之夫妇墓，于 1971 年发现，南京博物馆考古专家随之清理发掘。

难得的是，该墓保存完好，出土器物隐约可见墓主生前片段。

出土墓志二块，可确认墓主为张同之与其妻章氏无疑。张同之为唐诗人张籍之后，其父张孝祥，绍兴二十四年（1154 年）状元，南宋著名词人，曾任建康留守。

笔　架

张同之，字野夫，曾任江南西路转运判官。生前与陆游交谊甚厚，有诗作酬唱。死于庆元元年（1195 年）。其墓葬多为文房用具，可见其生活志趣。

唐代之前，出土砚台多为瓷制。至宋， 端砚广为文人所用，且制式多样。抄手砚即是较为流行的一种。

印　章

这枚印章下刻“张同之印”四字阴文，上为“野夫”二字。重要的是四边有款，分别为“十月有二”“十有四日”“命之日同”“与予同之”。这些款，极具文人意味，可视作文人闲章之肇始。这枚章，应是张孝祥亲刻，并赠儿子张同之的。边款前两句指张同之生日，后两句则是对儿子的寄望。而这种寄望中，深含对命运无常的慨叹，也道出给儿子取名同之的缘由。试想，这样的文字，请人代刻便毫无意味。每个有同等心境的老父亲，都会在火苗颤动的油灯下，一刀一刀，刻下对儿子的那一份祈盼。

张孝祥墓

1982年，南京文物普查时，又在江浦县黄叶岭发现张孝祥墓残碑。现存南京浦口老山国家森林公园黄叶岭，冢已修葺，为市级文物保护单位。

1164年，张孝祥任建康留守，于宴会中慷慨悲歌，即席赋《六州歌头》，抒发收复中原之志。时遭罢相的张浚在座，深为感染，不忍卒闻，离席而去。

《六州歌头》

长淮望断，关塞莽然平。征尘暗，霜风劲，悄边声。黯销凝。追想当年事，殆天数，非人力；洙泗上，弦歌地，亦膻腥。隔水毡乡，落日牛羊下，区脱纵横。看名王宵猎，骑火一川明，笳鼓悲鸣。遣人惊。

念腰间箭，匣中剑，空埃蠹，竟何成！时易失，心徒壮，岁将零。渺神京。干羽方怀远，静烽燧，且休兵。冠盖使，纷驰骛，若为情！闻道中原遗老，常南望、翠葆霓旌。使行人到此，忠愤气填膺，有泪如倾。

元青花

1950 年，明朝开国功臣、朱元璋养子沐英墓被盗掘。该墓位于江宁将军山，其中出土的元青花“萧何月下追韩信图梅瓶”尤为珍贵，现为南京博物院镇馆之宝。

元朝是中国瓷器发展史上的一个高峰。这和工匠在这个时代的境遇有关。元军攻下城池，大多屠城，但工匠免死。虽然元初工匠多沦为奴隶，但境遇大有改善，地位远高于平民与书生。据元代户籍史料，南京地区工匠户多达五千余户。其中江宁三百七十三户，上元四百三十七户，句容一千零六十户，溧水五百二十四户，溧阳九百六十三户。

尽管元初即设“浮梁磁局”主管贵族用磁生产，但元朝瓷器工艺发展的动力，主要是海上贸易带来的丰厚利润。欧洲、西亚、非洲、韩国、日本等地都有极大的需求。

宋元易帜是历史的又一个节点，顾炎武、黄宗羲视其与秦并六国同等重要。宋朝的灭亡，不止是北方民族全面入主汉地的开始，其对华夏文化的影响，不可与其他朝代的替换同日而语。种族歧视，奴隶制死灰复燃，唐宋农耕文明辉煌不再。故有厓山之后无中国之说。

明朝时期

时间是一面可怕的魔镜。五百年后回望明朝，一切纷扰都已滤去，南京城似乎只剩下《桃花扇》的几句唱词。“俺曾见金陵玉殿莺啼晓，秦淮水榭花开早，谁知道容易冰消。眼看他起朱楼，眼看他宴宾客，眼看他楼塌了。”

楼塌了，秦淮河桨声灯影不再，只剩下青苔残瓦，哀曲悲声。

城墙也塌了，即使坍塌，依然可感知昔日威严。每一块驳蚀的城砖都可以作证，这里曾是昔日王都。

《坤舆万国全图》

意大利传教士利玛窦于明万历年间到达中国，即西学东渐的开始。他绘制《坤舆万国全图》献给明神宗。这幅图用中文介绍全新的地理认知：大地是球形的，而非天圆地方。使用赤道、回归线、南极、北极的概念，并把经纬度与气候的关系明确标注出来。为了迎合中国人的心态，他有意把中国画在世界中央。

《几何原本》

利玛窦与徐光启合译的《几何原本》，第一次向中国人推介西方数学成就，取代了《九章算术》的经典地位。但经历两百年后，直至清末，数学才进入学堂。

石鼓天主堂

石鼓天主堂位于南京石鼓路112号，最早为利玛窦居所兼传教之所，1618年南京教案时拆毁，后重修。

明代南京遗物厚重且丰富。明城墙坚甲天下，五百年后的今天，仍可称世界城市奇观。

明城墙

明孝陵

明开国皇帝朱元璋与马皇后合葬墓位于南京市玄武区紫金山南麓，是中国规模最大的帝陵之一。

明朝是恢复活人殉葬的王朝。1395 年，朱元璋次子朱樉死，朱元璋即令妃子殉葬。朱元璋死，又立遗嘱将四十多位未育宫妃一同殉葬。命令下达，宫中哭声不绝于耳。太监在宫中房间中下置太师椅，上挂白绫带。一些待殉的嫔妃宫女吓瘫在地，浑身颤抖。太监强行将她们抬上太师椅，用白绫套上脖子，然后抬走椅子。

之后，每有明朝皇帝驾崩，除嫔妃外，还有民间女子主动殉葬，以为家人讨取封赏。直至明英宗死，殉葬才得以废除。

2010年，南京考古工作者对南京江宁祖堂山南麓明洪保墓进行抢救性发掘。

洪保，太监，云南籍，回族，为郑和七下西洋统领之一。《明史》及其他史书有载。

墓中发掘《大明都知监太监洪公寿藏铭》，这一发现，解决了困惑史学界的重大问题。《明史》等书对郑和下西洋船只大小记录有误。郑和下西洋的巨舶，非“长四十四丈，阔十八丈”，而是“五千料”。

《洪保寿藏铭》

京剧《桃花扇》

《桃花扇》写的是南京，写的是明亡之际，写的是东林党子弟侯方域，写的是秦淮歌妓李香君，写的是看见他起朱楼，看见他宴宾客，看见他楼塌了。梁启超说，“结构之精严，文藻之壮丽，寄托之遥深”，是“冠绝千古”的。

东林党、复社，讲节义，讲道统，讲理想。在一个人欲横流的社会，如果没有人讲人格情操，这个社会将有如暗夜。

现实是大多数东林党人武不能御敌，文不能安邦。口谈节义，却心疲算计，这种人往往比阉党更令人生厌。

回望明朝，王阳明将自己的行为与学说凝聚为“知行合一”四个字，有如电光火石。

清朝时期

清朝是华夏文明史的一个重要节点，它是自秦汉以来皇权体制的接续，也是皇权体制的最后终结。几千年农业文明的辉煌不再，天地将倾，四维欲裂。对宇宙、自然、家国的全新认知标志着另一种文明的兴起。世界格局由此一变。

一切人类的新知，都是人类的共同财富。选择只有两种：拒绝或者认同。

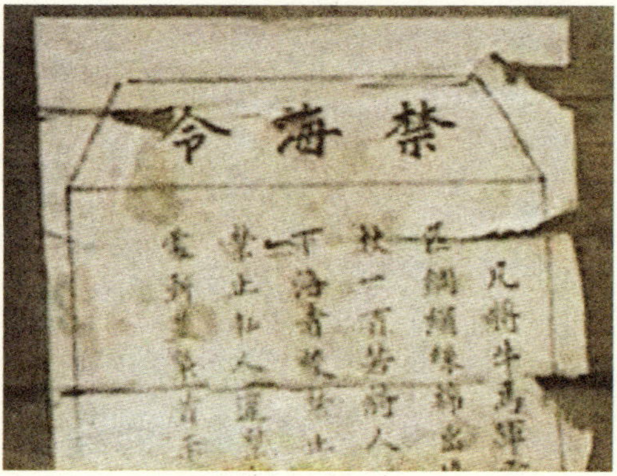

禁海令

封海当然不只是为了抵御外夷，还因忧于内患。《榕城纪闻》载，“顺治十八年十月，福建、广东、浙江、南京四省近海处，各内移三十里。令下即日，挈妻负子载道路，处其居室，放火焚烧，片石不留，民死过半，枕藉道途”，“刻期十日内不迁，差兵荡剿”（《莆变纪事》）。屈大均《广东新语》说，“滨海之民，悉徙内地五十里……期三日，尽夷其地，空其人民……死亡载道者以数十万计”。

有些惊天大事其实无关紧要，有些细枝末节却影响历史进程。禁海令看似与南京相隔千里，却与南京这座城池的命运息息相关。

睁大眼睛看世界，《海国图志》出版后，在中国备受冷落与申斥，传至日本，却风靡一时。

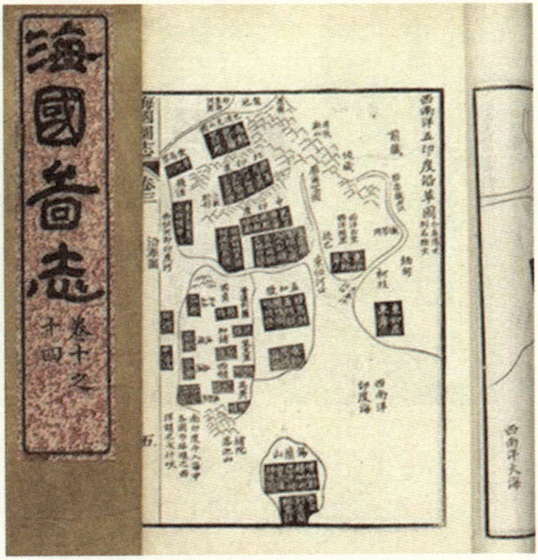

《海国图志》

南京龙蟠里20号，魏源曾苦写《海国图志》于此。

魏源故居

《南京条约》的签订

《南京条约》的签订，最直接的结果是催生一座世界级的城市——上海。而更深刻的影响是，开启了一个老大帝国三千年未有之大变局。

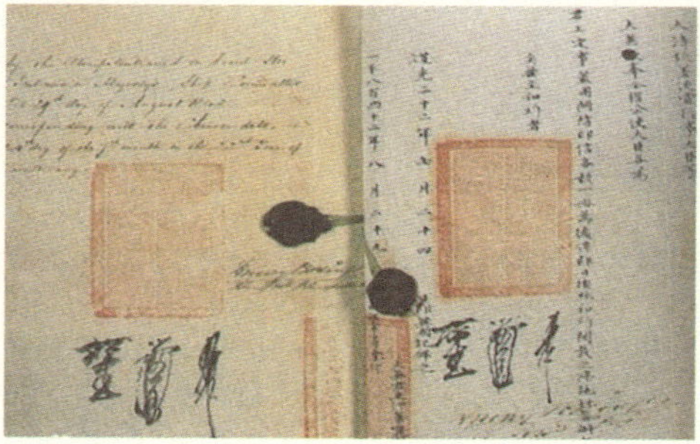

金陵机器制造局

南京第一家大型工厂。人类产生了全新的劳动分工与合作的方式。至此，南京街头出现了一个从未有过的群体，这个群体被称为工人。

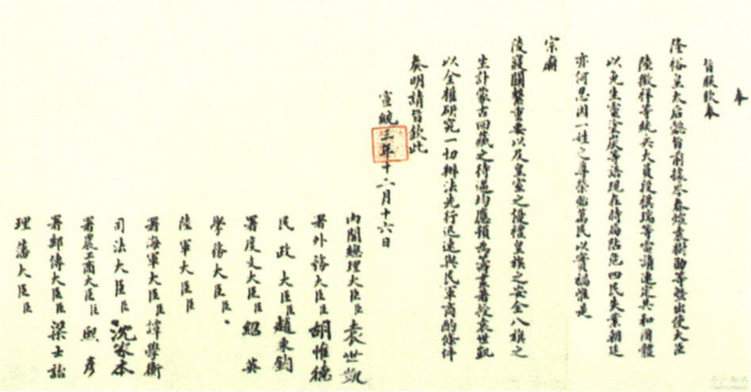

宗廟
陵寢關緊重要以及皇室之優禮皇族之安全八旗之
生計蒙古回藏之待遇均應預為籌畫茲袁世凱
以全權研究一切辦法先行迳與民軍商酌條件
奏明請旨欽此
宣統三年十二月十六日
內閣總理大臣臣袁世凱
署外務大臣臣胡惟德
民政大臣臣趙秉鈞
署度支大臣臣紹英
學務大臣臣
陸軍大臣臣
署海軍大臣臣譚學衡
司法大臣臣沈家本
署農工商大臣臣熙彥
署郵傳大臣臣梁士詒
理藩大臣臣

《清帝逊位诏书》

这当然不只是清帝退位，而是几千年皇权家天下体制的终结。一种人类合理的群居形式会如期而至吗？一个苦难的民族不存侥幸，它注定不是顺产。

江苏谘议局

位于南京湖南路 10 号的江苏谘议局旧址。

统治者究竟是公民税收的占有者，还是这笔税收的代管者？皇权体制解体的仅只是形式，它不意味这个简单的，却是最为本质的问题得到解决。

谘议局是晚清极具意义的一次民主尝试。

冷酷的现实是，谘议局没有如同西方的议会那样制衡不受约束的权力，最终，连谘议局也只留下一个遗址。

行

蒸汽机的发明，改变了人类出行的历史。世界因之变小了。

蒸汽火车图

清朝百姓穿着

衣

洋务运动后期，最早的民生工业是纺织。布匹的生产效率提高，而晚清的城镇乡村中，底层百姓大多仍然衣不蔽体。

清朝民居

住

一个令人震惊的事实是，人类居住条件的改善，主要发生在人口比例极小的权贵与富裕阶层。到晚清以至民国之后很长的时间，占人口绝大多数的农民与底层居民居住环境仍然极为简陋，与五六千年前的干栏式、半穴居建筑没有太大区别。

吃饭的一家人

吃

美洲大陆的发现，给中国带来三种影响巨大的作物。这些食物引进于晚明，广泛种植于清朝。辣椒影响了大多数中国人的味蕾，而番薯与玉米则大大提高了中国人抵御灾荒的能力，清末中国人口超过四亿。

我们立足于南京这块土地，顺着人类的足迹，回望历史。

也许，几十万年前的化石，粗糙的石器还让人感到扑朔迷离。

但上万年前溧水神仙洞的陶片，北阴阳营文化遗址的陶制纺轮以及众多新石器时期遗址的发掘，使一切变得亲切。那时的人类已住上简陋的房子，穿着自己缝制的贯头衣。家里养着牲畜，地里种着谷物。

人类似乎在那时就确定了最基本的生活方式。

遮寒避暑、吃饭睡觉的需求，决定了住房以厨、卧为中心的基本模样，之后不过是在这个基础上逐渐变得精致。

殷商文字出现前后，中国人的穿着也基本定型，即上衣下裳。之后的服装设计，不过是材料、款式、色彩的小变化。

到秦朝，每个人都归于一个巨大的群落，这个群落叫国家。

汉朝以前人们在竹片木片上用软笔书写。楷书在魏晋定型。纸质书在隋唐之后广为印行。文字载体是，甲骨钟鼎一千年，简策帛书一千年，纸质书籍千余年。大致千年一变。纸质书将成为龟甲、简策一样的文物，这没有疑问。

最早的自制饮料是一种半致幻的液体，人们称之为酒。另一种液体，茶，到唐代才逐渐盛行。

宋代开始，中国人的坐姿因高型家具的出现由低坐转变为高坐。

明代最重大的变化是玉米、土豆、番薯的引进，改变了中国人几千年的主食结构；辣椒的引进影响了大多数中国人的味蕾；再就是烟草的种植，手持烟袋成了遍及城乡的一种十分新鲜的姿势。

到清朝，吸烟的方式有了令人不安的变化，致幻的鸦片带来的不是振作而是颓靡于床。

近代史全新的一页是因为这一种致幻剂翻开的吗？

南京无语。